本书献给我的父亲汤正才（1936—2022）！

08 财政政治学文丛

撬动地方

——1978—1988年中国财政包干制研究

汤艳文／著

复旦大学出版社

丛书组成人员

丛书顾问　施　诚　王联合

丛书主编　刘守刚　刘志广

丛书编委会（拼音为序）

　　　　　　曹　希　李　钧　梁　捷　林　矗　刘守刚　刘志广

　　　　　　马金华　马　珺　宋健敏　汤艳文　陶　勇　童光辉

　　　　　　王瑞民　魏　陆　温娇秀　武靖国　解洪涛　徐一睿

　　　　　　闫　浩　杨海燕　杨红伟　曾军平

目录 CONTENTS

导论   001
  第一节 二维大历史：问题之脉络   001
  第二节 "财政包干制"的理论想象   007
  第三节 国家与地方：分析框架   016

第一章 国家成长与财政改革初探   025
  第一节 工业化与集体主义：国家成长的动力与路径   026
  第二节 集中财政管理体制的形成   036
  第三节 "激活地方"的财政改革试验   044

第二章 财政包干制：1978—1988年   056
  第一节 改革启动的结构环境   056
  第二节 财政包干制的演化过程   066
  第三节 财政改革的分权特征及意义   079

第三章 体制变革的引擎   090
  第一节 寻找体制变革的突破口   091
  第二节 地方驱动下的制度展开   108
  第三节 改革发展的地方动力学   115

第四章 改革发展的蓄水池   124
  第一节 改革与转型中的蓄水池   125
  第二节 地方政府——缓冲阀   136
  第三节 发展经济与积聚资源   151

第五章　孕育市场　160
第一节　通往市场经济之路　161
第二节　地方政府与区域市场的培育与保护　170
第三节　市场发展与地方政府的权力获得　182

第六章　资源积累与权力空间　194
第一节　经济社会转型与财政资源汲取的形式　195
第二节　作为资源动员的"分权让利"　209
第三节　分权与新型政治空间　218

结论　共识、地方与国家自主性　225
第一节　危机与共识　226
第二节　国家自主性与政治成熟　230
第三节　从历史走向未来　236

附表　240
参考文献　246
后记　270

导 论

第一节 二维大历史：问题之脉络

2021年，中国共产党迎来了其成立100周年的伟大华诞。这一年也是中华人民共和国成立72周年。从1978年算起，中国的改革开放也将跨越43个年头。这些体现历史的数字显示出了中华人民共和国以及中国共产党的政治活力与发展韧性。在这个过程中，发轫于1978年的改革开放，开启了恢宏的经济奇迹以及社会变革。2010年，中国GDP总量赶超日本，成为仅次于美国的世界第二大经济体。2018年，7亿多农村贫困人口成功脱贫[1]。2021年2月25日，习近平总书记在全国脱贫攻坚总结表彰大会上发表重要讲话，庄严宣告脱贫攻坚战取得全面胜利："经过全党全国各族人民共同努力，在迎来中国共产党成立一百周年的重要时刻，现行标准下9899万农村贫困人口全部脱贫，832个贫困县全部摘帽，12.8万个贫困村全部出列，区域性整体贫困得到解决，完成了消除绝对贫困的艰巨任务，创造了又一个彪炳史册的人间奇迹！"[2]

---

[1] 2018年，世界银行发布的报告称，"中国在快速经济增长和减少贫困方面取得了'史无前例的成就'"。按照每人每天1.9美元的国际贫困标准，从1981年年末到2015年年末，中国贫困发生率累计下降了87.6个百分点，年均下降2.6个百分点。同期全球贫困发生率累计下降32.2个百分点，年均下降0.9个百分点。中国成为全球最早实现联合国千年发展目标中减贫目标的发展中国家。

[2] 习近平：《在全国脱贫攻坚总结表彰大会上的讲话》，《新华日报》2021年2月26日。

这场改革令中国人的生产与生活方式皆发生了翻天覆地的变化。张五常曾在《中国的经济制度》一书中提到，"中国一定是做了非常对的事才产生了我们见到的经济奇迹"。中国做对了什么呢？党的十九届四中全会通过的《中共中央关于坚持和完善中国特色社会主义制度 推进国家治理体系和治理能力现代化若干重大问题的决定》中这样指出："新中国成立七十年来，我们党领导人民创造了世所罕见的经济快速发展奇迹和社会长期稳定奇迹，中华民族迎来了从站起来、富起来到强起来的伟大飞跃。实践证明，中国特色社会主义制度和国家治理体系是以马克思主义为指导、植根中国大地、具有深厚中华文化根基、深得人民拥护的制度和治理体系，是具有强大生命力和巨大优越性的制度和治理体系，是能够持续推动拥有近十四亿人口大国进步和发展、确保拥有五千多年文明史的中华民族实现'两个一百年'奋斗目标进而实现伟大复兴的制度和治理体系。"[1]

中国奇迹的发生是中国共产党带领全国人民努力奋斗的结果，也是我国国家制度和国家治理体系多方面显著优势的体现，其中，改革开放以来所取得的成就尤其令人瞩目。从发展阶段看，1978年中国共产党十一届三中全会的召开，是当代中国发展的一个历史性转折点，它开启了一个新时代。为此，习近平总书记在2018年12月18日召开的庆祝改革开放40周年大会上指出："建立中国共产党、成立中华人民共和国、推进改革开放和中国特色社会主义事业，是五四运动以来我国发生的三大历史性事件，是近代以来实现中华民族伟大复兴的三大里程碑。""1978年12月18日，在中华民族历史上，在中国共产党历史上，在中华人民共和国历史上，都必将是载入史册的重要日子。这一天，我们党召开十一届三中全会，实现新中国成立以来党的历史上具有深远意义的伟大转折，开启了改革开放和社会主义现代化的伟大征程。"[2]

始于1978年的改革开放进程出现于党和国家面临何去何从的重大历史关头。"当时，世界经济快速发展，科技进步日新月异，而'文化大革命'十年内乱导致我国经济濒临崩溃的边缘，人民温饱都成问题，国家建设百业待兴。党内外强烈要求纠正'文化大革命'的错误，使党和国家从危难中重新奋起。邓小平同志指出：'如果现在再不实行改革，我们的现代化事业和社会主义事业就会被葬送'。"[3]

---

[1]《新华日报》2019年11月6日。
[2] 习近平：《在庆祝改革开放40周年大会上的讲话》，《新华日报》2018年12月19日。
[3] 同上。邓小平的话见邓小平：《解放思想，实事求是，团结一致向前看》，《邓小平文选》第2卷，人民出版社，1994，第150页。

党的十一届三中全会对"文化大革命"从思想上进行了全面清理,并为整个国家和社会实现"社会主义"和"现代化"找到了新的战略论述,即停止使用"以阶级斗争为纲"的口号,解放思想、开动脑筋、实事求是、团结一致向前看。随后推出一系列改革措施,包括"放权让利"的财政制度改革,帮助改变了此前社会总体资源极度匮乏的状态,驱动了经济的持续增长,极大地改善了人民生活水平。80年代的中国改革,不仅实现了令世人瞩目的"经济奇迹",其所开启的社会结构、心理与价值体系等方面的变迁也是快速与剧烈的。与此相应地,中国的政治生活、政治体制也发生着调适性的变化。

1992年10月,党的十四大召开,大会概括了关于中国特色社会主义理论的基本内容,明确了我国经济体制改革的目标是建设社会主义市场经济体制,提出了中国共产党关于中国社会建设的发展路线图:"在九十年代,我们要初步建立起新的经济体制,实现达到小康水平的第二步发展目标。再经过二十年的努力,到建党一百周年的时候,我们将在各方面形成一整套更加成熟更加定型的制度。在这样的基础上,到下世纪中叶建国一百周年的时候,就能够达到第三步的发展目标,基本实现社会主义现代化。"[1]这意味着,许多重大认识得到了新的解释,它成为中国共产党人新时期关于社会发展的新"共识"。同时,这一转变也意味着,1978年开始的改革开放战略已为新一轮的改革开放积蓄了强大动能,给出了新的选项——经过十余年的放权让利式改革,市场所占的比例日渐增加,包括消费品市场、生产资料市场在内的市场体系已渐成形。

历史地看,中国共产党主导的每一次重大改革都有着鲜明的国际政治经济形势背景,20世纪80年代展开的改革也是如此。这一时期,"新自由主义"思想对世界各国的政治经济影响日益增强:美联储主席保罗·沃尔克开始启动新的货币政策,里根和撒切尔政府推动了私有化和放松经济管制,工人社会运动受到压制。在地方治理层面,撒切尔政府一方面加强控制地方政府的支出与收入,另一方面则通过私有化,将市场机制引入地方政治过程。美国则将部分联邦权力返还给州政府,使得后者在福利事业、医疗卫生、法律服务、住房、就业等方面有所作为。这一时期,亨廷顿所说的"第三波"民主化席卷全球,欧洲南部的葡萄牙、西班牙纷纷发生了民主政治转型。意大利也在这一时期启动了地区试验,中

---

[1] 江泽民:《加快改革开放和现代化建设步伐,夺取有中国特色社会主义事业的更大胜利》,载《十四大以来重要文献选编》(上),人民出版社,1996,第47页。

央政府发布命令,将权力、资金和人员转给地区[1]。从20世纪70年代中后期开始,石油危机及其伴生的全球性经济危机,不断地将压力传导到各国的地方政府。公民对于地方政府的期待在提高,诉求在增加,但地方政府的开支却不得不一再紧缩,这驱动着地方政府进行自我改革,地方分权与自治成为一种方兴未艾的全球性的改革方案。

回望中国传统,集权思想是大多数朝代处理中央与地方关系的指导原则。有研究指出,从国家起源看,早期中国便存在"统治中心"与"集权结构"[2],"集权"体制支持了一个超大规模国家的统一和整合。在漫长的帝制历史中,秦朝以后以封建制为代表的地方分权制度不再是主流,取而代之的是以郡县制为代表的中央集权制度。简而论之,封建制是由天子分封国土给王室或功臣,诸侯各务其治且可世袭;郡县制是由中央把国土分成郡和县来治理,郡守和县令由中央任命,有任期,不可世袭。两种制度各有利弊,历朝历代的知识分子对此也多有讨论[3]。实际上,每逢中央势力相对式微,地方政治便往往表现为封建割据和政治冲突的形态。为避免地方藩镇割据和尾大不掉的威胁,统治者往往诉诸日臻成熟的统治技巧和复杂的官僚制度,集权的诉求成为中国古典政治史的历史主线和发展倾向[4]。

19世纪中期,清朝陷入了内生性挑战和外源性挑战相互交织的危机之中。趁势而起的太平天国起义加剧了动乱,为了镇压各地的起义,清政府不得不允许地方势力自行募兵,由此出现了地方军事化的格局。鸦片战争以及此后的一系列对外权益割让和屈辱条约,则进一步耗散了国力和资源,中国被卷入西方主导的世界秩序之中。内外交困的危局迫使中国的有识之士开始探讨、尝试种种制度转型方案。此时,各种西学思想也涌入中国,从"君主立宪"到"废君共和",再到"联省自治",具有政治性的地方自治试验在清末民初出现了。然而,无论是模仿美国联邦制度的"联省自治",抑或是国民党基于民族国家框架的"地方自治"实践,最后都失败了。

1949年新中国成立之后,随着社会主义计划经济体制的建立,集中分配资源

---

[1] 意大利发生的分权改革为罗伯特·D.帕特南的名著《使民主运转起来:现代意大利的公民传统》(江西人民出版社,2001)提供了素材。
[2] 谢维扬:《中国早期国家》,浙江人民出版社,1995。
[3] 比如,明代的顾炎武在《郡县九论》中曾提出"寓封建于郡县"的设想,构想了一个具有自治精神的新制度:"然则尊令长之秩,而予之以生财治人之权,罢监司之任,设世官之奖,行辟属之法,所谓寓封建之意于郡县之中,而二千年以来之弊可以复振。"
[4] 钱穆:《中国历代政治得失》,生活·读书·新知三联书店,2001,第170页。

的需要使得中央集权成为必须。1956年,毛泽东在中共中央政治局扩大会议上,提出吸取苏联的教训,号召调动国内外一切积极因素,处理好包括中央与地方关系在内的"十大关系"。毛泽东说:"应当在巩固中央统一领导的前提下,扩大一点地方的权力,给地方更多的独立性,让地方办更多的事情,这对我们建设强大的社会主义国家比较有利。……为了建设一个强大的社会主义国家,必须有中央的强有力的统一领导,必须有全国的统一计划和统一纪律,破坏这种必要的统一,是不允许的。同时,又必须充分发挥地方的积极性,各地都要有适合当地情况的特殊。"[1]着眼于调动地方积极性、处理地区发展差异和提高效率的需要,新中国在1958年的"大跃进"与1970年的"自给自足、备战备荒"运动中,推动了短暂的分权实践。1959年,中央政府开始收权。1960—1962年的经济困难迫使中央政府中止了分权的尝试,第二次分权化也由于中央政府巨大的财政压力而草草收场[2]。

1978年,党和国家开启了"放权让利""放水养鱼"式的分权改革[3]。不同于过去,这次以"财政包干"为核心的分权化改革不仅在时间上持续更久,改革带来的成就更令世人瞩目。它不仅促成了20世纪80年代中国经济的持续快速增长,而且为此后的市场经济体制建构奠定了重要的基础。它所牵引出来的改革和影响,无论其深度、广度还是速度,都是非同凡响的。

财政包干制改革在海内外引起强烈反响。20世纪90年代初,两份相关的研究成果引起了学术界的较大关注。一份是谢淑丽(Susan L. Shirk)的《中国经济改革的政治逻辑》(*The Political Logic of Economic Reform in China*),一份是王绍光和胡鞍钢的《中国国家能力报告》。谢淑丽认为,中国之所以在经济改革过程中避免了像苏联一样解体而取得了经济上的巨大成就,是因为中国具有与苏联不同的政治结构以及改革中的不同政治过程,而经济改革的动力来自行政组织结

---

[1] 毛泽东:《论十大关系》,《毛泽东文集》第7卷,人民出版社,1999,第31—32页。
[2] 一般认为,这两次放权的后果十分严重,以至于很长时间不能恢复。但近来有一些研究者却希望能够对此予以重新评价,认为下放权力通过调动地方政府的积极性,对发展地方工业起到了促进作用。在一定意义上,这两次分权化努力为后来的改革积累了经验,也积累了物质基础。[Gabriella Montinola, Qian Yingyi, Barry R. Weingast, "Federalism, Chinese style: the political basis for economic success in China," *World politics* 48 No.1(1995): 50—81; Christine P. W., "Central planning and local participation under Mao: the development of country-run fertiliser plants," in the Chinese state in the era of economic reform, Gordon White (London: Palgrave Macmillan, 1991), pp.23-49]
[3] 在"政社合一"的人民公社体制解体之后,随着家庭联产承包责任制的实施和农民自主性的提高,农村出现了以村委会为中心的基层民主自治制度。在很大程度上,这也是一种分权与自治的形式。关于基层自治的实践,已有大量的研究,文献不胜枚举,本书则以财政包干制和中央-地方关系为关注重点。

构及相应的政治过程。换言之,中国政府保持了对分权改革的政治控制[1]。《中国国家能力报告》[2]则做出了富有政策含义的提示:"放权让利"的分权改革导致了中国国家能力的下降。王绍光还认为,中国的分权已经超过了他定义的底线,有可能带来负面的影响[3]。《中国国家能力报告》对此后的中央地方权力分配产生了一定的影响。很快,分税制改革推上议程,以此替代和终结了"财政包干制"。

1994 年的分税制改革,其基本意图是对中央政府与地方政府财权事权进行重新划分,财权上移、事权下移,强化中央财政的宏观调控能力。分税制的集权效应不言而喻。但也有学者指出,分税制并没有改变 1978 年以来出现的总的"分权"趋势,从长远来说,财权的集中造成了更加扩大的地方权力[4]。在这个意义上,分税制并不是财政包干制的"挽歌"。在中国的中央与地方关系中,集权与分权交织并进、互动演化的趋势依然存在并发展着。

今天的中国,正处于一个较以往任何时候都更复杂的时期。这是一个不断被民粹主义、逆全球化阻隔,并伴随着日渐增强的"脱嵌"趋势的新全球化时代,这一时期,生物科技、区块链、物联网、大数据和人工智能等前沿信息技术高速发展,新技术环境为国家的高效、系统治理提供了可能,但国家也面临更复杂多变的微观环境与地方秩序(local order)。在这一背景下,中国一方面不断加大对外开放步伐,一方面也在寻求发展的内生驱动力,焕发地方活力,释放制度改革的效能。从 2013 年开始,到 2019 年 8 月,全国已有 18 个省市设立了自贸区,2020 年 9 月,国务院印发北京、湖南、安徽自由贸易试验区总体方案及浙江自由贸易试验区扩展区域方案的通知,自此,我国的自贸区数量增至 21 个。新的省市不断加入到自贸区的队伍中来,这意味着越来越多的地方获得更大的改革自主权。2019 年 9 月,为进一步理顺中央与地方财政分配关系,国务院印发《实施更大规模减税降费后调整中央与地方收入划分改革推进方案》(国发〔2019〕21 号)(以下简称《方案》),旨在支持地方政府落实减税降费,缓解其财政运行困难。

"我国处于近代以来最好的发展时期,世界处于百年未有之大变局,两者同步交织、相互激荡。"[5]2018 年 6 月,习近平主席针对风云变幻的国际局势做出

---

[1] 参见 Susan L. Shirk, *The Political Logic of Economic Reform in China* (Berkeley: University of California Press, 1993).
[2] 王绍光、胡鞍钢:《中国国家能力报告》,辽宁人民出版社,1993。
[3] 王绍光:《分权的底限》,中国计划出版社,1997。
[4] 周飞舟:《当代中国的中央和地方关系》,中国社会科学出版社,2014,第 158 页。
[5] 习近平:《论坚持推动构建人类命运共同体》,中央文献出版社,2018,第 539 页。

的重要判断立即在国内学术界引起了积极热烈的讨论。"百年未有之变局"意味着,在新的历史关口,需要继续寻找中国发展的内在驱动力。有鉴于此,重温40年前的那场分权改革具有特殊的重要性,它可以令我们反思曾经的制度创新——它的发生、发展、制度传递,及其对新时代中国国家治理能力现代化的启示。已经步入新时代的中国,面临国内外日益复杂的治理和发展环境,既强调顶层设计和集中统一领导,也强调地方性的实践与探索。这意味着亟须加大关于分权与地方秩序的理论探索,为新制度的传递与更新提供学理贡献。

如前所述,中国在20世纪80年代的财政分权改革与世界性的分权改革同步,却走在了自己的发展道路上。通过这场改革,中国走出了社会经济发展的系统性危机,但仍扎根于既有的基础性制度,同时又开发出新的政治景观,地方的自主权由此不断扩大。在"收"与"放"的博弈中,国家的资源汲取能力、合法化能力、动员能力等都在不断加强。从比较视野来看,探索和总结这一政治进程和历史经验也具有重要的国际意义。

如今,财政包干制已然成为历史的"旧制度",这一财政改革实践,既曾被认为是导致国家能力下降的原因,也曾被认为是中国经济增长奇迹的引擎。应该如何理解这一认识上的悖论?包括财政包干制在内的制度革新实践,如何驱动了中国的改革、发展和转型,并避免了社会的崩溃或分裂?换言之,国家怎样在差异、分化日益加剧的情况下,在保持了中国这样的一个超大规模社会的统一和基本稳定的情况下,平稳地促成了改革向市场经济体制的过渡?

围绕这些问题,本书希望以结构视野,将20世纪80年代的作为历史制度的财政包干制的演进,放在国际政治经济环境与中国历史演进这样纵向与横向交错的二维大历史之中进行考察,在重温这段改革大历史的同时,自下而上地将财政包干制下地方政府的角色与行动转变呈现出来,以此讨论在地方性不断出现时的国家自主性建设以及规范整合问题。

第二节 "财政包干制"的理论想象

2018年,在改革开放四十周年之际,《财经》杂志总编辑王波明特邀财政部原部长刘仲藜、国家税务总局原副局长许善达,共同畅谈四十年来中国的财政改革。讨论聚焦的问题是:在20世纪90年代初期,中国曾一度国库空虚,中央财政陷入一场严重危机。当时的财政危机是怎么形成的？政府采取了怎样的财税改革策略,最终成功解决了财政危机[1]？在这个语境下,财政包干制的确是"中国发展之谜"的重要组成部分,因为它本身就带着巨大的理论困惑。

作为特定时期的财政分权改革举措,财政包干制引发了广泛的理论关注,学者们从不同的理论视角提出了不同的判断[2]。关于其性质和动力,这一历史性的政治现象引发的理论想象是多方面的。

一、维护市场的财政联邦主义

在经济学领域,因袭传统的财政分权理论,对财政包干制的研究也以资源配置效用最大化为基调,以解释地方政府存在的合理性和必要。之后,学者们开始争论财政分权对于地方政府行为的激励绩效。虽然有文献试图论证财政分权与经济发展的负相关关系[3],但更多学者试图探讨分权与经济发展的正相关,并认为财政包干制对中国经济的增长具有积极推动作用[4]。其中,财政联邦主义渐渐成为最有影响的理论取向,它被用来说明中国央地关系的一些正在演变的结构性特征,以阐释这种结构特征的经济含义。

财政联邦主义这一概念最初表达的是联邦政制下特定的财政结构,但随着新自由主义的崛起、分权浪潮的全球化,财政联邦主义突破了原有的宪政联邦主义(constitutional federalism)的框架,不仅用于研究发达国家,如美国、加拿大的

---

[1] 《财经》杂志:《分税制:挽救财政危机的改革——我们的四十年》,新浪财经,https://finance.sina.cn/china/gncj/2018-12-12/detail-ihqackaa4437853.d.html?oid=3821302773483143&vt=4&wm=3292_9017&cid=76729,2012年12月12日。

[2] 财政包干制作为财政体制的一种独特形式,其演变过程、运行机制、内在结构、分权度,以及其与价格、国有企业、区域经济发展、中央-地方财政收支划分等方面的关系,都相继得到关注。
(参见高培勇、温来成:《市场化进程中的中国财政运行机制》,中国人民大学出版社,2001;邹继础:《中国财政制度改革之探索》,社会科学文献出版社,2003;贾康、刘薇:《构建现代治理基础 中国财税体制改革40年》,广东经济出版社,2017;胡书东:《经济发展中的中央与地方关系——中国财政制度变迁研究》,上海三联出版社、上海人民出版社,2001;杨志勇:《中国财政体制改革与变迁(1978—2018)》,社会科学文献出版社,2018;黄佩华:《中国:国家发展与地方财政》,中信出版社,2003;张闫龙:《财政分权与省以下政府间关系的演变——对20世纪80年代A省财政体制改革中政府间关系变迁的个案研究》,《社会学研究》2006年第3期)

[3] Zhang Tao, Zou Hengfu, "Fiscal decentralization, public spending, and economic growth in China," *Journal of public economics* 67, No.2(1998):221—240.

[4] Lin Yifu, Liu Zhiqiang, "Fiscal decentralization and economic growth in China economic," *Development and cultural change* 49, No.1(2000):1—21;张五常:《中国的经济制度》,中信出版社,2009。

分散的财政结构,也用来分析和观察发展中国家。越来越多的文献试图以财政联邦主义表明,财政联邦主义同样对单一制发展中国家和经济转型国家的政治现代化和经济繁荣具有直接作用[1]。对于发展中国家或者转型中的国家而言,财政联邦主义既是一种经济解释,同时也是一种对这些国家经济增长、民主转型期望的表达。

"维护市场的财政联邦主义"这一提法源于研究者对中国与俄罗斯经验的比较观察。研究者看到,由于俄罗斯过分强调了企业私有化与市场自由化,地方政府推动地方经济发展的动力不足,而中央政府又对地方政府丧失了基本的控制力,进而导致了地方政府对于私人企业的经济掠夺行为,阻碍了地方经济的发展[2]。相反,中国的财政包干制是中国经济持续增长的推动力量,市场导向的或者维护市场的改革起于中国的分权化运动[3]。换言之,如果说俄罗斯实行的是一种阻碍市场体制形成的财政分权体制,中国的改革则是以培育市场体制为导向的,中国的财政分权体制为中国的改革、为中国计划体制向市场体制的转变提供了强大的保护。在市民的监督下,政府对其经济行为负责,保护了市场免

---

[1] Richard M. Bird, Robert D. Ebel, Christine I. Wallich, *Decentralization of the socialist state: intergovernmental finance in transition economies*, (Washington, D. C.: the World Bank, 1995); Richard M. Bird, Francois Vaillancourt, *Fiscal decentralization in developing countries* (Cambridge University Press, 1999).

[2] Andrei Shleifer, "Government in transition," *European economic review* 41, No. 3 (1996): 385—410; Timothy Frye, Andrei Shleifer, "The invisible hand and the grabbing hand," *American economic review* 87, No. 2 (1997): 354—358; Ekatherina Zhuravskaya, "Incentives to provide local public goods: fiscal federalism, Russian style," *Journal of public economics* 76, No. 3, (June 2000): 337—368; Olivier Blanchard, Andrei Schleifer, "Federalism with and without political centralization: China versus Russia," *NBER Working Paper*, No. 7616(March 2000).

[3] Jin Hehui, Qian Yingyi and Barry R. Weingast, "Regional decentralization and fiscal incentives: federalism, Chinese style", *Jornal of public economics* 89, No. 9—10 (2005): 1719—1742; Gabriella Montinola, Qian Yingyi, Barry R. Weingast, "Federalism, Chinese style: the political basis for economic success in China," *World politics* 48, No. 1 (1995): 50—81; Barry R. Weingast, "The economic role of political institution: market-preserving federalism and economic growth," *Journal of law, economic, and organization* 11, No. 1 (1995): 1—31; Ronald I. McKinnon, "The logic of market-preserving federalism," *Virginia law review* 83, No. 7 (1997): 1573; Qian Yingyi, Gerard Roland, "Federalism and the soft budget constraint," *American economic review* 88, No. 5(1988): 1143—1162; Fan Gang, "Market-oriented economic reform and the growth of off-budget local public finance," in *Taxation in modern China*, Donald J. S. Brean (New York: Routlege Press, 1998); Xu Chenggang, Zhuang Juzhong, "Why China grew: the role of decentralization," in *Emerging from communism: lessons from Russia, China, and Eastern Europe*, Peter Boone, Stanislaw Gomulka, Richard Layard (Cambridge, MA, London: The MIT Press,1998).

受国家渗透,从而有助于形成有限但却有效的政府。

这一解释认为,并不是所有的分权都可以推动市场转型、改进政府结构。分权之所以能够发挥作用,是因为财政分权带来了一些机制性的变化:第一,地方政府拥有管制经济的权力,可以限制中央政府对地方经济的过度干预,而水平与垂直的政府间互动又可以制约地方政府的行为;第二,收支挂钩使地方政府为了地方的经济繁荣而调整自身利益;第三,政府间的财政转移支付受限硬化了地方预算约束。这一研究路径注意到分权能够发挥作用的条件——中国独特的政府结构,他们称之为"M型组织结构"[1]。换言之,财政联邦主义不仅强调分权与经济增长正相关,还试图推导出其背后的激励机制——M型的地方政府结构以及地方政府的区域竞争模式。

二、地方政府的政治经济学

在很多学者看来,地方政府是国家与社会的关系中的一个基本组织行动者,他们或者认为国家与社会是零和博弈的关系[2],或者认为是互利互惠的正和博弈关系[3]。财政包干制涉及中央与地方事权和财权的划分与调整。以此为背景,政治经济学研究关注地方政府的组织形式与行为,聚焦地方政府的政治经济角色,力求对地方政府卷入地方经济的行为定性,比如将地方政府划分为企业

---

[1] M型组织结构又称M型层级制,指多层次、多地区的层级制。在中国,分权发生在所有层次上。实际上,M型结构可能就是中国政府结构中的"条条"与"块块",主要是"块块"的作用机制。类似的结构类型描述还有碎片化的威权主义(fragmented authoritarianism)、蜂窝状组织架构等。关于M型组织结构概念的讨论,参见 QianYingyi, Xu Chenggang, "Why China's economic reforms differ: the M-form hierarchy and entry/expansion of the non-state sector," *Economics of transition* 1, No.2(1993): 135—170.

[2] Jonathan Unger, Anita Chan, "Inheritors of the boom: private enterprise and the role of local government in a rural South China township," *The China Journal*, No.42(1999): 45—74.

[3] Kristin Parris, "Local initiative and national reform: the Wenzhou model of development," *China quarterly*, No.134(1993): 242—263; David L. Wank, "Private business, bureaucracy, and political alliance in a Chinese city," *The Australian journal of Chinese affairs*, No.33(1995): 55—71; David L. Wank, "Political sociology and contemporary China: state-society images in American China-studies," *Journal of contemporary China*, 7, No.18(1998): 205—227; Susan H. Whiting, *Power and wealth in rural China: the political economy of industrial change* (Cambridge University Press, 2001); Vivienne Shue, "State power and social organization in China," in Joel Migdal, Atul Kohli, Vivienne Shue, *State power and social force: domination and transformation in the third world* (Cambridge: Cambridge University Press, 1994).

性的政府、精英式的政府、发展性的政府,或者内卷化的政府[1]。

戴慕珍(Jean C. Oi)在对财政改革激励下的地方政府行为进行经验描述的基础上,提出了"地方法团主义"理论。她指出:"在经济发展过程中,地方政府具有公司的许多特征,官员们就像董事会成员那样行动,我把这种政府与经济结合的新制度形式称为地方法团主义。"[2]根据这一解释,在中国,财政分权给了地方政府增加收入的产权激励,这使地方官员追求地方经济发展的积极性大增。但改革并不会带来政府与企业的产权分离,相反,地方政府在其辖区内与其经济实体的合作关系就像形形色色的商业集团公司,这是一个由县、乡镇和本地企业共同构成的合作体,他们共同利用行政体制建立市场,运用行政权力支持并保护合作关系,他们可以选择发展目标,甚至在资金借贷、信用担保、风险承担方面成为企业的合作伙伴。

"地方性国家法团主义"勾勒出一种中央放松对地方控制的组织结构模式。此前,研究者们相信,政策放松或将使"市民社会"一步步凸显,从而使社会的蜂窝状结构碎片化[3]。地方性国家法团主义质疑这一研究,但没有因此认为中央政府必将加大对社会的渗透力量,相反,戴慕珍认为这一改革中出现了地方官员的"侵蚀效应"——市场竞争与财政改革给结构化的官僚机构注入了活力:地方政府与公共性的经济组织的联合能够推动地方的经济发展和福利事业改善。在这一模式下,中央政府对地方经济的干预必定会减少,地方政府可以有效地发展地方经济,"孵化"地方企业,政府间的权力架构发生变革,但整个社会却不会发生裂变。

对20世纪80年代财政包干制的研究仍在继续。近年来,用以观察地方政

---

[1] Jean C. Oi, *Rural China takes off: institutional foundations of economic reform* (Berkeley, CA: University of California Press, 1999); Sally Sargeson, Zhang Jian, "Reassessing the role of the local state: a case study of local government interventions in property rights reform in a Hangzhou District," *The China journal*, No. 42(1999); Thomas P. Bernstein, Lü Xiaobo, "Taxation without representation: peasants, the central and the local states in reform China," *The China Quarterly*, No. 163(2000); Andrew G. Walder, "Local government as industrial firm: an organizational analysis of China's transitional economy," *American journal of sociology* 101, No. 2(1995): 263—301.

[2] Jean C. Oi, "Fiscal reform and the economic foundations of local corporatism in China," *World politics* 45, No. 1(1992): 99—126(100—101).

[3] Vivienne Shue, *The reach of the state: sketches of the Chinese body politics* (Stanford, CA: Stanford University Press, 1988).

府行为模式的"行政发包制"概念得到了较为广泛的关注[1]。基于之前蜂窝式结构、M型结构等的概念基础,周黎安用行政发包制来指涉一种特殊的政府内部上下级关系形式——它既区别于韦伯意义上的科层制,也有别于纯粹的市场外包(契约)形式,而更类似于现代化发展早期的"发包制"。作为一种混合形态的组织类型,行政发包制在对科层制的考察中引入了"分封"与"包干"的因素。在对财政包干制的观察中,这一概念试图打通其与中国历史、与西方现代化历史的关联,进而展示发包制在历史中的某种连续性。基于行政权的分配、经济激励和内部控制三个维度,这一研究视角强调作为观察对象的地方政府在构成要素上的互补性和治理形态的系统性。

三、政策过程与权力关系

以对财政包干制的观察为基础,研究行政发包制的学者们注意到,地方政府正逐渐获得越来越多的自主决策权力,如投资决策权、企业管理权、对外贸易权等。事实上,关注中央与地方的权力关系也是围绕财政包干制展开的一个重要研究进路。

在中国,中央与地方关系问题关乎国家的空间整合与统一,其中的权力结构配置及其制度化历经漫长历史锤炼。自春秋战国出现县、郡开始,围绕单一制国家结构这一中轴,中国便形成了趋于集权的权力结构关系。这一集权体制强调中央政府的集权和权威,强调中央政府在整个社会协调和控制中的重要地位和作用,中央对地方拥有监督和任命的权力[2]。

改革开放后,强调高度统一与集中的权力结构发生变化,有研究者试图以新的委托-代理模式认识、理解改革进程中的地方政府[3]。这一研究进路从政策过程的角度,将央地关系理解为理性环境下的委托-代理关系,认为地方政府在既有制度环境中对重要政策策略性地执行,成为策略性的行动者,而这与中央地方关系上的信息不对称关系有关。

在迈向现代化的道路上出现的政策偏差,再次显示出了中国中央政府和地

---

[1] 周黎安:《转型中的地方政府:官员激励与治理》,格致出版社、上海三联书店、上海人民出版社,2017。
[2] 林尚立:《国内政府间关系》,浙江人民出版社,1998,第6、25页。
[3] 关于委托代理关系,参见 Gary J. Miller, The political evolution of principal-agent models, *Annual review of political science*, No. 8(2005):205.

方政府间权力配置的制度安排变革。基于此,学者们展开了争论:这一时期在政策过程中显示出的央地权力结构,是碎片化的威权体制,还是分权化的威权体制(decentralized authoritarianism),抑或其他[1]? 其中,对碎片化的威权体制和"非零和博弈"模式的讨论尤为引人注意[2]。

一个曾被广泛讨论的命题是:中国中央政府的控制力从来没有能够有效地达到农村与边远地区。这一命题认为,1978年以前中国的社会、政治经济结构是"蜂窝状"的,改革开放以后,这一结构变成"碎片"了。沿袭这一讨论,李侃如(Kenneth G. Lieberthal)等认为,在广义上,可以从三个向度研究中国的中央集权与分权:价值整合、资源与权威的结构分配以及决策与政策执行的过程。他更关注后两个维度。在他看来,受传统的结构因素影响,改革开放后的中央权威较容易出现碎片化,且还可能加剧,但这并不意味着中央陷于无助境地,中央政府还是无可替代的,而且决策权威分散恰恰是改革取得成功的关键动力,省级政府获得的权威则是中央政府为了改革成功主动出让的。同时,李侃如也指出了这其中可能存在的问题——权威在最上层和最下层之间有可能被分割为"无人地带"。

持非零和博弈论观点的学者对此提出了质疑:省的权力究竟包括什么内容,省的权力从哪里来?碎片化的威权体制是怎样实现向分权制度化(即地方政府自主权合法化)方向转换的?李芝兰(Linda Chelan Li)主张对权力作出区分:权力与权力基础是不一样的,权力基础包括强制与共识两种。随着环境的变化,权

---

[1] Li Jiayuan, "The paradox of performance regimes: strategic responses to target regimes in Chinese local government," *Public administration* 93, No. 4(2015): 1152—1167; Liu Dongshu, "Punish the dissidents: the selective implementation of sability preservation in China," *Journal of contemporary China* 29, No. 119(2019): 795—812; Liang Jiaqi, Laura Langbein, "Performance management, high-powered incentives, and environmental policies in China," *International public management journal* 18, No. 3(2015): 346—385; Liang Jiaqi, Laura Langbein, "Linking anticorruption threats, performance pay, administrative outputs, and policy outcomes in China," *Public administration* 97, No. 1(2019): 177—194; Sarah E. Anderson, Mark T. Buntaine, Liu Mengdi, Zhang Bing, "Non-governmental monitoring of local governments increases compliance with central mandates: a national scale field experiment in China," *American journal of political science* 63, No. 3(2019): 628—630. Xu Chenggang, "The fundamental institutions of China's reforms and development," *Journal of economic literature* 49, No. 4(2011): 1076—1151.

[2] Kenneth Lieberthal, Michel Oksenberg, *Policy making in China: leaders, structures, and processes* (Princeton University Press, 1988); Linda Chelan Li, *Centre and provinces——China 1978—1993: power as non-zero-sum* (Oxford: Clarendon Press, 1998); Shirk, *The political logic of economic reform in China*.

力基础可能会发生变化,博弈规则也将发生变化。1978年后的财政改革使中央与地方形成了一种非零和博弈的关系。这意味着,中央与地方关系是一个互动的过程,中央与省级政府都会为了各自的目标而与对方博弈。由此,政治互动实际上就变成了一个政治妥协过程。李芝兰试图通过1980年财政改革的个案分析证明中央与省的非零和博弈模型假设:中央政府和省级政府都有彼此不能削减的权力;中央政府对于省级政府的不可化约的权力是强制力;省级政府对于中央政府的不可化约的权力是其中介人角色;因为双方相互依赖,原本看似必不可少的冲突被延缓,中央政府或省级政府都不可能全胜或者全败,妥协政治或者非零和情形由此出现。

改革开放以来,在财政包干制的大力推动下,地方政府的确在总体上获得了很大的行动空间,以及投资决策、企业管理、对外贸易等方面的自主决策权。问题在于:应如何认识地方政府获得的这些策略空间与自主权?应如何认识地方政府在与中央政府的互动中获得的权力与地位?这种权力获得是策略性的还是结构性的?法理上,中央政府始终拥有绝对权力、绝对自主性,因此地方政府与中央政府的权力互动关系是不对称的,中央与地方持续的权力互动关系意味着国家权力结构的不稳定。由此,国家自主性或国家权力是在互动中发现、获得的。那么,应如何看待互动中的国家自主性?显然,理性主义的博弈论意识到了国家权力结构的不稳定性,但忽略了根本上权力的不对称性以及国家自主性在其中发挥的作用。王绍光和胡鞍钢的研究指出,财政包干制使分权超出了一定的底线,使地方政府具有了与中央政府对抗的能力,虽然曾起到积极作用,但也引起了国家财政汲取能力的逐步下降,政府财力极度分散,中央财力下降至历史最低点[1]。

上述理论在拥有各自的出发点和侧重点基础上,为进一步的研究提供了丰富的知识积累与理论想象,但也有各自的不足。

无论财政联邦主义,抑或地方政府的政治经济学,都认识到财政分权改革通过某种组织机制的变革,促进了经济的增长和向市场的转型。维护市场的财政联邦主义和地方性国家法团主义还进一步进行了空间上的拓展,认识到市场空间作为权力来源的意义。财政联邦主义论者认为,M型层级结构是财政分权发生作用的前提条件。那么,分权的过程和机制是怎样的?这类研究具有一定的目的论色彩,前者以市场体制为目标,后者以经济增长为目标,这使得两种研究

---

[1] 王绍光、胡鞍钢:《中国国家能力报告》;王绍光:《分权的底限》。

路向的视野最终受到局限。它们的问题在于没有对这一制度的起源进行深刻的分析。实际上,它的形成逻辑对于其功能的实现有很大影响。财政包干制和大多数制度一样,虽然不能被理解为一种纯粹的自发秩序,但它的形成却是"没有图纸"的,是在"摸着石头过河"中形成的。在某种程度上,它是对已有成功经验如农村改革、企业改革经验的推广或者路径依赖。作为制度选择,它是历史的,甚至具有某种偶然性[1];同时,从政治层面看,这一制度源于特定的权力结构,源于各种力量的对比、组合。理解这一特征是对它进行政治分析的题中应有之义。

政策过程与权力结构分析的研究者将"国家能力"置于一边,而专注于权力结构的互动及策略反应,由此形成的论点是,既然中央与地方的权力关系不是零和博弈,就不能认为从中央转移财政资源和权威给省就是中央权力的流失。这一研究看到了权力结构可能发生的内在变化:权力间的互动可能带来整个权力基础的变更,权力会出现内在增生。由此,这一研究给本书的启发是:国家权力的内在结构总处于不对称的互动中,虽不稳定,但也会达成动态平衡;国家权力也会随着权力基础的变更而不断出现力量增生。由此产生的问题是:国家与地方彼此增生的权力来源于哪里?的确,地方政府在中央权力碎片化过程中获得了权力,并且开展了"非零和博弈",但是地方政府的能动性是否还有其他方面的根源?地方与中央之间的资源积累和分配是如何实现的?已有的研究对此尚未有清晰的解答,而这些问题也是本书希望解答的。

财政分权是一个历史性的政治过程,对财政分权的根源、性质和政治后果的讨论,必须被纳入国家的政治空间变化的历程中加以考察,关注结构性因素的出现、汇聚及其后果。分权并不必然带来政治民主,也未必以民主政治为前提,我们需要聚焦的是政体本身的运动规律,它是在怎样的条件下以何方式,通过怎样的政治过程孕育出分权的财政包干制改革?又带来了怎样的政治影响?

本书将把财政包干制作为一个历史时段的产物,在变迁中理解财政包干制的发展,以及财政包干制下地方政府的角色变化。通过历史的回顾,展现分权与转型的制度演变过程。在最基础的意义上,财政包干制是一个不断放权让利,使地方政府不断获得更多自主权的过程。地方政府行动能力不断增强,与国家的主动放权让利有关,也是地方政府自主策略性的结果。由此,本书将会特别关注的关联疑惑形成了:地方的自主性获得与国家自主性的获得是怎样的关系?其

---

[1] 大卫·哈维:《新自由主义简史》,上海译文出版社,2010。

中,国际与社会情势变化发挥了什么作用?具体而言有两个问题:第一,地方政府何以超越一般经济实体对经济利益的局限,在其经济性决策中更多地考虑社会需要?第二,与中国社会既有的价值体系相吻合,中国是如何在坚持社会主义、坚持党的领导的准则下实现向市场经济的成功转型的?

第三节　国家与地方:分析框架

本书以1978—1988年财政制度演变为研究对象,将这一分权性质的财政制度置于特定的历史社会情境中,观察其制度演变过程及其影响。众所周知,财政包干制的最大特点就是各地方都获得了一定的自主权。从国家的角度而言,"放权让利"的根本目的就是要调动地方政府和生产者的积极性,基于此,本书将财政包干制的核心聚焦于"撬动地方",即本书将对地方性因素与地方秩序(local order)的形成予以特别观察,以此为基础,考察国家对新形成的地方秩序展开的规范整合。这里的地方包括了次国家层面的各级行动主体[1]。本书通过观察这些行动主体在20世纪80年代以来中国的转型与发展中的策略和行动,思考国家自主性与地方性在一定历史与结构情境中的辩证关系。

一、制度变迁的地方性

对制度演变的研究,首先要说的是曾盛极一时的制度变迁理论。20世纪70年代初西方国家的滞胀危机、福利危机带来了严重的政治、社会问题,它迫使社会科学家们纷纷开始寻找新的理论路径,重新讨论国家权力、市场行为的关系及其变迁,由此掀起了新制度主义的研究浪潮。这些研究包括:诺斯(Douglass

---

[1] 在单一制国家,中央政府以下的地区政府皆为地方政府。《国际社会科学百科全书》把上述地方政府区分为地方政府和中间政府。在中国这样一个超大规模社会,区分中间政府与地方政府很有必要,中间政府与地方政府在国家整体结构中的定位、角色与功能都应该有区分,随着市场体制的一步步深入,国内政府间的关系调整中考虑这一层因素是必要的。以往海内外的中国央地关系研究较多地将省作为地方政府单元,后来,对央地关系的考察视野被扩大,各地方政权机构,乃至基层政权都相继成为考察对象。在本书中,地方政府主要是省级政府,但随着财政包干制的扩展,省及以下各级政府都获得了相对于中央政府的自主权与行动空间。由此,我们将省以下的地方政府视为一个个的地方性场域。

North)、威廉姆森(Oliver E. Williamson)等对经济学新制度学派的推动;马奇和奥尔森(James G. March & Johan P. Olson)1984年发表的关于新制度主义的文章在政治学界引发的广泛讨论;麦耶尔和罗文(John W. Meyer & Brian Rowan)在这一时期开创的组织学新制度学派。这些研究多以市场或资本主义经济制度为考究对象[1]。

其中,以舒尔茨、戴维斯、诺斯等为代表的经济学家将制度作为重要变量重新引入经济分析,制度变迁理论应运而生。诺斯的一系列研究指出,市场经济本身的运行需要制度设施的保障,政治权力、社会文化,以及历史演变的途径都对经济形态有着重要的制约作用。这意味着市场经济并非一个自行演化的过程。而关于制度或者秩序的演化,哈耶克是当代学者们无法忽视的关于"自发秩序"理论的集大成者。他通过"自发秩序"与"建构秩序"的比对,对经济发展和历史进化进行了新的阐释。在他看来,"自发秩序"是社会自然演化中最可能幸存下来的"秩序"。拉坦认为诺斯的制度建构还是一个先验假设,他依然相信制度变迁的自发性,只是它展现的是所谓的"诱制性制度变迁"。拉坦提出从"供给-需求"两个方面着手考察制度变迁:"对制度变迁需求的转变是由要素与产品的相对价格的变化以及经济增长相关联的技术变迁所引致的;对制度变迁供给的转变是由社会科学知识及法律、商业、社会服务和计划领域的进步所引致。"[2] "自发秩序"以及"诱致性制度变迁"理论表明,国家权力之外、自下而上的多种力量对于制度变迁发挥的作用与影响。

随着改革开放的启动,制度变迁理论进入中国,且日益活跃,这一理论同样

---

[1] 诺斯的经典研究有 Douglass North, *Structure and change in economic history* (W. W. Norton & Company, 1981); Douglass North *Institutions, institutional change and economic performance* (Cambridge University Press, 1990); Douglass North, Robert Thomas, *The rise of the western world: a new economic history* (Cambridge University Press, 1976)。

威廉姆森的经典作品有 Oliver E. Williamson, *Markets and hierarchies: analysis and antitrust implications: a study in the economics of internal organization* (New York: Free Press, 1975); *The economic institutions of capitalism* (New York: Macmillan, 1985)。

马奇和奥尔森1984年发表的文章是 James G. March, Johan P. Olsen, "The new institutionalism: organizational factors in political life," *The American political science review*, 78, No. 3(1984): 734—749。

麦耶尔和罗文的开创性作品是 John W. Meyer, Brian Rowan, "Institutionalized organizations: formal structure as myth and ceremony," *American journal of sociology* 83, No. 2(1977): 340—363.

[2] 转引自郁建兴、黄亮:《当代中国地方政府创新的动力:基于制度变迁理论的分析框架》,《学术月刊》2017年第2期。

以市场经济发展为目标。比如,引发主流社会学大争论的市场变迁理论认为,一旦市场经济取代再分配经济,在这一变迁过程中,中国社会的分层机制和过程也会随之变化[1]。另一方面,有些研究者回到经济制度,林毅夫延续拉坦等基于"供给-需求"模型的分析方法,重新强调强制性权力在制度变迁中的作用[2]。在他看来,由于"搭便车"的存在,自发产生的制度可能导致供给不足。强调国家作用对于制度变迁意义的还有引入中国的"财政联邦主义理论"。这一理论认为,强大的国家权力、好的政治制度可起到有效的制约作用,以确保强大的权力不被用于掠夺市场创造的财富,以确保市场经济的自我强化。

关于中国改革过程和经济起飞,另一些制度变迁理论则关注到国家权力之外的力量对制度变迁的影响。白素珊(Susan H. Whiting)试图提出一个解释税收制度变迁的产权制度变迁的内生理论,她发现,各地的历史遗产对于经济发展与市场发育的促进作用[3]。与戴慕珍、林南等的"地方性法团主义"的路径相似,人们相信,合作解决问题的能力是中国乡镇企业成功的一个主要原因。随着社会因素,包括文化、信任等的引入,"地方性"成为制度变迁理论需要关注的重要线索。

新制度主义重视历史在制度变迁中的作用。研究者们强调历史的依赖性以及演变过程的重要性,如诺斯等人基于西方资本主义国家兴起的研究发现政治制度是经济发展的基础而国家(地区)间竞争是创新和发展的动力,同时,他还基于阿瑟技术变迁机制研究,指出了经济史的制度变迁存在"路径依赖"问题。在诺斯看来,一国过去的经济绩效对现在和未来有着强大影响力,因为制度变迁中还同时存在着报酬递增和自我强化机制,这种机制使制度变迁一旦走上了某一条路径,它的既定方向会在以后的发展中被不断自我强化。沿着既定的路径,经济和政治制度的变迁可能进入良性循环,迅速优化;也可能顺着错误路径往下滑,在痛苦的深渊中越陷越深,甚至被"锁定"在某种无效率的状态之下。一旦进入了"锁定"状态,想要脱身而出就变得十分困难,除非依靠政府或其他强大的外力推动。

广义的路径依赖实际上体现的是"历史依赖"(history dependence),强调历史的事件顺序对后续事件的影响。有看法认为,由于路径依赖/历史依赖,尤其

---

[1] 边燕杰:《市场转型与社会分层》,三联书店,2002。
[2] 林毅夫:《关于制度变迁的经济学理论:诱致性变迁与强制性变迁》,载《财产权利与制度变迁》,上海人民出版社、上海三联书店,1994。
[3] Whiting, *Power and wealth in rural China: the political economy of industrial change*.

是"锁定",强调系统无法摆脱历史事件的影响,研究分析带上了一定程度的历史决定论色彩[1]。而从另一方面,这一讨论也恰恰揭示了偶然因素对于历史的重要性[2]。

在任何体制之下,政治总具有一定的地方性,正如美国前众议院议长奥尼尔(Tip O'Neill)曾说,所有的政治都是地方政治(all politics is local)。地方性往往是政治的来源,实际上也是所有制度变迁的来源。在诺斯的研究中,我们看到了国家对于制度创新的推动,在拉坦、白素珊、戴慕珍等的研究中,我们则看到了地方性因素对制度变迁的意义。当然,地方性因素对于制度变迁意义也取决于特定条件,比如,既有政策及其背后的观念在现实中遭遇严重危机与挑战时[3]。这一思路下,制度变迁具有着偶发性,甚至不可预测性。而在那个变革的临界点,创新的推动者,既可能来自作为创新推动者的国家力量,也可能来自作为创新基础的地方性力量。

就地方性而言,每一种创新都是对基于"诸种问题"的"解决方案"的选择,而创新的制度化,又实际上是对某种"解决方案"的认可以及普遍化、合法化。这意味着,在普遍化规则之外还有未被承认的局部规则、地方性秩序的存在,以及潜在的局部规则与地方性秩序的存在。局部秩序(local order)总是权变性的,通过局部秩序,人们可以发现和选择新的资源,这使得已经建立的普遍均衡状态变得不稳定、易变。随着整个社会的愈益个体化、愈益充满计算,社会风险愈益增加,社会的普遍性均衡状态亦变得更加易变、脆弱。组织既是容器,也是内容,既是结构,也是过程。组织为集体行动实践提供了持久的条件和力量,局部秩序则为

---

[1] Jörg. Sydow, Georg Schreyögg, Jochen Koch, "Organizational path dependence: opening the black box," *Academy of management review* 34, No. 4(2009): 689—709.

[2] 如马洪尼(James Mahoney)所言,随机性和不可完全控制的选择是路径依赖理论的核心;由于初始阶段的偶然性,不可能完全预见行动者的行为。[James Mahoney, "Path dependence in historical sociology," *Theory and society*, No. 29(2000): 507—548]

[3] 2013 年,因将"断续均衡"理论运用于美国公共政策分析而著名的鲍姆加特纳(Frank R. Baumgartner)再度发文,纪念 20 年前霍尔(Peter A. Hall)的名篇《政策范式、社会学习与国家》(*Policy paradigms, social learning, and the state*)问世。显然,他们再次讨论政策失败,各要素互动对制度变迁的意义。[Frank R. Baumgartner, "Ideas and policy change," *Governance* 26, No. 2(2013): 239—258; Peter A. Hall, "Policy paradigms, social learning and the state: the case of economic policymaking in Britain," *Comparative Politics*, 1993, 25(3)]此前,克拉斯纳(Stephen D. Krasner)从古生物学界引入"断续均衡"(punctuated equilibrium),提醒人们注意此前的危机以及某种临界点状态对于新制度产生的意义。[Stephen D. Krasner, Approaches to the state: alternative conceptions and historical dynamics, *Comparative politics* 16, No. 2(1984)]

组织的创新提供了动力和基础[1]。

二、历史、结构与国家自主性

经济学领域的制度学派如诺斯等强调国家对制度变迁、经济发展的作用。诺斯认为,"一个有效率的经济组织在西欧的发展正是西方兴起的原因所在",而国家是这一有效率的经济增长的保护者,国家决定了产权结构。总体上,在经济学领域,国家是"同意的计算",是理性行动者对经济的有效率的组织,是影响经济与效率的一个分析变量。

当经济学的制度主义不断发展之时,"回归国家"和国家中心主义的研究也在政治与社会学领域兴起。制度再度成为政治学的关注焦点,涉及公共政策制定、国家起源、国家的立法、行政、选举等制度发展、法团主义等经验现象。新制度主义让国家、制度重新成为政治学研究的主角。不同于过去的"社会中心"或"旧制度主义",新的"国家"中心研究和政治学的新制度主义更倾向于将由社会经济结构决定国家活动的"社会中心"带回到"国家中心",将国家看成是一个自主的结构——这种结构具有自身的逻辑和利益,其利益并不一定与社会支配阶级或政体中全部成员的利益一致。按照斯考切波(Theda Skocpol)的观点,国家自主性可以界定为国家相对于各种社会经济力量而自主行动的能力。在新马克思主义和韦伯传统的影响下,回归国家学派的国家观继承了韦伯的官僚自主理论,更强调国家对社会的作用,而不是社会对国家的作用。

以此为出发点,斯考切波根据社会结构的观点、比较历史的方法,将国家与社会革命联系起来,通过分析革命前的旧国家体制如何回应环境与社会的改变,解释革命发生的原因以及革命后新体制的形成[2]。卡岑斯坦(Peter J. Katzenstein)等人则关注了国家如何塑造经济政策。通过比较美、英、法、德、日、意等国的对外经济政策,卡岑斯坦发现,各国体制中权力结构与社会结构的不同以及政策网络的形态,造就了各国面对共同的石油危机呈现的经济政策差异[3]。在另一本被视为历史制度主义的开山立派之作的《经济治理》(*Governing the economy*)一书中,霍尔比较了1970—1980年英国与法国的经济政策中国家干预

---

[1] 埃哈尔·费埃德伯格:《权力与规则》,张月 等译,上海人民出版社,2005,第3页。
[2] 西达·斯考切波:《国家与社会革命:对法国、俄国和中国的比较分析》,上海人民出版社,2007。
[3] 彼得·J.卡岑斯坦:《权力与财富之间》,吉林出版集团有限责任公司,2007。

程度的差异,以此指出制度在历史因素中形塑政策的重要性[1]。霍尔采取了一种互赖和嵌入的视角,通过区分国家在经济发展中所扮演的角色,说明政府在促进国家工业化进程中的关键性作用。他以"嵌入性自主"来表明国家和社会的依赖与融合,以及国家机器对"掠夺型"政治行为的避免。

在各个领域的应用分析中,国家自主性的含义不一而足。比如,诺德林格(Eric A. Nordlinger)就认为,国家自主性表现为一个又一个的动议催生和政策达成的过程。自主性的衡量不是单方面的,而是国家和社会在不同的政策领域相互角力的结果[2]。布洛克(Fred Block)则认为,作为一个统治群体的国家管理人员虽然会追求自身的利益,但是他们对这自身利益的追求又是在一定的制度背景和阶级背景中展开的,政治制度的存在为官员的自利性行为设置了限度[3]。多姆霍夫(G. William Domhoff)怀疑国家自主性的存在,他将国家自主性理解为国家权力的独立性和专断性,对此,费勒古德(Kenneth Finegold)认为,"国家自主性并非与生俱来,而是一种可能性"[4]。而在此之前,斯考切波提出以"潜在自主性"的概念来讨论国家自主性,国家"在任何地方都具有摆脱支配阶级直接控制的潜在自主性,它们在实际上所具有的自主性程度,以及所产生的影响,都因具体的场景而异"[5]。斯考切波的国家自主性体现了韦伯主义的国家概念,表现为那些与社会较为隔绝的职业官僚的行动,同时也体现为相对自主的组织架构。在她看来,国家并非"单纯地反映社会、阶级或社会集团的利益或要求",它还可以"形成并寻求目标"[6]。这一立场,也在一定意义上呼应了马克思主义关于国家相对自主性的理论,即国家在一定条件下能够超越对"社会、阶级或社会集团"的对立。它意味着国家能够不断加强与地方、与经济、社会力量的各种合作,并在此过程展现独立自主的判断,体现公共性。

---

[1] Peter A. Hall, *Governing the economy: the politics of state intervention in Britain and France* (Oxford University Press, 1986).
[2] 埃里克·A.诺德林格:《民主国家的自主性》,江苏人民出版社,2010。
[3] Fred Block, "Beyond relative autonomy: state managers as historical subjects," *Socialist register*, No. 17(1980).
[4] Kenneth Finegold, "Between all and nothing: a comment on G. William Domhoff's *Class power and parties in the New Deal*," *Berkeley journal of sociology*, No. 36(1991): 65—76; Kenneth Finegold, Theda Skocpol, *State and party in America's New Deal* (Wisconsin University Press, 1995).
[5] 斯考切波:《国家与社会革命:对法国、俄国和中国的比较分析》,第30页。
[6] 西达·斯考切波:《找回国家:当前研究的战略分析》,载彼得·埃文斯、迪特里希·鲁施迈耶、西达·斯考切波《找回国家》,生活·读书·新知三联书店,2009,第10页。

那么，中立、独立、公共的目标从何而来？何以评判国家或者政治组织的组织目标、发展战略是自主的、公共的、独立的？在《民族国家与经济政策》一书中，韦伯提出了"政治成熟"的概念：国家有能力站在历史高度，基于民族未来利益，对国家的政策与发展战略做出具有某种超越性或预见性的判断。这种政治的判断与预见能力，以及行动能力，其实就是国家的自主能力。后来的克拉斯纳的研究沿袭了韦伯对政治的历史与预判能力的强调，他指出，国家自主性体现于历史解答（the historical cure）中，国家的政治选择，意味着对另外某些未来选择的排除，以及某些未来选择的可能出现。经由政治领导人的预判，国家的政治选择终将成为特定的历史选择[1]。

因此，国家自主性也是某种"潜在性"与"可能性"。也就是说，国家自主性不是绝对、抽象不变的，它是对特定条件的反映与表现。国家自主性意味着，国家自身为了生存和发展，就需要不断改变自己，灵活处理各种关系，做出政策与战略选择。这是一个不断探寻的过程，从历史时段看，这种探寻过程有时候会表现出类似钟摆的摇摆、变化，包含着风险、误判与调适的过程。

这一对国家自主性的分析路径，必定诉诸一种宏观结构的分析方法，尤其难以避免对中国政治中具有关键意义的制度变迁的理解。而所谓宏观、结构的分析意味着，对个案、对政治过程中出现的冲突（包括政策与道路选择的冲突，文化、价值与意识形态的冲突）与种种议题，需要在历史连续性中给出恰当的优先顺序判断。当地方性的规则不断出现，价值冲突、合作形式日益多样，政治与社会事件的"罗生门"不断出现，更需要依凭历史以及未来对政治予以评判，对地方性予以规范整合。

历史与路径依赖不仅是经济学制度分析，也是国家中心的历史制度主义的重要研究议题，研究者不断强调历史因素对形塑政策的重要性，提出关于制度变迁中路径依赖的各种假设与判断。比如，皮尔森（Paul Pierson）将经济学者在研究社会过程中发现的"回报递增"（increasing returns）的自我强化机制，应用于政治学研究中，指出政治生活的集体性、政治制度的密集性、政治权力的非对称性、政治生活的复杂性与不透明性等因素导致政治制度有维持现状的倾向，因此更容易发生制度的路径依赖[2]。

---

[1] Stephen D. Krasner, "Approaches to the state: alternative conceptions and historical dynamics," *Comparative politics* 16, No. 2(1984): 223—246.

[2] Paul Pierson, "Increasing returns, path dependence, and the study of politics," *American political science review* 94, No. 2(2000): 251—267.

因此，对国家自主性的关注也意味着考察国家突破和超越路径与历史依赖的能力。研究国家自主性，需要考察历史，针对一个或数个重大个案，分析政治制度与历史过程的结合效果，发现特定历史与环境、历史机遇与偶发事件，观察国家在各种变项中的选择和目标确立[1]。在这个过程中，我们对秩序的微观基础也予以特殊的关注。研究中国政治转型的著名学者邹谠提出了一种宏观历史与微观行动互动的研究方法[2]。这一方法把研究焦点放在政治行动上，考察政治行动是如何引起政治系统的变化并同时反映这种变化的，一旦将行动纳入历时性的观察视角，我们不仅将更好地理解集权与分权在中国的政治空间中的纠结与表达，而且也能更贴切地看到新秩序形成的政治过程。

三、内容架构

根据如上的文献回顾以及逻辑分析，本书对于财政包干制的研究，是以"国家"为中心的制度研究。这一研究以马克思的历史唯物主义为根本方法论基础，强调研究历史与逻辑的统一性。

本书对财政包干制的政治分析不仅仅展现了20世纪80年代的改革历史过程，也试图折射出中国共产党的执政逻辑：中国共产党成立至今的百年历史中，作为当代中国社会建设和发展的领导核心，中国共产党不仅实现了民族独立、人民解放，建立了社会主义制度，还找到了一条适合中国国情的社会主义现代化道路。其中，始于1978年的改革开放这一战略转变之所以是自鸦片战争以来的"三大历史性事件""三大里程碑"之一，正在于它对于探索适合中国国情的社会主义现代化建设道路的伟大实践意义。在中国共产党领导下，1978年起实施的以财政管理体制改革为突破口的放权让利改革通过"撬动地方"，开启了新的市场驱动的，以切实改善人们生活、激发生产活力为目标的社会主义建设道路。本书要研究的，正是财政包干制的制度演化及其政治影响。借此我们将看到中国共产党在特定历史时期、基于特定历史条件为获得自主性而不断进行的道路与

---

[1] 后来的历史制度主义不断成熟、发展，试图以制度为中心建立"中层理论"，连结个体行为与社会结构。蒂利（Charles Tilly）随后开创的国家建设研究路径十分重视行动的意义，他倾向于宏观叙事研究，试图把动员中的社会运动与国家权力、国家形态联系起来考虑。相比之下，社会运动理论更强调行动的意义，就社会运动理论而言，一定的政治/制度是人们在社会运动中所做的各种策略性选择的基本背景。

[2] 邹谠：《二十世纪中国政治——从宏观历史与微观行动的角度看》，牛津大学出版社，1994。

政策选择。

本书的内容架构如下。导论部分阐述研究问题,进行文献回顾,确立分析框架。第一章分析分权财政制度变革的历史情境,研究高度集中和一元化政治空间下的财政管理体制是如何在历史进程中形成并达到它自身变化的临界点的。第二章继续展开历史叙事,考察了1978年后财政包干制的政策进程。第三章侧重于考察财政制度变革下地方政府的角色与行动模式,论证地方政府在体制突破过程中所扮演的"引擎作用"。第四章进一步探讨了地方政府是如何实现改革与转型的"蓄水池效应",从而确保了改革、发展和稳定的动态结构平衡。第五章对地方政府构建市场体制的动机、策略和角色进行深入考察,进一步展示分权改革的影响。第六章从权力的积累与增生的角度,分析了财政分权是如何成为资源积累和国家建设的一部分。结论部分提取和讨论这项研究的若干理论含义,尤其是建构共识政治、提升国家自主性与政治成熟度对中国政治内生演化的意义。

第一章
国家成长与财政改革初探

2014年2月,习近平总书记在省部级主要领导干部学习贯彻第十八届三中全会精神全面深化改革专题研讨班上发表了题为《不断提高运用中国特色社会主义制度有效治理国家的能力》的讲话,习总书记在讲话中指出:"一个国家选择什么样的治理体系,是由这个国家的历史传承、文化传统、经济社会发展水平决定的,是由这个国家的人民决定的。我国今天的国家治理体系,是在我国历史传承、文化传统、经济社会发展的基础上长期发展、渐进改进、内生性演化的结果。"[1]习总书记的这一判断不仅是对中国共产党领导下的中国特色社会主义现代化国家的发展实践历程的高度概括,也有着鲜明的理论意义。1949—1977年是中国共产党历史上,也是中国现代化发展历程中非常重要的阶段。在这一阶段,中国共产党领导人民建立了人民民主的、独立解放的新中国,建立了庞大独立的现代工业体系、全面且平等的社会福利体系,为我国后来的快速发展奠定了强大的物质与制度基础。

以国家治理体系为核心的国家政治形态的形成是一个不断发展的过程,1978年前,一切的制度都还处于学习、成长之中。习总书记的讲话表明,制度变迁中政党及其领袖扮演着重要作用,同时,制度变迁也是历史演化的结果,即制度变迁是内生演化的、多种力量共同作用的结果,制度最后因此被抹上特定的类型色彩。经典理论家如韦伯也曾指出,每种统治类型都有与之相应的特别的岁入形式,这一理论在后来的制度经济学派如诺斯、奥尔森那里,在"国家中心"论

---

[1] 习近平:《不断提高运用中国特色社会主义制度有效治理国家的能力》,《习近平谈治国理政》第1卷,外文出版社,2014,第105页。

的斯考切波（Theda Skocpol）、蒂利（Charles Tilly）等都得到进一步的发挥——财政税收的汲取方式与国家结构的建设有着不可忽视的相关性。

众所周知，1978年以后，中国的财政制度出现大变革，过去高度集中的财政管理体制渐渐转换为分权的"财政包干制"形式，而这一分权的财政改革对地方政府形成撬动之势，对中国的经济社会发展产生了深远影响。那么，1978年后发生的财政包干制为什么能较为持久地形成撬动地方之势？财政体制的制度变迁是怎样出现的？在这一章中，我们将回到历史本身，将现代国家视为一个多要素互动演化、成长过程，将财政制度的变革视为国家成长的重要内容，以国家成长为背景，对财政制度变革前的制度形成、发展以及政治社会条件做出历史考察。高度集中的财政管理体制形成过程表明，政策在演变过程中，国内外环境的不断变化，以及由此不断出现的决策诉求，这些都使得制度发展在其内部的张力到达变革的临界点。尽管在这一段历史进程中，我们能够直观地感受到领导人对于政治与社会变革的巨大推动作用，但驱动政策与制度演变的，也还有意识形态、政权结构、经济与社会结构等这些因素的不规则耦合力量，这些内生性的结构性因素的汇聚与组合，使得变革发生蓄势待发，由此有了秩序再造的可能性。

第一节 工业化与集体主义：国家成长的动力与路径

早期对国家的研究主要围绕国家的属性展开，比如，国家是阶级冲突的产物，对资源的权力分配有着强制性与合法性等。随着工业社会大转型被多方关注，包括波兰尼等在内的学者们将国家与工业化的关系呈现在了大众面前[1]。随着"国家中心论"的崛起，工业化与现代国家的关系被置于工业社会启动以及现代国家形成的双向运动过程中，成为包括新兴工业国家在内的国家多样性的研究范畴。"国家中心论"者的另一个发现是，"现代国家从来就是一个由彼此竞争和相互裹挟等国家所组成之系统的一个部分"[2]。这一节里，我们也将通过对社会主义新中国的成长历史考察，探索工业化以及国家间竞争中面临的道路

---

[1] 卡尔·波兰尼：《大转型：我们时代的政治与经济起源》，浙江人民出版社，2007；Alexander Gerschenkron, *Economic backwardness in historical perspective* (Harvard University Press, 1962).

[2] 埃文斯、鲁施迈耶、斯考切波：《找回国家》，第9页。

选择,这两种要素如何塑造了社会主义新中国的成长,以及高度集中的财政管理制度的形成。

一、工业化:新中国成长的动力

中国是一个有着数千年文明积淀的后发现代化国家,在外来炮火冲击下,中国人民都期待通过现代化建设,使古老的中华民族再次独立地屹立于世界。因此,主权独立、工业化是中华民族、中国人民的共同期盼。1949年9月21日,毛泽东在中国人民政治协商会议第一届全体会议上宣布:"占人类总数四分之一的中国人从此站立起来了!"[1]具有临时宪法性质的《中国人民政治协商会议共同纲领》总纲对于新中国给出了这样的期待:"为中国的独立、民主、和平、统一和富强而奋斗。""中华人民共和国必须取消帝国主义国家在中国的一切特权,没收官僚资本归人民的国家所有,有步骤地将封建、半封建的土地所有制改变为农民的土地所有制,保护国家的公共财产和合作社的财产,保护工人、农民、资产阶级和民族资产阶级的经济利益及其私有财产,发展新民主主义的人民经济,稳步地变农业国为工业国。"[2]

这一目标对于属于人民的中华人民共和国来说实属不易。面对遭受帝国主义欺凌、军阀割据之苦的旧社会,中国共产党应运而生。1922年召开的中共二大,明确其奋斗目标包括:"消除内乱,打倒军阀,建设国内和平";"推翻国际帝国主义压迫,达到中华民族完全独立";"统一中国本部(东三省在内)为真正民主共和国"[3]。1940年年初,毛泽东在《新民主主义论》中,描绘出新中国的政治图景:"我们共产党人,多年以来,不但为中国的政治革命和经济革命而奋斗,而且为中国的文化革命而奋斗;一切这些的目的,在于建设一个中华民族的新社会和新国家。在这个新社会和新国家里,不但有新政治、新经济,而且有新文化。这就是说,我们不但要把一个政治上受压迫、经济上受剥削的中国,变为一个政治上自由和经济上繁荣的中国,而且是要把一个被旧文化统治而愚昧落后的中国,变为一个被新文化统治因而文明先进的中国。一句话,我们要建立一个新

---

[1] 毛泽东:《中国人从此站立起来了》,《毛泽东文集》第5卷,人民出版社,1996,第343页。
[2] 《中国人民政治协商会议共同纲领》,载《建国以来重要文献选编》第1册,中央文献出版社,1992,第2页。
[3] 《中国共产党第二次全国代表大会宣言》,载《建党以来重要文献选编》第1册,中央文献出版社,2011,第133页。

中国。"[1]

1949年6月15日,毛泽东在新政协筹备会上说:"中国人民将会看见,中国的命运一经操在人民自己的手里,中国就将如太阳升起在东方那样,以自己的辉煌的光焰普照大地,迅速地荡涤反动政府留下来的污泥浊水,治好战争的创伤,建设起一个崭新的强盛的名副其实的人民共和国。"[2]9月16日,毛泽东在驳斥美国国务卿艾奇逊的言论时进一步说:"我们相信革命能改变一切,一个人口众多、物产丰盛、生活优裕、文化昌盛的新中国,不要很久就可以到来"[3]。

要真正实现广大人民所期待的独立、自主、统一也并非轻而易举。新中国成立之初,国内社会经济状况可谓满目疮痍。仅在新中国成立前后,全国范围就先后出现了四次物价大波动。第一次是1949年4月,从北平、天津开始,后来波及华北、西北、直至华中、苏北。当时解放军连续进行了平津、淮海两大战役,正准备渡江。第二次是上海解放不久,国民党实施物资封锁,当地商人囤积居奇,哄抬物价。第三次是开国大典刚过去15天,从上海、天津开始,物价大波动迅速波及全国。第四次是1950年初春节期间,上海、广州、武汉等大城市物价上涨。

尽管困难重重,但新政权也有优势。第一,中国共产党是民心所向,被帝国主义者压抑了一个世纪后的中国人对新政权满怀期待。第二,当时中国共产党已控制了广大的农村地区,广大农民的支持使得新政权可以在最大程度上实现对大量粮食与物资的调配。第三,经过28年的历练,中国共产党已具有了较强的组织能力。

应对危机与巩固政权的社会情势使中国共产党的组织动员能力迅速提升。同时,党领导的国家政权建设过程也是党带领中国人民共同应对危机的过程。在总结建国以后第一年财政和经济工作经验时,陈云说:"一年的事实证明,恰当地估计中国人与物两方面的潜力,在人民政权的保证下,我们有极大的创造性的成就的可能。"[4]

在满怀期待的广大人民的大力支持下,1949—1953年,中国成功地开展了三大运动——土地改革、抗美援朝、镇压反革命,并使国家财政经济状况快速好转。1953年,毛泽东在中央人民政府委员会第二十四次会议上发表了讲话,在

---

[1] 毛泽东:《新民主主义论》,《毛泽东选集》第2卷,人民出版社,1991,第663页。
[2] 毛泽东:《在新政治协商会议筹备会上的讲话》,《毛泽东选集》第4卷,人民出版社,1991,第1467页。
[3] 毛泽东:《唯心历史观的破产》,《毛泽东选集》第4卷,第1512页。
[4] 陈云:《中华人民共和国过去一年财政和经济工作的状况》,《人民日报》1950年10月1日。

总结抗美援朝战争的伟大意义时,他说:"帝国主义者应当懂得:现在中国人民组织起来了,是惹不得的。如果惹翻了,是不好办的。"[1]

实现工业化、现代化是19世纪中叶以来一代代中国人"以不屈不挠的斗争反对内外压迫者"、实现"中华民族伟大复兴"的"强国梦"。鸦片战争打开了中国国门,一些资本主义企业先后出现在对外开放的港口城市。但工业化进程发展十分缓慢。1894年,甲午战争失败,洋务运动破产。进入20世纪后,连年战争,及至抗日战争的爆发,进展缓慢的工业进程陷入停顿。到新中国成立时,中国的国民经济已濒临崩溃,经济形式则基本上还是前现代经济:绝大部分人口依赖农业谋生,农业非常落后;工业规模小,且集中在局部地区,大部分地区的现代工业还是一片空白;经济区之间彼此分离;工业对于整个国民经济的贡献偏小。

把中国由落后的农业国变成先进的工业国就成为了中国共产党的庄严承诺。为迎接新中国的到来,从党的七届二中全会报告到《论人民民主专政》,中国共产党确立的目标就是:"使中国稳步地由农业国转变为工业国,把中国建设成一个伟大的社会主义国家。"[2]新中国成立后,"三大运动"以及恢复国民经济的任务奇迹般地提前完成,给中国共产党投身社会主义建设以巨大自信心和激励,而社会主义建设的重要内容就是要建设以工业化为中心的现代化,通过现代化提高人民生活水平,实现国家富强。

起初,关于新中国建设,党中央的判断是经过相当长时期的新民主主义建设,在国家经济事业和文化事业有了大的发展后,在条件具备时再采取社会主义步骤,最终实现社会主义。这意味着工业化的策略是"先建设后转变":在具备一定的经济基础后,再通过国家引导、经济竞争、赎买等和平手段,有步骤地进入社会主义工业化道路。

1950年,在题为《国家的工业化和人民生活水平的提高》的手稿中,刘少奇非常详尽地论述了工业化发展对于中国的意义。简言之,中国广大的劳动人民迫切需要提高生活水平,过富裕和有文化的生活,这是广大人民最大的要求和希望,也是中国共产党和人民政府力求实现的最基本的任务。因此,"首先,我们必须恢复一切有益于人民的经济事业,并使那些不能独立进行生产的已有的工厂尽可能独立地进行生产。其次,要以主要的力量来发展农业和轻工业,同时建立

---

[1] 中共中央文献研究室编《毛泽东年谱(1949—1976)》第2卷,第163页。
[2] 毛泽东:《在中国共产党第七届中央委员会第二次全体会议上的报告》,《毛泽东选集》第4卷,第1437页。

一些必要的国防工业。再其次,要以更大的力量来建立我们重工业的基础,并发展重工业。最后,就要在已经建立和发展起来的重工业的基础上,大大发展轻工业,并使农业生产机器化。中国工业化的过程大体要遵循着这样的道路前进"[1]。一年后他的讲话中又指出:"经济建设步骤——首先恢复农业及一切可能恢复的工业;其次发展农业和轻工业以及少数必要的重工业;然后发展重工业;然后倚靠已经建立起来的重工业,进一步发展农业和轻工业。"[2]在参加北京市第三届人民代表大会的讲话中,他又说:"经济建设现已成为我们国家和人民的中心任务。……我们的基本口号是:民主化与工业化!"[3]

受到新政权成立初取得的巨大成就的鼓舞,1953年,中国共产党提出了新的社会主义发展思路:把实现"一化、三改造"作为党在过渡时期的总路线和总任务。"从中华人民共和国成立,到社会主义改造基本完成,这是一个过渡时期。党在这个过渡时期的总路线和总任务,是要在一个相当长的时期内,逐步实现国家的社会主义工业化,并逐步实现国家对农业、对手工业和对资本主义工商业的社会主义改造。这条总路线是照耀我们各项工作的灯塔,各项工作离开它,就要犯右倾或'左倾'的错误。"[4]

向社会主义过渡时期的总路线提出后,党和国家随后在"一五"计划中确定了优先发展重工业的方针,及以发展国家的重工业作为实现社会主义工业化的中心环节,以重工业为重点,带动轻工业和农业的发展。重工业发展优先的经济建设战略意味着中国希望在短时期内以高积累的方式在全国建立全面工业化基础。

伴随着社会日益高涨的建设热情,农业合作化运动迅猛发展,资本主义工商业的全行业公私合营和手工业的合作化大大加快了步伐,党中央提出了提早完成我国社会主义建设和社会主义改造的计划。1956年,党的八大召开,宣布生产资料私有制的社会主义改造基本完成,党的工作重心将转移到发展社会生产力上。"我们党现时的任务,就是要依靠已经获得解放和已经组织起来的几亿劳动人民,团结国内外一切可以团结的力量,充分利用一切对我们有利的条件,尽可能迅速地把我国建设成为一个伟大的社会主义国家。"[5]"为了满足我国社

---

[1] 刘少奇:《国家的工业化和人民生活水平的提高》,《刘少奇选集》下卷,人民出版社,2018,第4页。
[2] 刘少奇:《中国共产党今后的历史任务》,《建国以来刘少奇文稿》第3册,中央文献出版社,2005.
[3] 刘少奇:《在北京市第三届人民代表会议上的讲话》,《刘少奇选集》下卷,第60页。
[4] 毛泽东:《革命的转变和党在过渡时期的总路线》,《毛泽东文集》第6卷,人民出版社,1999,第366页。
[5] 刘少奇:《在中国共产党第八次全国代表大会上的政治报告》,《刘少奇选集》下卷,第203页。

会主义扩大再生产的需要,完成社会主义工业化的任务……我们应当在三个五年计划的时期内,基本上建成一个完整的工业体系。"[1]根据这一需要,"二五"期间将"继续进行以重工业为中心的工业建设"[2]。

1949—1977年是中国共产党百年历史上的重要发展阶段,在新中国成立后的20多年里,中国从一个极端落后、分散的农业国进入了快速的经济增长与结构变化过程,建立了一个比较完整的工业体系,经历了重大的工业和技术变革,一大批新兴工业部门建设了起来,工业布局在地域和结构上都有了极大改善,在过去一穷二白基础上的扫盲取得了大的成果,建立了教育、医疗、职工保障等普遍性的福利体系。

二、集体主义的计划体制:社会主义发展路径初探索

中国共产党审时度势,及时根据国内外发展情势调整自身发展战略,大大推动了1977年前的中国发展。与工业化、现代化的发展战略相适应的是,其间,中国逐渐建立形成了高度集中的计划管理体制。当时的很多人都相信,社会主义国家、不发达国家及地区,要实现工业化、现代化,建立社会主义计划经济是基本的、不可缺少的条件。1957年,美国激进学派在经济学的代表作《增长的政治经济学》出版,在这一西方公认的马克思主义的重要著作中,巴兰从经济剩余理论出发论证了社会主义计划体制的必要性。他相信,对于落后的不发达国家而言,只有解决了经济剩余的积累和转移问题,才能创造自身的经济发展条件,这使得集中与积累战略成为必要[3]。这当然是关于计划与集中管理体制的理论推理,而从另一方面看,这一路径选择还有着自身的历史实践逻辑。

从国际看,第二次世界大战改变了国际劳动分工,但并没有减少国家间的竞争,当然,最大的竞争是社会主义阵营与资本主义阵营的竞争,除了意识形态,经济发展,也就是工业化的发展,也是两大阵营的主要竞争内容。这一时期,在两大阵营之外,一些大国比如巴西、阿根廷、墨西哥、印度等通过强调自力更生和进口替代加快了工业化,另一些经济体如韩国、新加坡、中国台湾地区、中国香港地区等,也形成了自己的新型工业化发展路径。

---

[1] 刘少奇:《在中国共产党第八次全国代表大会上的政治报告》,《刘少奇选集》下卷,第224页。
[2] 同上。
[3] 参见保罗·巴兰:《增长的政治经济学》,商务印书馆,2000。

作为落后的农业国,在新中国成立前,中国社会曾掀起过关于实现工业化的诸多讨论。例如,社会学家费孝通先生提出发展乡土工业作为中国工业化的过渡阶段:"我倾向于先发展乡土工业的意思,然后用这种工业里所创造出来的资本去发展较大规模的重工业。简单说,我们得从土地里长出乡土工业,在乡土工业长出民族工业。"[1]从1950年刘少奇的讲话中可以看到,在新中国成立之初,领导人是认可这一渐进主义的发展路径的:"……来发展一切有益于人民的生产及其他经济事业。首先用一切办法在现有基础和现有水平上来提高每一个劳动者的劳动生产率,提高生产品的数量和质量,节省原料和材料,消灭浪费,降低生产品的成本,然后逐步地提高生产技术,建设新的生产事业,并使手工业和个体农业生产经过集体化的道路改造成为具有近代机器设备的大生产。这就是使中国逐步地走向工业化和电气化。只有工业化和电气化,才能建立中国强大的经济力量和国防力量。"[2]

从20世纪二三十年代起,人们愈加相信中国社会的问题是工业不发达问题,也更是农村衰败问题,国内知识界曾掀起过向另一条道路学习的热潮[3]。那时,西方一些比较落后的国家如丹麦等,通过教育家深入农村,提倡农民农业合作,从而使国家得到发展的经验,吸引了许多知识分子和社会活动家。当时国内知识分子如梁漱溟、晏阳初等几乎全盘接受了西方合作经济理论,他们对西方合作经济、合作社运动等做了大量推介乃至试验,试图探索中国现代化的新的组织方式[4]。

---

[1] 费孝通:《乡土重建》,《费孝通文集》第4卷,群言出版社,1999,第438页。
[2] 刘少奇:《国家的工业化和人民生活水平的提高》,《刘少奇选集》下卷,第3—4页。
[3] 1927年7月,有"中国合作主义之父"称号的薛仙舟为国民政府拟定了一份《中国合作化方案》,试图在全国推行合作化,并以合作制度作为立国之经济基础,实现合作共和。薛仙舟在《方案》中开宗明义地指出实现民生主义的最好办法是推行合作化。他说:"三民主义归结于民生主义",而民生主义有两大政策:"一、节制资本,二、平均地权。""要达到此目的之方法,固不专在合作一种,然而最根本、最彻底、而于民众身上做起的,则舍合作莫属"。(张士杰:《民国初期合作主义者的合作经济思想研究》,《经济学动态》2013年第11期)
[4] 当时,合作主义思想的传播与出版的,最初有《建设》《新青年》《星期评论》《民心周刊》《银行周报》《东方杂志》发表合作主义文章,接着《新教育杂志》《太平洋杂志》《中大商学季刊》《东大农学月刊》等也加入到宣传的行列。专门的合作思想的刊物也不断涌现:专刊类有《合作》《时中》《普益》;期刊类有《平民》周刊、《合作周刊》、《合作讯》和《合作潮旬刊》等。(张士杰:《民国初期合作主义者的合作经济思想研究》,《经济学动态》2013年第11期)
除了顾树森关于丹麦经验的专著《丹麦之农业及其合作》,孔雪雄在《中国今日之农村运动》(中山文化教育馆,1934)一书中,梁漱溟在《对于东省事件之感言》(《梁漱溟全集》,山东人民出版社,1992,第299—300页)一文中,都曾对丹麦经验有特别介绍。

新中国成立前夕通过的《共同纲领》规定:"中华人民共和国经济建设的根本方针,是以公私兼顾、劳资两利、城乡互助、内外交流的政策,达到发展生产、繁荣经济之目的。国家应……调剂国营经济、合作社经济、农民和手工业者的个体经济、私人资本主义经济和国家资本主义经济,使各种社会经济成分在国营经济领导之下,分工合作,各得其所,以促进整个社会经济的发展。"[1]新中国成立后,在党的正确领导下,新的成就不断出现,新的情况也在新政权建设过程中不断出现。比如,快速发展的土地改革使部分地区的部分农民富裕起来,如何、按照什么原则把富裕了的农民组织起来?一种意见是:鼓励农民劳动致富,充分发挥他们的个体积极性,以提高农村生产力,不要过早采取动摇私有制的步骤。土地改革后农村小生产者的自发力量是不可避免、不能阻止的,也是不可怕的,经过一段时间,等条件成熟了,再将农民引导到互助合作的集体化道路上。但最后,党中央在讨论中认为,要"把农业互助合作当作一件大事去做"[2],启发农民"由个体经济逐步地过渡到集体经济的道路"。[3]

1950年,中国出兵抗美援朝,这在特定条件下进一步增强了中苏两党、两国人民的团结和友谊,同时,这也在危机条件下增强了党的社会动员力,以及资源与管理的进一步集中。1951年年底,一项新的运动被掀起,这就是以反对贪污、反对浪费、反对官僚主义为主要内容的运动(简称"三反"运动)。运动随后增加了对不法资本家违法活动的打击,"五反"运动随之开展。这些运动中,党和政府也对吸毒贩毒、妓女暗娼等社会问题进行了集中清理。到1952年下半年,国内形势已发生深刻变化,在被极大动员起来的社会各界的大力支持下,三大运动基本胜利,国家财政经济状况实现了基本好转,中共中央不失时机地决定从1953年起实行发展国民经济的第一个五年计划,并开始考虑中国如何逐步向社会主义过渡的问题。1952年9月,在中央书记处会议上,毛主席发表讲话,提出要开始用10~15年的时间基本完成到社会主义的过渡。而之前党的七届二中全会的提法是,要在建国15年之后才考虑向社会主义转变的问题。

有种意见认为,新中国的发展道路选择很大程度上受到了苏联的影响。正如有的学者所指出的,来之不易的《中苏友好同盟条约》"把中国捆绑在斯大林主

---

[1]《中国人民政治协商会议共同纲领》,载《建党以来重要文献选编(1921—1949)》,第26册,中央文献出版社,2011,第763页。

[2]毛泽东:《把农业互助合作当作一件大事去做》,《毛泽东文集》第6卷,第214页。

[3]《中共中央关于农业生产互助合作的决议(草案)》,载《建国以来重要文献选编》第2册,中央文献出版社,1992,第511页。

义的樊篱之上。在斯大林主义阴影下,毛泽东的建国之路一波三折。为了摆脱斯大林主义的困境,中国却一步步深陷计划经济和激进意识形态的泥沼而不能自拔"[1]。

这一阶段的中国发展的确不能忽略苏联的影响,但从更大的历史维度看,此前的中国不乏对外学习先进治国经验的案例。理论上,以什么样的方式学习外来经验用于自身的道路选择,需要从历史的连续性上予以观察,而何时以及以何种方式推动制度变迁,则显示着新政权对于政治自主性的追求。按照德里克的理解,从20世纪20年代中期起,马克思主义在中国知识分子中的传播已促进了历史唯物主义与中国社会历史思想的融合[2]。在马克思主义理论中,社会主义是人类社会发展的一个历史阶段,是比资本主义更高的社会形态。换言之,社会主义是社会发展的高级阶段,是社会发展的一个新方向,它是先进的,而此时的中国正渴望获得先进的制度、经济、文化……在中国共产党领导下,以"社会主义"作为现代化建设的理想目标,这也是形成社会共识的需要。

当然,这种选择还有超越理想主义的现实需要。选择向苏联学习,是现代中国国家建设道路上的一种选择,"因俄式系诸路皆走不通了新发明的一条路"[3]。1949年新中国成立后,以美国为首的西方社会继续对不甘心失败的国民党政权予以支持,并对中国实施封锁。与此同时,以美国为首的资本主义阵营与以苏联为首的社会主义阵营间的斗争日渐尖锐。意识形态分歧、国际格局的分化,这些都对新政权的制度设计和战略选择产生了重大的影响。选择对苏联"一边倒"的政治与经济建设需求体现为,起步于农村的中国共产党对于现代化建设经验知之不多[4],迫切需要向一切友好的、有经验的国家学习,苏联是首选。苏联经验让新中国看到了,社会主义国家怎样可以由一个落后的农业弱国快速转变为强大的工业强国。除了全方位的学习,新政权也需要苏联的物质援助。

随着过渡时期总路线的确定以及"一五"计划的实施,新中国正式确立了"计

---

[1] 罗纳德·哈里·科斯、王宁:《变革中国——市场经济的中国之路》,中信出版社,2013,第10页。
[2] 阿里夫·德里克:《革命与历史:中国马克思主义历史学的起源,1919—1937》,江苏人民出版社,2005。
[3] 毛泽东:《在新民学会长沙会员大会上的发言》,《毛泽东文集》第1卷,人民出版社,1993,第1页。
[4] 1949年3月,党的七届二中全会在西柏坡召开。这次全会是党的工作重心从农村转向城市的一个历史转折点。刘少奇在会上谈到:过去我们只有乡村,现在加上城市,就是说,加上了大工业、国营企业、国家资本主义、城乡关系等新问题。……大家应努力学习解决。[中共中央文献研究室编《刘少奇传(1898—1969)》(下),中央文献出版社,2008,第570页]
在离开西柏坡时,毛泽东对周恩来说,今天要"进京赶考去"。周恩来回答说,"我们应当都能考试及格"。毛泽东说,"我们都希望考个好成绩"。(中共中央文献研究室编《毛泽东年谱(1893—1949)》下卷,中央文献出版社,1993,第527页)

划体制"下的社会主义发展道路,这是一条基于集体主义原则的高度集中管理的现代化发展道路。在此道路下,中国开始通过计划经济,以重工业发展为突破口,通过生产钢铁和机械工业的发展,建立起初步的经济基础设施。

计划体制下的工业化发展模式是对传统社会进行根本性改造的需要。毛泽东指出:"我们应当进一步组织起来。我们应当将全中国绝大多数人组织在政治、军事、经济、文化及其他各种组织里,克服旧中国散漫无组织的状态,用伟大的人民群众的集体力量,拥护人民政府和人民解放军,建设独立民主和平统一富强的新中国。"[1]高度计划的集中管理中彰显着新时期的社会主义革命精神、集体主义伦理。

这一体制与路径的选择,体现着历史的逻辑,从中也可以看到党和国家在建设新国家与新社会中体现出的自主性与权变性平衡。所谓权变性,即党和国家对发展主义的始终坚持,它会超越某种既定路线的桎梏,随时回应经济与社会的发展变化,确定国家的发展方针与路线,而这又与国家建设的自主性诉求紧密相关。1949年中国共产党能够赢得政权,很大程度上在于,中国共产党所确立的谋求"独立、自主"的民族国家这一目标论述,对于长期处于半殖民地状态的社会具有巨大吸引力。这一独立自主,不仅表现为民族国家相对于国际形势的主权独立,它还表现为国家政策对于社会各阶级力量包括官僚体制的超越与自主,这种自主性"不仅反对支配阶级,而且表现为对抗整个支配阶级或生产方式"[2]。对此,毛泽东也说:"没有预见就没有领导,没有领导就没有胜利。因此,可以说没有预见就没有一切。""我们共产党是中国历史上的任何其他政党都比不上的,它最有觉悟,最有预见,能够看清前途。"[3]为完成社会主义革命的最后胜利,必须不断革命,努力向前,继续发展。

1949—1952年这三年的进展,也为后期的发展造成了一定的路径依赖。应对一系列危机事件的需要,使得新政权在组织结构与规范秩序上变得日益集中。而短短三年所创造的经济恢复和发展奇迹,对新生政权的巩固和发展起到了至关重要的作用。这一时期的发展不仅证明了新政权的领导能力,而且还使新政权在政治、经济和社会等方面都获得了十分有效的合法性资源。这个奇迹对于新中国新社会是一个良好的开端,但这个良好开端和基础也在一定程度上麻痹了人们对建设新中国艰巨性、复杂性和长期性的认识,从而使一些不切实际的空

---

[1] 毛泽东:《中国人民大团结万岁》,《毛泽东文集》第5卷,第348页。
[2] 斯考切波:《国家与社会革命——对法国、俄国和中国的比较分析》,第28页。
[3] 毛泽东:《在中国共产党第七次全国代表大会上的结论》,《毛泽东文集》第3卷,人民出版社,1996,第396—397页。

想开始滋生[1]。

第二节 集中财政管理体制的形成

发展道路选择本质上是国家对社会财富、对资源配置的制度安排,而国家工业化道路的选择除了要发展先进的技术,更需要有效的管理,以及巨额的资源积累。新中国成立后集中的财政管理体制的形成正是基于这一政治路线与体制选择。

新中国成立之前,各解放区的财经工作是分散经营的。各解放区甚至自有货币,自管收支,中央只做统一的政策领导。到解放战争的最后一两年,中央开始在各区之间进行少数的军用品和物资的调拨。从1949年开始,随着解放战争的节节胜利,财经工作渐渐走向统一,不但人民币开始成为全国的通货,财政支出、物资调拨、物价管理、铁路和轮船等的合理使用、邮电的收费管理等,也陆续实现了统一规定、计划和管理。

1947年,陕甘宁、晋绥、晋察冀、晋冀鲁豫、山东等解放区的代表在河北省邯郸市召开华北财经会议,专门讨论各解放区的财政、金融、贸易等问题,为统一全国的财经工作揭开序幕。1949年5月,也就是第一次物价大波动后,刘少奇正式提出建立中央财政经济机构的问题,他说:"建立中央财政经济的统购部,其紧急不亚于军事及其他问题。"[2]随着中华人民共和国的成立,政务院就成立了财政经济委员会,简称中财委,由陈云担任主任,中财委管辖的部门包括财政部、贸易部、重工业部、燃料工业部、纺织工业部、食品工业部、轻工业部、铁道部、邮电部、交通部、农业部、林垦部、水利部、劳动部、人民银行总行和海关总署。从所辖众多部门看,涉及了当时有关国民经济的几乎所有方面。中财委的设置显然有助于全国物资、贸易、包括现金等的统一调配以及经济的快速恢复。

在物价大波动时,除了从各区农村组织运输大量物资打击投机与囤积行为,中央政府还加强了对金融投机活动的打击和对市场的管理。总结起来,这一时期的统一财政经济工作包括了以下三个方面:第一,统一全国财政收支,重点是

---

[1] 林尚立:《当代中国政治形态研究》,天津人民出版社,2000,第122页。
[2] 王丙乾:《中国财政60年回顾与思考》,中国财政经济出版社,2009,第34页。

财政收入。国家的主要收入中,公粮除5%～15%的地方附加外,均须按中央规定的税则、税率征收,并在征收后半月全部交公粮库。除批准征收的地方税外,所有关税、盐税、货物税、工商税的一切收入,均每日结算解缴中央金库。国营企业均需按时纳税,并将利润及折旧金的一部分,按企业隶属关系如期分别交中央或地方金库。第二,统一全国物资调度和贸易管理。中央人民政府贸易部通过清仓查库统一全国物资管理,并对国内供求、对外贸易、物资供售与回笼货币进行统一指挥管理。第三,统一现金管理。人民银行统一管理国家现金调度,并建立统一的国库管理制度。

在此过程中,1950年3月,政务院先后发布了《关于统一管理1950年度财政收支的决定》《关于全国仓库物资清理调配办法》《关于统一全国国营贸易实施办法的决定》《关于实行国家机关现金管理的决定》《中央金库条例》等相关文件。

在政权建立之初,财经工作呈现分散的格局。部分原因在于中国共产党是经由农村包围城市最终取得全国性胜利的。1949年以前,已有老解放区建立了地方政权,随着解放战争的不断胜利,各级地方政权实际上是边解放边建立的。按照《共同纲领》,新解放的地区一律实施军事管制,即由中央人民政府或前线军政机关委托人员组织军事管制委员会和地方人民政府,建立地方秩序,在条件许可时,召集各界人民代表会议,作为人民群众参政议政的初级形式。最初的地方政权建设是在大行政区领导下完成的。鉴于当时全国性完整的调控体系尚未完成,大区政府对于稳定社会秩序、巩固以及完善政权都有着重要的作用。到1951年10月建国两周年时,28个省中的27个、全部8个省级行署、154个市中的146个、2 068个县中的2 038个,都召开了人民代表会议。这意味着,有着较强军事管制色彩的大区管理体制也逐渐完成了其历史使命,1952年8月,各大区的主要领导人同意调任进京,是为"五马进京",大行政区改制开始。

1949年12月2日,毛泽东主席在中央人民政府委员会第四次会议上讲话时说道:"国家的预算是一个重大的问题,里面反映着整个国家的政策,因为它规定政府活动的范围和方向。"人民政府要对人民有利,要对人民负责。"我们的财政是有困难的,我们必须向人民说明我们的困难所在,不要隐瞒这种困难。但是我们同时也必须向人民说明,我们确实有办法克服困难。"[1]两个星期后,也就是1949年的12月16日,毛泽东出访苏联,尽管天气寒冷,毛泽东却要用智慧暖化中苏关系出现的"寒冰"与裂隙。1950年2月,《中苏友好同盟互助条约》订

---

[1] 毛泽东:《有困难,有办法,有希望》,《毛泽东文集》第6卷,人民出版社,1999,第24页。

立,毛泽东在莫斯科发表了临别演讲,这次访问"证实了中国共产党人历来的信念,即:苏联经济文化及其他各项重要的经验,将成为新中国建设的榜样"[1]。随后,到50年代末,全国上下,从中央到地方,从城市到农村,从机关到学校,到处都是"向苏联老大哥学习"的口号[2]。

曾任国务委员、财政部长的王丙乾在其回忆录中详细地介绍了当时财政部如何跟随全国的脚步与热潮全面学习苏联经验,编绘新中国经济蓝图的情况。苏联的专家深度参与和塑造了财政制度的建立和运作(见表1.1)。这一热潮开始于建国之初,盛行于1953—1955年,1956年以后有所降温。1960年,苏联专家撤离财政部。

表1.1 1949—1960年财政部苏联专家情况

时间	人数	专家	专业
第一阶段 (1949—1952年)	4	库图佐夫·格·阿(专家组长)	财政预算专业
		维纽阔夫·伊·库	企业财务及会计专业
		拉乌洛夫·瓦·阿	税务专业
		雅吉莫夫·瓦·阿	预算及预算会计专业
第二阶段 (1952—1955年)	3	沃辽克民斯基·斯·米(专家组长)	税务专业
		塔塔连科·弗·阿	预算会计专业
		维纳格拉多夫·伊·尼	基建财务和信贷专业
第三阶段 (1955—1958年)	3	奥保连斯基·尼·格(专家组长)	预算专业
		刘明·谢·米	企业财务及会计专业
		李习勤·尼·瓦	税务专业
第四阶段 (1959—1960年)	1	奥保连斯基(第二次来财政部,并兼中国人民银行专家)	预算专业

资料来源:王丙乾,《中国财政60年回顾与思考》,第54页。

---

[1] 毛泽东:《在莫斯科车站的临别演说》,《建国以来毛泽东文稿》第1册,中央文献出版社,1987,第266页。

[2] 据薄一波的回忆,"1950年初,毛主席、周总理访苏时,就新解放区土改中对待富农政策问题,向斯大林通报了我党中央的初步考虑"。后来,在作出中国关于社会主义过渡期的判断时,毛主席和党中央也曾经依照苏联的经验测算实现社会主义改造所需时间。1952年10月,刘少奇还在率党的代表团参加苏共十九大期间,"受毛主席的委托,于10月20日在莫斯科给斯大林写过一封长信,信中对我国过渡到社会主义所需的时间和能够实现的条件,进行了估算和分析"。(参见薄一波:《若干重大决策与事件的回顾》上卷,第118、218—221页)

1950年《中苏友好同盟互助条约》的缔结拉开了中国向苏联学习的序幕,学习内容涉及政治、经济、军事、教育、文化科技等各个领域。其中,确立计划经济路线就是中国向苏联学习的重要成果。当时苏联专家向中国介绍计划经济,介绍他们编制五年计划的经验。他们指出,社会主义搞经济建设,必须有计划按比例地协调发展,全国统一编制年度的和五年的国民经济发展计划并严格执行,按计划完成,"计划委员会"由此成立[1]。原中财委领导的21个部和直属局按性质划作了五个部分,中央人民政府计划委员会主席由大区调回中央的高岗担任。1954年高饶事件后,中央随即撤销各大行政委员会,一个更加完整的国家政权形式得以确立,中央政权重建了与地方社会的连接方式。

为促进国民经济的快速好转,以及为配合"一化三改造"的顺利完成,国家的财经工作进行了一系列结构性的调整,包括调整工商业(调整公私关系、调整劳资关系、调整产销关系)和统一、简化税制。

新中国刚成立时,国民经济面临很多困难,这迫使中央政府实行财政税收、公粮、贸易及主要经济管理等基本统一的制度,以加强对国民财力的集中和调控。起初,作为资源汲取方式的税收政策,是按照"公私兼顾、劳资两利、城乡互助、内外交流"的原则来确定的,随后,中央政府不断采取统一税收的政策。1952年下半年,由于五种经济成分不断改组,国营商业和合作社商业在经济中所占比重不断加大,总分支机构内部调拨、加工订货及代购代销等经营方式日益扩大,国营企业等内部调拨不纳税的方式给了私营企业主逃避税的机会,经营方式、流通环节的变化,使得商品中间流转环节减少,国家税收呈下降趋势。针对出现的"经济日益繁荣、税收相对下降"的形势,确立了"保证税收,简化手续"的原则,除了简化税制,也取消对国营和合作社的优惠和减免,"国营企业和私营企业都要按照修改的税制纳税"。这部分内容被时任财政部部长薄一波概括为"公私一律平等纳税"。

这一举措在1953年的确带来了成效,1953年1—4月,全国工商各税收共完成全年计划的29.64%[2]。然而,它也引起了一定的社会反弹。1953年1月,毛主席给周恩来、邓小平、陈云和薄一波写了封信,信中说道:"此事我看报始知,我看了亦不大懂。"[3]了解详情后,他又批评说:"'公私一律平等纳税'的

---

[1] 因为这时的计划委员会不属于政务院,因此被戏称为"经济内阁"。
[2] 王丙乾:《中国财政60年回顾与思考》,第179页。
[3] 毛泽东:《关于新税制问题给周恩来等的信》,《建国以来毛泽东文稿》第4册,第27页。

口号违背了七届二中全会的决议;修正税制事先没有报告中央,可是找资本家商量了,把资本家看得比党中央还重;这个新税制得到资本家叫好,是'右倾机会主义'的错误。"[1]毛泽东的这些提法,想必令当事人感到事态严重。1953 年 6 月,全国财经夏季会议这一原本中财委的例会,变成了中央召开的全党性质的重要会议,讨论和批评新税制成了会议的中心问题。

数据显示,1952 年,参加互助合作组织的农户占到全国总农户的比重,已从 1951 年的 19.2%上升到 40%,在发展快的东北地区,组织起来的农户已占总农户的 68.73%。1955 年后,农村合作化的速度明显加快。与此同时,随着国家财政经济状况的好转、抗美援朝的胜利,城市国营企业迅速发展,企业的高度组织化使得国家的基本建设项目、生产资料生产与分配、流通领域与渠道建设等不断集中。国营经济、合作社与集体化的发展,加上相应的财政管理制度的成形,这些都渐渐形成了资源组织与动员的高度集中。

1953 年,随着过渡时期总路线的提出以及"一五"计划的推行,国家集中财力的压力依然高居不下。按照"一五"计划,中国需要集中力量进行以苏联帮助设计的 156 项建设单位为中心、由 694 个建设单位组成的工业体系建设,为社会主义工业化奠定基础。

如表 1.2 所示,国家不断加大主要是重工业方面的基本建设投入,同时缩减农业与轻工业方面的投入。不断强化的重工业发展战略需要强大的资源动员、组织与调配能力,也就是计划经济体制运作的能力。计划经济体制的运作刺激了通过财政更多地积累资金的需要,这又强化了计划体制的力量。在实现了国民经济快速恢复的基础上,国家加强了经济建设的计划性:国家先后把工业建设、生产资料随后把农产品的生产和流通都纳入中央的计划统一的计划之中[2],经济决策权力进一步集中于中央[3]。

---

[1] 薄一波:《若干重大决策与事件的回顾》上卷,第 235 页。
[2] 这些措施一方面是为了遏制资本主义在中国的发展,一方面也是希望改变由中央和地方都分管带来的毛病。1954 年 9 月,在一届全国人大一次会议上陈云专门就计划收购和计划供应问题发言,他分析了国家对粮食、油料、棉花、棉布等关系到人民生活的物资进行统购统销的必要性,他指出:"计划收购这个政策,今后要继续实行下去,是不会变更的。……取消计划收购,等于放纵私商和富农去操纵农产品市场,农村的资本主义就会发展。计划收购是一种使全体农民不受人剥削,都能得到利益的社会主义的步骤。"(陈云:《关于计划收购和计划供应》,载《建国以来重要文献选编》第 5 册,中央文献出版社,1992,第 632 页)
[3] 比如,一五期间,国家的经济建设规模进一步扩大,中央隶属的国有企业数目从 1953 年的 2 800 个增加到 1957 年的 9 300 个,归中央计划调拨的物资由 1953 年的 227 种增加到 1957 年的 532 种。(参见钱颖一:《现代经济学与中国经济改革》,中国人民大学出版社,2003)

表 1.2　1952—1955 年国家的基本建设投资比例

投资方面	年份			
	1952	1953	1954	1955
农业	14.8%	9.8%	4.5%	6.7%
轻工业	9.1%	6.2%	7.4%	5.2%
重工业	34.3%	38.8%	42.4%	47.3%

资料来源：根据薄一波回忆整理，参见薄一波，《若干重大决策与事件的回顾》上卷，第 473 页。

在组织体制设置上，1952 年 11 月，国家计划委员会设立，作为国民经济综合管理机构，负责有关全局性的决策和协调国民经济发展中各方面的相互关系。此外设立重工业部、贸易部等 15 个财经专业管理部门，占政务院所属部门总数的 47%。它们既是政府管理各行业的职能部门，又是直接管理若干企业的生产经营的管理单位。1954 年政务院改为国务院后，所属部、委、局的设置有所变化，其中直接主管财政经济工作的部门超过部门总数的 55%[1]。1957 年 11 月，国务院发布《关于改进商业管理体制的规定》，决定"把各商业机构改变为行政与企业管理合一的组织形式，取消地方上原有的商业专业公司，合并到商业行政机构内"。以后，工业也逐渐实行了行政与企业管理机构的合并。经济组织与政府在功能和机构上的趋同，经济组织逐渐行政化，行政机关则逐渐企业化。通过工业部、财政部、国家银行、计委、物价局、物资局和其他机构的专业分工，政府也建立起这些机构之间的协调机制。

在中央人民政府指导下，省、县级地方政府负责管理本行政区域内的经济建设工作。地方政府相应设有类似的经济管理的职能机构，如省计委、县计委、省商业厅、县商业局等。地方政府的财经工作部门还受中央人民政府主管部门的领导或者业务指导。同时，学校教育、体育、卫生等各方面的管理权也都进一步集中到中央手中，地方政府管理空间进一步萎缩。1956 年，集权的中央计划体制的基本框架建成，这是一种与苏联模式相仿的经济组织结构。

在这种组织体制的架构下，中国政治形成了新的权力空间格局——城乡分治以及区域空间结构上的计划性。具体来说，第一，通过严格的户籍管理制度在城乡之间构筑了一道壁垒。第二，在变消费性城市为生产性城市的指导思想下，行政中心与生产中心、经济中心重叠，投资权属问题成为持续不断的中央与地方政府间关系调整的焦点。第三，政府拥有调配空间资源的绝对

---

[1] 赵德馨：《中华人民共和国经济史：1949—1966》，河南人民出版社，1988，第 386 页。

权威,企业和其他空间消费客体的空间分布和相应位置关系服从于国家的战略安排。第四,部门经济和地区经济封闭发展,各区域间商品和要素流通量极小。这是一种行政割据与计划经济相结合的刚性结构。最后,社会被网格化组织到行政性领导体制下。整个社会由国家根据统一计划、集中管理的原则组织起来,各行各业的组织机构普遍按行政管理模式加以构造,按行政级别划分等级,各级各类组织分别承担由国家分派的任务。在农村,1958年起改变原有体制,实行乡社合一。原来的农业生产合作社与乡村政权合为一体,建立人民公社。在城市,建立了统一的单位体制,同时,体现群众自发性的组织居委会也逐渐行政化,其居民自治的性质和功能开始逐渐萎缩。

这一过程是前所未有的,它是一种高度组织化、科层化的努力,整个国家被设计为一个大的工厂,定额管理以及资本主义企业发展出来的其他组织模式和管理方法被引入,中央通过计划部门相当系统地模仿工业化标准,组织综合性的工业投资规划,进行大批量生产以及有计划地分配。

指导这一高度集中的组织体制的是一元意识形态下的集体主义工作伦理和平均主义分配原则。由于管理制度、分配原则与指导思想之间相互匹配、彼此支持、运行高效,社会生产与生活被有序地组织起来,并达成了高度一致的社会认同[1]。当集体主义的工作伦理与指导思想成为一种新的规范,这意味着社会主义的价值取向在一定意义上接受了列宁式的马克思主义理论,即要使财政成为国家这个大工厂的"调度员"、簿记机关,是全国性的产品和分配的统计机关。"只要生产资料不再转化为资本(这里也包括土地私有制的废除),信用本身就不会再有什么意义"[2]。对此,列宁的解释是,社会主义国家的银行是国家机关,是资金货币的管理机关,而不是资本家的借贷资本,更不是经营货币的企业[3]。因此,在实践中,就"应当割去、砍掉、斩断资本家影响它的线索"[4],不能把流通中为实现交换而提供的支付手段,变为生息资本而发挥作用。更重要

---

[1] 李友梅:《秩序与活力:中国社会变迁的动态平衡》,《探索与争鸣》2019年第6期。
[2] 马克思:《资本论》第3卷,人民出版社,2004,第687页。
[3] "大银行是我们实现社会主义**所必需**的'国家机构',我们可以把它**当做现成的**机构从资本主义那里**拿过来**,而我们在这方面的任务只是**砍掉**使这个极好机构**资本主义畸形化**的东西,使它成为**更巨大**、更民主、更包罗万象的机关。那时候量就转化为质。统一的规模巨大无比的国家银行,连同它在各乡、各工厂中的办事处——这已经是十分之九的**社会主义**机构了。这是全国性的**簿记机关**、全国性的产品生产和分配的计算机关,这可以说是社会主义社会的**骨骼**"。(列宁:《布尔什维克能保持国家政权吗?》,《列宁全集》第32卷,人民出版社,2017,第300页)
[4] 列宁:《布尔什维克能保持国家政权吗?》,《列宁全集》第32卷,第299页。

的是,社会产品在向个人分配之前,要由政府进行一系列着眼于整个社会之需的"必要扣除"。集中的财政管理制度成为整个国家空间网格化的重要纽带。

一套"先扣后分"的财政收入机制建立起来:以农副产品统购统销制度掌握农民的剩余产品,以八级工资制对城市职工创造的社会产品的分配进行必要扣除,国有经济单位的纯收入交由财政集中分配。计划经济体制下的财政收入体制如图1.1所示。

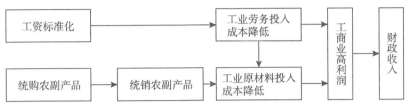

图1.1 计划经济下的财政收入体制

经过过渡时期对农业、手工业、资本主义工商业的社会主义改造,中国的国民经济结构发生了历史性的变革。1950年,当时国家预算收入主要是来自私营经济和个体经济的缴款。其中,来自资本主义工商业的缴款占30.2%,来自个体经济的缴款占34.5%,来自国营经济和合作社经济的缴款占34.1%,其他占1.2%,随着中国生产资料私有制的社会主义改造的基本完成,国营经济和集体经济迅速发展壮大。国家预算收入来自国营经济和集体所有制经济的缴款成为主要收入,1956年,已占国家预算收入的89.2%。"大跃进"和十年内乱期间,由于"左"的思想的影响,片面强调公有化程度,限制个体经济和其他经济的发展,1970年,国家预算收入基本上是来自国营经济和集体所有制经济的缴款,这一部分占99.6%;而来自个体经济的部分只占国家预算收入的0.4%[1]。

这样,中国财政的绝大部分财力都进入国家预算:第一,国家财政几乎囊括了全社会的一切资金收支活动,实行全社会的统收统支;第二,国家财政直接介入到每一家国营企业的生产、投资、分配等微观经济活动中;第三,各单位包括企业事业单位按计划无偿使用资金;第四,国家预算按单式预算方法编制,即经常性预算和建设性预算合二为一,二者相互挤占,在发展经济与平衡预算之间统筹考虑部署。作为"分配"财政,财政支出由国家职能决定,按性质与用途划分。按其性质,分为经济建设支出类、社会文教科学卫生支出类、国防费类、行政管理费

---

[1] 陈如龙主编《当代中国财政》,中国社会科学出版社,1988,第361页。

类、债务支出类和其他支出类等。按具体用途,分为基本建设拨款、增拨企业流动资金、企业挖潜改造资金、新产品试制费、地质勘探费、农林水利气象等部门的事业费、支援农村生产支出、工业交通等部门事业费、商业部门事业费、城市维护费、文教科学卫生事业费、抚恤和社会福利救济费、国防费、行政管理费、援外支出和其他支出等。由于经济建设始终是国家政权建设的重要任务,经济建设支出在整个国家预算支出中占很大比重。1950—1985 年的 36 年间,经济建设支出占国家预算支出的 54.9%,社会文教科学卫生支出占 15.4%,国防费占 16.8%,行政管理费占 6.6%,债务和其他支出占 6.3%[1]。

第三节 "激活地方"的财政改革试验

在传统的中华帝国体制下,多数时候都是大一统的集权政治以及相对统一且集中的财政管理体制,地方政府的重要职能或者具有发生学意义的职能,就是为中央政府筹资和维护社会治安。财政管理体制的高度集中在宋、明和清发展到极端:所有收入都归中央,所有支出也悉由中央分配,相应地,为中央聚财并集中资源是地方政府的重要职责之一,但地方政府并无权保有对这些财源的自由支配权。这样的秩序一直延续到辛亥革命前夜的清王朝统治时期[2]。

要在一个广大的帝国内强制推行高度中央集权的财政制度是很困难的,除非有相应程度的技术水平[3]。然而,中国还是以此组织原则与控制方式使一个统一的国家维持了两千多年,容许地方体系内部官僚政府的效率下降,被认为是其奥秘之一[4]。也就是说,在维护一元化空间格局的同时,存在着地方政府与中央政府的财政张力,这一张力有时候是革命性的。

从清朝末年开始,构建现代民族、民主国家政权的观念被不断引入,同时,地方自治的理念作为其重要组成部分也被广泛传播,新式国家治理体制的观念与

---

[1] 《中国统计年鉴—1991》,统计出版社,1992。
[2] 清末为应对太平天国战争,加之财政经济日益窘困,清廷不得不实行各省督抚"就地筹饷"政策,这导致财政权逐渐落入到地方督抚之手。虽有短暂的"同治中兴",终究各地督抚与地方士绅不断结盟,地方坐大成为清朝覆灭的重要原因。
[3] 黄仁宇:《十六世纪中国之财政与税收》,生活·读书·新知三联书店,2001,第 416 页。
[4] 施坚雅:《中华帝国晚期的城市》,中华书局,2000,第 21 页。

传统国家管理体制形成不断交锋。维新派较早地提出地方自治思想,随后,清政府在统治危机下开始推行"预备立宪"及"新政"。地方自治的思想逐渐被推到政治改革的前台。地方自治理念被引入之后,各地方势力以此理念为理据,寻求脱离中央管制,这导致了军阀割据、地方林立的局面。地方林立的状态固然与拥有财权与军权的地方势力逐渐壮大形成军阀有关,也是帝国主义列强趁机培植在华代理人、扶持各地地方分治政权的后果。中央财政收入赤字与政治控制乏力相互纠缠,试图实现国家统一的国民党领导的国民政府一直无法走出这个恶性怪圈。

一、1953年的扩大地方财权

怀揣着民族复兴的伟大历史使命,中国共产党开始了建设统一、文明、富强新中国的伟大征程。但如何在新起点上建设一个现代化的统一国家,中国共产党并没有现成的经验,需要在实践中不断探索。新中国成立前夕,《中国人民政治协商会议共同纲领》规定:"中央人民政府与地方人民政府间职权的划分,应按照各项事务的性质,由中央人民政府委员会以法令加以规定,使之既利于国家统一,又利于因地制宜。"[1]

1949—1952年,为快速恢复国民经济,国家采取战时、高度集中的财政管理体制,当时党的领导人的设想是,先实施集中统一的财政管理体制,以后再考虑发挥地方积极性的问题[2]。而随着统一财经工作的一步步展开,在加大对地方资源汲取的同时,地方一级社会消费开支也出现了不断的压缩。

在行政组织结构上,1953年,大行政区制取消,大行政区一级政府的权力集中于中央,地方上的权力相对削弱。同时,在立法上,1954年宪法没有规定中央和地方国家机构之间的职权划分原则,并删去了《中国人民政治协商会议共同纲领》所规定的有关内容,地方立法权被收回,直到1979年重新颁布《地方组织法》,这一情况才得以改变。虽然行政大区制撤销,国家明确了中央、省(市)和县(市)的三级管理体制,但在财政体制上,却还是"一级半财政":中央算一级财政;省一级财政实际上只有三项:5%的农业税附加、3%的设备费和一部分自筹资金,只能算半级。

---

[1]《中国人民政治协商会议共同纲领》,载《建党以来重要文献选编(1921—1949)》第26册,第762页。
[2] 参见薄一波:《若干重大决策与事件的回顾》上卷,第86页。

如前所述，1952年年底财政部匆忙推出的税制改革，由于简化税收，并取消了一些税收优惠政策，导致地方积极性受挫，引发了地方的巨大反弹。1953年年初，毛泽东在写给周恩来、邓小平、陈云、薄一波的信中提到："新税制事……似已在全国引起波动，不但上海、北京两处而已。"[1]在随后6月召开的全国财税会议上，各地对财政工作提出了不少意见，如"统的多，统的死""年终结余全部收回""年终一刀砍"等。

1953年的财政运作还出现了另一件事。当时由于没有经验，在编制1953年预算时，把上年结余的30亿元列入了当年的预算收入，并安排了支出。结果，在预算执行中，总预备费在1953年3月底就花光了，8月份更出现了21亿元的预算。为此，中央发出紧急通知，动员全党和全国人民增加生产，增加收入，厉行节约，紧缩开支。

在1953年中央召开的全国财经工作会议上，政务院总理周恩来在肯定财政统一的显著成绩后，批评了财政部"统多了""统死了"的做法，周恩来明确指出，要在国家统一的预算内实行分级预算制度，实行"统一领导、分级管理"的财政管理原则，"在中央统一领导和计划下，确定财政制度，划定职权范围，分级管理，层层负责"。[2]"在国家统一预算内，实行三级预算制度，划分中央与地方收支范围，按照主次轻重，以及集中和分散的情况，分配中央和地方的大体比例，地方收大于支的上缴中央，收小于支的由中央给予补给。地方财政按照统一制度，凡超过计划的增收和节约，一般留归地方支配"[3]。

在总结经验教训基础上，1954年1月，时任财政部部长邓小平在全国财政厅局长会议上，提出了著名的财政工作六条方针：一是归口；二是包干；三是自留预备费，结余不上缴；四是精简行政人员，严格控制人员编制；五是动用总预备费须经中央批准；六是加强财政监察[4]。这对以后改进和完善财政体制起了非常重要的作用。

这样，因应各地对适当扩大地方财权的要求，1953年起实施的财政体制改革主要包括以下方面。

---

[1] 参见薄一波：《若干重大决策与事件的回顾》上卷，第234页。
[2] 周恩来：《关于财政、税收、商业、粮食、银行等项工作今后的方针任务》，《建国以来周恩来文稿》第9册，中央文献出版社，2018，第58页。
[3] 财政部综合计划司编《中华人民共和国财政史料》第一辑《财政管理体制（1950—1980）》，中国财政经济出版社，1982，第5页。
[4] 参见中共中央文献研究室编《邓小平年谱（1904—1974）》（中），中央文献出版社，2009，第1154—1155页。

一是预算收入实行分类分成办法,将国家预算收入划分为固定收入、固定比例分成收入和调剂收入三类。比如,关税、盐税、烟酒专卖收入、一级中央管理的企业、事业收入和其他收入都属于中央的固定收入;印花税等属于地方固定收入。调剂收入用于弥补地方的不足,每年调剂的具体比例由财政部分别核定,分成比例一年一定。

二是预算支出基本上按照隶属关系划分。属于中央的企业、事业和行政单位的支出,列入中央预算;属于地方的企业、事业和行政单位的支出,列入地方预算。

三是按照收入划分支出。地方的财政支出,首先用地方的固定收入和固定比例分成收入抵补。差额由中央财政划给调剂收入弥补。在预算执行中,收入超收,支出结余,一般留给各级人民政府支配;如收入不能按照计划完成,或支出必须增加时,也由各级政府负责调剂解决。

新的财政管理体制有别于战时财经体制,是为分级财政管理体制的开端。新的财政体制下,地方的权力得到关注。一方面保证了地方预算的稳定性,另一方面,地方有了固定的收入来源和一定的机动财力[1]。1953年以后,县、市级财政和民族自治地方财政逐步建立起来,由此形成中央、省(市)和县(市)的三级财政预算管理体制。此后,这种一级政权一级财政、一级财政一级总预算的财政管理体制一直延续使用到1985年。

对于1980年前传统财政体制的演变,有学者认为"统收统支"的说法不准确,理由是因为中国只有少数年份实行"收支两条线"的财政体制,亦即地方政府负责组织的收入全部上交中央财政,地方政府的各项支出全部由中央财政拨给[2]。实际上,在1980年以前,尽管财政体制经常变动,但总的看,对收支指标的分配,特别是支出指标的分配,是以中央各部门分配为主,无论是超收分成,还是增长分成,解决的都只是收入超收或者增收以后财力如何分配的问题。就地方收入而言,由于指标一年一定,都是中央控制的,而且指标会水涨船高,地方能够得到的机动财力非常少。在支出上,中央按照行业部门先切块再切条后汇总下达,中央每年逐项核定地方预算,比如,各地区的教育经费是由教育部统一分配,各地区的卫生经费是由卫生部统一分配。作为地方政府空间依靠的城市被改造为生产单位后,国家仅仅拨付最基本的、保证城市生产功能的城市维护建

---

[1] 王丙乾:《中国财政60年回顾与思考》,第63页。
[2] 宋新中:《中国财政体制改革研究》,中国财政经济出版社,1992,第51—52页。

设费,因此,地方政府能够自主支配的资金非常有限。

"分类分成"的模式对后来中国的财政体制沿革有重要的参考和实验价值。无论是1958年实行的"以收定支、五年不变"的财政体制,还是1980年实行的"划分收支,分级包干"即"分灶吃饭"的财政体制,抑或1985年实行的"划分税种,核定收支,分级包干"的财政体制,都受到1954年"分类分成"模式的影响[1]。

二、1958年前后的权力下放[2]

随着1954年人民代表大会的召开、"五四宪法"的通过,人民共和的统一的政权结构形式基本建立起来。到1955年,"一五"计划进展十分顺利,曾经十分紧张的国际形势也日渐趋缓。党的领导人希望抓住这一难得的国内外的良好局面,加速社会主义改造与社会主义现代化建设,这是当时的整体格局与领导人的战略考虑,但各地存在着社会经济发展的实际差异,因此,各省不一样的发展进程、主动性与积极性等问题渐渐显现出来。比如,浙江出现的快速发展引起了党内关于农业合作化进度的讨论与争议,同时,一些地方出现少数群众对快速发展集体化、合作化,以及粮食统购统销等措施的抵触情绪[3]。

从国际形势看,这一时期,苏联社会主义建设过程中的一些缺点、错误逐步暴露出来。中国共产党敏锐意识到这一问题,也随之对我国"有关社会主义建设和社会主义改造的问题"[4]的经验教训展开总结、思考。这里除了有对中国自身经验的总结,也有对国外经验的重新审视,比如,"我们不能像苏联那样,把什么都集中到中央","处理好中央和地方的关系……这个问题,有些资本主义国家也是很注意的。它们的制度和我们的制度根本不同,但是它们发展的经验,还是值得我们研究"[5]。因此,这一时期对中央与地方关系的讨论,实际上要放置于开始探寻中国自己的国家现代化建设道路这一背景下。

---

[1] 宋新中:《中国财政体制改革研究》,中国财政经济出版社,1992,第44页。
[2] 对于1980年前的财政管理体制沿革,有一些划分上的差异,有学者认为有6次较大的变革,参见金鑫:《关于财政管理体制问题》,载《社会主义财政问题讲座》,江西财经学院印,1981;贾康、阎坤:《转轨中的财政制度变革》,上海远东出版社,1999;邓子基、唐文倩:《从新中国60年财政体制变迁看分税制财政管理体制的完善》,《东南学术》2011年第5期。
[3] 据薄一波回忆,一些地方曾发生农民闹事,一些地方出现了关于合作化运动收缩活动。(参见薄一波:《若干重大决策与事件的回顾》上卷,第367页)
[4] 毛泽东:《论十大关系》,《毛泽东文集》第7卷,第23页。
[5] 同上书,第31—32页。

1955—1956年,毛泽东先后开展了两次调查,一次为农业合作化,一次为"十大关系"。在为农业合作化做的调查中,毛泽东仔细阅读了由中央农村工作部选送的一百多篇材料,其中,"在为湖北省一个地委书记写的《襄阳县伙牌乡襄郙农业生产合作社关于喂养和使用耕牛的经验》一文写的按语中,倡议全国二百几十个地委书记,'每人都下乡去,研究一个至几个合作社,每人写出一两篇文章来'"[1]。这一倡议实际上提出了如何发挥地方积极性与主动性,如何改善地方领导作风的问题。

1956年发表的《论十大关系》首次明确提出了"中央和地方两个积极性"这一现代中国政治建设中的重大问题。"中央和地方的关系也是一个矛盾。解决这个矛盾,目前要注意的是,应当在巩固中央统一领导的前提下,扩大一点地方的权力,给地方更多的独立性,让地方办更多的事情。这对于我们建设强大的社会主义国家比较有利。我们的国家这样大,人口这样多,情况这样复杂,有中央和地方两个积极性,比只有一个积极性好得多。"[2]这一说法在《共同纲领》中有提及,但没有明确指出。经过六七年的实践,地方积极性的问题渐渐呈现出来。在《论十大关系》中,毛泽东还表达了对集权主义、官僚主义的批评。他说:"把什么东西统统都集中在中央或省市,不给工厂一点权力,一点机动的余地,一点利益,恐怕不妥。中央、省市和工厂的权益究竟应当各有多大才适当,我们经验不多,还要研究。从原则上说,统一性和独立性是对立的统一,要有统一性,也要有独立性。"[3]"总之,国家和工厂,国家和工人,工人和工人,国家和合作社,国家和农民,合作社和农民,都必须兼顾,不能只顾一头。无论只顾哪一头,都是不利于社会主义,不利于无产阶级专政的。"[4]

《论十大关系》是对整个国家即将发生的新变化的适应以及预判,包含了对新时期中国社会主义现代化建设道路的系统性思考,是对国家建设长远发展的主动、自觉的理想制度构建。与这些思考相应的,是党中央和国务院从1955年开始酝酿改进体制,逐步下放管理权限,实行"大计划、小自由"的方针。

在1957年召开的中国共产党八届三中全会(扩大)会议上,做出了改善工业管理和中央与地方财政关系的三个决定。这次会议同时还讨论了整风、反右派斗争问题,并开始批评国务院工作中的反冒进工作。到年底,毛泽东感到"北京

---

[1] 薄一波:《若干重大决策与事件的回顾》上卷,第392页。
[2] 毛泽东:《论十大关系》,《毛泽东文集》第7卷,第31页。
[3] 同上书,第29页。
[4] 同上书,第30—31页。

的空气沉闷","想以地方来促北京"。在 1958 年 1 月中共中央的杭州会议上,提出整风后要准备把注意力逐渐转移到技术革命上来,但社会革命还要天天讲,要讲不断革命论。

1957 年年初,中央发出《关于成立中央经济工作五人小组的通知》,小组成立的任务就是改进工业、商业、财政管理体制,着力点是下放管理权限。党的八届三中全会后,陈云同志在五人小组调查研究的基础上,代国务院起草了《关于改进工业管理体制的规定》《关于改进商业管理体制的规定》《关于改进财政管理体制的规定》,并提交 1957 年 11 月 14 日召开的一届全国人大常务委员会第 84 次会议批准,自 1958 年起实施。

1958 年开始,中央和国务院多次开会,作出一系列决议和规定,基本精神是加快扩大管理权限的下放步伐,促进国民经济的"大跃进"。1958 年 6 月,中央决定所属企业下放权限,并要求各部门在十几天内就完成交接手续。随后,财政部发布《关于中央下放企业事业单位财务处理的几项规定》,决定中央各部门所属企事业单位下放给地方管理后,其财务管理权限也随同下放。1958 年,国家预算体制也相应进行了调整与改进。

这一次权力下放的改革力度很大,大大扩大了地方政府的权力。原来中央对地方实行"以支定收,一年一变",中央每年确定支出,然后根据支出划定一定的收入项目,并确定分成的比例,这次改成为中央把地方财政的收入项目和支出比例确定以后,三年(后改成五年)不变,地方可以根据收入情况自行安排支出,大大增加了地方自主权。过去中央企业的收入地方不分成,这次体制规定地方参与分成;过去各种税收的分成比例,是一种税一个比例,这次体制规定,除地方税收外,其余都作为调剂收入,其分成比例在一个省(市)范围内是一个比例。在支出划分方面,过去地方支出中包括基本建设拨款,这次体制改为全部由中央专案拨款,地方所需基本建设拨款,不算在地方正常支出基数以内。

为了防止出现盲目放权的倾向,规定还提出,中央某些权力下放后要注意加强全国的平衡工作;地方要切实掌握投资的方向;要建立相应的财务管理制度,如会计制度、报告制度和检查制度等,希望以此形成适度放权。但随着"大跃进"和人民公社化运动,这一场权力下放运动很快走样,以至于被迫停止执行。

究其原因,首先是因为国家把财政收入等计划指标提高到严重脱离实际的程度,包括总收入、重大工业建设项目、基本建设投资,以及相应的各项占比等都提高到了反常的水平。其次,是各项管理体制偏离轨道:企业和财务管理权限下放过急、过多;农村财贸体制不适当地推行了"两放、三统、一包"[1];在"非税论"下试办税利合一[2]。

因为改革的中心是扩大地方权限,绝大部分中央直属企业也下放给地方,这使中央企业在1958年减少为1 200个,中央统一分配的物资减少到100多种,计划由全国性计划转向地区性,"两本账"出现。地方分权化确实做出了积极的呼应,地方小工业迅速繁荣起来[3]。但骤然的分权化带来的严重后果之一就是地区间的协调失控,投资膨胀和重复建设也很严重。实际上,1958—1960年3年内的固定资产投资总额达到了1 000亿元,大大高于1953—1957年5年内固定资产总投资额600亿元的水平。人民公社包财政导致了公社内部的"共产风",财政、金融、商业、企业、事业单位之间相互挪用,公社的财政收入、物价、经济核算和财政监督等方面出现混乱。

1959年6月,毛泽东发出了中央要重新集权的指示,起初是投资决策,然后是财政体制[4]。1959年,很多刚推出的财政新政被停止运行。到1963年,除了收回应当收回的企业,中央直属企业又增加到一万多个,中央统一分配的物资又恢复到下放以前的水平,达五百多种。这一集权过程并不容易,经过一系列的思想工作和实际工作,权力没有收归到中央政府及其所辖的部门,而是收归到党的系统[5]。

1961—1965年,根据中央确定的"调整、巩固、充实、提高"的精神,财政体制出现了"再集中化"。1964年,党中央又对集中过多、统得过死提出了批评,地方对物资、财政和基本建设的管理权限有所扩大。1964—1965年,国民经济出现了历史最高水平。1966年,"文化大革命"开始,经济随之处于瘫痪、混乱状态。1969年,工业在大部分省份恢复,1970年,工农业恢复或超过1966年或1967年的水平。

对于这次的探索,当然有许多可以总结的方面,无论如何,需要在特定的历史情境中理解这一探索:这是共产党执政以来现代政权建设的初步探索,这第一

---

[1] 两放:放人员、放资产;三统:统一政策、统一计划、统一流动资金管理;一包:由人民公社包财政任务。
[2] 陈光焱认为,这一时期的改革有以下制度改革过头:①过多地下放企业管理权限;②不适当地扩大地方对基本建设投资的管理权限;③不适当地推行了"两放、三统、一包";④破坏了财权、财务管理的正常秩序。[陈光焱:《中华人民共和国财政史》(上),湖南人民出版社,2015,第287—291页]
[3] 据全国统计,到1959年5月底,有社办工业企业70万个,总产值71亿元,约占全国工业总产值的10%;黄佩华也曾经对这一时期的放权与地方工业结构变化进行专门研究。(参见于驰前、黄海光主编《当代中国的乡镇企业》,当代中国出版社,1991,第37页;Wong, "Central Planning and Local Participation under Mao: the Development of Country-run Fertiliser Plants," in *The Chinese state in the era of economic reform*, White)
[4] 洪承华、郭秀芝等编《中华人民共和国政治体制沿革大事记》,春秋出版社,1987,第197页。
[5] 郑谦、庞松:《当代中国政治体制发展概要》,中共中央党史资料出版社,1988,第131页。

次权力下放与群众运动一起,作为克服官僚主义并调动地方积极性的方法。尽管随后包括财政管理体制在内的制度趋于更加集中,但另一方面,地方政府的自主权开始扩大,在后来的分权运动中,地方政府总会截留一部分权力,这与地方政府保有大量企业、中国政治空间的网格化格局有关。

三、1971年群众运动冲击下的权力下放

1971年出现了新中国建立后的第二次较为显著的财政改革与放权试验。这一改革试验的目的有三:①突破"苏联模式",再次探索中国自己的搞活"两个积极性"的道路;②基于国防建设的考虑;③为了服务"四五"计划所确定的高增长目标。

"大跃进"后,国民经济经过了一段时间的调整期。其间,毛泽东并没有打消在"大跃进"期间提出的关于权力下放、发挥地方积极性以及通过群众政治运动促进生产,并改造分散主义与官僚作风等想法。"文革"前夕,毛泽东再度提到"虚君共和"的想法:中央还是虚君共和好,只管大政方针、政策、计划。中央叫计划制造工厂,只管虚、不管实,也管点实少管点实。……不论农业扩大再生产也好,工业扩大再生产也好,都要注意中央和地方分权,不能竭泽而渔[1]。

1970年7月,财政部召开全国财政银行工作座谈会。会议提出:①下放财政、信贷管理权限。从1971年起,实行财政收支包干、基建投资包干和农村信贷包干,一年一定;②将企业上缴财政的折旧基金全部下放给地方,用于技术改造和综合利用,在当年折旧基金尚未到期提取之前,企业临时周转所需要的资金,银行可以贷款;③积极支持地方"五小"工业的发展。对于暂时亏损的"五小"工业,经省、自治区、直辖市批准,可以由财政给予补贴,或者在一定时期内减税免税,资金确有困难的可由银行或信用社贷款支持;④改革国营企业工商税收制度,一个行业,一般按一个税率征收;调整银行存款、贷款的利率,利率总水平降低30%左右;⑤农业税继续执行"增产不增税"的政策。这次的财政部会议实际上是在群众运动十分混乱的情况下作出的。

1970年,《1970年国民经济计划和第四个五年国民经济计划纲要(草案)》进一步提出:企业下放;改变基本建设、物资分配、财政的管理体制;实行"中央统一领导下,由下而上、上下结合、块块为主、条块结合"的制定计划的程序和方法。

---

[1] 中共中央文献研究室编《毛泽东年谱(1949—1976)》第5卷,第569—570页。

值得注意的是,1971年的国内形势和中外关系都发生了巨大的变化,也在一定意义上影响着中央地方财政关系的发展。首先是中美关系解冻,其次是中华人民共和国在联合国的一切合法权利得到恢复。国内林彪反革命集团垮台。到1972年,一大批下放劳动和"靠边站"的原党政军各部门负责人重新安置到领导岗位,"极左"思潮和无政府主义受到批判。相应地,财政部在国民经济领域开始整顿。

无论如何,这次下放的企业比1958年还要多,所有"适合"地方管理的企业的管理权都下放到地方。连鞍钢、大庆油田、长春第一汽车制造厂,开滦煤矿、吉林石油化工公司这些巨型企业也不例外[1]。由中央分配的物资种类从1966年的579种减少到了1971年的217种(见表1.3)。在财政体制上,除减税和中央企业上缴的收入外,几乎所有的财政收入都包括在地方财政收入中。70年代初,财政收入的80%是地方政府收上来的。

财政放权的结果是地方小企业大量崛起。1970年,中央决定在随后五年内安排80亿元专项资金,由省、市、自治区掌握使用,重点扶持"五小"(小钢铁、小机械、小化肥、小煤矿、小水泥)工业发展。新建的县办"五小"企业,在二三年内所得的利润,60%留给县,作为发展"五小"企业的资金。即使亏损,地方政府也不会因办"五小"企业而吃亏,因为经省、市、自治区批准,可以由财政给予亏损企业补贴,或在一定时期内给予减免税照顾[2]。结果,三百多个县市建立了小钢厂,大约90%的县建立了农机修配厂。当时的"农业机械化"口号成了农村工业发展的催化剂,这些农村小工业便是几年后乡镇企业发展的起点。[3] 地方小工业的迅速发展,对工

---

[1] 这时出现的一个有趣现象是:地方缺乏管理大型企业的经验,因此,一方面企业下放给了地方,另一方面这些企业继续由原部委"代管"。例如,大庆油田从石油部下放给黑龙江省后,仍然由石油部代管。

[2] 左春台、宋新中:《中国社会主义财政简史》,中国财政经济出版社,1988,第376页。

[3] 对于这一次放权的后果,有人认为它使中国经济在相当程度上分裂成一批各自为政、自成门户的封闭体系[如 Thomas P. Lyons, *Economic integration and planning in Maoist China* (New York: Columbia University Press, 1987), pp. 213—218];或者,各自为政、自成门户的"独立王国"因此名正言顺起来。[参见 Carl Riskin, *China's political economy: the quest for development since 1949* (Oxford: Oxford University Press, 1988), pp. 213—218]

另有观点认为,地县级政府维持了这一时期经济体制的运转。20世纪70年代初,大多数省级领导刚刚恢复职位,"文革"对他们的冲击记忆犹新,他们必须战战兢兢,如履薄冰,以防再次被打倒。因此,地县级政府而不是省级政府以"自力更生、自给自足"精神领导着各地的经济建设。[参见 R. 麦克法夸尔、费正清:《剑桥中华人民共和国史——中国革命内部的革命(1966—1982)》,中国社会科学出版社,1992,第509页]

对这一时期地方小工业发展情况的详细介绍,参见赵德馨主编《中华人民共和国经济史:1967—1984》,河南人民出版社,1989,第70—74页。

业经济、农业经济和地方经济的发展起了很大的作用,构成这一时期工业发展的重要组成部分。地方小工业的产值和产量在整个工业经济中的比重增大。到1975年,地方小工业企业产值占全部工业总产值的49%[1]。

20世纪70年代中期,中央开始收权,但地方政府仍然保有部分权力。中央政府以一年一定的财政体制保持了自身较大的灵活性。其间,中央与地方的各种财政分权方案都在试验中。

表1.3 1953—1981年中央统一分配的物资种类数和直管企业数

年份	中央统一分配的物资种类数(Ⅰ、Ⅱ类)	中央直管企业数量
1953	227	2 800+
1957	532	9 300+
1958	132	1 200
1960	432	2 000
1963	522	10 000
1964	592	—
1965	579	—
1966	579	—
1971	217	—
1972	226	—
1978	210	—
1979	64	—
1980	64	—
1981	67	—

资料来源:Elizabeth J. Perry,Christine Wong, *The political economy of reform in post-Mao China* (Cambridge, MA: Harvard University Press, 1985), p. 259;朱镕基主编《当代中国的经济管理》,中国社会科学出版社,1985,第291页。

注:1953年开始,中国的计划经济逐渐发展出一整套物资流通的基本制度安排和组织形式。其中,物资管理划分为三个类别和级次:一类物资是对国民经济平衡起主要作用的原料、材料、燃料和机电产品,包括金属切削机床、工业锅炉等,这些都由国家统一分配,称为统配物资;二类物资是上述统配物资以外,由国务院各主管部门统一分配的和国务院有关部的专业公司或供销机构负责分配的物资,称为部管物资;三类物资又称地管物资,指由地方管理的统配、部管、公司管理物资目录和商业部门一、二类商品以外的生产资料。一、二类物资一律纳入国家物资分配计划,全国范围内统一平衡。1953年统配和部管物资共227种,以后纳入国家一二类的物资分配目录逐渐扩大,1957年达到532种,1966年为579种。

[1] 赵德馨主编《中华人民共和国经济史:1967—1984》,第71页。

1949—1978年改革开放前夕，财政管理体制经过了多次改革，也曾多次尝试下放权力，改变高度集中的财政管理体制。如上所述，两次大规模财政放权的实验效果都不理想，权力下放的时间也很短暂。被下放的权力很快被再次收回，中国经济再次回到中央计划与高度集中的老路上。进一步看，两次的放权实践都缺乏与责任相关的配套制度，其背后都有国家发展路线上"冒进"试验的影响。不过，分权的实践尝试虽然时间很短，其中涉及的关于地方经济、包干制、收入分类分成等制度尝试却留存下来，成为20世纪80年代财政体制改革的重要起点与制度来源。

从形式上看，1949年后中央与地方政府间的组织结构是苏联模式的，这一模式缘起于20世纪30年代中华苏维埃政体的建立。但在实践中，中国的中央与地方政府间组织关系不同于其他社会主义国家：中国的中央政府在进行这样一种政治经济与社会高度一体化的努力中，把相应的管理任务——主要是经济管理任务切割成块，一部分经济管理任务被纳入地方政府事务中。在苏联和东欧，地方政府是中央的下属机构，它们的作用仅限于从下面收集信息和贯彻上面的计划，缺乏相应的自主权；在中国，地方政府拥有一定程度的对于管理经济事务的自主权，企业分属于不同层级的地方政府。

有学者认为，这是一种可以称之为M型的层级制结构，与苏联和东欧的U型层级制结构殊为不同。以后的中国经济改革之所以与众不同，与M型层级制结构为改革的突破提供发展空间有关[1]。实际上，早在20世纪70年代，就有学者注意到中国这种相对独特的地方组织结构。1972年，澳大利亚学者唐尼索恩（Audrey Donnithorne）就用"蜂窝状经济"的概念，概括了当时中国经济呈现的分割化状态[2]。之后，中国地方的蜂窝状结构引起海外学者持续关注。因此，在高度一体化的组织架构下，由地方政府分割经济管理权限的结构特征为后来的"边际革命"埋下了伏笔。

---

[1] 许成钢、钱颖一：《中国的经济体制改革为什么与众不同——M型的层级制和非国有部门的进入与扩张》，《经济社会体制比较》1993年第11期。

[2] Audrey Donnithorne, *The Budget and the Plan in China*: *central-local economic relations* (Canberra: Australian National University Press, 1972).

第二章
财政包干制:1978—1988年

本章将要展开的是"财政包干制"形成、发展的历史画卷。这里,财政改革进程呈现为1978年前、1979—1984年、1985—1988年三个历史阶段。1979年是中国改革开放的元年。1984年,中国共产党第十二届三中全会把经济体制改革重点引入城市,并提出社会主义经济是以公有制为基础的有计划的商品经济。这段时间是改革开放的试水阶段。1985年是落实《中共中央关于经济体制改革的决定》的第一年,全面改革的大幕由此徐徐拉开。1988年,更具多样性、完整性的财政大包干体制形成,中国的体制改革也在此期间达到高潮。

第一节 改革启动的结构环境

一、改革前的财政整顿

1973年,复出的邓小平开始领导对整个国家和社会的整顿:一是恢复被"文革"严重破坏的党和国家领导制度,二是重申"四个现代化"的宏伟目标。但这一努力相当艰辛,因为这一时期不少单位处于瘫痪、半瘫痪状态,社会上的派性问题十分突出,严重影响了社会安定。1975年,为了恢复经济,邓小平提出"三项指示为纲"[1],把整顿和毛泽东的最高指示联系起来宣讲,从铁路、工业、教育、

---

[1] 1975年7月4日,邓小平在对中央读书班第四期学员的讲话中说:"毛泽东同志有三条指示:第一,要学习理论,反修防修;第二,要安定团结;第三,要把国民经济搞上去。这三条指示互相联系,是个整体,不能丢掉任何一条。这是我们这一时期工作的纲。"(邓小平:《加强党的领导,整顿党的作风》,《邓小平文选》第2卷,第12页)

科技等领域着手恢复秩序。1976年年初,"批邓、反击右倾翻案风"运动再次打乱了经济发展的进程,全面整顿随邓小平的再次下台而停止,一些地方的派性和武斗重新泛滥,社会秩序再度陷入混乱,1975年刚刚有了明显好转的国民经济再次受挫,当年国家财政总收入比1975年减收39.6亿元,出现了29.6亿元的财政赤字[1]。

财政整顿可以从1972年算起。1972年10月,在"加强经济核算,扭转企业亏损"的会议上,财政部提出要坚定"政治挂帅要挂在业务上","国家要积累"。思想上的整顿为随后的财政秩序恢复打下了基础。一度附设在财政部业务组下的税务组恢复了"税务局"建制,各地也恢复了税务机构,增加了税务人员。在企业财务方面,国家计委、财政部、农业部开始集中批判"政治可以冲击一切""只要算政治账,不要算经济账"的思想,提出要切实抓好企业整顿,严格实行经济核算,落实企业生产计划,改进国营企业亏损的管理制度等一系列措施。

财政体系悄然发生的变化也受到了来自国际环境法方面的影响。进入20世纪70年代后,石油价格高涨,美国、英国、联邦德国、日本等相继爆发经济危机,布雷顿森林体系崩溃。在这个背景下,国际经济的相互联系与依赖性增强,世界开始向多元化发展,而中国则正试图摆脱苏联的影响,走中国自己的现代化道路[2]。在此背景下,中美关系出现了改善的契机,中国决定利用这一机会加强对外经济交往。1972年,《关于进口成套化纤、化肥技术设备的报告》获得毛泽东的批准,此后,对外引进交流规模进一步扩大。1973年,国家计委向国务院提交《关于增加设备进口、扩大经济交流的请示报告》,对前一阶段和今后的对外引进项目做出总结和统一规划。报告建议,今后三五年内要引进43亿美元的成套设备。后来,在此方案基础上,又陆续追加了一批项目,计划进口总额达到51.4亿美元。

1975年,邓小平同志主持中央日常工作,财政成为全面整顿的各项工作中

---

[1]《当代中国的经济管理》编辑部编《中华人民共和国经济管理大事记》,中国经济出版社,1986,第293页。

[2] 1979年孙冶方发表的一篇文章提及:"最近,中央提出,我们要搞现代化,要走中国式道路。"邓小平被认为最早提出了必须从国情出发建设中国社会主义的思想。党的十一届三中全会后,1979年3月,邓小平指出:"过去搞民主革命,要适合中国情况,走毛泽东开辟的农村包围城市的道路。现在搞建设,也要适合中国情况,走出一条中国式的现代化道路。"(邓小平:《坚持四项基本原则》,《邓小平文选》第2卷,第163页;崔常发:《邓小平社会主义理论研究》,海潮出版社,1990,第41—42页;孙冶方:《从必须改革"复制古董、冻结技术进步"的设备管理制度谈起》,《红旗》1979年第6期)

的重要内容。这一年年初,第四届全国人大任命张劲夫担任财政部部长,同时撤销财政部军事管制委员会,恢复"文革"前的司局建制,开展财务大检查,提出要进一步重视与加强税收工作。5月,李先念在三次听取财政信贷收支汇报后提出,实行"收支挂钩、总额分成、一年一定"的财政体制,同时,要在可能收到手的情况下,给地方多一点机动财力,发挥地方积极性[1]。夏秋之际,财政部起草了《关于整顿财政金融的意见》,提出了努力促进工农业生产的发展,调整财政收入、节约财政支出、迅速扭转企业亏损、加强基本建设拨款的管理、管好用好更新改造资金、加强信贷管理、控制货币发行、改进财政和信贷管理体制、严格财经纪律等十大问题。"财政十条"要求改进财政信贷管理体制,针对当时生产遭到破坏,资金偏于分散的情况,提出财政资金需要适当集中,管理权限主要集中于省、市、自治区两级;强调国家财政的方针、政策、国家预算、税法税率、全国性的开支标准、企业基金提取的比例、生产成本和商品流通费用的开支范围等,都由中央统一规定。为了加强省、市、自治区财政收支等权力和责任,准备从1976年起,除各省、市、自治区核定一定数额的机动财力外,实行"定收定支、收支挂钩、总额分成、一年一定"的办法,以此加强省、市、自治区财政收支的权力和责任。但由于时机不成熟,这一计划并没有得到实施。

总的看,1976年前,为改善国民经济状况,国家财政多次采取增加收入、节约支出、冻结银行存款、压缩社会集团购买力、控制货币投放等措施,以从基本上保证国家经常性开支和某些重点建设的需要,并提前还清了对苏联的全部借款[2]。

1977年3月,全国计划工作会议财政专业会上,根据中央精神,时任财政部部长王丙乾强调了财政工作重点:扭转亏损局面,增加企业盈利;加强税收管理;严格控制基本建设拨款;控制和节约非生产性开支,狠抓增收节支。同年5月,国务院批准成立扭亏增盈领导小组。

得益于这一系列政策和措施,1977年开始,国民经济倒退停滞局面得以扭转,工农业生产大幅度提高,财政收入增加。1977—1978年,国民经济恢复和发展很快,1977年的工农业总产值比1976年增长10.7%,1978年比1977年增长12.3%。主要农产品产量,粮食1977年为5 655亿斤,因灾减产71亿斤,1978年增加到6 095亿斤,超过1976年;棉花产量1978年为4 334万担,远高

---

[1]《李先念传》编写组编《李先念年谱》第5卷,中央文献出版社,2011,第403页。
[2] 王丙乾:《中国财政60年回顾与思考》,第153—157、167页。

于1976年。其他方面包括钢、煤、原油等产量也显著增长,财政收入增长了44.4%[1]。

二、制度"惯习"下的"跃进"发展

工业化、现代化道路是新中国成立之初便确立的发展道路。1964年,周恩来总理在第三届全国人民代表大会上提出,中国要在20世纪末实现工业现代化、农业现代化、国防现代化和科学技术现代化这"四个现代化",这一纲领后来被束之高阁。1975年,四个现代化的建设目标在第四届全国人民代表大会上再次得到重申,会后,有关部门开始着手研究编制《1976—1985年发展国民经济十年规划纲要(草案)》,《纲要(草案)》包含了第五、第六两个五年计划的设想。其中,按照"五五"计划,后三年(1978—1980年)将致力于建立独立的比较完整的工业体系和国民经济体系。但由于随即发生的"批邓""反击右倾翻案风"运动,十年规划纲要草案实际未能执行。

粉碎"四人帮"后,按照以往关于社会主义现代化发展道路的理解,在既定方针下,经济发展被提到了政策的中心,发展生产力成为首要目标。1976年12月和1977年4月,中共中央相继召开了第二次全国农业学大寨会议和全国工业学大庆会议。在学大寨会议上,华国锋提出要"普及大寨县",到1980年,全国三分之一的县要建成"大寨县",强调提高人民公社公有化水平,大搞核算单位升级。1977年11月,确定全国要选择10%左右的生产大队实行统一核算,为进一步过渡创造条件。根据毛泽东1955年提出的用25年时间完成农业技术改造的设想,这次会议提出到1980年要基本实现全国农业机械化的要求,甚至具体规划出全国大中型拖拉机拥有量要在4年内由40万台增加到80万台。会议还强调,新一届政府要特别重视加快发展经济,改善人民生活水平。

为实现这一目标,相关部门开始提出不切实际的高指标,这种操作不可避免地影响到工业领域。接下来的全国工业学大庆会议也的确比学大寨会议更激进。先是在大庆召开预备会议,后又转到北京召开正式会议,7 000多人参加了会议。会议号召全国人民掀起"抓革命、促生产"的高潮,努力把国民经济搞上去。1978年3月,《十年发展纲要》被再次修订,要求到1985年钢产量达到6 000万吨,石油达到2.5亿吨,国家计划新建和续建120个大型项目,其中包括

---

[1]《中国统计年鉴—1983》,中国统计出版社,1984。

10个大型钢铁基地、9个有色金属基地、8个煤炭基地、10个大油气田。

1978年7月,国务院召开务虚会,主题是研究如何加快我国四个现代化的速度问题。会议提出,要组织国民经济等新的大跃进,要以比原来设想更快的速度实现四个现代化,要在本世纪末实现更高程度的现代化。会议强调,要放手利用国外资金,大量引进国外先进技术设备,甚至把所需资金寄托在外债上。

这一时期,现代化发展再次提速。比如,党和政府提出到20世纪末我国主要工业产品产量要分别接近、赶上和超过最发达的资本主义国家,各项经济技术指标分别接近、赶上和超过世界先进水平;到1980年,要建成全国独立的比较完整的工业体系和国民经济体系;1977年农业机械作业率达不到10%,但1980年全国基本实现农业机械化意味着要在三年之内使机械作业率达到70%;按照规划,1978—1985年8年的基本建设投资相当于过去28年的总和,即每年要投资700亿元,而1977年国家总财政收入为870亿元。

从实际情况看,以拖拉机为例,当时全国范围内的农业生产以手工作业为主,拖拉机的年生产能力只有7万台。这意味着,这些项目大多需要从国外引进。如前所述,国家当时对向国外进口设备非常乐观。在国际国内形势共同激励下,仅1978年就签订了22个大型项目引进合同。由此所需外资远远超过了当时的承受能力[1]。数据显示,1973年的进口比1972年增长74.2%,1978年比1972年增长2.3倍。

1977年国家财政收入才870多亿元。1978年全国收入年初指标是930亿元,后来提出加到1 000亿元,接着又提出加大到1 100亿元,最终收入是1 121.12亿元[2]。这种鞭打快牛的做法造成了很多收入虚增[3],结果,此后连续两年出现财政收入负增长,直到1982年,加上债务,国家财政收入才超过1978年(如表2.1所示)。

---

[1] 按照1978年通过的"十年规划",1985年钢产量要达到6 000万吨,而1978年实际产量只有3 178万吨。据西方的一项估算,中国人必须花费400亿美元,方能实现6 000万吨钢材指标,或者每年要花50亿美元,而1978年全部出口所得只有97.5亿美元。(R.麦克法夸尔、费正清编《剑桥中华人民共和国史》下卷《中国革命内部的革命:1966—1982》,中国社会科学出版社,1992,第497—498页)

[2] 金鑫:《关于财政管理体制问题》,载《社会主义财政问题讲座》,第117—118页。

[3] 地方为实现更多增收,该摊销的不摊销,物质设备该报废的不报废,问题该处理的不处理,甚至采取提前发货、提前实现财政收入的手段。此外在加强财政工作中,过去税收上应收未收、各单位应缴未缴的收入这次也作当年收入入库,而这些收入实际上并不是当年创造的。[陈如龙主编《当代中国财政》(上),中国社会科学出版社,1988,第6页]

表 2.1　1978—1982 年国家财政收支平衡状况

年份	总收入（亿元）	债务收入（亿元）	总支出（亿元）	收支差额（亿元）	增长速度(%) 收入 总收入	增长速度(%) 收入 国内收入	增长速度(%) 总支出
1978	1 121.12		1 110.95	10.17	28.2	28.2	31.7
1979	1 103.27	35.31	1 273.94	−170.67	−1.6	−4.7	14.7
1980	1 085.23	43.01	1 212.73	−127.50	−1.6	−2.4	−4.8
1981	1 089.46	73.08	1 114.97	−25.51	0.4	−2.5	8.1
1982	1 123.97	40.03	1 153.31	−29.34	3.2	−6.6	−3.4

资料来源：赵梦涵，《新中国财政税收史论纲(1927—2001)》，经济科学出版社，2002，第 570—571 页。

注：① 总收入中包括国外借款收入，总支出中包括国外借款安排支出。
　　② 国内收入增长速度是扣除国外借款收入计算的。
　　③ 财政收支平均增长速度是按可比口径计算的。

三、制度变革的临界

随着改革开放不断深入取得了史诗般耀眼的成就，知识界对于制度变迁的讨论也在不断深入，除了渐进主义改革路径的分析，近年来相继有学者提出了"问题倒逼改革"的类"刺激-反应"改革模式[1]。同时，也有较多学者支持财政压力导致了我国改革开放的观点[2]，而把财政因素与制度变化联系起来，是制度经济学、公共选择理论等学科研究的重要路径[3]。从历史社会学的视角，制度变迁是结构因素与关键要素结合的结果。

国家财政连续出现赤字，这使旧发展模式的弊端不断显现出来，社会情绪不断累积并时有群体压力爆发，这些"倒逼"着制度变革，认识到这一缺陷正是共产党自觉意识与反思能力的体现。

回到历史，1997 年，看到在急于求成思想指导下出现的国民经济比例失调

---

[1] 费正清是西方学界把"刺激-反应"模式引入马克思主义中国化研究的开创者，近年来，相继有学者对"倒逼改革"模式展开讨论。(参见龚培河、万丽华：《全面深化改革的动力解析》，《中国特色社会主义研究》2017 年第 4 期；李友梅：《谈谈改革开放中的倒逼机制》，《人民日报》2018 年 10 月 24 日，第 7 版)

[2] 王明景：《财政压力：行政体制变迁的经济动因》，《财政研究》2001 年第 2 期。

[3] 刘志广：《新财政社会学研究》，上海人民出版社，2012；武靖国：《走向"税收国家"——改革开放制度变迁的财政社会学视角》，《云南财经大学学报》2019 年第 10 期。

状况,经济学家薛暮桥写信给刚上任的邓小平和李先念,提出"经济研究工作中所遇到的一些问题",认为国民经济已经比例失调,需要调整[1]。1977年年底,中央政治局听取和讨论了国家计委《关于经济计划的汇报要点》,邓小平和李先念表示这是一个很积极的计划,但要注意管理与政策的跟进[2]。

在党的十一届三中全会及此前的党的中央工作会议召开前,曾于1978年9月召开过一次国务院务虚会[3]。会议上,经济学家提出的关于经济体制改革的思想受到国务院领导层的注意。姚依林提出要学习资本主义的东西。主持会议的李先念发表了讲话,提出要改革一切不适应生产力的生产关系,要改革一切不适应经济基础的上层建筑,要进行经济体制改革,要根据经济规律进行计划体制、财政体制、物资体制、企业管理体制和内外贸易体制的改革,从而建立起现代化的经济组织、科研组织、教育组织及有关管理制度[4]。1978年11月召开的中央工作会议原定的三个议题之一就是讨论李先念副主席在国务院务虚会上的讲话[5],不过,会议议程很快被突破,"解放思想"成为更为重大的政治问题被讨论,"两个凡是"受到大会批判[6]。

在"真理标准讨论""解放思想"的问题被提出之前,阶级斗争的弦绷得还是很紧的,当时的社会政治气氛中,"抓辫子、扣帽子、打棍子"现象依然很普遍,人们的思想与言行都有着很多的"禁锢"[7]。当然,也有一些地方领导人也对诸如各地的经济混乱问题、农民问题等有一些直观的了解与认识,并会对一些政策

---

[1] 薛暮桥:《总结十年改革实践,把理论研究继续推向前进》,《中国经济体制改革》1991年第3期。

[2] 史义军:《1979年:国民经济在争论中实施调整》,《党史博览》2008年第7期。

[3] 这次会议被认为是党重视改革、正视经济体制改革的现实的发轫(马杰三等编《当代中国的乡镇企业》,第94页)

[4] 李先念:《在国务院务虚会上的讲话》,《李先念文选(一九三五——一九八八年)》,人民出版社,1989,第331页。

[5] 这次党的中央工作会议召开时,华国锋宣布会议的三个议题是:讨论如何进一步贯彻执行以农业为基础的方针,尽快把农业搞上去的问题;商定1979、1980两年国民经济计划的安排;讨论李先念副主席在国务院务虚会上的讲话。

[6] 12月13日,邓小平在闭幕会上的讲话中,提出四点:①解放思想是当前的一个重大政治问题;②民主是解放思想的重要条件;③处理遗留问题为的是向前看;④研究新情况,解决新问题。(邓小平:《解放思想,实事求是,团结一致向前看》,《邓小平文选》第2卷,第140—153页)

[7] 1980年,邓小平在中共中央政治局扩大会议上发表重要讲话,总结了国内外社会主义国家政权建设的历史经验。其中,邓小平特别对中国现行政治体制存在的种种弊端及其产生的原因予以了尖锐的揭露和分析。他说:"从党和国家的领导制度、干部制度方面来说,主要的弊端就是官僚主义现象,权力过分集中的现象,家长制现象,干部领导职务终身制现象和形形色色的特权现象。"因此,这一时期,重建专业、高效行政队伍的任务是非常迫切而紧急的。(邓小平:《党和国家领导制度的改革》,《邓小平文选》第2卷,第320—343页)

不允许的经济行为"睁一只眼闭一只眼"或"尽其所能",但总的情况是,在当时情势下,包括党的众多高级干部在内还不敢深入反思并表达自己的意见[1]。

1976年面临的严峻经济形势是不容忽视的。这一年,中央政府被迫再次采取冻结银行存款的措施,以应付财政困难。除了巨额的财政赤字之外,国民经济各种比例关系严重失调,经济管理系统和指挥系统失灵,管理混乱,正常的规章制度和生产秩序遭到严重破坏。此外,长期的高积累留下了大量的社会欠账和社会矛盾:工人和农民的收入过低,干部、知识分子、上山下乡知识青年、街道居民中存在许多历史遗留问题和现实待遇问题,长期被破坏的文教、科学、卫生等事业需要恢复,等等。这些积压的问题以各种形式表现出来[2]。

有研究认为,1977年以前,中国工业产量增长率是全世界所有发展中国家和主要发达国家在同一时期中最高的[3],只是这一成就是以高积累、高剪刀差的方式实现的,工业发展没有相应地增加劳动人民收入。1977年后的两年,尽管长期高积累已形成了巨大的社会压力,但基本建设的规模仍然不断扩大,积累率越来越高。1976年,积累率已为30.9%;1977年,这一数字提高到了32.3%;1978年更提高到36.5%。这是中国历史上仅次于1959、1960两年的第三高积累率[4]。基本建设规模也过大:1976年基本建设投资为376.44亿元;1977年增长为382.37亿元;1978年更增长为500.99亿元,比上年增长31%[5]。

在改革序幕拉开之前,中国的工业系统显示出曾经困扰苏联和东欧各国工业的令人头疼的大多数症状:浪费、效率低、官僚主义人浮于事,人民生活水平一直没有改善,大家精神不振,态度消极。在此背景下,党和国家领导人开始在多个场合提出要提高人民生活水平,激发人民的生产热情。1977年8月,国务院发布《关于调整部分职工工资的通知》,决定从当年10月1日起提高部分职工工资。次年,也就是1978年,国家开始在部分企业试行计件工资和奖励制度。由于各单位普遍发了年终奖金,加上上一年部分职工提高工资级别,1978年全年

---

[1] 于光远、王恩茂、任仲夷等:《改变中国命运的41天——中央工作会议、十一届三中全会亲历记》,海天出版社,1998,第335页。

[2] 比如,1977年,在已故总理周恩来逝世一周年之际,声讨"四人帮"、要求为邓小平平反的群众集会再次出现在天安门。要求平反、要求回城等的上访案件大量增加。

[3] 马洪、孙尚清:《中国经济结构问题研究》,人民出版社,1981。转引自梅斯纳:《毛泽东的中国及其发展》,社会科学文献出版社,1992,第483页。

[4] 苏星:《新中国经济史》,中共中央党校出版社,1999,第638页。

[5] 《中国统计年鉴—2001》,中国统计出版社,2002,表6-6"基本建设和更新改造投资",http://www.stats.gov.cn/tjsj/ndsj/2001c/f0606c.htm。

工资总额比上年一下增加了54亿元。1979年,国家更决定从当年11月起对全国40%的职工进行工资升级调资,并调整部分地区的工资区类别。[1]另一方面,在农村,在政策与舆论上大力推广大寨模式的同时,利用自留地进行副业生产、在农贸市场开展交易被默许。

"文化解冻"也在这两年悄然发生。文艺杂志、学术杂志恢复出版,过去禁演的戏剧、歌剧、电影等重新出现在舞台上,"文革"期间和之前曾被监禁、送往穷乡僻壤劳动或因其他原因被迫缄默的知识分子,也在这两年陆续恢复名誉,回到城市恢复工作。科技与教育制度的改革口子也已悄悄打开。1977年,高考制度恢复,许多大学和高级研究机构恢复生机。邓小平在复出后不久便强调,要使科研工作者能把主要精力放到科研上去,要在党内造成一种空气:"尊重知识、尊重人才",要抓教育,要有科研机构[2]。1977—1978年,邓小平围绕科技和教育密集地发表了大量讲话[3]。

这一切使社会上整个知识分子重新振作起来,在1975—1978年这几年的权力交接之际,社会多年积压的情绪以及诉求,很快将面临"井喷"式发泄。

在这特殊的过渡时期,国家面临着巨大的"还账"压力,而"还账"意味着国家大笔的财政支出,财政困境的背后出现了对于现代化发展的路径承袭抑或制度创新的选择:继续社会主义、集体主义思想指导下的现代化发展道路,还是发展经济、通过先富带动"共同富裕"?

路径承袭意味着承袭过去的发展战略:资源汲取、动员上的高积累,和"农业学大寨、工业学大庆"的否定个人利益的集体化道路。但继续高积累的集体化道路面临着资源困境:长期高积累下的"欠账"使得"还账"成为党和国家的必要承诺,"还账"需要强大的财力支撑,但是,传统的发展道路将进一步提高积累率,社会剩余仍然不能得到提高。而提高社会剩余、增加社会支出不仅会改变"高积累"模式,也将打开一扇门,更多多样性利益诉求将由此生发出来。

---

[1] 参见《中华人民共和国国家统计局关于一九七八年国民经济计划执行结果的公报》《中华人民共和国国家统计局关于一九七九年国民经济计划执行结果的公报》;中国经济体制改革研究会:《1977年中国改革开放大事记》,www.reformdata.org/2012/1105/1047.shtml。

[2] 邓小平:《尊重知识,尊重人才》,《邓小平文选》第2卷,第40—41页。

[3] 在《邓小平文选》第2卷中,1977—1978年,邓小平的讲话主要就是围绕科技、教育的。这些讲话包括:《尊重知识,尊重人才》(1977年5月24日)、《关于科学和教育工作的几点意见》(1977年8月8日)、《军队要把教育训练提高到战略地位》(1977年8月23日)、《教育战线的拨乱反正》(1977年9月19日)、《在全国科学大会开幕式上的讲话》(1978年3月18日)、《在全国教育工作会议上的讲话》(1978年4月22日)、《用先进技术和管理方法改造企业》(1978年9月18日)。

这一时期,不仅"还账"需要大量支出,承接国际环境的发展机遇,也是一笔巨大的开支。在东亚四小龙腾飞经验的激励下,国际资本急于寻找新的市场。中国希望能抓住这一发展机遇,通过大量购买国外技术推动中国的现代化发展。当然,引进技术或可带动发展以此提高工资与农产品的价格,从而增加出口和收入。1977—1978 年,农业作为中国传统的出口资源,直接或间接地提供了中国外汇的一半还要多。然而,农业发展也是困难重重,因为政府为城市征收粮食的任务已经很难完成,更不用说出口[1]。

现代化发展进程中,既有资源动员、汲取以及分配模式中的内在问题渐渐呈现出来:农村政策中,不同于集体化道路的"包产到户"是被批判的"异类"和"资本主义道路",一些尝试开展类似"包产到户"试验的地方如浙江、四川、安徽等地,迟迟等不到中央文件的首肯,因为这是已经被批判过的属于资本主义的东西。另外,在"扣帽子""阶级斗争"等语境下,越来越多的思想认识问题需要得到重新解释,被挤压的社会情绪不断爆发,甚至出现了一些极端的言论与行为[2]。

显然,尽管可以通过改革谋取发展,从而为政权赢得合法性,但改革本身是需要合法性的。改革既需要中央政治精英的共识,也需获得社会大众的社会支持,还需要得到地方政府的政治支持。所谓改革,是以解决政治路线与思想路线为前提、为突破口的,改革是在被当做一项政治任务时取得合法性的,但改革的合法性还需要进一步争取。

告别系统性危机的改革直到 1978 年党的中央工作会议召开才取得了合法性。当时陈云在会上提出六点意见,对若干重要问题进行重新定性,释放出了重要的政

---

[1] 在 1978 年召开的党的中央工作会议上,陈云提出转变发展战略的建议,在三五年内,每年可以进口粮食两千万吨,实现农村 7 亿农民的稳定。(陈云:《关于当前经济问题的五点意见》,《陈云文选》第 3 卷,人民出版社,1995)

[2] 如亨廷顿所描述的,对于不同社会力量,改革造成的效果将是大相径庭的,改革可能给一部分人带来利益,改革也可能教会一些人怎样去发动革命,改革对于倍受压抑的城市知识分子而言很可能因为民主的要求而成为革命的催化剂。(塞缪尔·P. 亨廷顿:《变化社会中的政治秩序》,生活·读书·新知三联书店,1989,第六章第二部分)

面临日益严重的社会主义与马克思主义意识形态危机,邓小平在坚持改革的同时及时提出了坚持四项基本原则,并着重从右的方面怀疑和反对四项基本原则进行了批判。关于改革初期意识形态的调整,可参见吴建国、陈先奎等主编《当代中国意识形态风云录》,警官教育出版社,1993,第四编第二、三章;林尚立:《当代中国政治形态研究》,第 373—377 页。

治信号[1]。1978年党的十一届三中全会以及此前中央工作会议的召开，正是赋予改革合法性的政治过程，它呼应着一场声势浩大的全国性的思想解放运动，中国社会由此进入到全面改革开放的时代，财政政治也获得了新的发展动力。

第二节 财政包干制的演化过程

一、1978年：启动改革

1970—1976年，财政体制几乎每年都在变。1974年，鉴于国家财政收入不稳定，中央财政难以平衡，过去的"包干"财政难以为继，国家决定拿出20多亿元，既按人口又不完全按人口，给各省一定机动财力，这被称为"收入按固定比例留成，超收另定分成比例，支出按指标包干"的财政体制，简称"旱涝保收"体制。

粉碎"四人帮"后，国家面临着恢复国民经济和克服财政困难的紧迫任务。当时在财政上的主要任务是加强管理和增收节支，这使得1976年的财政体制和20世纪60年代的集中的财政管理体制相差无几[2]。1976年，大部分省份实行的是"收支挂钩，总额分成，一年一变"的财政管理体制。这一体制安排强调了"定收定支"，各省、市、自治区原来从总收入中按一定比例提取的地方机动财力，改为在原有基础上按一定数额拨给，同时，地方少量的机动财力被要求"大部分用于支援农业"，自主安排支出的余地很小。

江苏省是1977年开始试行"固定比例包干"体制的。江苏省是一个工农业经济基础比较好的省份，财政收支比较稳定。1976年，江苏省提出要搞工业省的试点，要求在体制改革等方面先行一步。1976年12月，经国务院领导同志批准，同意在江苏省进行计划、物资、财政管理体制的改革试点，试点的内容包括：财政管理体制试行固定比例包干的办法；物资管理体制试行"在国家统一计划

---

[1] 陈云提了六个问题：①薄一波等六十一人不是叛徒；②1937年7月7日中央组织部关于所谓自首分子的决定和1941年类似内容的决定都是中央批准的，中央应当承认，对在"文革"中被错认为叛徒的同志复查，对并无叛党行为的同志恢复党籍；③陶铸、王鹤寿案应由中央组织部复查；④彭德怀对党贡献很大，骨灰应放到八宝山革命公墓；⑤中央应肯定1976年的"天安门事件"；⑥对康生在"文革"中的错误应批评。（陈云：《坚持有错必纠的方针》，《陈云文选》第3卷，第232—234页）

[2] 财政部综合计划司编《中华人民共和国财政史料》第一辑《财政管理体制（1950—1980）》，第14—19页。

下,实行地区平衡、差额调拨、品种调剂、保证上缴"(简称"地区平衡、调出调入")的办法。这一新的体制使"条条为主"的计划体制开始过渡到"条块结合,以块为主"的计划体制。其主要内容包括如下几个方面:①按照 1977 年对江苏计算的口径,参照前几年该省预算总支出占预算总收入的比例,确定一个收入上缴、留用的比例,一定四年不变;②比例确定后,地方的支出从留给地方的收入中自行解决,多收多支,少收少支,自求平衡;③除遇特大自然灾害等事件外,上缴和留用的比例一般不做调整;④省的年度预算仍要上报中央批准。这个办法在试行后的第一年,由于缺乏经验,包干范围确定得不够适当,1978 年通过协商,做了必要调整,缩小了包干范围,并相应降低了江苏省留成比例[1]。

这一体制的根本性变革在于:中央向地方分配收支指标不再有实际意义,长期以来形成的中央的统收统支局面被打破了。第一,在对江苏实行财政包干的同时,还实行物资包干,对机械、轻工产品用的钢材、有色金属等物资以及各项措施的费用等,不再由主管部门归口安排,而由江苏自主安排。第二,中央与江苏协议体制一定四年不变,体制较为稳定,也简化了手续,避免一年一度在分配收支指标时争多论少。第三,传统上,地方政府的职能主要是执行中央政府的政策,包括收入任务,按照中央分派给地方的各项任务及地方政府实际运转所需定支出,根据新体制,江苏省根据本省得到的收入安排支出、平衡预算,这样,扩大财政收入成为地方政府的重要职能,经济建设的任务嵌入于地方政府职能之中。

1978 年,为了调动地方增产增收的积极性,除继续在江苏实行"比例包干,几年不变"的办法外,还在陕西省、甘肃省、湖南省、浙江省、江西省、福建省、山东省、北京市、吉林省和黑龙江省十个地区实行"增收分成、收支挂钩"的财政体制[2]。

---

[1] 这一办法在执行中,由于没有规定具体实施细则,财政部和江苏省在包干范围新追加支出的负担等方面意见不一致,影响了一些工作的进度。经协商,规定从 1978 年起,基本建设投资中,由部建议地方安排的产品主要为全国服务的项目、进口装置配套项目和地方军工项目的投资;挖潜改造资金中为全国服务的产品措施短线产品措施费、出口产品措施费和军工产品动员费,新产品试制费中除由地方安排的项目和资金外,均由中央各主管部门包括国家科委专项补助,各部安排的项目和资金,都不再由江苏省实行包干。鉴于此,江苏省财政收入按留缴比例 39% 和 61% 执行。按照原规定,1977 年的留缴比例为 42% 和 58%,1978—1980 年的留缴比例是 43% 和 57%。[参见财政部综合计划司编《中华人民共和国财政史料》第一辑《财政管理体制(1950—1980)》,第 221—225 页;朱耀庭、王正喜:《关于"总额分成"财政体制改革的经验和存在问题》,引自项怀诚、姜维壮主编《中国改革全书(1978—1991)·财政体制改革卷》大连出版社,1992,第 423 页]

[2] 这十个地区的增收分成比例是:陕西省 75%,甘肃省 70%,湖南省 55%,浙江省 55%,江西省 70%,福建省 75%,山东省 40%,北京市 40%,吉林省 70% 和黑龙江省 45%。[财政部综合计划司编《中华人民共和国财政史料》第一辑《财政管理体制(1950—1980)》,第 191 页]

本来,1977和1978两年的经济恢复比较快,但由于十年"文革"遗留下来需要解决的问题几乎是"堆积如山",为了"还账",政府几乎是"四面出击":不惜举借外债大量进口工农业生产所需设备,并拉长了基本建设战线;通过加工资、提高农产品价格、进口粮食等提高城乡人民收入水平。1978年2月底,国务院总理华国锋作政府工作报告。时任国家计委经济研究所所长的薛暮桥从人民大会堂回到家中,竟捶胸顿足大哭起来:"国民经济要崩溃了,国家还不思改革!"[1]他于当年4月向中央上书,对高指标、高速度提出质疑,希望能打破禁区,总结过去28年的经验教训,按比例、有针对性地发展生产[2]。

基于当时的形势,和其他国家机关一样,财贸口也提出了全国财贸学大寨学大庆的口号。1978年下半年,华国锋提出,全国财政收入要突破1 000亿元大关,同时作出了地方当年超收数额全部留给省、自治区使用的决定。这样,在财政体制高度集中的背景下,省级政府逐渐获得了一些财政自主权,包括:在一定范围内自主安排预算支出;保留部分预算盈余;引入多年期的固定比例分成办法[3]。

产值、基建的急速扩张下,国民经济比例再次失调,国家预算方面也出现了"寅吃卯粮"、财政虚收、支出扩大等现象;而增加的收入中却有相当多的部分给了地方。于是,当年财政收入虽然大大超过了1 000亿元,但是部分虚增,加上巨大的财政支出,导致1979年和1980年出现大量财政赤字。从中央财政和地方财政来看,这次的差额主要是在中央财政,当年地方财力滚存结余增长64%,中央预算则出现支大于收的现象。巨额赤字给改革倡导者带来的巨大经济压力,促使财政分权改革步伐加快。

1978年12月,党的十一届三中全会召开,会上虽然没有对改革的细节进行分析,也没有就李先念在国务院务虚会上关于改革的讲话开展讨论,但会议公报指出:"现在我国经济管理体制的一个严重缺点就是权力过于集中,应该有领导地大胆下放,让地方和工农业企业在国家统一计划的指导下有更多的经营管理自主权;应该着手大力精简各级经济行政机构,把它们的大部分职权转交给企业性的专业公司或联合公司……"会议还提出要"解放思想","团结一致向前看"。

1979年4月5—28日,中共中央在北京召开有各省、自治区、市和中央党政

---

[1] 《1978年经济学家薛暮桥上书中央反对"洋冒进"》,2007年2月9日,凤凰网,http://news.ifeng.com/history/1/200702/0209_335_74648.shtml。
[2] 薛暮桥:《薛暮桥回忆录》,天津人民出版社,1996,第321—322页。
[3] Michel Oksenberg, James Tong, "The evolution of central-provincial fiscal relationsin China, 1971-1984: the formal system," *China quarterly*, No. 125(1991): 1—32.

军机关主要负责人参加的工作会议,讨论国民经济调整问题。在十一届三中全会精神鼓舞下,各地方纷纷表示:计划经济集中过多,统得过死;财政上统收统支,物资上统购包销,外贸上统进统出,"吃大锅饭"的思想盛行,限制和束缚了中央部门、地方、企业和职工个人的积极性、主动性和创造性,强调"这种情况必须坚决加以改变"。各省市一致对江苏体制表示赞赏,纷纷表示愿意采取江苏的办法。广东的习仲勋更是直接且郑重其事地表示希望中央放权:"得多给点自主权,类似联邦制。"

会后,为解决国家面临的巨大财政赤字和突然的物价上涨,国务院财经委召集各方力量,组建四个调查小组展开研究,并就国家的经济改革何去何从问题提出了三种设想。

第一种,以中央各部为主,集中管理,适当扩大地方和企业的权限,并在一定范围内采取一些经济办法。这一办法的要点是:重点企业(对国民经济全局有重大影响、面向全国的重点骨干企业)和产供销面向全国的大型企业由中央各部来管,主要的生产建设任务仍然采取指令形式下达,主要的生产资料和消费品由国家分配,基本建设投资由国家统一安排,劳动力、物价由国家统一管理。在这个基础上,按行业组织的一些公司可以扩大自主权,给地方增加一点机动财力、流动资金和一部分基建投资,实行银行贷款。

第二种,在中央统一领导下,以省、直辖市、自治区为主分散管理。即把原在广东、福建的体制推广到全国,即以省、直辖市为主进行全面经济改革。除了铁路、民航、电讯的干线,长江航运、海运、海关,跨省的电网,输油输气的干河,国防工业由中央、部管以外,其余全部交给地方。计划以省为主,由中央综合平衡,财政确定固定上缴数或上缴比例,物资核定基数,固定调入调出数量。产品的数量、品种不足或多余时,可以在省与省之间,省与中央、部之间,实行商品交换,也可以通过进出口贸易自行调节。省与省之间也可以联营,或者几个省合起来成立股份公司。

第三种,以扩大企业自主权为核心,按照社会化大生产的要求,组织整个经济联营公司,实行计划调节与市场调节相结合,以此为前提,根据各项经济事业的特点,来划分中央和地方的职权,适合中央的归中央管,适合地方的就由地方管。这一设想的关键就在于行政划分和界限,确保企业的管理自主权[1]。

这三种设想,第一种强调集中,第二种强调向地方放权,第三种强调大改。

---

[1] 参见国家经济体制改革委员会编《中国经济体制改革十年》,经济管理出版社与改革出版社,1988,第828—829页;金鑫:《关于财政管理体制问题》,载《社会主义财政问题讲座》,第130—133页。

1979年的中央工作会议提出了以调整为中心的"调整、改革、整顿、提高"八字方针,李先念代表中共中央和国务院在这次中央工作会议上作了题为《调整国民经济,改革经济管理体制》的讲话。他谈到:粉碎"四人帮"后,对比例关系失调的严重状况认识得很不够,发展经济的步子迈得不稳,基本建设规模搞大了,引进工作搞得急了,在1979年的计划中,基建规模、生产指标、财政收支、利用外资等都安排大了,在物力和财力上留下了不少缺口。因此,必须下最大决心,对国民经济实行"调整、改革、整顿、提高"的方针,坚决地、逐步地把各方面严重比例失调的比例关系基本上调整过来,使整个国民经济真正纳入有计划、按比例健康发展的轨道;积极而又稳妥地改革工业管理和经济管理体制,充分发挥中央、地方、企业和职工的积极性[1]。

在财政体制改革方面,他提到:中央和地方以至企业的权限究竟如何划分,怎样才能更有利于用经济的办法管理经济,都要作出明确的规定。在进行这些局部改革的同时,要认真调查研究,搞好试点,做好准备,提出比较全面的改革方案,经中央批准后,到条件成熟时再着手进行。对于当前的三种财政体制——通行的"统收统支"办法,江苏的"收支挂钩、全额分成、比例包干、三年不变"办法,四川的"划分收支、分级包干"试行办法,李先念在讲话中指出,无论最后采用哪种办法,都必须保证中央必不可少的开支(当时约500亿元)。同时,还要注意三条:①中央和地方积极性都要发挥,两方面的积极性都要兼顾。②扩大企业自主权。③企业留成将按工资总额的5%提取这一奖励落后的办法,改为和利润挂钩[2]。

这样,一方面,国家财力相当紧张。由于国民经济的调整,国家采取了提高农副产品收购价格、减免农村税收、调整职工工资、安排劳动就业等重大经济措施,不少省(市、自治区)收入没有增长或很少增长。在这种情况下,国家的收入任务分配不下去,全面推行增收分成的办法就不可能了。全国国民经济面临再次调整,中央(应该是中央政府或者主管部门)希望能够再次集中权力以加强管理。另一方面,各地方强烈要求放权改革,人心思改,中央领导同志也主张满足地方要求改革的强烈愿望。

这次中央会议确定从1980年起全面实施江苏式体制,并在四川省进行四川式体制的试点。为此,1979年7月13日,国务院还专门发布了《关于试行"收支挂钩、全额分成、比例包干、三年不变"财政管理办法的若干规定》。主要内容是

---

[1] 赵德馨主编《中华人民共和国经济史:1967—1984》,第413页。
[2] 王丙乾:《中国财政60年回顾与思考》,第233页。

按照确定的地方财政收入范围,参照各省、市最近三年财政收入和支出的情况,确定一个收入上缴和留用的比例,由地方实行包干,一定三年不变。比例确定以后,应当上缴中央的收入,由中央统一安排;应当留给地方的收入,由地方统筹安排,用于解决本身的各项开支。凡是收入小于支出,需要中央补助的地区,除收入全部留给地方外,由中央确定一个固定补助数字,也是一定三年不变。对于收入分成比例低于20%的地区,其收入比上年增长的部分,另给5%～10%分成。同时,在四川省进行"划分收支,分级包干"办法的试点,总结经验。

1979年10月,中央召开各省、自治区、市党委第一书记座谈会,又一次讨论了改革财政体制问题。会上,大家一致主张全面实行四川体制,并确定四川省先走一步,其他地区做好准备再试行。10月10日晚,李先念到会讲了政治局常委的意见:"体制问题。江苏按原定办法再搞一年,广东、福建按照中央文件规定的办……四川按划分企业隶属关系、划分收支、两级计划、两级财政试点,明年开始实行。其他省按四川的办法作准备,明年还要按现行体制再搞一年。"[1]中央同地方同志经过充分协商和讨论,确定从1980年起全面试行四川体制[2]。

1980年2月,国务院发布了《关于实行"划分收支、分级包干"的财政管理体制的暂行规定》,决定从1980年起,除少数省(区、市)另实行其他办法外,实行"划分收支、分级包干"的财政管理体制。国务院还发出通知指出,实行"划分收支、分级包干",是国家财政管理体制的重大改革,它不仅涉及财政收支结构、财权划分和财力分配的调整和改进,而且也涉及计划、基建、物资、企业、事业等管理体制的调整和改进。全面改革传统财政管理体制的序幕由此拉开[3],这一体制将过去的"一灶吃饭"体制改为"分灶吃饭"体制,各级政府的财权和事权、权利和责任将进一步明确,由此激发地方政府当家理财、发展经济的积极性。

二、"分级包干"的财政体制

1980年的财政体制改革采取了"划分收支、分级包干"的"四川体制",这一

---

[1] 李先念:《在省、市、自治区党委第一书记座谈会结束时的讲话》,《建国以来李先念文稿》第4册,中央文献出版社,2011,第204—205页。
[2] 王丙乾:《中国财政60年回顾与思考》,第233—234页。
[3] 实行这一体制的是:四川省、陕西省、甘肃省、河南省、湖北省、湖南省、安徽省、江西省、山东省、山西省、河北省、辽宁省、黑龙江省、吉林省、浙江省。

体制又被称为"分类分成、分灶吃饭"体制。"划分收支、分级包干"体制的主要内容如下。

① 明确划分中央财政与地方财政的收支范围。各地方上划一部分企业由中央各部直接管,然后根据各种财政收入的性质和企业事业单位的隶属关系,试行分类分成的办法,将财政收入划分为中央固定收入、地方固定收入和中央与地方调剂分成收入三类。

② 固定收入。属于中央的固定收入包括中央企业收入、关税收入和其他收入,属于地方财政的收入主要有:地方企业收入、盐税、农牧业税、工商所得税、地方税和其他收入。

③ 调剂收入。属于中央和地方调剂分成的收入有:各地方划给中央部门集中管理的企业收入,20%划给地方财政,80%留给中央财政;将工商税作为中央和地方之间的调剂收入,分配比例根据各地区财政收支情况确定。

④ 在财政支出上,划分中央和地方支出。企业事业单位在隶属上属于中央的,由中央直接管理的,列中央财政预算支出;由地方管理的,列地方财政预算支出。地方支出基数首先用地方固定收入抵顶;固定收入不足以抵顶支出基数,则划给调剂分成收入,然后再与支出基数比较,收入大于支出基数的,按比例上交中央财政,收入小于支出基数的,由中央财政给予定额补助。

改革后的体制与过去的体制相比,地方(省级政府)机动财力在来源上与数量上都多了,而且得以明确。地方获得了过去可能获得(但不一定能够得到)的机动财力,包括:①超收分成;②增长分成;③上年结余;④预备费;⑤"旱涝保收"的机动财力;⑥地方税收;⑦县办企业的利润留成;⑧地方的预算外企业收入;⑨地方财政集中掌握的集体所有制企业积累;⑩地方集中的更新改造资金;⑪城市维护资金(国家有一个专门的规定,有的地方有,有的地方没有);⑫各项附加(农业税附加、工商税附加、公用事业附加)。除此之外,还可能获得多种渠道的各项贷款(这种贷款不是每个县都有,但就全国而言是存在的):①外贸出口的专项贷款;②补偿贸易和来料加工的专项贷款;③地方建筑材料贷款;④进口设备配套贷款;⑤小型技术措施贷款;⑥轻纺工业专项贷款;⑦人民银行掌握的中短期设备贷款;⑧中国银行掌握的短期外汇贷款。

这次改革明确划分收支及其权限,各负其责,突破了传统统收统支管理模式,实现从以"块块"为主划分收入的模式向以"条条"为主的模式转变,地方的自主权和活动空间都扩大了。地方政府合法地拥有了一批属于地方的企业,介入经济建设的积极性增加了,有利于根据本地的实际情况,统筹安排财力,地方政府的地方性意识将进一步强化。其他方面的改革也正在渐渐展开,向社会放权(农村改革)与对外开放无疑也将影响地方政府的行动取向。

这次改革的特点是坚持了对地方政府进一步放权的原则,考虑到经济发展的不平衡,改革对不同地区实行了不同的办法。

由于国家财力已经相当紧张,无法满足向所有地方放权的需求。尽管如此,1979年以后,中央还是决定向广东和福建放权,对广东、福建实行"特殊政策、灵活措施",允许两省采取灵活措施,直接对港澳进行经济联系,以发挥两省靠近港澳、华侨多,资源丰富,具有加速经济发展的有利条件。财政上,国家对广东实行"划分收支,定额上交"的包干办法,对福建实行"划分收支,定额补助"的包干办法。这一办法的特点是,包干范围更宽,地方自主权更大。在经济体制上,实行中央统一领导大包干办法,物资、商品、财政都采取包干,外汇也采取分成的办法[1]。

这种体制下,中央获取财力受到很大限制,但地方却获得了很大自主性,所谓"中央包死,地方包活"。广东、福建两省不仅获得了物资、商品、外汇等方面的特殊政策,在财政上,中央也让利很大。当时广东的财政收入是38亿元,广东过去的支出约为24亿元,新体制下,中央确定了广东固定上缴12亿元的定额,这使广东的机动财力进一步增加。对于福建,本来是基本上自求平衡的省,新体制下,中央每年向福建定额补贴1亿元[2]。

为加快少数民族地区经济建设事业的发展,8个少数民族地区按每年10%的递增速度得到中央固定数额的补贴[3]。另外,北京、天津、上海三个直辖市

---

[1] 关于广东、福建财政体制的形成过程及相关内容,可参见于光远、王恩茂、任仲夷等:《改变中国命运的41天——中央工作会议、十一届三中全会亲历记》,第198—203、298—300页;杨继绳:《邓小平时代——中国改革开放二十年纪实》(上),中央编译出版社,1998,第244—252页;谢春涛主编《改变中国——十一届三中全会前后的重大决策》,上海人民出版社,1998,第224—232页;财政部综合计划司编《中华人民共和国财政史料》第一辑《财政管理体制(1950—1980)》,第229—231页;等等。

[2] 后来,因1979年调整农副产品收购价格和调整工资等因素,两省财政收入短收较多,又改为广东省每年上缴10亿元,对福建省每年补助5亿元。[参见贾康、阎坤:《转轨中的财政制度变革》,上海远东出版社,1999,第54页;张岳琦、李次岩主编《先行一步:改革开放篇》(任仲夷论丛第二卷),广东人民出版社,2000]

[3] 这8个省(区)是:内蒙古自治区、新疆维吾尔自治区、西藏自治区、广西壮族自治区、宁夏回族自治区、云南省、青海省、贵州省。

继续实行"收支挂钩,总额分成,一年一定"的财政体制[1]。江苏仍然实行"比例包干,四年不变"的财政体制。

三、1985 年:财政包干制的发展

1980 年分权安排的有效期非常短暂。按照原来设想,这一体制先在四川试点一年,第二年再向全国推行。"四川体制"也是关于经济体制改革设想的第一种的调整。

1980 年包干制确立后,在 1980 年全国财政支出的 1 022 亿元中,中央本级财政支出为 540 多亿元,占 53%;当时,中央掌握的专项拨款为 60 亿元,占 6%;地方财政支出为 420 亿元,占 41%。但是,中央直接掌握的财源很少,中央直属企业的收入只有 100 亿元,加上京、津、沪三市上交收入和各地工商税分成收入总数才到 470 亿元。为此,1981 年,中央向地方借款 70 亿元。

由于中央财政十分困难,中央财政基本上依靠调剂分成收入和地方上解过日子。1982 年,中央再次向地方借款 40 亿元。这时候,中央不得不考虑扩大充实中央财政的办法,其中一个办法就是将大企业划为中央企业,以确保中央收入。

因此,地方财政的包干范围被适当缩小了。从 1982 年开始,除广东、福建两省继续大包干体制外,原来实行"四川体制"的省份相继改为实行"江苏体制"。1982 年,国务院发出《关于改进"划分收支、分级包干"财政管理体制的通知》,决定从 1983 年起,对"划分收支、分级包干"财政体制做进一步的调整和改进,主要内容包括:①从 1983 年起,除广东、福建两省按照大包干办法外,对其他省、自治区一律实行收入按固定比例分成的包干办法,即总额分成的办法。各省、自治区、直辖市对所属县、市是否实行分级包干办法,由各地根据自己情况确定。②从 1983 年起,中央财政向地方财政的借款被改为调减地方财政支出包干基数,并相应调减地方的收入分成比例和补助数额。③实行了其他如提高烟酒税

---

[1] 北京、上海、天津仍同中央财政"一灶吃饭"的理由据说是:北京、上海、天津三大城市的财政收入数额比较大,变动体制以后出现什么问题看不准,因此暂不实行新的财政体制。(宋新中主编《中国财政体制改革研究》,第 50 页)另有材料表明,十一届三中全会前的党的中央工作会议上,以及其后广东、福建被确立实施特殊政策后,辽宁、上海方面也曾提出希望获得特殊政策加快两大工业基地的发展,但是,由于种种原因,上海和辽宁在办特区方面没能"先行一步"。(张岳琦、李次岩主编《先行一步:改革开放篇》,第 15—16 页)而据王丙乾的回忆,对北京、天津、上海三市实行什么财政体制,当时没有最后定下来。(王丙乾:《中国财政 60 年回顾与思考》,第 237 页)

率、调整卷烟的分配办法的措施,将卷烟、酒两种产品的工商税划为中央财政收入。

这期间,国家税制改革渐渐加快,《中外合资经营企业所得税法》《个人所得税法》《外国企业所得税法》等相继出台,国务院经济研究中心认为,提高烟酒税率旨在"寓禁于征",但由于产品税由地方政府代收的缘故,这导致了各地争办烟酒厂的现象。因此,高税产品的产品税应该直接上缴中央,实行划分税种的财政分级管理体制,否则,税收的宏观调节作用无法实现。不过,为照顾地方的利益和建设需要,仍将1982年前的税收基数全部返还给地方。从1983年起,对每年烟酒税收增长部分,实行中央财政和地方财政分成。对于体制上解地区,中央分成60%;对体制补助地区,中央参与分成40%。

财政部原来希望通过"江苏体制"增加财政收入,担心破坏原有的"分灶吃饭"体制会影响中央财政收入。同一时期,国家的各项其他改革接连展开,比如企业进行企业基金制、企业利润留成制等试验。在此背景下,1983年国务院决定改"分灶吃饭"为划分税种,并实行"利改税"。1984年,对国有企业又前进到实行第二步"利改税"。两步"利改税"后,原来该由企业上缴国家的利润,现在改为以所得税、调节税的形式上缴,国家与企业之间的财政分配形式、性质都开始发生根本性变化。税收体制、国家与企业之间财政关系的这些变革要求财政体制也要相应地进行改革。

1985年是财政包干制发展史上一个重要时间节点。根据中共十二届三中全会《关于经济体制改革的决定》的精神,国务院决定从1985年起对各省、自治区、直辖市实行"划分税种、核定收支、分级包干"的财政体制。改革要求除原来实行民族自治地方财政体制的省、自治区和广东、福建两省继续实行各自原体制外,其他各省、市全部实行新财政体制[1]。在这一框架下,从收入方面看,按照第二步利改税设置的税种划分收入范围,财政收入仍被划分成三类:中央固定收入、地方固定收入、共享收入。由于税收体制发生重大变化,因此相比过去的财政体制,这一方面的重要变化是:划分的依据发生改变,不再是笼统的"利润"而出现了有着权力与权利边界的"税"。从支出方面看,按隶属关系划分支出范围,少数不宜试行包干的专项支出,仍由中央专案拨款。按收支范围核定收支任务后,凡地方固定收入小于支出的,从共享收入中确定一

---

[1] 广东、福建两省继续实行财政大包干的办法,但是,其上解或补助数额,按照规定的收支划分范围和利改税第二步改革后的收入转移情况,进行相应的调整。

个比例留给地方,凡地方固定收入和共享收入全部留给地方仍不足以抵补支出的,由中央定额补助。收入的分成比例或上解补助数额确定以后,一定五年不变。地方多收入可以多支出,少收入就要少支出,自求收支平衡。

"划分税种、核定收支、分级包干"的财政体制在运行中的主要形式实际上有"总额分成法""定额上解办法""定额补助办法""民族地区财政体制""大包干办法"等。具体来说,北京市、天津市、上海市、江苏省、浙江省、安徽省、山东省、河南省、河北省、山西省、辽宁省(不含沈阳、大连)、湖南省、沈阳市、大连市、哈尔滨市、武汉市、重庆市实行总额分成;黑龙江省(不含哈尔滨)实行定额上解;吉林省、江西省、陕西省、甘肃省、湖北省(不含武汉)和四川省(不含重庆)实行定额补助;内蒙古自治区、广西壮族自治区、西藏自治区、宁夏回族自治区、新疆维吾尔自治区、贵州省、云南省、青海省实行少数民族地区财政体制;广东省和福建省继续实行大包干办法。

四、1988 年:财政大包干制的多样化发展

1984 年,中央确定开始以城市为中心的全面改革,中国财政遭遇了改革开放以来的第二次大的财力困境。1985 年,中央财政收支结余 0.57 亿元,此后几年,财政赤字不断上升。1986—1990 年的财政赤字分别为 82.9 亿元、62.83 亿元、133.97 亿元、158.88 亿元、146.49 亿元。这一时期,为支持各项改革,中央还加大了对各项改革的财政补贴。数据显示,1985 年和 1989 年,企业亏损补贴和物价补贴占了财政收入的 1/3 左右(如表 2.2 所示)。

表 2.2　1985—1990 年的财政补贴　　　　　　　　单位:亿元

年份	企业亏损补贴	政策性补贴支出	补贴合计	补贴占财政收入的比重(%)
1985	507.02	261.79	768.81	30.61
1986	324.78	257.48	582.26	23.80
1987	376.43	294.6	671.03	26.05
1988	446.46	316.82	763.28	27.22
1989	598.88	373.55	972.43	29.79
1990	578.88	380.8	959.68	27.29

资料来源:《中国统计年鉴—2001》,中国统计出版社,2002。

1985年的财政体制最初是按照第二步利改税后税种的设置划分财政收入的。但是,这种体制只是名义上划分了税种。在实际执行过程中,由于价格体系正在改革之中,各级政府事权划分不够明确,经济体制改革变化因素较多,完全实行上述"划分税种"的条件尚不具备。1985年的财政体制在执行过程中还遇到了另一个问题,十几个收入较多、上解比例较大的地区,由于地方留成较少,组织财政收入的积极性受到影响,从而出现减税让利过多,有些地区"藏富于企业",财政收入增长缓慢,个别地区甚至出现财政收入"滑坡"现象[1]。因此,出现了变通措施,在1985年、1986年两年(后又延长到1987年),暂时实行"总额分成"的过渡办法。这种过渡办法是:除中央税划为中央收入以外,地方可以在划分税种、核定收支的基础上,把地方财政固定收入和中央、地方共享收入捆在一起,同地方财政支出挂钩,确定一个分成比例,实行总额分成。

为了使分税方案能够和各个不同地方的社会、经济条件相适应,引进了四种收入分摊方案。14个省、3个直辖市与中央签订了协议,每年向中央上缴其一定份额的地方固定收入和共享收入。广东省和黑龙江省条件最为优惠,只需向中央上缴一个固定数量的收入。有5个省份从中央政府获得了一个固定数额的转移收入。剩下的7个省份则从中央那里得到每年增加10%的财政补贴。1985年的财政安排中,中央固定收入和地方固定收入只占政府总预算中相对较小的比例,共享收入则占了主要地位。这意味着中央政府要依靠地方政府来增加收入,提供资源。由于地方政府可以保留一部分共享收入,因此为自身利益计,地方政府也会努力去增加这些收入。

中央与地方的财政关系在1988年又有了新的变化。1987年年初,由于学生闹事等原因,邓小平强调改革可以稳一点,之后又提出了以政治体制改革促经

---

[1] 此次财政体制的改革背景是相当复杂的。这一年出现了通货膨胀,同时,中央把价格补贴的管理权下放给地方,并连续召开四次会议主要讨论如何严格控制信贷和工资奖金的发放,实行财政和信贷双紧政策。对于这一时期企业的困境,有一种看法认为,1985—1986年国有企业陷入困境与对国有企业进行利改税改革有关。对于利改税方案没有实现预定目的,一种看法认为是由于价格没有调整,按同样的税率征所得税,各行业苦乐不均。批评意见则认为不应该把税收和价格的职能联系在一起,改革的失败在于设计队伍缺乏明确的指导思想和技术,由于产品税以及其他税种,包括资源税、固定资产收费等都没有到位,所以在缓解企业苦乐不均方面留下了许多缺口。但实际上,这时候试图统一市场注定只是方向性的,因为一个整体不可能一边分解一边保持整体性,显然需要整理、重新融合的过程。另外,值得注意的是,1985—1986年中国经济学界关于经济改革的讨论也是异常活跃,北京有一系列的会议讨论改革的方针和步骤问题。(参见厉无畏等编《转型中的中国经济》,上海人民出版社,1998,第307页;薛暮桥《薛暮桥回忆录》,第384—385页;周小川、杨之刚:《中国财税体制的问题与出路》,天津人民出版社,1992,第8页;吴敬琏:《改革:我们正在过大关》,生活·读书·新知三联书店,2001,第371—372页)

济体制改革的思路[1]。在这个新的政治气候下,形成了新一阶段的让税让利型改革。由于企业老化等原因,上海连续几年出现"财政滑坡"。1987年,上海向中央提出,要求调整上解比例,给予新的政策。1987年年底,国务院主要领导先后来到上海,1988年2月,国务院同意以1987年上涨财政收支为基数对上海实行财政基数包干,五年上交105亿元。此后,吉林、内蒙古自治区也要求实行地方大包干[2]。1988年,在财政方面,第二个包干期尚未期满,原来设想的"分税制"改革亦不具备启动条件。当时有上解任务地区财政收入增长缓慢,甚至出现"滑坡"现象。针对这些问题,国务院决定改进地方财政包干办法,即从1988年起,全国39个省、直辖市、自治区和计划单列市,除广州、西安两市的预算关系分别与广东、陕西两省联系,对其余37个地区分别实行以下六种改进办法:"收入递增包干""总额分成""总额分成加增长分成""上解额递增包干""定额上解""定额补助"。这一体制的一个重要特点是:在过去实行"小固定"(只有几种地方税作为地方固定收入)的基础上,把十三种地方税划归地方管理,扩大了地方的固定收入,调动了地方组织零星收入的积极性[3]。

到1988年,中央和省级之间的财政收入分成体制已经覆盖了所有的省份。财政收入被划分成了"中央收入"和"地方收入"两大块,中央收入全部上交中央,用于分成的只是地方收入。以财政包干为特征的不同财政体制已进一步深入扩展到省以下各级地方政府间以及中央与各有关部门间。

1988年的财政大包干体制对以前的财政体制进行了两项新的改革。第一,将1987年中央向地方借款改为调减地方支出基数,同时,将城乡个体工商业户所得税、城乡个体工商业户的营业税、个人收入调节税、个人所得税、国营企业工资调节税、契税、农林特产税、屠宰税、牲畜交易税、集市交易税、车船使用税、房产税、奖金税等13种小税种划为地方固定收入,抵顶支出,增长部分留给地方。第二,为了进一步调动地方,特别是上解地区自治收入的积极性,1988—1990年,中央对包干办

---

[1] 参见邓小平:《计划和市场都是发展生产力的方法》,《邓小平文选》第3卷,第203页;《改革开放使中国真正活跃起来》,《邓小平文选》第3卷,第235页;《改革的步子要加快》,《邓小平文选》第3卷,第240—243页。

[2] 参见《解放日报》1988年2月12日、3月3日、5月3日;《世界经济导报》1988年5月9日、5月16日。

[3] 对1988年前财政包干制形成过程的描述,散见于诸多文献,各有侧重,不胜枚举。比如,贾康、阎坤:《转轨中的财政制度变革》;宋新中:《中国财政体制改革研究》;项怀诚、姜维壮主编《中国改革全书(1978—1991)财政体制改革卷》;孙健:《中华人民共和国经济史(1949—90年代初)》,中国人民大学出版社,1992;赵梦涵:《新中国财政税收史论纲(1927—2001)》,经济科学出版社,2002;等等。

法又做了改进,区别不同地区,分别实行"收入递增包干""总额分成""总额分成加增长分成""上解额递增包干""定额上解""定额补助"6种主要形式。

① 收入递增包干。关键在于确定两个比例:收入的环比递增率、收入的留成和上解比例。如果一个省的收入增长超过了递增率,那么,超过的全部留给地方,在递增率之内的部分则按照留成和上解比例与中央分配。在收入递增包干的省份中,递增率和留成比例分别为:北京4%和50%,河北4.5%和70%,辽宁3.5%和58.25%,沈阳4%和30.29%,哈尔滨5%和45%,江苏5%和41%,浙江6.5%和61.47%,宁波5.3%和27.93%,河南5%和80%,重庆4%和33.5%。

② 总额分成。和以前的办法基本相同。有三个地区实行这种办法:天津46.5%,山西87.55%,安徽77.5%。

③ 总额分成加增长分成。这种办法是收入基数部分用总额分成,增长部分则除总额分成外,再加上增长分成比例。有三个地区实行这一办法:大连37.74%和27.76%,青岛16%和34%,武汉17%和25%。

④ 上解额递增包干,有两个地区实行这一办法:广东省,上解额为14.13亿元,递增包干比例为9%;湖南省,上解额为8亿元,递增包干比例为7%。

⑤ 定额上解。实行这一办法的地区有三个:上海,每年定额上解105亿元,山东为定额3亿元,黑龙江为定额2.9亿元。

⑥ 定额补助。实行这一办法的地区有16个。

可见,到1988年,中央与地方基本成型的"财政包干制"形式是复杂多样的。虽然总体包干形式是6种,实际上每个地方的实践都不一样。包干制对地方的增收激励意图非常明显。从这些形式及其实际运作中可以看到,在近十年的探索中,包干制经历了一个不断地进行改进和制度化的过程。

第三节 财政改革的分权特征及意义

一、财政改革的分权特征与政治内涵

如前所述,财政包干制作为一项改革历经十余年,在1988年发展到"顶峰"。此后,包干办法继续被改进,从1990年起,改革财政包干制、推出分税包干制的呼声日渐高涨,中央相继试行集中地方财政资金的措施,并推出了分税制财政改

革方案。不同于1978年前的权力下放试验,这一波的包干制持续时间长,尽管实际的包干办法在不断调适,但总体分权趋势却一直持续,及至后来分税制、项目制出现,地方自主权不断增大可谓大势所趋。

1978—1988年财政包干制的发展,是中央对如何合理划分中央和地方权限与责任的不断探索。从更大的历史视野来看,这一探索是中国共产党领导下的政权建设的一部分,是对中央与地方关系制度化、规范化的持续探索。1978年前,中央曾有过关于向地方政府和企业下放权力的多次试验。比如,在1970年的权力下放试验中,各地被允许兴办"五小"工业。有资料显示,20世纪80年代以前,一些地方在1958—1959年、1971—1973年有过某种形态的财政包干制度[1]。1973—1975年,华北、东北、江苏被允许试行"财政收入固定比例留成"办法,以探索激励地方增收、超收办法。尽管有过多次试验,但在1978年前,这些试验都没有被进一步推广,或者说没有实现全国化。更重要的是,此前所有这些试验或者制度运行都是在"阶级斗争为纲"背景下发生的,地方政府固然有发展经济的政治任务,但由于政治至上,经济发展受到诸多"禁锢"与限制。1978年后的财政包干制具有不同的性质,它成为打破此前种种禁锢的激励性制度,在"以地方促改革"的思路下,地方政府被允许、被激励、被推动、被要求为地方经济发展负责。财政包干制是"支持改革"这一政治行动的重要工具。

包干制的形成是一个不断出现财政困境、走出财政困境的过程,也是一个新的规则不断出现、形成的过程。在这个过程中,包产到户、扩大企业自主权、税利改革、城市改革等此起彼伏,大的制度变迁背景孕育了财政包干制的发展。地方分权改革同时伴随着国家向企业、社会(农村)的放权和国家的对外开放。其间,很多制度自上而下地出现,各种政治与社会力量、历史传统、现有制度安排,以不同方式加入其中,它们不断地交互影响、并行向前。

财政包干制是在国家财政状况一直十分紧张的状态下展开的,由放权到分权,旨在以发展走出危机,其中经历了频繁的、或大或小的集中性的与分散性的调整。分权是地方政府与中央政府间互动的结果,其中,主要政治领导人的改革发展观念和战略在关键时刻发挥了重要作用。

---

[1] 例如,《会宁县财政志》中记载了这一事项,1971年的一项规定指出:"如发生短收或超支,由各县自求平衡。"见《会宁县财政志》编纂委员会:《会宁县财政志》,甘肃人民出版社,2013,下篇第三章第六节《1958—1977年财政收支状况》。

从"四川体制"到"江苏体制",再到"广东体制",财政包干制的发展是一个累进的过程。改革之初,划分收支的依据在于,地方收入大于支出的,多余部分按规定比例上缴,支出大于收入的,不足部分由中央从工商税中确定一定比例拨给地方;仍然收不抵支的,由中央给予地方定额补助。广东、福建、江苏省的特殊政策在发挥发展的示范效应同时,也推动了其他省份争取更多自主权的努力,传统以"统筹"为原则的分配体制被视为"鞭打快牛"[1]。财政包干制的全国化,是财政制度走出路径依赖的制度变革,以及新的制度安排的定型化。

在此过程中,地方政府的自主性不断增强,讨价还价能力与动力也在不断增强,并呈现出不平衡的特点。地方拥有了对于收与支的相对自主权,逐步有了明确利益和主体意识,在完成"包"的任务后,中央不对地方的增收、减支等多加干预。

与此同时,中央获得了相对自主性。1978年,中央的财政收入占总财政收入的12.7%;1990年,这一比例达到33.8%。以划分中央收入和地方收入的办法,中央渐渐从地方政府手中获得了财政收入的自主权,这为其后分税改革的顺利进行奠定了基础。显然,传统的一元化条件下的中央与地方关系格局悄然变化,国家正在获得新的中央自主权,这具有突破性的政治意义,中央从地方获取收益需要新的论述和理据正当性,这同时意味着需要新的话语框架(framing)的裂变。

由图2.1可以看到,1984年是财政改革的重要关口。1984年以后,中央和地方政府间的财政收入分配波动变小,地方政府的自有收入止跌回升,中央财政收入呈缓慢下降趋势。这一时期,中国的改革正在全面展开,尤其国营企业的改革方针与思路都还未见清晰,关于改革步骤的思想也有待统一。不管怎样,税制分税包干的改革首先在法理上给予了地方政府行动的自主权。这意味着地方政府有合法的理由与中央政府展开博弈,从而导致此后一段时间内的中央政府财力呈下降趋势。曲线的变化映射出国家向地方政府让利放权的政治背景与逻辑。

财政包干体制形成于一元化财政体制分化的过程中。改革的进行,使传统的融为一体的预算管理体制、(国营)企业与行政事业财务管理体制、税收体

---

[1] 上海在1980年的财政包干制改革中仍执行总额分成体制,仅被允许留成10%,邻省的江苏则被允许保留39%。1980年,上海全部收入的88.8%上缴中央,北京、天津的收入上缴比例超过60%。1985年以后各省上缴与获得补助的具体数额,可见附表。

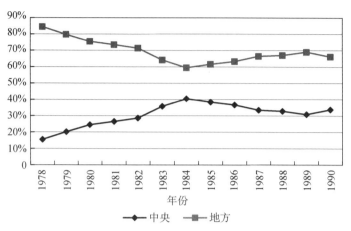

图 2.1 中央和地方财政收入占财政收入的比重

(资料来源:《中国统计年鉴—2001》)

制和基本建设投资体制正在分化中。在改革的初始阶段,尽管1980年的体制有效执行时间很短,以后1985年、1988年的包干体制仍带有总额分成的含义,但是因为国家总的收入已经开始分类,地方政府拥有了"合法"的财源,并逐渐获得了基建、投资、企业发展等方面的自主权,渐渐成为一个相对独立的利益主体和经济主体。过去一元化的财政体制已经不复存在,中央与地方政府之间已经不可能再回头吃"大锅饭"了。财政包干制正在为国家形成新的收入体系、新的资源动员体系准备着,中央政府将从此在新的多元社会条件下赢得自己的收入独占权。从这个角度看,1978—1988年财政包干制的形成过程其实是一个从放权到分权的发展过程。经过放权让利,中国社会有了更多的生长可能性、多样性、自利性。

二、分权改革与知识、观念的更新

2013年,对产权理论、法律经济学以及新制度经济学做出重大贡献的美国经济学家罗纳德·哈里·科斯去世。这一年,以科斯为第一作者的《变革中国——市场经济的中国之路》中译版出版。一如他那曾经尘封多年的成名之作,科斯参与的这一著作继续将制度变迁的理论置于生动的历史故事之中。该书试图论证,促进市场转型的制度变迁的发生既是多重力量共同作用的结果,制度是组织的结果,也可能是意料之外的后果。同时,制度变迁不能忽略思想市场的发育,以及思想与观念在制度变迁中的作用。制度刚开始具有实用的功能,但随后,制度不断滋生出更多的功能,包括成为价值观的传递工具,成为身份的标志[1]。

财政包干制的发展过程,不仅仅是制度安排变迁的过程,也是对于制度的认知框架和观念的变迁过程。1978年之前,基于集体化、现代化的社会主义被视为中国走向繁荣富强的最佳道路。通过自身实践摸索以及参考苏联经验,新中国发展出了一套管理、分配与指导思想一致的制度体系,这一体系的逻辑非常严密,以至于维护社会主义制度的纯正性一直伴随着发展道路的选择。1978年的十一届三中全会首先从思想上为制度变迁打开了缺口。思想解放使得很多变化都成为可能,确定"实践是检验真理的唯一标准"则意味着国家发展道路选择将更聚焦人民的生活实践。

党的十一届三中全会后,邓小平、陈云等"务实"派领导人成为国家政治生活中的主要决策者[2]。尽管随后的发展依然会面临道路选择以及争议,但"务实发展"赢得了主导地位,成为不断被强化的集体意识。包干制的财政改革制度得以不断向前推进,需要这样的思想条件,亦即实事求是、相对容忍争论、相对不上纲上线。根据王丙乾的回忆,1979年前,曾长期担任财政部副部长的吴波走马上任担任财政部部长。作为一名财政系统的老兵,吴波在实践中形成了较为丰富的治税与理财观,他和国家理财掌门人陈云的思想比较一致,强调坚持财政的综合平衡。因此,从综合平衡理论出发,他坚持"收支平衡,略有结余"的理财观,坚决反对"赤字无害论",主张财政经济发展与国力国情相适应,必须量力而行,稳步前进。在一次中央召开的各省、各部门的领导参加的会议上,财政部汇报了两个财政问题:一是介绍了开展税收财务物价大检查的情况,批评一些地方瞒报收入和支出违规的问题;二是指出了近两年财政还有赤字,需要采取措施来解决,不能忽视。吴波的意见引起一些人的议论,说财政部吹冷风、泄干劲,这使得会议气氛很紧张。后来有人将情况反映给陈云,陈云对吴波的观点予以支持和

---

[1] 科斯、王宁:《变革中国——市场经济的中国之路》,中信出版社,2013。
[2] 傅高义在《邓小平时代》的导言中这样说道:"邓小平上台时,毛泽东已经完成了国家统一,建立了强大的统治体系,引入了现代工业——这些都是邓小平可以利用的优势。很多高层领导人认识到毛的群众动员体系已经失效,中国的科技已大大落后于外国,中国亟须向西方学习。整个体制需要进行根本性的变革。邓小平能够依靠那些受过迫害的老干部——他们曾被打倒,但逃过了劫难。这些重返工作岗位的老革命,愿意团结在邓小平和党的领导之下,提供已有的技能和精力,为受过现代科技和行政管理教育的新生代提供有益的过渡。"(傅高义:《邓小平时代》,生活·读书·新知三联书店,2013)

肯定,避免了政治化的处理。

其间,还有另一个相关的关于企业改革的思想争论。党的十一届三中全会后,中央决定给企业放权,扩大企业的自主权。中央提出加强企业利润留成等措施对企业放权让利。吴波在支持对企业放权让利的同时,主张按照企业的实际所得、实际情况,分别确定不同的留成比例,企业利润多的留成比例低一点,利润少的比例高一点,以后利润增加了,水涨船高,留的也就多了。这一主张与四川的办法不一致。四川省的主张是:企业按一个比例从利润中提留。吴波的看法是:选择试点的企业都是条件好的、利润多的企业,好的企业多留了,钱有可能花不完;亏损企业不但没有利润可交,还需要财政补贴,这样实际上就拉大了财政收支缺口,加剧财政收支矛盾。当时的背景是,1979年6月,国家经委在成都召开全国工交会议,提出要扩大企业自主权,其中主要是财权。四川省在会议上介绍了经验,这实际上是国家在推广四川经验。开始时,财政部派的是副部长参加,后来部长吴波带着两个副部长赶往会场,在讨论利润留成问题时发生了争论。吴波在会上介绍了国家财政困难状况,以及财政部提出的办法,最后经协商,财政部多拿出几亿元,用于增加新产品研制费。这次会议最终既解决了四川的个案问题,也推行了国务院的文件和财政部的办法。到了9、10月,再次出现关于国营企业是否实行税前还贷的争论,吴波认为税前还贷会把好处都留给企业,而国家税收则会因此受到影响。这些争论过后,吴波提出辞职[1]。

什么观念以何方式胜出,这对制度改革以何方式、朝何方向开展,甚至具有决定性的影响。20世纪50年代曾发生过关于农业合作化道路问题的争论。坚持认为农业合作化速度有些过快,需要控制发展、着力巩固的邓子恢最后被认为需要用大炮轰,被认为是"小脚女人",应在全国各地受到揭批,"邓子恢同志'这一次所犯的错误,性质属于右倾的错误,属于经验主义的错误'",是"资产阶级思想的投降主义""右倾机会主义"[2]。

两相比较,1978年后,国家在发展道路相关的政策选择中基本放弃了上纲上线的手段,而更强调了争论中的妥协、理辨和宽容。1980年2月,在党的十一届五中全会上,中央批准汪东兴、纪登奎、吴德、陈锡联的辞职请求。针对会上有些人对他们的检讨不满意,陈云特别强调:"我不赞成对犯错误的同志扭住不放。

---

[1] 王丙乾:《中国财政60年回顾与思考》,第200—203、221—223页。
[2] 详细内容有很多文献曾提及或者讲述,参见薄一波:《若干重大决策与事件的回顾》,第326—375页。

过去有过这样一个时期,检讨没有完没有了,批判没有完没有了……这种检讨没有完没有了的情况,我认为不是党的好作风。"[1]正是这种妥协与理辨空间的存在才使得改革持续向前。这一时期,刚刚过去的"文革"还是那么地令人"痛彻心扉",国家上下焕发出的民主气氛十分浓厚,同时,为避免悲剧重演的法制建设也成为迫切的社会需要。

在十一届三中全会之前召开的那次中央工作会议上,邓小平指出:为了保障人民民主,必须加强法制。必须使民主制度化、法律化,使这种制度和法律不因领导人的改变而改变,不因领导人的看法和注意力的改变而改变。而彭真则说:"我们建立法制,就是要能抵制住各种违法的行为。'文革'是极严重的错误,今后决不许重演。"此后,邓小平在多个场合反复强调法制建设的重要性,大量的法律法规也被陆续制定出来,涵盖了刑事、民事、经济和管理,也包括1982年制定的新宪法。1982年11月,《宪法修订草案报告》正式提交全国人民代表大会审议,在《关于国家机构》一节中明确提出:"在中央的统一领导下,加强地方政权的建设。"20世纪80年代中期,简政放权与加强地方政权建设的探索也达到新的高峰,这标志着分权与发展成为一种新的指导性的观念和思想。

20世纪80年代的开放为这种新观念的涌动提供了社会土壤和政治气候。在不断向前的路上,各方力量都在学习、更新自我的发展空间。曾经,苏联经验是中国现代化发展的学习对象,但中国并没有因此放弃自身国情的认知以及自主发展道路的探寻。20世纪70年代,基于自身实践,中国开始重新寻找学习对象,这一次,中国的目光转向了西方发达国家,从大量进口先进设备开始。随着与西方世界的关系缓和,20世纪80年代开始,大批学生、教师被派往西方国家学习西方经验。与此同时,随着"知识是第一生产力"、干部要"四化",新的干部晋升机制相应出现,政策呈现出知识化、专业化的趋向。国务院经济体制改革办公室、国家经济体制改革委员会、中央书记处下属的农村政策研究室等提供政策咨询与设计方案的"智库"机构也纷纷出现。20世纪80年代中期,被称为新制度经济学或新政治经济学的理论开始进入中国经济学家的视野,这一时期,同样快速发展的还有政治、人文思想与哲学讨论,中国的改革开放实践与全球性的新自由主义、市场主义愈行愈近,而那时中国思想界最富活力的"新启蒙主义"方兴未艾。可以说,没有这种思想的解放和思想市场,有利于催发地方活力的分权改革也不可能成为一种新的共识。

---

[1] 陈云:《成立中央书记处是党的一项重要措施》,《陈云文选》第3卷,第271—272页。

三、财政改革与财政现代化

1978年改革开放以来,随着"放权让利"政策不断推出,地方政府、企业、社会都获得了很多的资源与权利,地方政府还获得了更多的经济上的管理权限。当然,这些权限与资源是在制度发展过程中逐渐获得的,其中,中央(财政部门作为主要行动者)与地方政府间的权力关系伴生着交流与争锋,这些交锋既具有技术性,也具有政治性。中央财政在向下放权的同时,也开始不断摸索改进财政管理制度以适应不断变化的财政状况。不同于此前的财政改革,1978年后,财政体制改革在不断增强地方自主权的同时,自身的现代化水平也在不断提升。换言之,在此过程中,国家通过不断学习、博弈,增强着自身新的资源汲取能力。

从这个意义上说,财政改革也是制度的专业分化和治理现代化的表达,现代化的财税体系是国家治理现代化的题中应有之义。这一时期,邓小平同志先后发表《党和国家领导制度的改革》[1]和《精简机构是一场革命》[2]的讲话。1982年,中国进行了改革开放以来的第一次规模较大的行政改革,其目标就是倡导经济改革、推动官僚体系变革、选拔年代化与知识化的干部。这次改革下放了经济管理权限、财政收支权限、人事管理权限,干部队伍"四化"方针(即革命化、年轻化、知识化、专业化)开始落实。在1986年大规模基层政权建设理论与实践探索基础上,1988年,改革开放后的第二次大规模机构改革启动。这次改革首次提出了转变政府职能的要求,强调政府的经济管理部门要从直接管理为主转变为间接管理为主,强化宏观管理职能,淡化微观管理职能。改革的重点是那些与经济体制改革关系密切的经济管理部门。这次改革对原有计划经济体制下形成的政府机构设置框架和相应的行政管理体制进行了逐步改革和撤销。

在总体上的政府改革大潮驱使下,在拨改贷、利改税等经济改革不断出现的情况下,财税改革不断朝着理性化、专业化方向发展,现代化的财税体制初现端倪。与包干制改革相互伴生的组织、制度与功能专业化,主要表现在如下几个方面[3]。

---

[1] 邓小平:《邓小平文选》第2卷,第320—343页。
[2] 同上书,第396—401页。
[3] 以下内容的讨论可参见王丙乾:《中国财政60年回顾与思考》;杨志勇:《现代财政制度探索:国家治理视角下的中国财税改革》,广东经济出版社,2016;刘克崮、贾康编《中国财税改革三十年:亲历与回顾》,经济科学出版社,2008。

(一) 预算体制的现代化

1979年6月21日,财政部部长张劲夫作《关于1978年国家决算和1979年国家预算草案的报告》。这一向全国人民代表大会提交国家预算报告和决算报告、由人民代表大会审议批准之后予以执行并对外公开的做法,标志着我国正式恢复编制预算,财政预算管理制度从此开始重建。改革开放后的第一轮财政体制改革也在紧张酝酿过程中。

1978—1985年,一直使用的是中央、省(市)和县(市)三级财政。其间,因应地方经济和社会管理的发展,中央不断降低财政集中度,适当下放管理权限。1982年,中央决定在经济比较发达的地区试行"市领导县"体制,以经济比较发达的城市为核心,带动周围农村,统一组织生产和流通,逐步形成了以城市为依托的各种规模、各种类型的经济区。之后,全国掀起了"市管县"的热潮,各地纷纷"撤地建市"。随着地改市的推进,财政又增加了地市一级预算。1985年,为适应农村改革发展的需要,国家决定在县以下的乡、镇建立一级财政。这样,运行了32年的国家三级财政预算体制变成了中央、省(自治区、直辖市)、市(自治州)、县(不设区的市、市辖区)、乡(镇)五级财政预算体制。国家预算开始实行一级政权、一级财政,每级财政都建立一级总预算。地方总预算的形成使得地方自主性在财政方面得到进一步明确。

(二) 建立新型预算会计体系

新中国成立之初已建立了预算会计制度,改革开放后,财税体制、金融体制、行政事业单位财务管理体制等都随着经济社会的变化而发生了改变。1983年,财政部根据当时预算管理的要求,在1963年总预算会计制度的基础上,经过广泛征求意见,制定了《财政机关总预算会计制度》,并于1988年再次修订。修订后的总预算会计制度在如下方面有了新突破:强调了总预算会计等组织机构建设,为新的总预算会计履行既定职责提供了组织保障;完善了总预算会计任务,在过去记账、算账、报账等事务性工作基础上,增加了组织管理职能;拓宽了总预算会计的会计核算对象,将游离于总预算会计核算之外、由财政部门管理的财政有偿使用资金,也纳入总预算会计核算范围;规范了银行账户管理。

(三) 职能部门不断分化、规范

改革开放后,经济领域不断发生变革,知青回城、农村改革、企业改革等使得经济形式不断多样化,而拨改贷、利改税等经济体制改革不断打破原有资源分配方式以及国家与企业、与地方、与其他组织的关系,这使得作为国家财务管理部门的财政部也需要随之调整自身组织架构以适应相应的职能变化。经济职能的不断丰富多样,使得财政部的预算职能、内容不断增加。此前,财政部预算司作为财政部的重要且核心部门,工作内容非常广泛,曾包括中央本级预算、地方预算、债务预算、预算外资金预算、集团购买力、计算中心等。随着财政任务不断增加,财政部的预算制度和管理不断向着科学管理方向发展,不断分化与规范化。比如,随着企业改革的深入,企业财务管理制度逐步从预算制度中独立出来,成为一项单独的制度;随着预算外收入问题不断突出,为了强化预算外资金的管理,财政部专门成立综合计划司对预算外资金进行预算管理;随着国库券发放规模的扩大,以及世界银行、亚洲开发银行在华业务的不断发展,债务预算被单列出来,由债务司管理。这样,新的业务不断从财政部的预算司剥离出来,财政部下先后成立了地方预算司(分管地方预算管理)、综合计划司(分管预算外资金的预算管理)、债务司(分管国际国内债务预算)、国库司(分管预算资金的拨付)等机构。

1978年后,税制改革也相应启动。对外开放与中外合资、合作企业的出现,推动了《中华人民共和国中外合资经营企业所得税法》《中华人民共和国外国企业所得税法》《中华人民共和国个人所得税法》的出台,加上企业第一、第二步利改税等改革举措,使得财政系统的税务工作日益增多。快速变动的经济结构带来了税基的相应变化,社会结构的变化则对扩大纳税机构和税务人员提出了新的要求。在农业部门,过去经由公社征税,农村改革使得国家必须从两亿多家农户和几百万家乡镇企业中征税。这一时期,健全税制、健全税务机构等改革相继起步。

(四)调整规范中央与地方间的预算分配

改革开放以后,经过多次的财政体制改革,各级地方政府的财政自主权都得到了较大程度的强化。财政包干制发展形成的十余年里,地方政府在体制变革中不断加强了横向与纵向的学习,他们愈益成为拥有更多地方利益的博弈方,他们拥有更多的发展能力和谈判知识,话语权增加,更多的地方政府加强了他们向中央各部委要政策、要资金、要项目的意愿以及能力。作为博弈谈判的另一方,代表中央政府实施包干制的财政部需要和千差万别、千变万化的各个地方"争基数""吵比例",还不能影响地方发展经济的积极性,不能影响放权让利的大局。到后来,这一博弈的结果基本上是"一省一策、一年一议"。这一境况迫使财政部思考成立专门机构,专门处理中央与地方的预算协调问题[1]。

1987年,财政部成立了地方预算司,专门协调与地方的预算管理。地方预算司的职能包括:①算账,把中央与地方的账算清楚,这样有助于提高中央的宏观调控能力;②协调,协调地方提出的各种问题,正确协调好中央与地方的关系;③积累各地的财政信息,为财政改革提供经验;④提供涉及地方的相关政策。实践中,地方预算司被赋予了很大的权力,财政部针对地方的资金,都必须统一由地方预算司一个口子与地方财政发生关系;各司局向地方的拨款等,都必须先报地方预算司。1992—1993年,在中央推出分税制的过程中,包括中央分别与各地的谈判,地方预算司发挥了重要作用。

---

[1] 这可以看作预算协调机制专门化、专业化的一个新变化。事实上,像英国、丹麦等发达的单一制国家,由于推行财政联邦主义,地方享有高度自主权,作为处理中央与地方关系的一种模式,这些国家也通过专门的机构与各地方打交道,处理财税、地方发展等事宜。因此,财政改革中的这一新思路的出现既是实践压力所致,也可以视为应对地方自主性的财政制度理性化的一种表现。

第三章
体制变革的引擎

社会主义制度和"总体性社会"的建立,是我国历史上一场深刻的伟大社会变革,是我国今后一切进步和发展的基础。这些成就的取得,都是中国共产党在"一穷二白"条件下领导中国人民一点点"奋斗"出来的。中国共产党自身经历了由"党建国家"到"党治国家"的转变过程,也经历了全面习得政治、经济、社会、文化等建设经验的过程,这也是一个需要对变化的情势与未来走向不断地作出研判与选择的过程。所有这些都同时存在着成功与失败的可能与风险。这使得已有的社会建设显得那么地艰难,跌跌撞撞。到1970年代中期,党的社会主义社会建设的探索经历了跌宕起伏的变化。动员危机、经济资源的匮乏和民生境况的恶化以及意识形态的刚性化,这些因素共同推动形成了制度和结构变迁的临界点。

接下来的两章,我们将从两个不同的角度,讲述财政制度变革下地方政府的角色与行动模式。财政制度变革如何导致地方政府角色与行为的变化?面向地方的制度如何影响地方的政治实践?这可以理解为历史与政策在何种条件下构建了社会行为或使自身成为"策略性行动的目标",也就是制度产生影响的方式[1]。1970年,意大利进行了一场权力下放的制度变革实验,政治学学者帕特南对此进行了细致的观察。20年后,帕特南完成并出版了他的经典研究《使民主运转起来》。他试图指出社会资本在民主运转中的重要性——制

---

[1] Giovanni Capoccia, "When do institutions 'bite'? historical institutionalism and the politics of institutional change," *Comparative political studies* 49, No. 8 (2016): 1095—1127.

度绩效的水平高低取决于社会资本的多少,即一个地区公民传统原始积累的多少。如果一个社会富有深厚的公民传统,那么这个国家政府和市场经济的运转都将更有效。[1] 帕特南的研究让我们看到了社会和文化结构对于制度运行的重要性。

帕特南的研究提示我们注意制度的理想意图与现实发展间可能存在实际差距,这意味着要对制度变革条件下行动者的互动模式予以关注。正如稍早一些的学者戈夫曼(Erving Goffman)所指出的:社会生活中的互动是理解社会体系的基础,只有关注互动体制(interaction regime),才能找到解决从地方到国家的组织问题的工具[2]。为什么会有激发地方政府发展积极性的财政包干制?财政包干制又为什么能激发地方政府积极性?这一问题将我们的目光引向了制度变迁的历史过程,接下来的章节就将展开对财政包干制演化进程下的地方政府的行动模式的考察。

第一节　寻找体制变革的突破口

习近平总书记在庆祝改革开放40周年大会上的讲话中指出,1978年后党和国家推动的改革开放事业和中国特色社会主义事业与建立中国共产党、成立中华人民共和国一起,是五四运动以来我国发生的三大历史性事件,是近代以来实现中华民族伟大复兴的三大里程碑。改革开放在历史上的地位是如此重要,同时,作为新的历史起点,它也是如此地充满实验性、探索性,是在发展困境中冲出的"一条血路"。20世纪80年代对于改革的探索性意义,除了"冲出血路",邓小平还曾形容这是"过五关斩六将",是从一个一个关口中闯出来的改革成果。理解财政包干制的实践,不能脱离这一历史场景。因此,回顾20世纪80年代的改革进程的几个关键节点就显得十分必要。

---

[1] 帕特南:《使民主运转起来:现代意大利的公民传统》。
[2] Erving Goffman, "The interaction order: American sociological association, 1982 presidential address," *American sociological review* 48, No. 1 (1983): 4.

一、"杀出血路"[1]

粉碎"四人帮"后,主张改革的领导人们意识到,迫切需要新的努力,重新唤起人们对于社会主义、对于中国共产党领导的信心和热情。1975年8月,邓小平指出:"坚持按劳分配原则。这在社会主义建设中始终是一个很大的问题……如果不管贡献大小、技术高低、能力强弱、劳动轻重,工资都是四五十块钱,表面上看来似乎大家是平等的,但实际上是不符合按劳分配原则的,这怎么能调动人们的积极性?"[2]1977年,刚刚恢复工作不久的邓小平在党的十届三中全会上讲话,进一步强调党要发扬实事求是的优良传统和作风,要"用准确的完整的毛泽东思想作指导"[3]。陈云则指出:"是否坚持实事求是的革命作风,实际上是区别真假马列主义、真假毛泽东思想的根本标志之一。"[4]正如习近平同志所指出的:"改革是由问题倒逼而产生的。"[5]面对新情况、新问题,中国共产党展现了其化问题为动力、以问题倒逼改革、以改革促进党领导社会主义建设事业的主动性、创造性与敢于革命的巨大勇气[6]。新的领导集体意识到,要赋予社会主义新的内涵,要探索新的建设社会主义的方式。这意味着要改变旧的体制,要全面纠正"文革"中形成的错误理论、政策和口号,要在体制变革中探寻属于中国的社会主义发展道路。

政治与经济的关系曾一直被视为关乎社会主义革命和建设的重大理论和实践问题。1980年以前,关于政治挂帅与按照经济规律办事的关系问题,在1958—1959年,以及1965年曾有过非常热烈的讨论。到1976年,这一问题的讨论变得日益简化,乃至绝对化。1978年后,这一议题被重新提出,遵从经济规

---

[1] 党的十一届三中全会后,当时主政广东的习仲勋、杨尚昆等人向中央领导汇报了广东的情况,并提出让中央给广东以更大的自主权,允许广东参照外国和亚洲"四小龙"的成功经验,搞出口特区。这个构想得到邓小平等许多中央领导的支持,邓小平说了一句后来广为人知的话:"中央没有钱,可以给些政策,你们自己去搞,杀出一条血路来。"(参见《习仲勋主政广东》编委会:《习仲勋主政广东》,中共党史出版社,2007;谷牧:《中国对外开放的风风雨雨》,《半月谈》1998年第15期)
[2] 邓小平:《关于发展工业的几点意见》,《邓小平文选》第2卷,第30—31页。
[3] 邓小平:《完整地准确地理解毛泽东思想》,《邓小平文选》第2卷,第42页。
[4] 陈云:《坚持实事求是的革命作风》,《人民日报》1977年9月28日。
[5] 习近平:《关于〈中共中央关于全面深化改革若干重大问题的决定〉的说明》,《习近平谈治国理政》第1卷,外文出版社,2018,第74页。
[6] 参见李友梅:《谈谈改革开放中的倒逼机制》,《人民日报》2018年10月24日。

律的观点得到了更多的讨论[1]。

1978年,关于真理标准问题的大讨论以及"解放思想、实事求是、团结一致向前看"的指导方针的确立,为新的解释系统的生成打开了缺口,但要令刚性的意识形态恢复弹性、旧的组织体制恢复活力,尚需时日[2],突破路径依赖的创新行动也还有很大的风险,因为结构性的改革方案这时其实可能引发意识形态领域的混乱,从而引发新的危机。因此,突破刚性、僵化的意识形态,需要采取渐进的、逐步突破的路径,需要有合法地位的行动者去创造性地启动改革,管理风险,从而使新生事物由局部合法向全面合法过渡,使刚性的、僵化的意识形态在逐渐容纳新生事物的进程中获得弹性与活力。

1978年11月10日—12月15日召开的中共中央工作会议和12月18—22日召开的十一届三中全会吹响了体制变革的号角。全会明确了体制变革的必要性,但是对于体制改革向何处去,怎样改革,尚有很多不确定性。鉴于其时的技术、信息与知识都不足以让决策者形成一套总体性的变革方案,国家在此过程中加强了改革的技术与知识的学习,在组织建制上下功夫、做准备。在改革的方向确立后,为加强对改革的指导与构建,1979年3月14日,国务院成立了"财政经济委员会"。1980年3月17日,中共中央政治局常委会决定成立中央财政经济领导小组,撤销原国务院财政经济委员会。为加强对经济管理的统筹与协调,还成立了国家经济委员会(1979年)。1980年5月8日,国务院决定成立国务院体制改革办公室,负责制订改革的总体规划,协调各方面的改革。不久,中央财经领导小组组建了由中国社会科学院、中央各有关部委16个综合性研究所和国家统计局等18家单位参加的"经济研究中心"。以后这些改革的主管、研究与协调机构又做过相应的调整。

除了组织上的准备,体制变革还需要其他关键条件。经过十年"文革",国家干部队伍亟须重建。中央和地方政府都亟须储备适应现代化发展所需要的职业化、专业化官员。因此,国家需要在改革中培养一批有能力、有胆识的"四化"人才。

---

[1] 1981年,《经济研究》和《经济学动态》编辑部对1949年以来社会主义建设中若干重大经济理论问题的讨论和学术思想发展进行了列集整理。(参见《经济研究》和《经济学动态》编辑部编《建国以来政治经济学重要问题争论(1949—1980)》,中国财政经济出版社,1981)

[2] 对于当时的经济管理体制问题,一种看法认为问题的症结在于中央集权与地方分权的关系没有处理好,另有看法则认为过多地采用了行政办法管理经济。"在现行体制下,企业无论是由中央管还是地方管,都是行政机构的附属物,本身的生命力很弱,不能作为一个独立的经济单元、自行增值的有机体发挥作用,因而束缚了生产力的发展。"(薛暮桥:《社会主义经济如何进行计划管理》,《经济管理》1979年第11期)

更重要的挑战在于如何形成改革共识。总的看，上述组织机构的大量出现为20世纪80年代改革的全面展开提供了相当积极的知识和组织准备，但从另一方面看，改革终究是一次次关于国家发展道路、策略，关于改革的设计方案的选择，在技术与知识储备还不充分的条件下，以怎样的方式确定发展道路、发展策略依然是20世纪80年代改革面临的难题之一。

从1978年开始，到1992年全面确立社会主义市场经济体制，整个改革实际上经历了1978—1980年、1984年、1986年和1992年四次大突破，1979—1983年、1988—1991年两次大整顿，以及1985年一次小整顿。从1979年起的治理整顿，到1989—1991年计划经济思潮的回潮迹象，每次整顿与突破的背后，都能发现意识形态与社会思潮碰撞的影子。论辩的天平不断在姓"资"姓"社"或者姓"公"姓"私"间摆动，它表现的是计划与市场，计划经济与商品经济，社会主义与资本主义这一中国发展道路的争论与探索，这是一次次关于社会理想构建的"破"与"立"的交锋。

1978年后实现的第一个重大理论突破事关"商品经济"的合法化。在确立"有计划的商品经济"这一改革方向之前，"商品经济"是一个被认为会腐蚀人们灵魂的"恶魔""大毒草"。一方面，从20世纪70年代末开始的"洋跃进"到日益频繁的各类出国考察团，从决策层到学术界、社会上下，都急切地希望学习外国经验，加快现代化事业的发展；另一方面，在整体经济上，政府赤字在1979年达到了前所未有的惊人状态，财政支出大幅增加，地方上乱发奖金、争投资、重复建设等现象增加。同时，地方建设中与过去意识形态相冲突的经济行为不断出现，"通货膨胀"与"二道贩子""投机倒把""剥削"等那些过去与资本主义相关的"不好"现象，令一部分人对中国社会发展前景担忧。1979年，中央工作会议正式提出要对国民经济进行"调整、改革、整顿、提高"，但是由于地方情况的差异性以及地方的不同意见，"一刀切"的关停并转措施在一年多以后才真正实施。

鉴于经济生活中走私贩私、贪污受贿、投机倒把等严重违法犯罪活动明显增加，党和政府加大了对经济犯罪活动的打击力度。1982年3月，全国人大常委会通过了《关于严惩严重破坏经济的罪犯的决定》，甚至修订了《刑法》中的相关条款，以使法律与这份决定相一致。这场全国范围的严打经济领域犯罪活动的行动，目的在于制止私营经济的过快增长，尤其是经济发展迅速的沿海地区，以恢复社会主义经济秩序。

社会主义商品经济不断遭到公开批判。1983年，随着"清除精神污染"运动在全国形成气候，商品经济理论也被当成"精神污染"受到批判。1984年春节，邓小平视察深圳、珠海特区，提出"不是收，而是放"的指导思想。3月，中共中央和国务院决定开放沿海14个城市，在10月份的十二届三中全会上，提出了"有计划的商品经济"的思想。这次全会通过了《中共中央关于经济体制改革的决定》（以下简称"《决定》"），该文件被邓小平赞誉为"新马克思主义政治经济学"。《决定》指出："改革计划体制，首先要突破把计划经济同商品经济对立起来的传统观念，明确认识社会主义计划经济必须自觉依据和运用价值规律，是在公有制基础上的有计划的商品经济。商品经济的充分发展，是社会经济发展的不可逾越的阶段，是实现我国经济现代化的必要条件。"

《决定》提出要对整个经济体制进行改革。由此，城市成为改革的重心，对于改革的路径选择，渐渐形成了以价格改革为重点的整体配套改革推进和以企业改革为重点局部试验的两种基本思路。关于价格改革，又有两种不同的思路：一是"调"，即政府通过行政力量调节物价，直至正常；二是"放"，即放开对物价的限制，完全由市场进行调节。1984年年底，出现了关于货币流通形势的争论，知识界和决策者对当时的经济形势意见分殊[1]。到1986年年底与1987年年初，人们对于改革的期盼和参与都非常活跃，国内经济学界在北京举行了一系列会议讨论改革的方针和步骤问题。经过1984年的莫干山会议以及1985年的巴山轮会议，国内经济学家、部分决策者基本接受了围绕价格改革、以"一揽子计划"为基础的"整体配套"改革[2]。

1985年，中央连续召开4次省长会议，这也表明条块分割达到严重损害中央宏观调控能力的地步。1986年，国务院提出了以价格体制、税收体制和财政体制为重点的综合配套改革计划，这一计划后来又增加了几个环节，称为"价、税、财、经、贸"的配套改革，在此基础上再以企业等的改革与这5项改革配合。这一综合配套改革方案的核心在于，主张权力向市场、企业和中央集中，削弱地方权力。方案于1986年8月由国务院常务会议通过，计划于1987年推开。据时任财政部部长王丙乾的回忆，方案汇报到邓小平那里，邓小平对于这一价格改革方案未予置评，他重点关注的是给企业和基层放权，提出要下放企业和地方自

---

[1] 薛暮桥：《薛暮桥回忆录》，第411页。
[2] 巴山轮会议由国家体改委邀请世界银行出面组织，会议召开的直接原因是1984年下半年到1985年上半年出现了严重的经济过热，如何应对以及如何进一步推进改革并保持政治稳定成为摆在决策者面前的难题。来自世界银行的这些秉持自由主义经济学思想的经济学家大多主张在改革的做法或步骤上应该采取一揽子计划，他们对于局部试验渐进改革的方案大多并不认同，其后，国内经济学家们关于"整体改革"的思路显然受到了这一思路的影响，虽然经济学家们关于改革的具体方案各有差异。

主权,要搞厂长负责制和权力下放,解决中央和地方的关系。邓小平的不予置评成为这一方案搁置的重要原因之一[1]。1986年年底,国务院召开常务会议,确定当前和今后的重点应放在改革企业的经营机制上。

作为改革的总设计师,邓小平对于改革的支持是不遗余力的,正是由于邓小平等老同志的大力支持,1987年召开的十三大提出了"社会主义初级阶段理论",这实际上也是在为改革正名。在改革不断向纵深发展的过程中,在新旧体制胶着摩擦、矛盾渐增的时候,邓小平体现出了战略家的思考力,依然强调向地方以及企业放权,这与他一贯主张的实事求是作风是分不开的。1992年,在回顾改革经验时,他说:"对改革开放,一开始就有不同意见,这是正常的。……不搞争论,是我的一个发明。不争论,是为了争取时间干。一争论就复杂了,把时间都争掉了,什么也干不成。不争论,大胆地试,大胆地闯。农村改革是如此,城市改革也应如此。……我们必须保持清醒的头脑,这样就不会犯大错误,出现问题也容易纠正和改正。"[2]

在南方谈话中,邓小平提到:"我的一个大失误就是搞四个经济特区时没有加上上海。"[3]这里固然显示了他对上海的期待,实际上,在经历了1988—1991年这三年的"治理整顿"之后,邓小平更期待上海与深圳能够突破体制僵局,为新的体制改革开路。治理整顿引发的后果是复杂的,虽然它为后来的经济改革奠定了基础,但由于这一时期的政治风波、苏东剧变造成了巨大的思想冲击,社会上姓"资"姓"社"问题再次引发激烈争论,回到计划经济的呼声不断且有高涨之势。1990年年初,邓小平到上海过春节时,鼓励时任市委书记朱镕基说:"你们搞晚了。但现在搞也快,上海条件比广东好,你们的起点可以高一点。……胆子要大一点,怕什么。"[4]回北京后,邓小平于3月同江泽民、杨尚昆、李鹏谈浦东开放问题,说上海要开放。他说:"要用宏观战略的眼光分析问题,拿出具体措施。机会要抓住,决策要及时。比如抓上海,就是一个大措施。上海是我们的王牌,把上海搞起来是一条捷径。"[5]

追溯这一过程,可以看到,改革开放的本质就是"冲出血路",找到"引擎"。其原则是抛开争论,打破一切制度可能引起的僵局、桎梏,而核心就是,在国际竞争大背景下,必须抓住时机,尽快让人民的生活富裕起来,所有的变革都必须围

---

[1] 王丙乾:《中国财政60年回顾与思考》,第252页。
[2] 邓小平:《在武昌、深圳、珠海、上海等地的谈话要点》,《邓小平文选》第3卷,第374—375页。
[3] 同上书,第376页。
[4] 中共中央文献研究室编《邓小平年谱(1975—1997)》(下),中央文献出版社,2004,第1308页。
[5] 同上书,第1310页。

绕这一目标来实现突破。在这个格局中,地方就是实现突破的"引擎"。

对于地方政府,"解放思想"给了各地方以改革的总体方针,因为"解放思想"不可能一步到位,不可能随即实现,"允许观察""允许争论"使得地方政府成为体制变革的引擎。当然,被激励起来的地方,具有多面性,它对改革的宏观调控和总体走向也形成了挑战。

二、财政激活地方

诸多文献注意到,中国地方政府在地区的经济增长中扮演了非常重要的角色,尤其是财政改革对于地方政府的激励作用。钱颖一的研究指出,以财政包干为内容的财政分权改革,中央把很多财权下放到地方,而且实施财政包干合同,使得地方可以与中央分享财政收入。沿着这一思路,很多研究倾向于将地方经济发展与地方政府积极性做简单的二元线性回归,即地方拥有更多自主权、更多增收机会意味着地方发展经济的积极性。这一部分,我们将就二者关系、机制展开进一步的叙述,展现更具复杂性的过程。

在前一章,我们介绍过改革开放之初在财政支持企业改革中曾发生的一次政策争论。随着改革开放40年历史回顾材料的增多,关于农村的那场"边缘革命"中曾经发生的诸多争论也不断被揭示出来。一些材料显示,四川、贵州、广西、浙江、宁夏等地,以及安徽除小岗村以外的其他地方,都在那个时期或更早出现过包产到户的试验。在贵州、安徽、四川,都更早出现过省委领导鼓励政府官员利用各地资源增加收入、提高粮食生产效率的案例。

1977年6月,61岁的万里离开北京,来到合肥,担任中共安徽省委第一书记。本来他是要到湖北工作的,后来邓小平和其他领导人商量说:万里是一个解决难题的能手,让他到湖北,不如到安徽,安徽是一个"老大难"省份。这时的万里认定,不管上级领导怎么说,不管红头文件怎么说,"凡是阻碍生产发展的做法和政策都是错误的"[1]。为此,1977年11月,他领导的安徽省委率先在全国出

---

[1] 万里:《最重要的生产力是人》,《万里论农村改革与发展》,中国民主法制出版社,1996,第1页。这一历史过程还可参阅《一份省委文件的诞生——记中共安徽省委〈关于当前农村经济政策几个问题的规定〉的产生经过》,《人民日报》1978年2月3日;张广友、韩钢:《万里谈农村改革是怎么搞起来的》,《百年潮》1998年第3期;吴象:《农村第一步改革的曲折历程》,载杜润生主编《中国农村改革决策纪事》,中央文献出版社,1999;赵树凯:《万里与农村改革》,《中国发展观察》2009年第1期;王相坤:《万里:最重要的生产力是人》,《刊授党校》2014年第11期。

台了对农业拨乱反正的政策性文件《关于当前农村经济政策几个问题的规定(试行草案)》,或称"安徽六条",其中心内容是要给生产队以充分的自主权,以生产为中心。这一政策在很大程度上否定了学大寨的冲动,也触动了当时高层的神经。

1978年后,财政管理体制成为整个经济体制改革的突破口。一方面是通过财政体制改革为国家改革动员、筹备相当的财力基础,另一方面则是通过下放权力的财政体制改革来激活地方政府。一步步扩大的财政体制改革使"一部分地区先富起来",对不同地区实施不同的财政体制,使差别各异的地区获得来自制度不均衡的发展机会。因此,财政体制的改革在激励地方进行自发性的制度创新方面具有基础性的意义。

如上一章所述,"江苏体制"在这个试验过程中一马当先。在1980年第一次包干期满时,江苏工业生产和财政收入已分别比包干前的1976年增长了80.2%和38.1%,年均增长20%和9.5%,从而成为各地纷纷学习的榜样。江苏是近代工业起步较早的省份,选择江苏省试行新的财政体制,与江苏省较好的工农业经济基础以及较稳定的财政收支状况有关。4年的改革试点之后,中央和省都显著增加了收入:江苏省上解中央的财政收入增长了47.5%,省留用的财政收入增长了25.9%。新的财政体制允许地方可以根据实际需要,统筹安排各项支出。1978年,江苏仅省级财政一年用于财政支农方面的资金就达1.5亿元,占当年省级机动财力的70%以上,江苏乡镇企业在此期间大力发展起来[1]。

1979年的中央工作会议上,各地方表达了实施"江苏体制"的愿望,但"江苏体制"需要中央和地方间进行适当合理的比例计算,马上普及显然有困难。与"江苏体制"相比,以"四川体制"为特征的财政体制改革基本上还只是旧体制的修补。这一年,中央接受了来自广东方面的改革要求,在体制上给了广东、福建更加优惠的政策与条件。在广东、福建两省建立经济特区,与这两省特殊的地理位置有关。国家希望以此为窗口,接受外资、发展外贸,学习国外先进的技术与管理。因此,相比"江苏体制",广东、福建两省的财政体制所获得的体制创新的使命更多更重。

1978年后,通过拨乱反正、干部队伍的清理与复位以及"四化"建设,国家开始着手处理干部队伍重建问题。1980年,邓小平先后两次在重要讲话中指出:

---

[1] 田一农、朱福林、项怀诚:《论中国财政管理体制的改革》,经济科学出版社,1986,第61页。

"我们需要建立一支坚持社会主义道路的、具有专业知识和能力的干部队伍。"[1]"陈云同志提出,我们选干部,要注意德才兼备。所谓德,最主要的,就是坚持社会主义道路和党的领导。在这个前提下,干部队伍要年轻化、知识化、专业化,并且要把对于这种干部的提拔使用制度化。"[2]为与以经济建设为中心的现代化建设相适应,整个 80 年代先后经历了 1982 年和 1988 年的机构改革和行政管理体制改革。首次机构改革的任务概括起来有三:①逐步废除领导干部职务终身制;②精简各级领导班子;③加快干部队伍年轻化建设步伐。第二次改革是以理顺党政关系和政府职能转变为中心内容的。改革旨在增强活力,调动积极性。这一改革开启了一场针对计划经济条件下的机构框架、管理体制和运行机制的"革命"大幕。

就在第一次机构改革前后,中央领导干部进行了调整,各省领导班子也进行了大调整,从地方到各行业、部门,支持改革和在经济发展方面有经验、有贡献、有能力的干部相继获得提升。在财政系统,为充实财政干部队伍,财政部不断从地方一线发现德才兼备的实践型、创新型人才。这一举措最早开始于经济比较发达、财政工作搞得好的江苏、浙江等地。20 世纪 80 年代中期开始,财政部通过地方考察,加大了从地方选调干部的力度。当时先后选调的干部包括时任黑龙江省副省长的刘仲藜、时任云南省副省长的金人庆、时任浙江省计经委副主任的谢旭人等。1984 年,湖北襄樊市的梯级财政搞得比较出名,时任财政部部长王丙乾专程前往考察,考察组在与襄樊市财政局局长接触后,发现他工作上很有想法,后把他调入财政部工交司工作[3]。干部队伍建设为地方经济发展提供了必要的人力基础与组织保障。

开展"梯级财源建设",是通过财政体制激励地方官员致力于发展辖区经济、因地制宜、开拓财源的一个重要举措。所谓梯级财源,就是各地方将财源分为三个层次:现有财源、潜在骨干财源和后备骨干财源。具体办法是:对第一级财源,采取"以取为主,予之有度"的办法;对第二级财源,采取"有取有予,取予结合"的办法;对第三级财源,采取"以予为主,取之适度"的办法。当时的湖北襄樊市是这种经验的全国典型:他们将财源分为一、二、三级,每级之下又分多个级次。一种是分为市、县级国企财源,乡镇财源,农村村组财源;一种是分为骨干财源、一

---

[1] 邓小平:《目前的形势和任务》,《邓小平文选》第 2 卷,第 264 页。
[2] 邓小平:《党和国家领导制度的改革》,《邓小平文选》第 2 卷,第 326 页。
[3] 王丙乾:《中国财政 60 年回顾与思考》,第 567—568 页。

般财源、潜在财源。潜在财源就是那些刚刚萌芽还未见成效的财源。

除了"梯级财源建设",财政系统还开展实施了"扭亏县财源建设""亿元县建设"等发展经济、扩大财源的多种措施。财政体制和人事制度改革为地方官员致力于发展辖区经济提供了强大的激励。

三、"先富"撬动改革

在上述财政改革试验的基础上,地方政府成为推进体制变革的引擎。主要表现为,一是地方政府在相对自主条件下所形成的多元发展,二是地方政府在多元发展中所形成的制度创新。从农村到城市,在改革的每一个领域和每一个阶段,地方政府的自发性和驱动力都是十分关键的。

1978年,中共十一届三中全会上通过的《中共中央关于加快农业发展若干问题的决定(草案)》,仍然坚持"不许包产到户,不许分田单干"。在一些务实党政官员的支持下,四川、贵州、甘肃、内蒙古、河南等地的"包产到户"相继展开,且达到了相当规模。农村的新动向也引起了北京的关注。1979年3月15日,《人民日报》头版头条登载了署名张浩的来信《"三级所有、队为基础"应当稳定》,对包产到组大加指责,并配发了长篇按语。1980年9月,中共中央召开各省、区、市党委第一书记座谈会,着重讨论加强和完善农业生产责任制问题。在会上,"包产到户"激起了广泛的讨论。反对包产到户的黑龙江省委第一书记杨易辰与支持包产到户的贵州省委第一书记池必卿针锋相对。杨易辰说:集体经济是阳光大道,不能退出。池必卿则说:你走你的阳关道,我走我的独木桥。

多年后,邓小平提到改革最初的那段实践过程:"对改革开放,一开始就有不同意见,这是正常的。不只是经济特区问题,更大的问题是农村改革,搞家庭联产承包,废除人民公社制度。开始的时候只有三分之一的省干起来,第二年超过三分之二,第三年才差不多全部跟上……不搞争论……不争论,大胆地试,大胆地闯。"[1]

1978年,安徽率先在农村发起了农村联产承包责任制的改革,邻省江苏没有走使农民回到家庭的改革道路。1977年,江苏无锡等一些市、县从本地区实际出发,在认真分析了农村的经济形势的基础上,认为在农村发展社队工业,既有较好的条件,又为农村经济和人民生活所需要。无锡的实践得到省委领导的

---

[1] 邓小平:《在武昌、深圳、珠海、上海等地的谈话要点》,《邓小平文选》第3卷,第374页。

支持,省委领导为此组织有关干部蹲点调查。他们意识到,农业的持续稳定发展,要靠社队企业提供资金和物质支持,发展社队企业有利于改革传统农村经济结构。基于此,为沟通与外省市之间的协作,江苏省委、省革委会还要求省计划委员会为地、市、县与外省、市、区进行经济协作提供方便,同时,省委领导还要求城市工业予以支持,要求城市工业有计划地向社队企业脱壳、扩散,并对一些行业的扩散进行了具体的部署。为扶持社队企业,1978年起的3年中,省级机动财力用于支持社队企业发展的基金累计达到1亿元。以这笔基金为主,配以各地的自筹资金,建成了3 034个项目,这是江苏乡镇企业发展的第一个高潮。[1]

但是,1979—1983年的这5年,也是江苏社队企业发展的煎熬期。改革引发了观念冲突:有人认为社队企业是"文革"的产物,有人则认为社队企业是腐蚀无产阶级政权的不正之风的源头[2]。自上而下地看,社队企业的发展有可能削弱国家计划的执行[3]。1981年,江苏社队企业顶住了社会上流传的"三挤一冲击"(挤国营企业的原料、能源和市场,冲击国家计划)的责难,继续阔步发展。在最困难关头,中央领导人否决了一项关闭大多数企业的决定[4]。国务院决定向社队企业最发达的江苏派遣由国家机械委员会、一机部、农机部、四机部和农业部等部门17人组成的调查组,调查组基本肯定了社队企业的发展方向,认为:"总的来说,社队机械工厂的产品,对国家大厂有挤有补。目前补得多一些,挤得少一些。"随后,国务院下发了《国务院关于社队企业贯彻国民经济调整方针的若干规定》,提出要整顿社队企业。尽管该规定对社队企业中存在的盲目性等问题给予了严厉的批评,并在不到两页的文件中出现了26处"不许""严禁""必须关闭"等用词,但它仍然为社队企业的发展留下了空间。"这个《若干规定》的意义在于它对社队企业不是砍,而是允许它生存,允许它在调整中继续发展,……因此,从某种意义上,它拯救了社队企业。"[5]后来邓小平视察江苏,肯定了江苏的发展道路。1984年国庆节,农牧渔业部和江苏省人民政府在北京联合举办"江苏乡镇企业展览会",展出乡镇企业生产的高、精、尖、名、特、优产品

---

[1] 刘定汉主编《当代江苏简史》,当代中国出版社,1999,第259—260页。
[2] 马杰三等编《当代中国的乡镇企业》,第60页。
[3] 这5年围绕乡镇企业的发展展开了种种激烈的争论。1980年的争论点是:要不要发展乡镇企业,以及围绕打击经济领域犯罪,乡镇企业是不是不正之风"风源";1981年,争论点集中在乡镇企业与大工业争原材料、争能源和争市场;1983年,争论焦点转到乡镇企业的负担问题上。(中国乡镇企业年鉴编辑委员会:《中国乡镇企业年鉴(1978—1987)》,农业出版社,1989,第1页)
[4] 马杰三等编《当代中国的乡镇企业》,第91—92页。
[5] 张毅:《中国乡镇企业:艰辛的历程》,法律出版社,1990,第26页。

137 种,共 3 492 件[1]。此后乡镇企业被压抑的生产力大大释放出来,全国出现了乡镇企业高速发展的第一个高潮。

十一届三中全会确定了以改革求发展的目标,但改革却是在调整过程中实现的。粉碎"四人帮"后,由于实行"洋跃进",盲目从国外引进成套设备,各地纷纷上马新的项目,结果导致物资供应全面紧张,到处停电缺煤。加之对越自卫反击战的影响,国家财政十分困难。1979 年召开的中央工作会议正式提出了对国民经济进行"调整、改革、整顿、提高"的八字方针。这次的调整显然不同于 20 世纪 60 年代的那次调整,它致力于在解决比例关系严重失调问题的同时,积极而稳妥地改革经济管理体制,对企业进行改革也已经摆上议事日程[2]。然而,由于十年动乱的影响,党风和社会风气都比较差,还存在着某些政治上、思想上的不安定因素,这都增加了调整政策的执行难度。这次中央工作会议要求把基本建设投资从上一年的 480 亿元压缩到 360 亿元,把节省下来的钱用来提高农产品收购价格,增加职工工资。结果,基建没有压下来,1979 年预算外资金投资达 105 亿元。1980 年整个基本建设规模达 530 亿元,改善人民生活的幅度突破了预定的计划,出现了 127.5 亿元的赤字,这导致了物价上涨,物价指数比上一年增长 6%。为此,1980 年 10 月和 11 月,国务院先后两次召开全体会议和省长会议,作出了"在经济上实行进一步调整,在政治上实现进一步安定团结"的决策[3]。

1979 年的中央工作会议上,出现了一种微妙的博弈。各省希望中央能够给予如江苏那样的自主权,以加快地方的发展,广东再次提出希望中央放权。这次会议以后,中共中央、国务院批转广东省委、福建省委关于对外经济活动实行特殊政策和灵活措施的两个报告,决定向广东和福建放权。

当时全国到处是"下马""关停并转"之声,刚刚从辽宁赴广东任省委书记的任仲夷给中央写了一份情况汇报,结合广东的实际,提出在调整中进行"先行一步"的探索:利用中央给广东的政策,在全国率先采取引进外资搞基础设施建设的做法,

---

[1] 刘定汉主编《当代江苏简史》,第 300—303 页。

[2] 1979 年 7 月 28 日,新华社报道,国务院最近正式下达了 5 个关于改革国营工业企业管理体制的文件。这 5 个文件是:《关于扩大国营工业企业经营管理权限的若干规定》《关于国营企业实行利润留成的规定》《关于提高国营工业企业固定资产折旧率和改进折旧费使用办法的暂行规定》《关于开征国营工业企业固定资产税的暂行规定》《关于国营工业企业实行流动资金额信贷的暂行规定》。国务院还发出通知,要求各省、市、自治区和国务院有关部门在工业、交通系统选择少数企业进行试点。见《人民日报》1979 年 7 月 29 日。

[3] 杨继绳:《邓小平时代——中国改革开放二十年纪实》(下),中央编译出版社,1998,第 452—453 页。

解决缺电少煤、能源交通紧张、基础设施滞后的状况。1979年,广东开始着手价格改革,从调整农副产品、工业消费品和生产资料价格开始,具体做法是"调放结合,以放为主,放管同步"。原来规定的126种"统购统销"产品,广东一下子取消了85种,城市的副食品价格也放开了。比如火柴,当时是2分钱一盒,企业亏损,市场缺货,不得不凭票供应。其实每盒涨1分钱,人民负担增加不多,却能迅速增加供应。这件事情中央讨论了很久还是不敢动手[1]。广东就在全国率先提为3分钱一盒[2]。这样,企业不亏本了,市场也能买到了。此后,国家相继选择一些条件比较成熟、对人民生活影响较小的商品着手价格调整。广东放开价格吸引了邻省大量商品流入,这对后来邻省政府的改革行动发挥了示范效应。

广东的改革也引发了走私贩私等问题,引来了不少争议。1982年2月21—23日,中央书记处在北京召开广东、福建两省座谈会。3月1日,中共中央批转《广东、福建两省座谈会纪要》下发各地。随文件下发的还有一个附件——《旧中国租界的由来》,在要求对开放过程中的犯罪活动予以严厉打击的同时,文件还指出,要加强计划管理,坚持综合平衡,把一切重要的经济活动纳入国家计划中……要采取有效措施稳定物价,包括逐步增加国家对农副产品统购派购的比重,减少议购比重;制止滥发奖金;基本建设要量力而行,坚决把已经拉长的战线缩短;禁止其他地方到广东收购进口物资[3]。在贯彻文件精神时,时任广东省委书记强调不能走回头路,要把原来提出的"对外开放、对内搞活、越活越管、越管越活"改为"对外开放、对内搞活、思想先行、管要跟上、越活越管、越管越活"。贯彻中央这个文件对广东供销人员产生很大压力,当时外地几乎天天有人到南海抓供销人员。时任南海县委书记梁广大积极支持供销人员,还召开供销人员大会,奖励有贡献的供销人员。这样,一旦改革开放受阻,就又会出现排除阻力的行动,从而为改革开放造就了新的动力。结果,在全国经济大调整中,广东继续保持了较快的发展速度。1984年春节期间,邓小平到广东、福建等地视察。他在几个特区题词,以支持和肯定广东的改革开放,并提出:"除现在的特区以外,可以考虑再开放几个点增加几个港口城市,如大连、青岛。"

广东的改革产生了示范效应。邻省湖南原来与广东经济水平相差无几,广东大胆实行改革时,湖南批评意见颇多,并且采取了一些地区封锁措施,以保证

---

[1] 薛暮桥:《薛暮桥回忆录》,第388页。
[2] 张岳琦、李次岩主编《先行一步:改革开放篇》,第17页。
[3] 中共中央文献研究室编《三中全会以来重要文献选编》(下),人民出版社,1982,第1180—1181页。

本地区的物价。然而,广东经济的迅速发展使湖南受到很大冲击,湖南随之放开物价,并向广东学习。向广东学习的不仅有湖南,江西等省也经历了这样的一个从抵触、封锁到学习改革的过程。

1982年,国家选择江苏常州和湖北沙市作为试点以推进城市综合改革。1983年,重庆也被批准为改革试点城市。3月,邓小平前往江苏、浙江和上海等地视察时,时任国务院副总理薄一波则率领时任财政部部长王丙乾、时任国家体改委副主任安志文等32个部委负责人集体赴重庆,与四川省、重庆市举行三方协商,探讨重庆市改革问题。薄一波说:"中央对重庆试点的期望很大,把你们摆在一个全国的位置上。你们的眼睛不能只看到重庆……要站得高一点,看到西南,看到全国。"[1]作为试点,中央希望重庆能通过改革在这样两个方面取得突破:省市之间的权限划分与利益分割;中央所属企业如何融入当地经济问题。

1986年,邓小平在会见新西兰总理兼外交部部长戴维·朗伊时曾说:"我们的做法是允许不同观点存在,拿事实来说话。""现在搞以城市经济体制改革为中心的全面改革,同农村改革一样,起初有些人怀疑,或者叫担心,他们要看一看。对这种怀疑态度,我们也允许存在,因为这是正常的。……让改革的实际进展去说服他们。"[2]

纵观1978年起的农村和城市改革,都经历了局部试点先行的过程,在此过程中,地方政府的制度创新成为全国性改革源泉。1978年,四川省委率先作出以扩大企业自主权为内容进行改革试点的决策,这是地方经济工作中,"经济外的行政强制因素"向"经济要素"转变的开始。企业自主权的试点是如此,对外资开放也是如此,诸如允许外国人拥有资产这样的政策也是由几个地区首先做起来,然后继续逐渐推广到全国。

让局部试点产生积极的扩散效应和制度突破,这是改革的活力和关键所在。这样的例子不胜枚举。安徽、四川、云南、广东等省,大力试行生产责任制的实践,对于后来国家调整农业政策,大刀阔斧地改革农业管理体制发挥了重要作用,随着这几省经验的推广,其他省、市、自治区的农村也纷纷实行不同形式的生产责任制,其势头不可阻挡。1982年6月,当中共贵州省委讨论农村实行包干

---

[1] 《薄一波同志在重庆市军事、民用工业生产座谈会上的讲话》(1983年3月13日),重庆市档案馆,档案号:1001-22-292。转引自俞荣新:《20世纪80年代重庆市经济体制综合改革试点研究》,《当代中国史研究》2013年第2期。

[2] 邓小平:《拿事实来说话》,《邓小平文选》第3卷,第155—156页。

到户责任制后的发展趋势时,省委负责人的回答是:走"包-兼-专-联"之路。包、专、兼、联的出现,使贵州省农村形成一种多层次、多样化的社会主义农业体制。

实行经济责任制,是工业企业管理体制改革的又一探索。它比扩大企业自主权试点前进了一步。这一改革从1981年春季开始,由山东省首先在企业中试行。这一时期正值国民经济调整,全国基建下马,钢铁滞销,首钢面临利润下降的问题。在这种情况下,北京市决定同意首钢实行承包制,承包制大大激励了首钢,也激励了全国的工业企业。1982年,全国推行经济责任制的全民所有制工业企业已占80%,商业企业占35%。1983年国家开始实行利改税的企业改革,由于种种原因,第二步利改税的改革效果并不理想,工业企业实现利润出现了连续20个月下滑的局面。这时,没有实行利改税,坚持实行经济责任制的吉林、广东等省以及首钢、第二汽车制造厂等企业,却保持了较好的经济效益[1]。

在卫生领域也是如此。从1984年10月中共中央十二届三中全会至1989年年初,卫生体制改革在管理体制、运行机制以及分配制度等方面全面展开,并取得一系列突破。在我国经济体制改革大潮的推动下,全国各地创造了不少好经验。如首钢医院推行责任制的经验,沈阳市开展医疗联合体的经验,黑龙江、山东等省推行两种收费办法和调整收费标准的经验,天津市城乡挂钩、实行合同制、鼓励医务人员支援农村及兴办家庭病床的经验,河北、广西等地农村医生承包大队卫生站的经验,江苏、安徽、山东、贵州等地进行卫生管理改革的经验等。这些冲破"左"的思想束缚所取得的成果,对全国卫生体制改革产生了深远的影响[2]。

城市经济体制改革的历程突出地显示了地方政府在改革中的引擎作用,表3.1和表3.2描述了20世纪80年代改革试点城市的情况。1982年3月,国务院进一步决定在江苏省常州市进行综合改革试点。常州市综合改革的特点是以搞活企业、搞活流通为中心,进行工业管理体制、计划体制、劳动工资体制、银行信贷体制、商业体制、外贸体制、财政体制和企业改组联合等11项配套改革。实践证明,改革要配套就必须互助促进,必须立足于企业,围绕增强企业活力这个中心来进行。其中,有两项改革举措十分引人注目。一是科技教育体制改革的探索。常州兴办了3所大学,又从外地引进1 000多项科技攻关项目,实行科技成果投入生产的有偿转让。从经济发展的需要出发,改革教育机构,建立大教育体系,即建立从小学、中学到职业教育、大学的教育系统,注重对职工的定向培

---

[1] 苏星:《新中国经济史》,第726页。
[2] 蔡仁华、周采铭:《中国改革全书(1978—1991)·医疗卫生体制改革卷》,大连出版社,1992,第10页。

养,达到多出、快出人才的目的。二是市领导县体制的改革。常州把一些经济实力较强的市与它所在地区的县合并成一个经济区,由市领导县,统一组织生产和流通,把行政区划与经济区域协调起来,以促进城乡经济的共同繁荣。这项改革借鉴了辽宁省从1958年起就试行地市合并、由市领导县的历史经验,并于1982年开始在部分省份推开。

表3.1 经济体制改革试点城市和试验区数量　　　　　　　　　　单位:个

试点城市和试验区类别	年份	
	1987年	1988年
一、享受省级权限的计划城市	9	10
二、享受部分省级权限的城市	2	2
三、综合改革试点城市	72	72
四、单项改革试点城市	—	—
其中:1. 中等城市机构改革	16	16
2. 金融体制改革	27	27
3. 住房制度改革	17	80
4. 实行市带县体制	156	156
5. 企业经营责任制改革	6	6
6. 生产资料市场试点	180	180
7. 科技体制改革	5	5
8. 土地拍卖试点	5	5
五、改革开放综合试验区	—	2

资料来源:国家经济体制改革委员会编《中国经济体制改革十年》,第810页。
注:① 中等城市机构改革试点城市中,未包括省内试点的13个城市20个县。
② 金融体制改革试点除27个城市外,还有广东全省也进行试点。
③ 1987年的生产资料市场试点城市中,属于国家体改委试点的有13个城市。
④ 土地拍卖试点,1987年为上海、天津、深圳、广州和海南省(特区);1988年增加了福州市。到1988年6月止,经国务院批准的改革开放综合试验区为广东省、福建省。

表3.2 1986年72个综合改革试点城市概况　　　　　　　　　　单位:%

项　　目	占全国城市的比重
年末总人口	43.3
其中:非农业人口	47.8

(续表)

项　　目	占全国城市的比重
土地面积	36.7
工业总产值(按1980年不变价格计算)	43.3
固定资产投资总额	42.0
社会商品零售总额	45.7
地方财政预算内收入	43.6
城乡居民储蓄年末余额	48.1

资料来源:国家经济体制改革委员会编《中国经济体制改革十年》,第811页。
注:① 本表包括市辖县。
② 工业总产值中包括村及村以下办工业产值。

值得一提的是,江苏昆山在1985年自费创办了全国第一家开发区。昆山原来是苏州地区基础相对较差的县,但是他们效仿沿海港口开发区,采取"向单位筹一点、地方财政贴一点、向银行贷一点、从土地有偿出让中分一点"的办法,筹措资金,高规划,穷开发,突出重点,逐步推进,开发新区,由起初的1平方千米到后来开发到20多平方千米。开发区的实践取得巨大成功,这种敢为人先、自费开发的实践在全国引起轰动效应。1990年,当时的国务院总理李鹏提出:"可以按照昆山的办法……各地可以选择一些地方,进行自费开发,建立自己的开放城市或者经济开发区。"[1]

1978年后,中国非国有经济的形成,几乎都是中央政府在既定的体制下无力进行资源再配置的产物。例如,在农村,乡镇企业的崛起是在一种特定的环境和条件下发展起来的。"双包到户"极大地提高了农业生产效率,释放出大量富余的劳动力,然而,既定的体制却没有为日益增多的农村剩余劳动力提供相应的就业机会,从而加大了乡村内部的就业压力。乡镇企业的创办,有效地缓解了农村社区内部的就业压力。"文化大革命"累积的就业人口和当时新增加的就业人口,产生了巨大的压力,城镇个体和私营经济的恢复也是对这种压力的回应。20世纪70年代末,面对陡然剧增的上千万城镇就业人员,国家的计划经济体制已丧失了对"人员统一调配"的实际能力,而只能采取"谁的孩子谁抱走"的办法,由各级政府扶持城镇街道和国有企业兴办"三产",吸纳返城知青和国有单位职

---

[1] 陈焕友:《把握大机遇　策划大思路　推动大开放——呼应浦东开发开放发展江苏外向型经济的实践与思考》,《南京大学学报(哲学·人文科学·社会科学)》2001年第2期。

工子弟就业,同时,也鼓励这些人员自谋职业,从事个体经济。

在这种发展和转型格局中,地方的多样性进一步呈现和释放出来。广东的发展优势在于其与香港、澳门毗邻的地理优势及拥有众多的海外华侨资源;福建则可以"倚山靠海"发展自身;浙江温州则充分利用其众多能工巧匠,通过向内地劳务输出积聚资本;上海的优势则是其雄厚的工业基础、丰富的人力资源、优越的地理位置,还有历史上的大都市发展经验。对此,理论界描述了各种模式,包括温州模式、苏南模式、珠江三角洲模式、阜阳模式、龙港模式、南丹模式等。这些模式产生于各自特殊的社会、文化、经济、自然条件,在所有制结构、产业结构、经营管理方式和分配制度等方面都各不相同。

经济特区的引擎作用尤其值得关注。各经济特区在计划、基建、物价、财政、金融、工资、干部制度政策方面率先引入市场机制,进行改革,为我国城市化进程向实现市场取向的改革提供了经验。在深圳、珠海、汕头、厦门、海南五大综合经济特区之后,先后出现了沿海开放城市、高新技术开发区、经济技术开发区、保税区等多元化、多层次、多模式的特殊城市,这些特殊城市在特区改革取得成功经验后发展起来。

第二节　地方驱动下的制度展开

制度是如何被突破的？20 世纪 80 年代中国改革的全面展开和波澜壮阔的局面(当然也包括包干制的实践)是国家一元领导与地方多元探索互动作用的结果。国家推动的经济体制的变革是从企业开始的。整个 20 世纪 80 年代,人们都相信,中国旧体制最主要的问题在国家和企业的关系上,企业受到行政机构的过度集中的管理。

1978 年 10 月,国家首先在四川 6 家企业试点进行企业"利润留成"的改革,1979 年年初,这一扩大企业自主权的试验扩大到 100 家,随即还在京、津、沪选择了一些企业试点。为加强对这些试点企业的指导,1979 年 7 月,国务院先后颁布了 5 个文件[1],并要求各地区、各部门选择少数企业进行试点。根据部署,到 1979 年年底,这一试点要扩大到 4 200 家,1980 年 6 月发展到 6 600 家。

---

[1]　见本书第 102 页注[2]。

这些企业占全国国营工业企业总数的16%左右,产值和利润分别占60%和70%左右[1]。由于国营企业并不只是单纯的以经济生产为目的的组织,而是深嵌于国家政治空间中的"单位",基于财力保障、社会稳定等考虑,按照十一届三中全会公报要求所进行的企业方面的改革,包括扩权、让利等扩大企业自主权以增强企业活力的措施,很快就放慢了脚步。相比而言,起步较晚的农村改革却率先取得了突破性的成就。突破性是指实行了三中全会制定的农业文件予以禁止的"包产到户",而进一步实行了大包干。由此,农村组织结构发生了根本性改变:人民公社被废除,农民由单位回到家庭,成为自主经营的个体被卷入到市场交换网络中。这一改革使农民的生产积极性被极大地释放出来,农业生产力提高,农民生活水平较为普遍地提升,乡镇企业也开始迅速发展[2]。

一、包产到户与乡镇企业

农村改革的这一突破始于农民的自发行动,得益于地方政府的大胆推动。在党的十一届三中全会召开之前,安徽和四川两省出现了农民的改革要求并得到省委领导支持。1978年12月召开的中共十一届三中全会制定了《中共中央关于加快农业发展若干问题的决定(草案)》和《农村人民公社工作条例(试行草案)》,提出了实行包工到组、联产计酬责任制。同时,国家开始加大对于农业的投入,并着手提高农产品价格。只是这两份文件此时仍然坚持了"两个不许":不许包产到户,不许分田单干。1980年9月召开各省市委第一书记会议时,各地对于农业联产承包责任制问题争论很大。9月27日发出的《中共中央印发〈关于进一步加强和完善农业生产责任制的几个问题〉的通知》(1980年中央75号文件)认定只有贫困地区"可以包产到户,也可以包干到户,并在一个较长的时间内保持稳定"。1982年年初发出的《中共中央批转〈全国农村工作会议纪要〉》(1982年中央1号文件),包产到户彻底取得合法地位。1983年发出的《中共中央关于印发〈当前农村经济政策若干问题〉的通知》(1983年中央1号文件)对联

---

[1] 王洪模等:《改革开放的历程》,河南人民出版社,1989,第259页。转引自苏星:《新中国经济史》,第716页。也可见1980年7月21日新华社报道。

[2] 对于人民公社解体后的中国农村,人们注意到,农民个体化的过程是小群体与公社这个大群体长期冲突的结果,而不是商品经济发展的结果。农民自身并无力面对市场经济,由此,农民需要被再次组织起来。农民个体化的过程确实十分令人关注。(参见曹锦清、陈中亚:《走出"理想"城堡——中国"单位"现象研究》,海天出版社,1997,第136页;潘维:《农民与市场——中国基层政权与乡镇企业》,商务印书馆,2003)

产承包责任制作了更高的评价,把它作为农村改革一项战略决策正式确立。

除了联产承包责任制的突破,农村的另一项"创举"是作为计划经济"异军"的乡镇企业的突起。乡镇企业的前身是社队企业,20世纪70年代权力下放时,社队企业曾经有过一定程度的发展。以后则一直处于沉寂状态。20世纪70年代后期,乡镇企业率先兴起于江苏。江苏于1977年实行"比例包干"制后发展很快,依靠良好的集体经济基础和与城市经济的密切联系,利用大中城市资金、技术与农村劳动力相结合,发展了一批与城市大工业相配套的集体性质的乡镇企业。到1978年时,乡村两级工业已有相当的基础。据统计,当时苏、锡、常三市乡村工业总产值已达到25.9亿元[1]。

在十一届三中全会召开之前,江苏经济的快速增长在当时就吸引全国很多省市前往学习,广东是其中之一。乡镇企业的发展给了广东很大的启发[2],广东还根据自己的特点形成了"珠江模式"。例如,广东省佛山地区,在实行联产承包责任制时,把集体的企业、固定资产和公共积累都保存了下来。20世纪80年代初期,佛山探索出"负债经营"方式,就是市、县和乡镇等各级政府作为贷款信用的担保人,或由政府出面向银行贷款,使乡镇企业能够通过负债经营,解决企业启动的第一笔资本来源问题。

类似地,在安徽出现了"阜阳模式"。阜阳曾被称为安徽的"西伯利亚",1978年,这里每一个农业人口占有的乡镇企业产值不足6元。在学习"苏南模式"的过程中,阜阳结合本地区的实际,改变了单一集体办厂的做法,重点发展专业户、专业村、专业经济区域及户办、联户办厂,建立了一个具多层次、多形式、多样化的民办乡镇企业机制。1983年,全地区乡镇企业产值1.77亿元,比1978年增长3倍多。

地方自主探索、横向学习,之后得到中央肯定,这是乡镇企业发展走过的路径。1984年后,乡镇企业进入蓬勃发展阶段。当年的中共中央第4号文件批转了有关部门《关于开创社队企业新局面的报告》,报告明确提出要鼓励乡(社)办企业、村(大队)办企业、联户办企业、个体办企业,"四个轮子一起转",并给予这些企业一定政策优惠,农村乡镇企业在夹缝中求生存的状态得到改变。此前,常有报道指责乡镇企业"以小挤大":他们通过利用国家计划的空隙,努力取得一些

---

[1] 张泽厚、王永杰主编《中国现实经济模式的选择》,中国社会科学出版社,1998,第36页。
[2] 于光远、王恩茂、任仲夷等:《改变中国命运的41天——中央工作会议、十一届三中全会亲历记》,第201页。

加工零件的权利,同时,用物资换物资,即所谓"计划外的物资协作"[1]。

这种改革路径所牵引出的跨领域溢出效应十分显著。联产承包责任制的实行、乡镇企业的异军突起加快了农村商品经济的发展,引发了农村流通体制的改革。长期以来,统购统销是中国农村农副产品流通的基本政策和体制形式。1978年,全国统购派购的农副产品在全部农产品收购额中约占80%[2]。十一届三中全会制定通过的《关于加快农业发展若干问题的决定》曾作出提高农副产品价格的决策,基于此,从1979年3月起,国务院陆续提高了18种农副产品的收购价格,并从1979年1月起,提高了部分副食品的销售价格,并发给职工适当的副食品补贴。这一年,国家逐步恢复了农副产品的议价收购[3]。之后这一改革在一定的反复与调整中实现了:1984年,实行了32年的"统购统销"开始瓦解;1985年,"统购统销"政策正式取消,国家不再对农村下达指令性的收购计划,而是采用"合同收购"的方式来收购国家需要的粮食[4]。1979年后,在农产品收购方面逐步打破"统购"的同时,过去被关闭和禁止的集市贸易和长途贩运悄悄地恢复,当时人们还担心这是否会导致资本主义的复活,长途贩运被认为是搞"投机倒把"。1983年中共中央1号文件对长途贩运予以了肯定:"农民个人或合伙进行长途贩运,有利于农副产品销售,有利于解决产地积压、销地缺货的矛盾,也应当允许。"1983年中央1号文件宣布,完成统派购任务的农副产品都可以多渠道经营。1982年的中共中央1号文件还提出了农村供销社体制改革问题,全国许多省份都选择了一些县作试点。

农村经济改革的顺利进行表明,占中国80%的人口没有什么阵痛地以个人(户)而不是单位的形式卷入到商品交换的洪流中,这意味着其余20%的人口也要被牵进等价交换为原则的市场中,因为统购统销的另一端也是国家统一分配体制下的另一端——城市。

---

[1] 在乡镇企业发展较快的江苏省,1978年计划外协作的物资占全省物资总消耗量的比重:钢材为23.6%,煤为19.9%,木材为22.2%。[杨继绳:《邓小平时代——中国改革开放二十年纪实》(上),第195页]

[2] 卢锋、罗欢镇、黄卫平:《我国经济体制改革的回顾和展望》,中国政法大学出版社,1987,第55页。

[3] 1979年,农村居民人均可支配收入增加了25元,国家的价格补贴是79.2亿元,国家的财政收入是1 146亿元。数据来自《中国统计年鉴—1999》。

[4] 1979年起,城乡经济活跃,旧流通体制的弊端日渐突出,如江苏生鸭、浙江生猪、四川柑橘等出现销售难,这使国务院又重新限定农副产品的统购和派购任务。1983年的中共中央1号文件还指出:"对重要农副产品实行统购派购是完全必要的,但品种不宜过多。"1984年中共中央1号文件指出:"要随着生产的发展和市场供应的改善,继续减少统派购的品种和数量。"到1984年年底,统派购品种从1980年的183种减少到38种(其中24种是中药材)。

二、从农村到城市

农村改革势必波及城市。1979—1982年,开始了城市经济改革的试点。这一阶段的城市经济改革,包括局部的企业扩权试点、实行经济责任制与新财政体制、疏通流通渠道与商业系统扩权、实行发展多种经济形式的新政策,开始进行城市综合改革试点以及市领导县的新体制试验等。

从1979年起,中共中央和国务院断然采取支持城镇集体经济和个体经济发展的方针,允许多种经济形式同时并存。自此开始了所有制结构的局部改革。允许多种经济形式同时并存,最初是以开辟劳动就业渠道和搞活经济为目的的。在发展多种经济形式解决劳动就业取得显著成绩的情况下[1],中共中央和国务院又于1981年10月17日发布《关于广开门路,搞活经济,解决城镇就业问题的若干决定》,指出要争取在1985年以前大体上解决好历年积累下来的城镇待业青年的就业问题。

与此相应的配套改革和制度供给势在必行。1980年9月,全国人大通过《中外合资经营企业所得税法》和《个人所得税法》,1981年12月,全国人大又通过《外国企业所得税法》。随着多种经济成分出现,商品生产和流通不断扩大,在1982年11月召开的第五届全国人大五次会议上,当时的国家领导人提出:要"积极稳妥地加快经济体制改革的进程","重点是做三件事:一、对国营企业逐步推行以税代利,改进国家和企业的关系;二、发挥中心城市的作用,解决'条条'和'块块'的矛盾;三、改革商业流通体制,促进商品生产和商品交换"[2]。

如前所述,由于历史原因,国营企业是国家财政管理体制的重要内容,也因此成为改革的重点所在。1978年年底对国营企业先后试行了企业基金办法、各种形式的利润留成办法和盈亏包干办法。从1979年起,对农垦企业实行了财务包干的办法,这一年,国家又对基本建设单位进行了由财政拨款改为贷款的试点。1980年,开始在少数城市和少数企业进行了利改税的试点和税收制度上的其他一些改革的试点。根据"分步到位"的思路,1983年,"利改税"迈出了第一步,即把国

---

[1] 据新华社1981年7月27日的报道,1977—1980年,我国已安排2 900万城镇劳动力就业。(上海市体制改革研究所、上海市经济体制改革研究会编《中国经济体制改革20年大事记(1978—1998)》,上海辞书出版社,1998,第48页)

[2] 《关于第六个五年计划的报告》,载中共中央文献研究室编《十二大以来重要文献选编》(上),人民出版社,1986,第203、208页。

有大中型企业原向主管部门上交利润的制度,改变为向国家缴纳55%的所得税;国有小型企业按超额累进税的办法向国家纳税,税后企业自负盈亏。由于税率太高,而且企业间留利水平存在较大差异,1984年10月,实行了第二步"利改税",即将国有企业应当上缴国家的收入改为11个税种向国家交税,并开征新的税种,同时设置"调节税",税率由财税部门和企业主管部门核定。"利改税"前,根据"让利"原则,不少企业实行了上缴利润承包制改革,这一改革打破了传统的国家对企业"统收统支"的局面。"利改税"的出现则打破了对国有企业征收所得税是对公有制的侵犯的思维定式,国家开始以法律的形式处理国家同企业的物质利益关系。但这时,国家仍然必须与个别的而不是普遍性的企业讨价还价。这一时期,表面上看,企业改革没有取得如农村那样的突破,但城市无疑是国家政治空间结构化最为严密的地方,对企业的每一项改革都会牵动社会的每一根神经。

到1984年,"我国安定团结的政治局面日益巩固,经济调整工作取得了重大成绩,国民经济持续增长,第六个五年计划的主要指标提前完成,国家财政状况逐步好转,全党同志和全国各族人民对社会主义现代化建设的信心大为增强,加快经济体制改革的愿望更加强烈。特别是中央和省、自治区、直辖市一级全面整党的健康发展,已经和正在端正各条战线现代化建设的业务指导思想,明确改革的方向"[1]。随着这一系列结构性因素的出现,中国的经济体制改革已经面临着由农村转向城市、由单项改革过渡到全面改革的重要契机。1984年8月,国家计委下发了《关于改进计划体制的若干暂行规定》,强调要根据"大的方面管住、管好,小的方面放开放活"的精神,适当缩小指令性计划的范围,扩大指导性计划和市场调节的范围。1984年10月,党的十二届三中全会通过了《关于经济体制改革的决定》(以下简称"《决定》"),《决定》是中国经济体制改革的第一个纲领性文件,因此具有里程碑的意义。《决定》提出:增强企业活力是经济体制改革的中心环节,价格体系的改革是整个经济体制改革成败的关键。为此,要实行政企分开、简政放权。以城市改革为重点,以价格改革为难点,包括计划体制和工资制度、流通体制等的改革全面启动[2]。

---

[1]《中共中央关于经济体制改革的决定》,载中共中央文献研究室编《十二大以来重要文献选编》(中),人民出版社,1986,第560页。

[2]《决定》第一次在中国这样一个社会主义的大国确立了市场取向的改革目标,但是,包括领导者在内,对于改革过程的把握仍然十分模糊。比如,《决定》提出,"价格体系的改革是经济体制改革成败的关键",但是,怎样进行价格改革人们并不清楚,是仅仅理顺价格体系还是改革价格管理体制?到后来,关于改革的争议更多了,如价格、企业等项改革是有先有后,还是同时进行?诸如此类的问题很多。

农村经济改革的成功极大地鼓舞了中国领导人深化改革的信心,改革的经验被运用到城市,推波助澜地拉开了中国经济改革的转型发展。此后,微观层面的国有企业、宏观层面的资源计划配置制度、宏观政策环境的改革相继展开。1984—1986年,国有企业的改革主要是围绕着增强企业活力这个中心展开,主要措施是简政放权、改革税制和实行厂长(经理)负责制,也包括利税、拨改贷、企业承包制等改革等。同时,政府逐步减少了国有企业经营中的指令性计划的相对份额,一系列扩大企业自主权的行政性法规相继出台,扩权范围涉及产品销售权、定价权、要素选购权、自有资金使用权、工资分配权、联合经营权、技术进步方向选择权。1987年后,企业改革围绕着重建企业经营机制这个中心展开,实行各种形式的经营责任制,包括大中型企业的承包制,小企业的租赁制和股份制等。1988年,国家又对国有企业实行"税利分流、税后还贷、税后承包"的改革试点(简称"税利分流")。

在所有的改革中,资源配置方式的改革具有特殊重要的意义,这一关键领域的改革对于从点到面的扩展极为重要。首先是物资管理体制方面的改革。1985年后,改革的重点转到缩小计划分配物资的品种、数量和范围,建立多种形式不同规模的生产资料市场。其次是在外贸管理体制的调整。1978年后,先是扩大了地方、部门和企业的外贸经营权,国家将审批经营外贸企业的权力下放到省、自治区和直辖市。1979年,实行了外贸留成制度,外贸经营方式、外贸财务制度都进行了相应的改革。为了鼓励地方、部门和企业积极开展对外贸易,国家的指令性计划的品种和范围也逐步减少和缩小。1985年起,外贸管理体制的改革也进了一步,中央主管部门不再编制和下达指令性的出口货源收购和调拨计划。外贸承包经营责任制在1987年试行了一年后,1988年开始推行。最后是金融管理体制的改革,1978年后各专业银行设立起来,1985年,中国人民建设银行脱离财政部,接受中国人民银行的领导和管理,中国人民银行的职能单一化为中央银行的职能。1986年起,金融体系开始进行引入市场机制的尝试,全国各地以中心城市为依托建立横向资金融通网络,逐渐发展到银行同业拆借市场,使之成为运用市场调剂资金余缺的手段。金融市场逐渐发育起来,其态势包括两个方面:一是国债发行由行政手段运行渐渐向市场化运行方向发展;二是股票市场开始出现并发展。随着股份制企业的发展和股票发行数量的增加,股票二级市场的发展提上议事日程。1986年,政府允许沈阳、武汉、广州、重庆和常州等进行金融体制改革试验的城市中的一些金融机构,办理发行和转让业务。同年,上海股票交易市场出现。1988年,深圳股票交易拉开了序幕。

在宏观政策环境方面,首先是价格改革。在20世纪80年代,价格改革表现得最为敏感,其复杂程度也最高。总体上,1985年以后,价格改革一直不敢以太大的步伐展开,"价格双轨制"是这一改革的主要特征,后来"双轨制"被运用到其他改革中。

不同领域的改革引发了制度配套和兼容的问题。1984年以后,全面展开的改革进入到新旧体制的胶着摩擦状态。领导者、知识精英和社会大众对于改革的构想也开始发生着激烈的思想交锋。1985年,国家首次在这一年的第一次省长工作会议上提出要加强宏观调控。关于改革战略构想、关于宏观调控等的讨论在经济学家中已是十分的热烈,对于领导者而言,该如何进行改革和宏观调整,每一步都面临着众多的模式选择[1]。

随着改革的持续,人们对于改革的期望和态度也在发生变化。1985年,改革进入新旧体制相持阶段,公众不满增加,由过去不满物价上涨,扩大到对以权谋私、任人唯亲、法制不健全、不能自由选择职业等问题的争议。不满的增加,或者说社会心理学意义上的相对剥夺感的出现,又与人们对改革的期望过高有关。不同社会利益群体在改革期望、承受能力和改革态度上的差异日益显著。当计划体制趋于解体时,人们对于市场中应有的风险还没有充分的准备。

在这种情况下,国家的制度供给不足和调控不力可能带来重大的政治后果。实际上,经济体制改革也带动和呼唤着社会、政治体制的变革。与人民生活相关的社会体制包括:卫生体制、教育体制、交通运输体制、住房制度等。在政治体制改革方面,1979—1983年年初的政治体制改革,经历了由医治"文革"创伤性质的浅层次改革到着重改革党和国家领导制度。此后,党和政府相继进行了机构改革,并在党政军体制改革方面展开了有意义的实践与探索,并取得了富有意义的成果。然而,从宏观上把握各领域的改革进程,使得改革呈现系统性和有机的衔接与互动,这构成了地方驱动的改革全面深入开展的政治条件。

第三节　改革发展的地方动力学

整个20世纪80年代的改革进程,呈现了一种可称之为地方集体行动的图

---

[1] 华生、张学军、罗小朋:《中国改革十年:回顾、反思和前景》,《经济研究》1988年第9期;国家经济体制改革委员会综合规划司:《中国改革大思路》,沈阳出版社,1988。

景：地方政府相继创新，与中央进行协商，不断催生新的制度结构的出现，财政包干制是这种集体行动的结晶，又转而塑造了新的集体行动。

国家成功地调动了地方政府加入改革洪流的积极性，进而造就了40年的中国发展奇迹。地方政府是怎样成为改革的推动力量而不是阻碍力量的？在怎样的条件下，国家可以获得建构性的、地方的集体行动？对此，我们可以从促成地方行动的结构性条件以及催生地方创新的激励机制加以理解。

一、结构促成条件

从历史发展经验中，我们似乎可以抽象出这样3个激励地方政府成为积极变革动力的外部条件：恰当的动员体制的更新、适度的空间让渡与整理、政治领导人的胆略与战略[1]。

改革开放前的中国社会是一个依靠意识形态实现政治动员的、高度一元化的空间组织结构。省级政府负责贯彻执行中央政策，并督促省以下地方政府完成各项计划与政策。省及以下各级地方政府的任务是一块块地复制国家政治，把社会纳入一元化的政治空间中，按照中央的意识形态之轴，发动"运动"和"斗争"，掀起生产战役等。

如前所述，1978年前曾经有两次大规模的权力下放运动。从内容上看，"分类分成"财政管理体制为1978年后的改革所承继。中央政府实行了银行信贷管理权下放，地方企业、物资管理权也都下放给地方政府。但在当时，地方政府只是小块地复制了整个计划体系中的经济管理权限，没有实在的收入和支出自主权，因此也只是政策执行主体，而没有决策权。换言之，整个体系依旧是政治动员型的，无论是中央企业还是地方企业，基本上都是以行政的而不是经济的市场的方式运作，国家的企业会计制度并没有改变。另外，两次放权都处在"群众运动"时期，放权本身被当作一场群众运动，放权与收权截然分割成对立的两块，非此即彼。领导者希望通过放权获得社会与政治支持，但是，体制变革却是禁区。而且，放权时间短暂、速度快、幅度大，整体性的一元化的政治空间基本上没有受到冲击，领导者希望通过权力下放调动各个地方的积极性，希望各个地方能够从实际出发发挥出地方特色，但无论是中央还是

---

[1] 当时的意识形态依然发挥巨大的动员作用，这对于改革显然是必要的。另外，传统体制格局也为后来地方政府改革提供了空间。

地方政府,都没有机会找到体制变革的空间,地方发展也没有可争论的空间。在有限的知识与行动空间内,面对权力下放后的经济混乱与财政紧张,中央采取了简单收权的方法。

粉碎"四人帮"后的头两年是一个过渡阶段。"文革"的口号、理论等都没有及时清算,当时的国家领导人已经意识到需要给人民补"欠账",需要加强经济建设。与此同时,1978年出现了"洋跃进",决策者希望能够通过国外借款,引进技术、知识和管理方法等解决中国的经济问题。由于人们的思想依然被压抑着,尽管经济恢复很快,但体制变革的进展十分微弱。在意识形态已经高度刚性的情况下,传统的动员模式与新的发展战略之间出现了巨大张力。最表面的冲突就是农业问题,显然,单一的"大寨"模式不能解决当时的农村问题。从各地实际出发解决问题已经势在必行。[1]

1978年迎来了一个全新的改革时代。20世纪80年代所探索的分权改革具有不同的条件、性质和发展动力。真理标准的大讨论以及党的十一届三中全会的召开为随后国家动员模式的变更开启了大门。以后,邓小平在不同场合先后表达了"以经济手段解决政治问题""把经济建设当作一项政治任务"的思想。这使中国在动员模式上以经济动员代替了过去政治动员的模式。"解放思想、实事求是、团结一致向前看""允许观察""允许争论",这些无疑把各方力量从过去强烈的思想禁锢中解放了出来,从而国家从意识形态上为各地的发展需求打开了通道。而"财政包干制"这样的财政分权化改革则在实处给予了地方政府更多的活动自主权,这一虚一实的结合有效地使地方政府融入改革的大潮中。后来的改革正是采用了这样的路线:对于各地的自主创新,中央一般不作强制性的统一规定,而是让实践来检验,然后推广。

确定了以改革求发展的原则,主张改革的领导人明确,要"解放思想",要大胆实践,要根据经济规律改革计划体制、财税体制、物资体制、企业管理体制和内外贸体制[2],要用经济规律而不是行政手段和行政措施调节社会经济生活。

---

[1] 据于光远的回忆,当时有一批志同道合的"诸侯",已经打定主意,"如果文件不能令人满意(指是否会否定'不许产到户''不许分田单干'),他们也会从当地的实际出发,采取能解决问题的办法,由实践来检验是非了"。显然,真理标准问题讨论,这次中央会议内外的民主讨论等,都对各省市地方领导人产生了极大的鼓舞作用。〔于光远、王恩茂、任仲夷等:《改变中国命运的41天——中央工作会议、十一届三中全会亲历记》,第90页〕

[2] 李先念:《在国务院务虚会上的讲话》,《李先念文选(一九三五—一九八八年)》,第331页。

邓小平提出"用经济办法解决政治问题"[1]，这实际上也为后来地方政府的体制变革提供了新的思路。

国家适度的空间让渡与整理是另一个发展的结构变量。真理标准问题的讨论，党的中央工作会议的召开以及内外呼应的民主呼声，使中国社会的整个气氛活跃起来。如果说经济管理体制是改革的推进器，那么政治民主化就是有力的动员武器。对民主的倡导使不同意见、不同做法都有了可存在空间。对实现个人权利的强调，对企业的控制的放松意味着严密的社会组织体系出现缝隙，而农村人民公社的解体和个体经济、私有经济、集体经济等非国有经济的发展，以及对外开放的扩大，则意味着行政性空间之外另一重权力空间——市场体系的出现。新的活动空间的增生，也意味着国家政治空间的相应整理。在这种条件下，地方政府从社会与国家两个层面获得了行动空间，日益成为一个具有实际自主性的策略行动者，换言之，地方政府从一个政治动员体制的代理人，转变为一个面向市场的具有自我利益的策略行动者。

行动者的自主性得益于财权的扩大。各级地方政府都开始有了一定限度的固定资产投资权、改造权、城乡建设权。在经济管理方面，从1981年开始，中央政府逐步下放项目审批权、外汇使用管理权、减免自决权、物价权和工资权等。此外，1983年2月以来，先后对10个城市实行了计划，并赋予省一级的经济管理权限；从1984年起，各省区也在本地区选择了63个城市进行综合改革试点，这些综合改革试点的城市特别是计划单列市，在投资、物资、商业、外贸、金融等方面的经济管理权限明显扩大。改革开放以来，先后开放深圳、珠海、汕头、厦门、海南等经济特区以及14个沿海城市和长江三角洲、珠江三角洲、闽南三角地带及上海浦东新区等，这些城市和地区拥有更大、更灵活的经济管理权限。

1978年后，国家重新面临着经济调整，改革的地方取向却依然被坚持了下来。江苏乡镇企业的发展即是江苏省的自主创新的结果，但在关键时刻，国家领导人的战略性支持，使得社队企业免于被关闭，并在后来把乡镇企业的发展推向高潮。1979年，在宣布对全国经济进行调整的同时，政治领导人强调不能停止改革步伐。正是在此时，政治领导人肯定、支持了个别省份权力下放的要求。面对不断的压力与争议，广东省坚持在改革开放中寻求突破，努力避免使改革走回

---

[1] 邓小平：《关于经济工作的几点意见》，《邓小平文选》第2卷，第196页。

头路,之所以能够坚持下来,与领导人的坚定支持分不开[1]。1985年,全国出现通货膨胀势头。为此,中央从2月份开始,直到10月份,连续召开4次省长会议,要求严格控制信贷和工资奖金的发放,实行财政和信贷双紧政策[2]。其间,邓小平表示:"改革开放是很大的试验""深圳经济特区……搞成功是我们的愿望,不成功是一个经验嘛。……城市改革实际上是整个经济体制的改革,这是要冒很大的风险的……进行全面的经济体制改革需要有勇气,胆子要大,步子要稳。"[3]"经济体制改革成不成功,成功大小,要看三年到五年。见效了才能说服人……今后即使出现风波,甚至出现大的风波,改革也必须坚持。……我们要抓住时机,现在是改革的最好时机。"[4]

经历了1989年春夏之交的政治风波以后,"姓资"与"姓社"的争论使市场化、市场取向的改革受到不少批判,加上经济上的治理整顿,改革开放和经济发展都受到影响。1992年邓小平的南方谈话在关键时刻帮助结束了思想困惑的局面,改革再次进入发展提速阶段。显然,政治领导人对放权式改革的坚持是地方政府体制变革的外部条件。

二、激励机制与权变互动

除了结构性促成条件之外,在微观层面,地方创新还有自己的内驱力,当然这种激励机制与结构促成条件息息相关。在这其中,财政包干制发挥了关键的激励作用。

经济学家倾向于认为,地方政府之所以对改革予以正面回应,是官员晋升、竞争和激励机制的结果。钱颖一等以"维护市场型财政联邦制"考察1978年后中国的财政分权运动。他们看到,中央自上而下的财政分权促使地方政府在下辖区经济发展中发挥积极作用,从而促进了中国的经济增长。这一理论突出了

---

[1] 改革期间,领导人常以视察、题词的方式表示对改革的支持,从而使地方政府的制度创新行动在实践中获得合法性,然后在一定时机以制度的形式予以推广或者合法化。1982年和1983年,报纸对"社会主义商品经济""有计划商品经济"的提法以及主张商品经济的一批经济学家提出了不少批评;意识形态领域,各省市开展反对精神污染的运动;同时,广东、福建两省的改革也因为一些新问题的出现而可能受挫。1984年春节,邓小平视察南方,不仅为两省正了名,还进一步开放了沿海14个港口城市以带动全国经济的发展。
[2] 薛暮桥:《薛暮桥回忆录》,第406页。
[3] 邓小平:《改革开放是很大的试验》,《邓小平文选》第3卷,第130页。
[4] 邓小平:《抓住时机,推进改革》,《邓小平文选》第3卷,第131—132页。

中央与地方之间的权力关系在经济发展中的关键作用,因为分权有助于中央政府在地区之间引入竞争机制。

在经济人的逻辑中,财政包干制满足了地方政府主要是地方政府官员的利益诉求,如升迁、政绩,或者经济利益等。其中,投资权可能是当前中国发展中最关键的权力资源,事关地方政府的经济与政治利益。当控制通货膨胀或更严厉的措施出台,政治或政策冲突出现,中央政府在利益上与地方政府展开了直接较量。地方官员在投资扩张中得到了地位、权力和弹性的经济与财政利益,任何想要减少投资的努力,或者从对地方官员有利的部门中争取直接投资资源的想法,都会遇到地方的抵制[1]。

表3.3描述了地方政府的多样化的投资动机,其中经济发展和增加财政收入位居前列,显示了地方政府作为经济人或者厂商的性质。在一定意义上,预算外资金的膨胀与地方政府中存在的投资饥渴有关。特别是在改革开放初期,预算外资金是作为放权让利式改革的一部分出现的。"预算外资金的出现和壮大,使得各级政府和企业在计划经济力量还比较强大的情况下能够自主支配一部分财力,对促进市场经济的发育和财政资金运用效率的提高作用很大。"[2]但必须承认,改革开放以来由地方政府催生的大量新体制并不完全由投资引起,因此,投资激励的解释力是有限的。

表3.3 地方政府的投资动机

地方政府扩大投资的动机	总体		东部		中部		西部	
	位次	评分	位次	评分	位次	评分	位次	评分
增加地方财政收入	2	4.47	4	2.13	2	5.07	1	6.67
发展地方薄弱产业	5	1.78	5	1.47	4	2.47	5	1.33
追求本届政府政绩	4	2.40	3	2.93	5	2.05	4	2.17
加快地方经济发展	1	6.92	1	8.13	1	6.44	2	6.00
改善本地投资环境	3	4.28	2	5.33	3	3.84	3	3.50
提高本地就业水平	6	0.19	6	0.68	6	0.27	6	0.33

资料来源:《中国投资白皮书:1994》,中国计划出版社,1994,第166页。转引自王珺,《政企关系演变的实证逻辑——经济转轨中的广东企业政策及其调整》,中山大学出版社,2000,第44页。

---

[1] Huang Yasheng, *Inflation and investment controls in China: the political economy of central-local relations during the reform era* (Cambridge; New York: Cambridge University Press, 1996).

[2] 胡书东:《经济发展中的中央与地方关系——中国财政制度变迁研究》,第144页。

地方政府从中国的财政改革中获得了巨大的激励,包干制确定新增收入归地方政府所有,由此确立了谋求地方经济发展对地方政府的巨大吸引力,调动了地方政府的创新精神。基于一定利益诉求,地方政府在其辖区内与其经济实体形成了丰富多样的合作关系。这是一个由县、乡镇和本地企业共同构成的利益共同体或"地方性国家法团主义"。在这种权力结构中,他们共同利用行政体制建立市场,运用行政权力支持并保护合作关系,他们可以选择发展目标,甚至在资金借贷、信用担保、风险承担方面成为企业的合作伙伴。乡镇企业的发达与繁荣,正是地方政府大力推动和扶持的结果,是"财政包干"制的后果[1]。

财政包干体制的实施,的确使各地方的行动者必须考虑预算的自主平衡,收支挂钩在增强各地方支出责任即服务意识的同时,也强化了各级地方政府发展本地经济的动机[2]。按可比价格计算,1979—1991年,率先实行财政分权改革的江苏全省国民生产总值年均增长10.7%,国民收入年均增长10%,工农业总产值年均增长15.6%[3]。改革之初,上级政府并没有给下级政府提供充足的发展经济所必需的资源保证,这需要地方政府另辟蹊径。后来江苏就顶着"挖社会主义墙脚"的压力,通过以大米等向山西换煤炭,向东北换钢材等省际协作形式发展本省生产所需资源。广东在获得大量自主权之前,财政收入位于全国第八位。当时的领导人明确表示,要钱没有,可以给些政策。围绕如何形成资源流入的新机制,广东首先探索了一条以引入市场机制解决资源的新路子。

从实践中看,凡是地方政府有动力去组织税源、扩大税基,并较快推动了本地区的经济发展的,均是在包干制体制下获益较大的省份,如江苏、浙江、山东、广东等省。1979—1988年,这些地区的财政收支年均增长如下:江苏为19.16%和24.64%;浙江为33.07%和35.59%;山东为14.51%和29.75%;广东为30.52%

---

[1] Oi, Fiscal reform and the economic foundations of local corporatism in China, *World politics* 1992-45(1):99—126; Oi, *Rural China Takes Off: Institutional Foundations of Economic Reform*.

[2] 钱颖一和许成钢认为,地方政府往往得不到上级的援助,需要自己想办法增加收入,因此,他们有极强烈的压力去建立和扶植地方企业。(参见钱颖一、许成钢:《中国非国有经济出现和成长的制度背景》,载甘阳、崔之元主编《中国改革的政治经济学》,香港:牛津大学出版社,1997,第67—98页)

实际上,1980年中央推行"分灶吃饭"体制时,时任财政部部长王丙乾就表示,"分灶吃饭"以后,各地的财权加大了,责任也加重了,凡是地方的事情都要由自己来解决,不能再依靠中央给钱。各级财政都要千方百计地管好家、理好财。各地财政部门要在党委领导下,按照新体制的要求,各显身手,为本地区财政打开一个新的局面,为发展地方生产建设事业,改善人民生活,加快四个现代化的进程,做出新的贡献。(参见王丙乾:《贯彻以调整为核心的"八字"方针,认真做好今年的财政工作》,《财政》1980年第2期)

[3] 刘定汉主编《当代江苏简史》,第349页。

和41.1%。这些地区不仅年均财政收入的增长大大高于同期地方年均增长水平（17.76%），而且财政支出的年均增长明显快于同期收入，地方可支配财力明显增长。地方经济实力的增强最终带动了本地区的经济发展。以1978年为基期，1988年江苏的国内生产总值（GDP）指数为313.4%，浙江为365.6%，山东为285.5%，广东为336.2%，均明显高于同期全国平均水平的260.7%[1]。

政治竞标赛模式对地方发展的激励提供了另一种版本的解释。根据周黎安等人的观点，在中国的集权型政治体制之下，由于下管一级的垂直人事管理制度，上级官员主要依据经济增长来考核和提拔下级官员，因此下级官员有着很强烈的动力来发展经济以求能够获得政治上的升迁。地方政府官员被认为是"政治人"而非"财政联邦主义"中的"经济人"假定。

政治竞标赛理论将中央集权与对地方官员的激励结合起来，把地方驱动的发展视为政绩的追逐，具有相当的解释力，但是，它也可能忽视了政治系统中的复杂性以及地方政府行动目标中的多样性。实际上，可以通过一种新的权变互动模式来超越"政治人"和"经济人"逻辑解释创新发展中的地方动力。地方政府体现了社会人的行动模式，这一行动模式的逻辑和实质是，地方政府不断地在地方竞争、互动和学习过程中，去容纳新的秩序，开发新的生长点，重建地方秩序的合法性。

地方政府间的策略互动和规范性学习，与改革开放后的结构性促成条件有关，其中人事制度改革发挥了特殊的作用。1978年后，大规模的干部队伍建设一方面加速了干部队伍创新知识提升，一方面也给干部造成了相当工作压力。同时，一些省份或者地区的发展也在经验扩散中不断发挥示范效应。这样，横向交流的扩大及其形成的竞争环境，既造成了地方政府体制创新的压力，也带来了地方政府体制创新的知识基础。当一个省动作快于邻省时就会产生"攀比"压力。这不仅有助于增强对改革的兴趣和信心，而且也有利于在改革上有所创新。

地方政府间的策略互动与学习也是财政体制改革建构的结果。在这里，包干制显示出了它的政治含义：它创造了一种社会性的压力或行动空间，使地方之间差异性扩大，使地方自主发展意识增强，地方之间的竞争性逐渐显现，地方之间的竞争促使地方政府努力提供一个良好的环境以培育生产要素，使地方政府在财力上开始精打细算，使地方政府尽量地容纳新生的市场因素。如此一来，市场空间的出现又成为激励地方政府催生新体制的因素。

---

[1]《中国改革与发展报告》专家组:《透过历史的表象：中国改革20年回顾、反思与展望》，上海远东出版社，2000，第204—205页。

改革开放进程催生了中国政治、经济、社会乃至文化层面的变化,也持续不断地受到世界瞩目。制度变迁理论常常被用来观察、解释中国的改革开放。制度变迁理论区分了强制性制度变迁和诱致性制度变迁两种类型[1]。诱致性制度变迁指的是现行制度安排的变更或替代,或者是新制度安排的创造,它由个人或一群(个)人,在响应获得机会时自发倡导和实行。强制性制度变迁由政府命令和法律引入和实行。这一区分是有意义的,制度变迁可以由不同行动主体促成,然而,这里我们并不想泛泛地探讨国家(政府命令和法律引入的方式)发动的制度变迁及其激励机制,而把体制变革的行动主体区分为中央政府和地方政府。在一定的意义上,正是地方政府的行动促成了一种类似诱致性的制度变迁,中央政府的作用则体现为对体制的一元性构建[2]。

从这个角度来看,1978年后展开的改革是国家(即中央政府)作出的制度安排,国家(即中央政府)是改革的设计者,是新制度的强制推行者,是体制变革的最终决策者。然而,改革发起于一元化的计划化空间中,以国家为唯一行动主体发动改革,一方面会使得制度创新的动力不足,另一方面则会因为"路径依赖"而难以实现突破。因此,改革的成功既需要中央的"一元体制构建",也需要来自地方的"多元体制探索"。地方性力量可以发挥"引擎"作用:打破路径依赖,实现体制突破以启动改革,使改革走向深入。

回到"互动体制"这一层面,多样性的地方(创新)体制如植物根茎上的块茎与根须,它们在合适的土壤下生长,隐蔽而有着不确定的方向与力量。地方多样性为国家的全面改革发展提供了可能,中央政府和地方政府在适当的治理环境下实现了模糊、权变性的合作,是为权变共生(contingent symbiosis)。地方性力量既是主体因素,也是结构力量,更是一个规范学习的社会互动过程。

---

[1] 制度变迁与制度创新有时候是可以交替使用的,即在制度创新的意义上认识制度变迁。
[2] 在制度变迁理论看来,强制性制度变迁的行动主体是政府,包括中央政府和地方政府,而诱致性制度变迁的主体主要是国家以外的行动者,强制性制度变迁表现为国家干预,同时,制度变迁理论把强制性制度变迁作为诱致性制度变迁的制度安排供给来源的一种补充。从"国家中心"的角度出发,改革是国家主动发起的,是为一种强制性制度变迁,然而,成功的改革是需要策略与条件的,因此,有必要对国家发动的改革过程予以研究。由此,我们需要对改革过程中的不同行动主体即中央政府与地方政府的作用区分开来予以考察。为避免误会,不以"强制性制度变迁"和"诱致性制度变迁"而以"一元体制构建"和"多元体制探索"(引擎)区分中央政府和地方政府在改革中的不同作用。(参见林毅夫《关于制度变迁的经济学理论:诱致性变迁与强制性变迁》,载R. 科斯、A. 阿尔钦、D. 诺斯等《财产权利与制度变迁》,上海三联书店、上海人民出版社,1994,第371—403页)

第四章
改革发展的蓄水池

本书的第三章考察了国家如何通过财政包干制撬动地方,通过地方试验的多样性实践创新,将国家改革推向前进。但是,奥尔森的研究提醒人们:分利集团的存在,可能使得社会产生僵化并导致国家的衰亡[1]。另一些卓有成效的研究则表明:革命的发生源于国家改革的无法推进之境况,法国革命的爆发是如此,晚清帝国的崩溃也是如此。被松绑、放权后的地方性改革的风险是难免的,所谓地方主义抬头、地方割据都可能令地方成为对抗中央的力量,导致中央权力的式微[2]。那么,1978年后启动的中国改革是如何避免这一可能的悲剧性后果的?

1978年开始的改革运动使社会主义的现代化进程全面加速。改革首先在农村取得巨大成功,农民从集体组织中脱离出来,大量剩余劳动力相继出现。同时,城市中的改革也启动了。1980年,中国城市规划工作会议正式把"控制大城市规模,合理发展中等城市,积极发展小城市"作为国家的城市发展总方针。这一城市发展方针,一度成为学术界讨论的热点,其焦点在于:中国城市发展的战略重点应该放在什么规模级的城市?是小城市?中等城市?还是大城市?当时的争论主要聚焦在城市经济效益上,这事关改革战略的选择。实际上,作为改革战略的选择,小城镇有着广阔的讨论空间。当时费孝通提出了"小城镇是农村人

---

[1] 曼库尔·奥尔森:《国家兴衰探源——经济增长、滞胀与社会僵化》,商务印书馆,1999。
[2] 托克维尔对于改革与革命有非常精彩的研究。(托克维尔:《旧制度与大革命》,商务印书馆,1992)革命发生相关研究可参考斯考切波:《国家与社会革命:对法国、俄国和中国的比较分析》;孔飞力:《中华帝国晚期的叛乱及其敌人——1796—1864年的军事化与社会结构》,中国社会科学出版社,2002;Mary Clabaugh Wright, *China in revolution: the first phase, 1900-1913* (New Haven: Yale University Press, 1968)。

口向城市转化过程中的蓄水池"的观点。"从小城镇开始,逐步发展城市化,自下而上的发展起多层次的犹如宝塔形的经济中心,以此来最大程度地减低高速现代化和都市化对整个社会的冲击和震荡。小城镇是防止人口超前过度集中的蓄水池。"[1]另一方面,费孝通也注意到,"现在不能再就小城镇谈小城镇了,而必须放到中国城市化体系的大框架里来研究,小城镇的发展要以全国城市化和现代化为大背景,作出战略性的长远思考和选择。……小城镇的进一步发展,需要更高层次的中等城市的带动"[2]。显然,在城市发展战略上,改革开放后,中国经历了由小城镇到大都市(圈)的城市化发展战略演变,从"蓄水池"到以中心城市的产业升级和要素扩散带动、辐射中小城市发展。

实际上,在国家主导的改革战略上,不仅城市发展实施"蓄水"为主的"小城镇发展战略",20世纪80年代国家整体改革的推进采取的也是"放水养鱼""放权让利"的"蓄水池"战略。这一章将从这一"生态"角度展开对"放权让利"策略下地方政府角色与行为的考察。地方政府在这个过程中呈现了新的角色和功能,理解财政包干制的性质,必须和这个功能的转变联系起来。没有积极的地方,就没有平稳的转型。本章试图从"蓄水池"的角度观察财政包干制条件下的地方政府行动与角色,以回应"中国为什么发生转型而非革命"这一问题。

第一节 改革与转型中的蓄水池

一、"蓄水池"与转型理论

经过10年左右的探索、积累,到20世纪90年代初,中国社会开始告别曾经的短缺经济,并宣布了建设社会主义市场体制的新路线,中国进入到转型发展的新阶段。从高度集中的计划体制到全面建设社会主义市场经济,这一意识形态的巨大转变意味着差异社会某种"集体认知"或"共识"的转变。因此,这10年发生的不只是中国经济增长的奇迹,而且是整个社会结构转型的奇迹。"为什么中

---

[1] 费孝通:《把这块地方的各种基层力量释放出来,联合起来,变成促进区域发展的持久动力》,上海海外联谊会、上海欧美同学会主编《上海及长江三角洲地区合作与发展——第三届中华学人与21世纪上海发展国际研讨会论文集》,2002。
[2] 《变化 潜力 希望——费孝通教授一席谈》,《人民日报》1999年9月30日。

国的改革与众不同",的确是一个令世人着迷的话题,而更值得关注的还应该包括这一改革的起点。一般认为,这一举世瞩目的改革始于社会的系统性危机。问题在于:中国是怎样在重重困难中启动了改革,并避免了转型过程中的秩序衰败?换言之,这一和平转型是怎样发生的?

成功的改革比成功的社会革命更难实现。托克维尔注意到,改革可能导致政府被摧毁。亨廷顿则认为,改革可能比革命更加罕见,因为政治变动、社会经济变革虽然总会发生,但社会结构变革与政治结构变革同时发生却是很少有的,频繁的政变并不会造就社会的繁荣、社会结构与价值观念的改变。改革之所以更加罕见,是因为改革常常会导致革命或者暴动(之所以说是暴动,还是以是否推动社会发展为价值标准)。"没有哪一个社会的重大社会、经济或政治变革不是伴随着暴力或暴力行为一触即发的险恶局面。"[1]斯考切波也表达了类似的思考。她指出,正是国家的行政机构与军事组织的先行瓦解导致了革命,而旧制度之所以容易引发政治革命危机,是因为既存的国家结构使其在面临现在环境中各种特殊的紧急局面的时候,难以自如地应对[2]。

关于社会革命的根源,有很多理论出发点。在一些学者看来,多样化的社会中层组织的存在,有助于降低民众被大量动员进同一个运动中去的可能性,由此降低一个社会发生超大规模社会运动和革命的条件。另有"相对剥夺感"或从众理论等则把分析重点放在革命发生的社会结构或社会心理因素上。与此不同,斯考切波把解释框架的中心放在国家上,从国际战争和国家间竞争、国家内部抽取资源和动员压力的双重危机这几重维度理解革命的发生。她的学生古德斯通(Jack Goldstone)则另辟蹊径,认为人口增长与经济社会制度的不协调造成的"生态危机(ecological crises)"才是引发社会危机、国家崩坏,进而引发社会革命的原因[3]。

中国改革进程危机重重,但却从总体上避免了社会革命的发生。对此,很多研究者认为这与改革的"渐进式"路径有关。不同于苏联和东欧国家"激进式"的"休克疗法",中国的改革采用的是"渐进主义、局部改革、权力下放和改革自我强化"的方式[4]。林毅夫提倡的"新结构经济学"代表了这样一种理论立场:经济

---

[1] 亨廷顿:《变化社会中的政治秩序》,第316、328页。
[2] 斯考切波:《国家与社会革命:对法国、俄国和中国的比较分析》,第342—343页。
[3] Jack A. Goldstone, *Revolution and rebellion in the early modern world* (University of California Press, 1993).
[4] 世界银行:《中国:90年代的改革和计划的作用》,财政部世行司译,中国财政经济出版社,1993,第43页;林毅夫、蔡昉、李周:《中国的奇迹——发展的战略与经济改革》,上海三联出版社、上海人民出版社,1995。

转型与发展的本质是一个动态的结构变迁过程,由于产业结构是由要素禀赋结构内生决定的,由此,可以依靠"有效的市场"来形成能够反映要素稀缺性的价格体系,从而以诱导企业按照比较优势来选择产业、技术从而形成竞争优势[1]。"新结构主义"的理论议程是去发现国家干预与内生结构的结合点,强调国家的制度设计离不开对社会内在结构规律的认识与引导。这给我们的启示是:中国的平稳转型既是国家主导的结果,也离不开国家对社会内在动力的激发;不同历史时期社会内在结构动力不同,国家主导的相关政策也应相应变化,需要注意社会结构的动态变迁。

回到"革命"议题,古德斯通的研究与这一理论考虑颇为相契。古德斯通认为,社会不是被动的动员结构,社会是由千千万万的行动者(个体、集体、组织等)构成的。因此,国家崩坏、社会革命的发生应溯源于经济社会制度的不协调及其所造成的"生态危机"。反过来,如果这一时期的社会有着某种恰当的"生态协调"机制,国家与社会都将获得足够的支撑以应对可能的危机发生。因此,在研究中国改革的大量文献中,当国家(包括地方政府)的干预成为关键性的讨论对象时,实际的问题不在于"国家干预了多少",而在于"有多少种干预,效应如何"[2],或者说,改革在多大程度上保持了社会的动态均衡(stable equilibrium)。进而,我们需要考察干预者(新规则下的官僚体系)是否依旧齐心协力、廉洁高效。这些推导构成了我们对"作为蓄水池的地方政府"进行理论想象的根据。

"蓄水池"是一个生态系统的概念。社会政治生态体系中的蓄水池可以发挥的功能有二:一是积累资源;二是调节环境的变化。古德斯通从人口的集聚讨论了"生态协调机制"对于革命发生的可能性。费孝通也是从人口问题出发提出"蓄水池"理论的。早在20世纪30年代,费孝通就注意到,中国社会人多地少这一基本事实,以及由此带出的现代工业发展背景下的农村剩余人口问题。改革开放后,农村剩余劳动力被陆续解放出来,城市面临着巨大的人口压力。在费孝通看来,办法就是发展已有的星罗棋布的小城镇。"这是个人口蓄水库,把农村里剩余的劳动力利用起来,而且留住他们不要向大城市冲击,这不是当前最合理的人口政策么?""在全国一盘棋中,人口这一块棋问题还不少。""要做活这块棋,拿围棋的语言说,必须做两个眼,就是要为新增的人口找到两条出路,使得他们

---

[1] 林毅夫:《新结构经济学:反思经济发展与政策的理论框架》,北京大学出版社,2012。
[2] Peter Evans, *Embedded autonomy: states and industrial transformation* (Princeton, N. J.: Princeton University Press, 1995).

不成为一个消极的包袱,而成为一个促进经济发展的积极因素。"[1]

费孝通提出"蓄水池"这一"生态性"概念,既与他文化结构功能主义的师承血脉有关,更体现了他作为一位社会科学家的人民情怀、历史责任与实践志趣。他"行行重行行"地深入社会生活实际,把理论构想嵌入并服务于社会经济转型的生动实践。从20世纪30年代深入江村的调查开始,他发现,乡村的衰败源于全球化、现代化引发的土地关系、租佃关系、城乡关系、生产与消费关系等的一系列断裂[2]。此后,他始终试图找到连接社会断裂关系的纽带。他不断强调,必须通过工业的连续发展带动整个国家的富裕,从早期的工业下乡,到后来的乡镇企业、边区发展,到20世纪90年代初实施上海浦东大开发,费孝通更以战略的眼光指出:这个问题不只是一个关系浦东的征地农民和乡镇企业的问题,而是一个以农民人口为最大多数的国家如何在将来的"地球村"里找到自己位置的大问题[3]。

在费孝通看来,在转型发展中,小城镇正是防止人口超前过度集中的蓄水池。理据在于:第一,农村人口解放会出现剩余劳动力;第二,抓住时机让农村人口首先聚集于小城镇,形成一个经济政治社会发展的良性生态链;第三,小城镇发展的动力来自自下而上地发展,从政策层面看,需要实事求是地发现这一内在生长动力。

---

[1] 费孝通在调查中发现:中国城乡间的人口台阶相差太高,最低一级的是村子,大的是2 000人,往上是镇一级,几千人到一万多人。再往上跳是城市,当时常州有40万人,苏州60多万,上海、北京这样的城市是1 000万上下。各大城市已经陈旧不堪的基础设施已经难以容纳大量的返城知青。"过去那些年头,把发展农业的希望放在机械化上,但是我们的农村里,人口多,劳动力用不完。农村里劳动力出不来,机器又怎么进得去呢? 无非是两个办法:一个是机器进去把农民挤出来,另一个是农民把机器挤出来。西方工业化历史上是采取前一个办法,大批白人移往北美和澳大利亚。但我们的剩余劳动力没有地方可去,到头来势必是机器挤不进去。……所以我说,需要创造机械化的条件,这就是要解决农村剩余劳动力的问题。要实现农业机械化,就要发展多种经营,开辟众多渠道。""现在大城市不能再扩大了。1 000万人的城市实在不容易管理好。50万人上下的中等城市也在告急……但是要控制大中城市谈何容易。门是关不住的。控制要在外面做文章。要使得人口不向大中城市挤,甚至可以吸引一部分大中城市的居民出来住。"(费孝通:《谈小城镇研究》,《费孝通文集》第8卷,群言出版社,1999,第491—492、501页)

[2] 在江村、在随后的云南调查中,他发现传统经济中,尽管也有资金向城市的输出,但农民可以借由家庭手工业的存在而吸收部分资金回乡,于是,城与乡之间形成了交流上的平衡。但现代工业发达却打破了这一平衡,手工业敌不过机器工业,手工业崩溃,农村金融的竭蹶跟着到到。(费孝通、张之毅:《云南三村》,天津人民出版社,1990,第198页)

[3] 费孝通还进一步指出:"联想到中国这个几千年形成的小农经济基础和作为其社会结构主体之农民的现代化过程,联想到中国这个'重舟'要过21世纪大关正在行驶的航道,从而使我感到了对浦东新区开发开放的这个'龙头'的作用,以及那里提出的不同文化的关系问题、新旧体制的衔接问题和征地农民就业问题的研究更紧迫更重要了。"(费孝通:《上海浦东开发开放中的一个重要问题》,《费孝通文集》第14卷,群言出版社,1999,第297页)

借用"蓄水池"的概念来讨论20世纪80年代的改革与发展,重新审视包干制改革的政治含义,旨在考察改革发展中这样几个问题的解决机制:国家的作用——用怎样的策略推动改革,如何确保改革、发展和稳定的动态结构平衡?次国家的治理单位,各级地方政府在各关键改革领域发挥了怎样的作用?如果"蓄水池"是一个社会的"进"与"出"的平衡机制,那么,国家的改革与发展对"进"与"出"的关系处理和政策过程是怎样的?进出关系是辩证的,既包括经济上的财富积累与消费,也包括社会矛盾与问题的引导。鉴于改革是一个试错过程,因此,对错与失的包容也极为重要。进一步看,这也涉及国家与社会的互动机制问题。

接下来,我们将对上述问题一一展开历史的考察。在本节的第二目,我们将观察社会生活变迁背景下制度与改革策略的调适,考察国家作用发挥的历史过程、特点,及其与社会的关联。第二、第三节则侧重分析对地方政府在改革进程中的作用、对社会问题的反应与行动策略。这一历史考察展示的政治过程和地方实践,呈现出了地方政府在国家改革发展过程中作为蓄水池的独特功能。

二、实事求是与政治生态的重建

对于政治家而言,改革存在着风险,常常难以成功。除了人们经常提及的利益集团的阻隔,深层次的原因在于,社会是一个有着巨大多样性与可变性的复杂系统,规模越大,不确定性也越大。"休克疗法"论者认为应该一步到位,毕其功于一役。然而,社会将发生怎样的变革总是难以预料的,能否及时感应到社会的不断变化并因应变化调整自身是改革成败的关键。此外,改革也是一个广泛的社会动员过程,然而短时期内的大规模社会动员也是危险的,对于大规模、多样性的社会而言,来自社会的力量可能如潮汐,顿然失去既定的方向,很难确保动员路线的确定性。显然,积极动员公众参与与将动员保持在适当的界限内,两者间并不会自动达成平衡。最后,国家需要有足够的财政资源以应对和调控变革中随时爆发的各式危机。筹集足够的可资利用的财政资源是国家建设(政治现代化)实现的必要条件,然而,过多的财政需求正是危机或者革命爆发的原因[1]。

---

[1] Charles Tilly, Gabriel Ardant, *The formation of national states in western Europe* (Princeton, N. J.: Princeton University Press, 1975);杜赞奇:《文化、权力与国家——1900—1942年的华北农村》,江苏人民出版社,1996;詹姆斯·C.斯科特:《农民的道义经济学:东南亚的反叛与生存》,译林出版社,2001。

对于研究者而言,对制度变革的考察离不开特定的环境条件。1978年改革启动的环境是,旧发展模式的弊端和负面效应不断显现出来,各种问题"倒逼"着制度不断接近变革的临界点。而这种情况下改革实际上也是有风险的:高度一元化的政治空间下,任何的裂隙都可能导致整个政治板块乃至地理空间的崩溃;广泛的社会动员在一定时期内难免出现价值断裂,有可能加速合法性危机的显性化,从而导致国家崩溃的恶果。

这时,党的领导集体以不凡的勇气和智慧,选择了一个新的开端,这种决断恰恰彰显了党和国家的政治自主性。政治生态的重建和制度化,成为改革得以有序开展的重要政治前提,这一举措也在社会获得了积极反响。政治生态的恢复是从"拨乱反正"开始的。其中,平反冤假错案始于1978年之前,胡耀邦刚担任中央组织部部长时,每天会收到500多封要求平反"文革"中冤假错案的申诉信,他亲自主持了六七个省、市的疑难案例座谈会,1976年10月—1978年12月,有4 600多名在"文革"中被打倒的干部官复原职。据报道,到1982年年底,全国平反、纠正了约300万名干部的冤假错案[1]。

政治生态修复不仅仅是权力关系和领导阶层的调整,其实质在于恢复、积聚中国共产党对国家、对社会的领导的合法性基础,也即人民对党和政府的拥护、支持。探索对未来中国发展道路给出新的答案、健全和完善党和国家的民主生活制度与实践、致力于发展经济,这都是饱受精神压抑的人民,尤其知识分子的重要期待,把国家的政策路线和人民的需求、社会的期待进行有机的契合和联结,是政治生态修复的关键。因此,政治生态修复也是一个社会政治经济领域互动演化、交织建构的过程。

从党的发展历史看,1941年9月,毛泽东主持召开中央政治局扩大会议,检讨党的历史上特别是十年内战后期的政治路线问题。此后,中国共产党逐渐形成一套特别的政治表达与共识达成机制,开启了全新的历史发展进程。从现代国家建设的角度看,它最大限度地创造了国家与社会的整合[2]。1981年,党的十一届六中全会通过《关于建国以来党的若干历史问题的决议》,这一决议成为

---

[1]《人民日报》2005年11月20日。

[2] 晚年胡乔木曾计划从自己了解到的情况,对20世纪四五十年代毛泽东的思想和活动展开重点研究,"想另选一个题目,就是着重写四十年代毛泽东思想的发展,毛主席怎样在四十年代领导中国革命取得最后胜利"。这一计划后来经他的朋友和学生的努力,出版为《胡乔木回忆毛泽东》。从这段叙述看,这是一本值得期待与重新阅读的关于中国共产党党史的一部重要著述。(程中原:《胡乔木与毛泽东邓小平》,当代中国出版社,2015,第12页)

中国解放思想、拨乱反正,实现历史转折的又一个关键点。此前,1978年党的十一届三中全会表达了中国共产党对实事求是传统的回归。邓小平、陈云等领导人都从理论上系统地阐述了实事求是的思想路线[1]。在作为党的十一届三中全会的预备会的中共中央工作会议闭幕会上,邓小平发表了题为《解放思想,实事求是,团结一致向前看》的讲话,就加强中国政治民主建设提出了比较完整的思想,包括:要通过宪法的完善坚决保障人民权利;对于党内和人民的政治生活,不能采取压制、打击的手段,要善于集中人民群众的意见,要真正实行"双百"方针;为了保障民主,必须加强法制建设。

1980年8月,在中共中央政治局扩大会议上,邓小平发表了题为《党和国家领导制度的改革》的讲话,这一讲话后来被党内外的主流研究者们奉为研究邓小平政治体制改革思想的经典文献,它为随后政治体制改革的展开提供了纲领。值得一提的是,在邓小平酝酿起草这篇讲话的时候,中央正在起草总结"文革"教训的文件——《关于建国以来党的若干历史问题的决议》。《党和国家领导制度改革》提出了未来政治改革的若干举措:中央将向五届人大三次会议提出修改宪法的建议;中央已经设立了纪律检查委员会,正在考虑再设一个顾问委员会,连同中央委员会,都由党的全国代表大会选举产生,并明确规定各自的任务和权限;真正建立从国务院到地方各级政府从上到下的强有力的工作系统;有准备有步骤地改变党委领导下的厂长经理负责制,实行工厂管理委员会、公司董事会领导和监督下的厂长负责制、经理负责制;各企业事业单位普遍成立职工代表大会或职工代表会议;各级党委要真正实行集体领导和个人分工负责相结合的制度。

1982年宪法也是改革开放后中国政治生活重建的一个重要标志。它将四项基本原则写进序言,又强调公民权利与义务、责任的平衡,它明确了多党合作的政治形式在现实政治生活中的政治地位。民主党派活动的恢复也激活了中国的政党制度。这部宪法体现了人民利益至高无上,确保了当代中国政治形态的基本原则——人民民主和社会主义[2]。宪法确立了宪法的尊严和地位,它强调从中国实际出发,从中国的国情和历史出发,从而确保了政治建设的连续性与

---

[1] 1977年4月10日、7月6日,邓小平两次提出要完整地、准确地认识掌握运用毛泽东思想体系的问题。同年9月,为纪念毛泽东逝世一周年,陈云发表了题为"坚持实事求是的革命作风"的文章。1978年,《实践是检验真理的唯一标准》一文发表在社会上引起了强烈的反响,这一讨论得到了邓小平、陈云等老同志的大力支持,陈云在此后的多次讲话中反复提出在经济、文艺等工作中要坚持实事求是的精神,要多听听反面意见。

[2] 林尚立:《当代中国政治形态研究》,天津人民出版社,2000,第381页。

社会的团结性[1]。

新宪法修订获得了社会的极大反响与支持。当时的社会,人们共同关心的一个重大问题,正是如何防止"文革"重演。刚刚从多年的压抑与禁锢中解放出来,人们思想活跃,新的思潮、改革的呼声不断高涨,关于重大问题的争议愈益活跃[2]。

发展民主与发展经济同为改革之初的政治动员。随着日益活跃的知识分子以启蒙者的姿态不断加大对中国社会主义道路、社会主义方式、现代化等重大问题的反思,从党的十二大到十三大,与经济改革的诉求被不断提出相呼应,对于政治改革的诉求也持续被表达出来。其间,人道主义、精神污染、自由化等社会问题的讨论不断显示着政治与经济改革与迅速变化的社会观念之间的纠缠。其中,批判精神污染对广东改革开放的影响,价格闯关与整治腐败、民主诉求的关联,都引发了广泛的讨论。

在20世纪80年代中期以前,政治体制改革主要涉及的还是当时最现实、最紧要的问题,包括修订宪法、废除领导干部的终身制、政府机构改革、推进干部队伍的"四化"建设等。但随着社会发展带来的经济、社会和政治问题不断积累,人们的民主诉求不断复杂化,更大的政治改革需求呈现出来,亟需政治体制改革来为经济体制改革提供更大的改革空间。1986年,邓小平指出:"我们提出改革时,就包括政治体制改革。现在经济体制改革每前进一步,都深深感到政治体制改革的必要性,不改革政治体制,就不能保障经济体制改革的成果,不能使经济体制改革继续前进,就会阻碍生产力的发展,阻碍四个现代化的实现。"[3]"还要使人民有更多的民主权利,特别是要给基层、企业、乡村中的农民和其他居民以更多的自主权。在发扬社会主义民主的同时,还要加强社会主义法制,做到既能调动人民的积极性,又能保证我们有领导有秩序地进行社会主义建设。这是

---

[1] 这部宪法是新时期中国共产党领导全国人民经过充分发扬民主、反复协商形成共识、凝聚集体智慧的结晶。作为1982年宪法的主要主持者,彭真相信这部宪法既有科学的理论作指导,又有丰富的实践为基础,是一个立法范例,值得好好总结经验。(杨景宇:《回顾彭真与1982年宪法的诞生》,《党的文献》2015年第5期,第104—114页)

[2] 对此,主持宪法修订的彭真认为:民主集中制在一定意义上也可以说是多谋善断。多谋,就是要真正发扬民主,听取各种意见,不论是赞成的还是反对的意见,包括很难听的话,都要听,就是集众思、广众益;善断,就是在民主的基础上正确地集中,有时集中得不对,有错就改。(参见《彭真传》编写组《彭真年谱》第5卷,中央文献出版社,2012,第91—92页)

邓小平则提出:要警惕错误思潮,要加大对四项基本原则的宣传。

[3] 邓小平:《关于政治体制改革问题》,《邓小平文选》第3卷,第176页。

一整套相互关联的方针政策。"[1]"我们必须进行政治体制改革,而这种改革又不能用西方那一套所谓的民主,……要搞社会主义民主。我们要根据社会主义国家自己的实践、自己的情况来决定改革的内容和步骤……总的目的要有利于巩固社会主义制度,有利于巩固党的领导,有利于在党的领导下和社会主义制度下发展生产力……第一,党和行政机关以及整个国家体制要增强活力……第二,要真正提高效率;第三,要充分调动人民和各行各业基层的积极性。"[2]

对中国共产党来说,政治生态的恢复具有很强的政治性,既是对民意的顺应,同时也要坚持四项基本原则的框架,这是当时整个社会思想解放的大气候下重建中国政治生态的方向选择。毫无疑问,改革是一个充满生机与不确定的过程,每一步改革都会产生更大的改革需求。改革带来发展,发展驱动新的改革,这是一个新的利益点和群体不断出现,社会不断个体化、多元化的过程。这里,政治生态建设的关键挑战在于:如何回到实事求是的路线方针上,以人民民主价值为核心,通过政策和制度供给来积极回应民众需求。本质上,这是党和国家蓄势以不断学习在新条件下增强自主性、合法性与政治权威的过程。

三、放权让利与"放水养鱼"

改革开放是一个国家不断释放更多政治、经济、社会、文化等空间的过程,也是一个通过"放权让利"发展生产、改善人民生活、赋予人民更多权利的过程。"放"表现为放开、放松,"松绑、放权、让利、搞活"等词汇不断被提出。"放权让利"意味着向企业让利、向农民让利、向市民让利,表现为中央向地方的放权,赋予地方更多自主权。农民、企业、地方获得更多自主权。

"放水养鱼"这一说法,较早出现在1992年邓小平南方谈话后对首钢的视察中。邓小平鼓励首钢继续探索企业改革道路,提出:"国家对国有企业应当走放松的路",要把权力放给企业,"放水养鱼好","上层建筑的机构与机制要转变","不搞活不能体现社会主义优势"。可见,放水养鱼的论述,意味着在特定时期,国家要给予地方、社会足够的空间,以积累资源、积蓄能量。实际上,整个20世纪80年代,"放"都是与"蓄"紧密联系在一起的。

1984年开始,改革进一步全面化、深化。1986年3月,国务院办公厅调研室

---

[1] 邓小平:《有领导有秩序地进行社会主义建设》,《邓小平文选》第3卷,第210页。
[2] 邓小平:《关于政治体制改革问题》,《邓小平文选》第3卷,第240—241页。

提出价格、税收、财政、外贸、银行配套联动改革的建议。建议被当时国务院领导采纳,决定成立经济改革方案研究领导小组,用一年时间准备,次年推出以价税财联动为重点的综合配套改革。这一方案旨在克服价格"双轨制"和矫正包干制的弊端。其总体设想是:重新划分中央和地方的事权,营利性企业不再受地方干预;改变地方政府职能,把更多的自主权下放给企业,真正实现企业的自主经营。但这个方案在与部委、地方的协调中大大缩水。8月,中共中央政治局在北戴河开会讨论价格方案的同时,邓小平视察了天津。他说:"就是要搞改革,搞承包,分段、分级承包,实行责任制。"[1]随后的9月,中央财经领导小组负责人就此方案向邓小平做专题汇报,邓小平对价格改革方案未多置评,他这时关注的重点还是给企业和基层放权,他提出:"……权力要下放,解决中央和地方的关系,同时地方各级也都有一个权力下放问题。……精简机构,也和权力下放有关。"[2]显然,邓小平依然希望通过增强地方活力,继续"放水养鱼",因为其后一段时间,他继续反复、多次论述放权和承包的重要性,"权力下放、调动企业积极性,不只是经济改革,也是政治改革"。

仔细阅读20世纪80年代以邓小平为代表的领导人的讲话,会发现决策者具有的自觉的"危机和机遇意识"。这一时期,既要坚持改革、提高效率,也要祛除一切不必要的干扰因素,全力以赴加快中国的现代化建设,为了提高效率,就必须留给地方、企业和社会足够的空间,激发他们的活力,才能更快、更好地积蓄更多的能量、资源,而这是这一时期最大的政治[3]。因为是"养鱼""休养生息",所以,在这样的特定时期,中央需要"放",需要"让",需要调节各种矛盾,容忍改革、试错中出现的各种错误。

放水养鱼的思路从农村改革中就开始实践了。农村农民自发的改革则始于农民的饥饿和农村的贫困。为了恢复农业的活力和农民的生产积极性,党的十

---

[1] 邓小平:《视察天津时的谈话》,《邓小平文选》第3卷,第166页。
[2] 邓小平:《关于政治体制改革问题》,《邓小平文选》第3卷,第177页。
[3] 1989年5月31日,邓小平就当时的特殊局势与两位中央负责同志谈话,指出:"一个好班子,搞改革开放的班子,就要明白地做几件开放的事情。凡是遇到机会就不要丢,就是要坚持,要干起来,要体现改革开放,大开放。……我们本钱少,但可以通过开放,增加就业,搞税收,利用地皮得点钱,带动发展各行各业,增加财政收入,获得益处。"1992年,在回忆改革之初的情形时,他又评论说:"对改革开放,一开始就有不同意见,这是正常的……不搞争论,是我的一个发明。不争论,是为了争取时间干。一争论就复杂了,把时间都争掉了,什么也干不成。不争论,大胆地试,大胆地创。农村改革时如此,城市改革也应如此。"(邓小平:《组成一个实行改革的有希望的领导集体》,《邓小平文选》第3卷,第297页;《在武昌、深圳、珠海、上海等地的谈话要点》,《邓小平文选》第3卷,第374页)

一届三中全会提出要给农民休养生息的机会,为此,陈云还提出了进口粮食的方案[1]。此后,国家一边进口粮食,一边减少对农民粮食的统购、派购数量,国家还削减了工业和重工业方面的投资,增大了农业和轻工业方面的投资,提高了粮食收购价格[2]。这样,进口粮食可以保证城市供应,而国家不从农民口里夺粮,农民可以通过售卖多余的粮食增加收入。这意味着,国家开始以显性的财政支出形式补偿农民。

乡镇企业的发展又是一例。作为20世纪80年代中国经济中发展最快的构成,乡镇企业出现的一个重要原因是农业劳动力剩余,大量剩余劳动力要找出路。1978—1984年,农村劳动力在乡镇企业的受雇人数比例由9%上升到14%,乡镇企业的产值不但占据了全国农村经济总量的半壁江山,甚至达到了全国工业总产出的1/4之多[3]。邓小平称乡镇企业的快速发展为"异军突起"[4]。他说:"乡镇企业容纳了百分之五十的农村剩余劳动力。那不是我们领导出的主意,而是基层农业单位和农民自己创造的。把权力下放给基层和人民,在农村就是下放给农民,这就是最大的民主。"[5]"农村改革中,我们完全没有预料到的最大的收获,就是乡镇企业发展起来了……如果说在这个问题上中央有点功绩的话,就是中央制定的搞活政策是对头的。"[6]

下放权力,释放来自人民、来自基层的活力,是20世纪80年代邓小平在各个讲话中不断提及的话题,也是当时政策的一个主要特征。除了在农村"放水养鱼",这十年间,国家不断推动"经济外的行政强制因素"向"经济的主体"让步,努力营造宽松的经济与政治环境,赋予企业、地方自主权,努力提高城市居民工资水平,给予自由经济更多的发展空间。当然,乡镇企业的发展也带来了新的问题

---

[1] 陈云:《关于当前经济问题的五点意见》,《陈云文选》第3卷,第236页。

[2] 1979年召开的党的十一届四中全会上出台了农业"二十五条",指出:今后三五年内,国家对农业的投资在融合基本建设的比重,要逐步提高到18%左右,农业事业费和支援社队企业的支出在国家总支出的比重要逐步提高到8%左右,地方财政收入要主要用于发展农业和农用工业。同时,对农村的贷款地要在1985年比过去增加1倍以上。粮食统购价格从1979年夏粮上市起提高20%,超购部分在这个基础上再加价50%。1980—1982年,国家又连续三年陆续提高农产品价格。到1982年,全国粮食征购基数减少到606.4亿斤,比1978年减少了148.6亿斤,调减了近两成。[中共中央文献研究室编《三中全会以来重要文献选编》(上),人民出版社,1982,第173—174页;商业部商业经济研究所编《新中国商业史稿》,中国财政经济出版社,1984,第385—397页]

[3] Xu Chenggang, Zhang Xiaobo, "The evolution of Chinese entrepreneurial firms: the township and village enterprises revisited," The conference on China's market transation, Chicago, 2008.

[4] 邓小平:《改革的步子要加快》,《邓小平文选》第3卷,第238页。

[5] 邓小平:《一切从社会主义初级阶段的实际出发》,《邓小平文选》第3卷,第252页。

[6] 邓小平:《改革的步子要加快》,《邓小平文选》第3卷,第238页。

和改革议题,它大大加快了农村经济的发展与整个经济结构的变化,但在短期内又会因为推动了基础原材料价格上升和各类企业加工产品成本提高而形成冲减财政收入的因素,还会因为形成对基础产品生产能力和基础设施供给能力的迫切需求形成增加财政支出的压力。

历史地看,放权让利并不是一步到位的,是国家一步步向地方、社会的权力与利益空间让渡的结果,这与社会以社会运动或震荡表现出来的利益要求有关。国家以"让利"于社会以平衡改革中的利益冲突、平息改革中不断出现的社会震荡与运动,国家又以放权于地方的策略,使地方政府有机会与空间创造新的空间、积累新的更多的资源,社会变革在放权与让利中发生。放权让利给予改革进程以缓冲的机会与时间,地方政府在国家的"放权让利"策略下以经济的发展、细致的群众工作、多样性的社会协调行为使改革在社会震荡中不断得到突破。

在这一良性的互动演化过程中,地方政府也增大了国家权力的行动资源和空间。地方政府通过发展经济为国家积累了资源,缓解了改革中的社会压力与震荡。地方政府的资源积累为国家改革的顺利进行提供了基础,而国家为地方政府的资源积累提供了行动空间。国家通过财政包干制给予地方政府收益激励机制,这使得地方政府有动力和空间完成从中央政府那里不断承接到的支出任务。接下来,我们将进一分析运作中的蓄水池,观察国家如何以放权让利策略激励地方政府消解改革中遭遇的社会震荡与压力,并如何激励地方政府为国聚财。

第二节　地方政府——缓冲阀

在一些关注中国问题的海外观察者看来,"财政的地方分权是中国经济体制改革的基础"[1]。在放权式的财政包干制下,地方政府有机会获得更多的机动财力,这使地方政府可以也应然地承接了更大的支出责任,价格补贴责任

---

[1] Shirk, *The political logic of economic reform in China*.

向地方政府的转移就是这方面的表现[1]。在分权与中国经济的高速增长的问题上[2],研究者已经指出,正是财政分权促成了发展型地方政府的出现,财政改革给了地方政府以增加收入的产权,在中国双轨制经济中,地方官员扮演了如市场经济中公司领导者一样的角色[3]。当然,也有一些地方政府在改革中扮演了不一样的角色,鉴于新的行动空间不断出现,地方政府官员很可能从分权改革中获得腐败的机会[4]。这使得整体判断与局部认知出现了较为明显的差异,我们似乎总能找到各不相同的关于地方政府的故事。

事实上,还需要从另一个角度观察中国的改革发展与经济社会转型。新的政策与制度的制定与执行势必体现为利益与价值分配的变化,因此制度、政策的变化也往往伴随社会压力和形形色色社会问题出现。如何有效地化解改革与政策风险、处理代价、妥善管理社会问题,这是理解中国何以实现平稳而非激进的经济与社会转型的关键所在。

在这一节,我们试图将讨论聚焦于:财政分权改革如何让地方政府在成为国家发展的"蓄势""储能"力量的同时,发挥"缓冲阀"的作用,并以此谋求对地方政府的整体上的认知?地方政府何以通过分担风险与责任推动改革平稳、顺利展开?下面会从知青问题到价格闯关,结合诸多关键问题的应对和重要政策领域

---

[1] 改革开放之前,国家所有的支出由中央财政包揽,是"大包大揽"的支出体系,财政职能延伸到社会各环节中,覆盖了包括政府、企业、家庭在内的几乎所有部门的职能。随着改革不断向前,财政支出开始呈现出新旧叠加的变化,最初增加的内容就是价格补贴支出,其他配合改革的支出内容也不断增添到体系中,比如为配合农村改革而大幅度增加的农业各项资金支出,科技教育等公共事业支出。财政作为改革的"突破口",不断承担各项改革的成本。比如,核留部分利润作国家信贷基金、国家保险准备金、发展农村金融事业以及其他金融体制改革;通过对出口产品实行减免税和退税等政策,推动出口;对在四川等地展开的社会保障改革筹集费用等。(项怀诚:《中国财政50年》,中国财政经济出版社,1999,第290页;叶正鹏、梁尚敏主编《中国财政改革二十年回顾》,中国财政经济出版社,1999,第135页)

[2] 林毅夫、刘志强:《中国的财政分权与经济增长》,《北京大学学报(哲学社会科学版)》2000年第4期。

[3] Walder, "Local governments as industrial firms: an organizational analysis of China's transitional economy," *American journal of sociology* 101, No. 2(1995): 263—301.

[4] 斯科特、亨廷顿等学者曾在研究中指出,腐败会有条件地有助于提高经济效率,增进社会稳定。[亨廷顿:《变化社会中的政治秩序》; James C. Scott, *Comparative political corruption* (Englewood Cliffs, N. J.: Prentice-Hall, 1972); Nathaniel H. Leff, "Economic development through bureaucratic corruption," *American Behavioral Scientist* 8, No. 3(1964): 8—14; Michael T. Rock, Heidi Bonnett, "The comparative politics of corruption: accounting for the East Asian paradox in empirical studies of corruption, growth and investment," *World development* 32, No. 6(2004): 999—1017; Guilhem Fabre, "Decentralization, corruption and criminalization: China in comparative perspective," *China report* 38, No. 4(2002): 547—569]

的改革过程,观察地方政府的角色与作用。

一、"放"与"松"背景下的矛盾与统合

改革从来都不是单向度的、一帆风顺的,这时期的领导人在讲话中就曾多次提及,改革的争议既存在于专家学者、决策者中,也存在于大众中。比较政治学与比较历史社会学的研究表明,大众对改革的社会政治反应有着国别差异,可能因为利益受损而抵制改革,可能因为对改革的不同理解或者改革的不同取向而引发分歧甚至暴力,还可能因为改革带来价值迷失。对于中国来说,20世纪80年代的确是一个不寻常的十年。在中国这样一个超大规模的社会,迅速的社会、经济结构变迁背后难免风险与冲突:数亿计的农民剩余劳动力,成千上万的职工离开岗位,但流动中没有剧烈、颠覆性的政治社会动荡,改革成功地消解了社会动荡的结构性汇聚。

压力和不安的因素此起彼伏。当农村改革在无痛(没有大规模的社会运动)中平稳展开时,城市中改革面临的首当其冲的压力就是城市就业压力下的知青上山下乡运动。1962—1979年,为缓解城镇就业压力,先后有1 776万知识青年离开城镇参加"上山下乡"。城镇的容纳能力与就业压力曾于1956—1957年引发过一场较大范围的社会不安,并在一定程度上改变了当时毛泽东关于国内矛盾性质的看法[1]。

"文化大革命"结束后,1977—1978年,党和国家领导人不断探索上山下乡运动的出路。1978年10月31日—12月10日,经过充分酝酿筹备的第二次全国知识青年上山下乡工作会议在北京举行。这次会议力图摆脱"文革"中将知青运动政治化的"左"倾路线影响,务实地将上山下乡回归到就业和秩序的问题:解决城镇中学毕业生的就业以及发展国民经济、稳定社会秩序。会议仍然强调,知识青年要到农村去。毕竟彼时的城市经济结构难以容纳如此之多的待业青年。在这次会议召开以前,关于上山下乡政策要收的小道消息已在知青中不胫而走。

---

[1] 这场运动在给农村造成巨大负担的同时,也给整个社会造成极大不安定隐患。运动期间,不断有零星社会事件发生,引起国家领导人的高度重视。为了安置下乡青年,国家先后花费了100亿元以上的巨额开支,却未能使他们在农村"扎下根"来,最后只好将他们更新分配工作。1976年,毛泽东还再次在一份反映知青问题的信上指示:应"专题研究"。[参见薄一波:《若干重大决策与事件的回顾》(上),第569—579页;定宜庄:《中国知青史——初澜(1953—1968年)》,中国社会科学出版社,1998]

会议期间,北京就有知青静坐上访。会议宣布,对下乡多年的老知青,要本着"国家关心,负责到底"的精神,积极妥善地予以安排,给这部分知青带来了慰藉和希望。会议还决定要缩小上山下乡的规模并许诺"将来不搞这样的知识青年上山下乡",实际上打开了人们从根本上反思并进而否定这场运动之门。

20世纪70年代末知青的抗议,经历了从点到面的发展,具有某种全国性运动的特征。1978年4月29日,辽宁抚顺出现了一次比较大规模的知青信访请愿活动。12月,云南国营农场知识青年也为争取返城开展了请愿、上访活动。仅西双版纳州橄榄坝农场,就有4 000人罢工。12月24日晚,第一批赴京请愿团在昆明市制造了卧轨事件,随即又有第二批请愿团赴京。1979年1月21日,在云南省昆明市召开了北京、上海、四川、云南等有关省、市领导和知青办负责人参加的紧急会议,商量云南国营农场知青的善后事宜。会议决定,对全省7万多知识青年,尽量做工作,愿意留下的欢迎,不愿留的都走。这为云南国营农场知识青年的返城打开了绿灯。上海知青抗议活动是在1978年11月25日开始的。1979年2月5日,上海市发生卧轨、阻断铁路交通的严重事件,致使沪宁、沪杭线的旅客列车全部中断12个小时,并使73趟旅客列车、10多趟货物列车晚点。与此同时,下乡知识青年的"返城风"席卷重庆、南昌、南京、杭州、哈尔滨、沈阳、天津等大中城市。当年全国待业人员达2 000多万,其中回城青年700万,留城待业青年320万[1]。

1979年,大批知青回城亟需安排就业。如果处理不当,后果是难以想象的。这一年,国民经济实行了"调整、改革、整顿、提高"的方针,就业压力无疑将影响调整方针的贯彻。20世纪60年代初,由于城市容纳能力不足,国家成功精简下放了2 000多万职工,从而确保了压缩不适当的生产和建设规模等调整任务的完成。但到了20世纪70年代末,既要关停并转一批企业,停建一批基建项目,又要安排大量劳动力就业,矛盾重重。1979年,中央各领导人在中央各大会议上多次表示,希望各方面尤其各地方认真解决好就业问题。

1979年10月,邓小平在省、市、自治区党委第一书记座谈会上针对知青问

---

[1] 1979年,全国大约要安置的就业青年为2 000万人。其中,大专院校、中技校毕业生及城市的复员转业军人105万人,按政策留城的知识青年320万人,插队知识青年700万人,城镇闲散劳动力230万人,反右派斗争和"文化大革命"中处理错了需要安置的85万人。知青的相关研究可参考托马斯·伯恩斯坦:《上山下乡——一个美国人眼中的中国知青运动》,警官教育出版社,1993;刘小萌:《中国知青史——大潮(1966—1980年)》,中国社会科学出版社,1998;刘小萌、定宜庄、史卫民:《中国知青事典》,四川人民出版社,1995;定宜庄:《中国知青史——初澜(1953—1968年)》。

题提出了"用经济手段解决政治问题"的设想。他建议,把财政部拨给知青的安置费中的一部分直接拨给劳动部门,用来扶持城市安排知青就业。这意味着要把一部分劳动力动员回农村,同时还要想办法扩大建设规模以增加就业。

1980年,迅速扩大企业自主权的改革试点面停止扩大。为贯彻调整、整顿方针,国家对各地方实行了一刀切的关停并转措施,但国家为解决就业问题颁布的相关政策,仍然为地方政府发展经济解决就业问题留下了很大的发展空间。1980年4月,国家财政部发出通知,决定对安置待业青年的集体企业进一步减免税收。8月,全国劳动就业会议上提出,今后解决劳动就业的主要办法是:大力扶持、兴办自筹资金、自负盈亏、独立核算的合作社和合作小组;在城郊发展以知青为主的集体所有制场(厂)队或农工商联合企业;扶持城镇个体经济的发展;在某些行业或工种可以改革用工制度和工时制度;发展职业技术教育;建立劳动服务公司;解决安置就业经费,一定时期免交税利和派购任务。会议精神后来以中发[1980]64号文件的形式由中共中央转发。在各地、各部门经过近三年努力,相继安置了近2 000万人就业后,1981年10月,中共中央、国务院发出了《关于广开门路、搞活经济解决城镇就业问题的若干决定》,提出要争取在1985年以前大体上解决好历年积累下来的城镇待业青年的就业问题。这样,在各地方政府的积极努力下,尽管这一时期的调整政策以及企业改革进程受到影响,但强大的就业压力得以顺利解决。同时,以经济手段解决政治问题还带来了大量集体企业、个体经济等形式的新生,这无疑为未来的改革内容增添了新的想象力。

1984年,党的十二届三中全会作出全面加快以城市为重点的经济体制改革的决定,指出价格体系改革是整个经济体制改革成败的关键。的确,价格体系关系着国民经济的全局,涉及中国社会的每一个毛孔、社会关系的各个层面。

改革开放后不久出现的通货膨胀使国家再度调整政策。由于执行了调控方针,加上农村改革和城市广开门路等,农业和轻工业增长很快,生产资料和消费品的供应紧张情况大大缓和。1983年,生产资料的议购议销价格下降,许多种消费品出现买方市场,连粮食、棉布这样最重要的消费品也供大于销。因此,1983—1984年被认为是价格改革的最好时机。但就在《关于经济体制改革的决定》发布后不久,由于金融体制和工资管理体制改革实践操作中的问题,1984年第四季度起出现信贷基金和消费基金的过度膨胀,这使原本要推出的全面价格改革的计划遭到搁浅。

不管怎样,这一时期的改革成就还是令人振奋的,各地纷纷加快了发展经济的步伐,甚至出现过热的势头。1985—1986年,两员地方改革大将海南区党委副书记雷宇和福建省委书记项南分别因为海南汽车走私案和晋江假药案而去职[1]。这一年,北京、西安、成都等地举行游行纪念"九一八"事件,其中,也产生了个别否定社会主义和共产党的大字报。此时正值中国共产党全国代表大会召开。闭幕式上,邓小平强调要坚持四项基本原则,要维护安定团结的政治局面。同时,他也强调了要抓住有利时机,大胆探索,及时发现问题和解决问题。邓小平强调,改革过程中出现消极东西是难免的,采取有针对性的坚决步骤,问题是不难解决的[2]。

1985年,中央非同寻常地召开了4次省长会议,实行财政和信贷双紧政策。这一年,除了在企业推行工资总额同经济效益挂钩、在行政事业单位实行以职务工资为主的结构工资制以外,在第二季度,国务院决定在大中城市放开副食品(蔬菜、肉、鱼、禽、蛋等)价格。实际上,在小城市和部分中等城市,副食品已经基本上由自由市场供应了,大中城市中的集市贸易也已相当繁荣,进一步在大中城市放开副食品价格,条件已经具备。由于1979年已经调整过城市副食品价格,此次涨价幅度只有20%~30%。考虑到各城市涨价的幅度不同,各地以不同的幅度给居民以相应的物价补贴。正如薛暮桥所回忆的:"这次改革行动总的是很成功的,有些国家多少年想解决而未能解决的问题,在我们国家比较顺利地解决了。"[3]

由于涉及民生问题,价格改革的社会政治意义是明显的,而它又与中央和地方的互动和权力消长紧密关联。图4.1显示了价格改革的动荡性。1985年,改革进入瓶颈阶段,零售物价指数比上年上升8.8%,城镇上升12%,这引发了群众的不安与不满。国家因此采取了行政限价的手段。结果,短缺的能源和原材料的计划价格被限制住了,而议价部分则价格猛涨,"官倒""私倒"盛行。由于市场物价形势出现大幅度波动,中央政府一再强调要加强物价管理。1987年1月,国务院发布《关于加强物价管理保持物价基本稳定的通知》,要求各地区各部门采取有力措施来控制物价总水平,决定对市场粮价、大城市的重要副食品零售价和某些计划外(包括企业自销部分)的生产资料价格实行最高限价,不再实行超产加价,并指出要严格控制放开价格的品种和范围,对已放开价格的某些重要商品价格进行必要的指导,且不再增加放开价格和实行浮动价格的品种范围。1988年1月,国务院又

---

[1] 参见1985年6月16日和8月1日《人民日报》的相关报道;何立波:《项南:福建改革开放的先锋》,《党史纵览》2007年第2期。
[2] 邓小平:《在中国共产党全国代表会议上的讲话》,载中共中央文献研究室编《十二大以来重要文献选编》(中),第836页。
[3] 薛暮桥:《薛暮桥回忆录》,第407页。

发布《重要生产资料和交通运输价格管理的暂行规定》和《计划外生产资料全国统一最高限价暂行管理办法》,要求加强对生产资料的管理[1]。

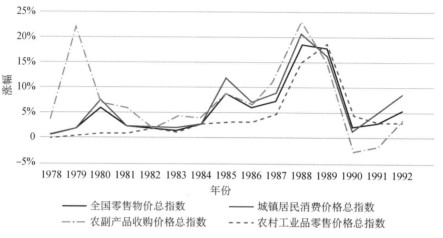

图 4.1　1978—1992 年的价格波动情况

(资料来源:《中国统计年鉴—1994》)

这一时期的企业亏损使得问题更加复杂化。据财政部 1987 年的统计,企业亏损报账已达 400 亿元,亏损补贴加上物价补贴,已占财政收入的三分之一[2]。1986 年 8 月 3 日,沈阳市防爆器械厂正式宣告破产,砸碎"铁饭碗""大锅饭"的锣声由此敲响[3]。9 月 4 日,全国人大法律委员会副主任委员宋汝棼在六届人大常委会第十七次会议联组会上说,法律委员会根据有些委员对《国营企业破产法(草案)》的意见,建议将破产法改为"试行"或"暂行条例"。在联组会上,国家经委副主任盛树仁就委员们在审议《国营企业破产法(草案)》时提出的问题做了汇报。最后他表示,在《国营企业破产法》施行前,应抓紧制定企业法、公司法;对价格进行调整;落实和扩大企业自主权;等等。总之要给企业创造一个宽松的外部环境,使各项必要的措施在《国营企业破产法》正式实施前能够落实[4]。

---

[1] 苏星:《新中国经济史》,第 776—777 页。
[2] 根据时任财政部部长王丙乾《关于 1986 年国家预算执行情况和 1987 年国家预算草案的报告》,1986 年国内财政总收入 2 141.6 亿元,企业亏损补贴 322.46 亿元,价格补贴 242 亿元。
[3] 在其他配套制度没有发展起来的情况下,这一改革显然非常困难。比如,劳动力就业与流动制度没有建立起来时,企业必定面临着多余劳动力如何处理的问题。尽管这一时期也出台了相应的社会保障制度,但显然实施社会保障的社会经济条件并不成熟,从而,1986 年的《国营企业破产法》运行失败。
[4] 《人民日报》1986 年 8 月 4 日、8 月 30 日、9 月 5 日。

1986年3月,一整套关于价格、税收、财政、外贸、银行配套联动改革的建议出台并得到国务院的认可。很快,经济改革方案研究领导小组被组建起来,时任总理多次发表讲话指出,当前新旧体制胶着对峙、相互摩擦、冲突较多的局面"不宜拖得太久",要在"七五"期间"进入以新体制为主的阶段"[1]。这套方案曾获得国务院常务会议通过,但邓小平却没有对这个价格方案予以评论,反而是在这一时期(1986年9—12月)先后就反对自由化做了两次讲话,同一时期,他在四次谈话中就有关政治体制改革问题发表了意见。

反观这一时期的改革,新旧体制交替、交织,各种观念互相竞逐,气氛是十分热烈而焦灼的。从莫干山会议到巴山轮会议,经济学家纷纷提出了改革的方案,辩论不休[2]。除了价格改革、通货膨胀问题给社会造成了很大的社会震动,改革过程中出现了收入分配不公、腐败现象滋生、社会秩序混乱、社会价值观混乱等问题。在这一背景下,政治与文化思想领域在空前活跃的同时,也出现了"西化""自由化"的现象。

经济学家与部分领导人倾心于"价、税、财联动"方案,以便为市场化改革探路。邓小平则在讲话中反复强调,要旗帜鲜明地反对资产阶级自由化,要加快政治体制改革的步伐,以"消除官僚主义,发展社会主义民主,调动人民和基层单位的积极性"[3]。其中一个关键的问题在于"权力要下放,解决中央和地方的关系,同时地方各级也都有一个权力下放问题"[4]。改革的另一个任务是精简机构,也"和权力下放有关"[5]。随后,"价、财、税联动改革"方案搁浅,国家最终选择了承包制的改革形式。1987年开始普遍推行多种形式的企业承包经营责任制,在一年时间内,承包制推广到80%左右的工商企业。

"价、财、税联动改革"方案何以搁浅?一种看法是,它触动了部门、地方政府

---

[1] 对于"价、税、财联动"改革,曾任财政部部长的王丙乾在《中国财政60年回顾与思考》中对此有较详细回顾。另外,还可参见萧冬连:《探路之役:1978—1992年的中国经济改革》(社会科学文献出版社,2019),该书的第七章对"价、税、财联动"改革这一段历史有更为丰富的史料以及访谈描述。

[2] 1980年8月,为了加强对经济问题的综合研究,中央财经领导小组组建了由中国社会科学院、中央各有关部委十六个综合性研究所和国家统计局等十八个单位参加的"经济研究中心"。后来又有了国家经济体制改革委员会(简称"体改委")、"中国农村发展问题研究组",以及其他各种经济学研究团体。1982年的莫干山会议对中国经济学界的影响很大,他们引进了当时声名响亮的以改革著称的东欧经济学家。1985年的巴山轮会议后,1986—1987年,被称为新制度经济学或新政治经济学的理论开始进入中国经济学家的视野。

[3] 邓小平:《关于政治体制改革问题》,《邓小平文选》第3卷,第177页。

[4] 同上。

[5] 同上。

利益[1],有的则关注这一时期的思想分歧[2]。谢淑丽指出,中国的经济改革不仅应被视为一个不断试错的过程,或者是对经济学家之间关于政策设计的争论的反应,经济改革是政治引导的结果。在她看来,分权后的地方政府在"改革派"与"保守派"之间找到了突破口。换言之,经济改革的机会与限制来自政治结构中的官僚体制的变化。由此,她进一步认为,经济转型是可以在没有变革政治规则的条件下实现的[3]。

这一时期各种改革的药方眼花缭乱,邓小平依然保持了冷静、超然的战略定力,坚持强调通过权力下放激发社会活力。为什么在这一特殊时期依然坚持权力下放与激发基层活力?显然,这反映了他一贯坚持的"放水养鱼"、抓住时机推动整个国家发展的思路。这个思路意味着:第一,要有能力判断真正的活力在哪里。第二,要有能力掌控局势,要明白这复杂现象中要坚守的原则在哪里。按照邓小平的逻辑,继续强调实事求是,真正全心全意为人民利益着想,就一定可以做到这两条。正如韦伯所强调的,政治家具有对独立判断、"政治自主性"的追求,而这种判断又来自能够回望历史、发现民族国家的整体利益的能力。通过放权激发地方活力、基层活力,这是一个整合矛盾的过程,是如何在纷繁复杂的现象中发现并坚持"保护基层、人民的创造性、积极性"的过程。

二、作为改革的支撑点

1978年后,中国政治领导人先后提出以"经济手段解决政治问题"与"把经济建设作为一项政治任务来完成"的方针。这意味着国家财政将为改革的宏观稳定付出巨大的"稳定成本"。同时,国家财政还肩负着归还大量堆积的历史欠账的责任:有企业管理的,有经济结构的,有基本建设的,还有社会生活消费等方面的。20世纪80年代,除了一些一次性的"欠账"补贴,价格补贴十分突出:价格补贴的年均增加幅度为18.7%,到1990年,补贴总额已达380.8亿元。此外,在价格补贴迅速增加的同时,财政对国有企业亏损的补贴,也随亏损额的增加而直线上升(1979年的亏损额为116.8亿元,1989年已增长为749.6亿元,1989年财政补亏额为598.38亿元)[4]。1978—1988年价格补贴与财政收入

---

[1] 王丙乾:《中国财政60年回顾与思考》,第252页。
[2] 萧冬连:《探路之役:1978—1992年的中国经济改革》,第198—201页。
[3] Shirk, *The political logic of economic reform in China*.
[4] 贾康、阎坤:《转轨中的财政制度变革》,第36页。

情况见表 4.1。

表 4.1　1978—1988 年价格补贴与财政收入情况对比

年份	价格补贴(亿元)	财政收入(亿元)	价格补贴占国家财政收入(%)
1978	93.86	1 121.10	8.37
1979	180.71	1 067.20	16.93
1980	242.47	1 042.40	23.23
1981	327.72	1 016.40	32.24
1982	318.36	1 083.90	29.37
1983	341.66	1 211.17	28.24
1984	370.00	1 424.56	25.97
1985	298.02	1 776.55	16.78
1986	287.87	2 122.05	13.56
1987	294.6	2 368.9	12.44
1988	316.82	2 628.02	12.06
合计	3 072.29	16 862.05	18.22

资料来源:《中国统计年鉴—2000》。[1]
注:财政收入不包括国内外借款。

据计算,20 世纪 80 年代对企业减税让利及其他形式的财政支持,净额为 3 100 亿元[2]。物价、工资等方面改革引起的减收增支因素,也属于"支持成本"。在治理整顿时期的 1989 年和 1990 年,国有工业企业职工平均工资,分别上升 12.74% 和 10.66%,而这两年国民生产总值的增长率是 4% 和 5.2%,工业国民收入的增长率是 5.5% 和 6%,国有工业企业全员劳动生产率的增长幅度仅为 1.46% 和 1.74%。所有这些,都使国家财政一直呈现十分紧张的状况。

广东、福建两省开始建设经济特区之后,实行了特殊政策和灵活措施,得到迅速发展。随后,许多地区(如辽宁、上海等)纷纷要求设立经济特区或采取一些经济特区的政策。1981 年 12 月 22 日,陈云在省市自治区党委第一书记座谈会

---

[1] 这里显示的 1986 年价格补贴与王丙乾《关于 1986 年国家预算执行情况和 1987 年国家预算草案的报告》中的补贴数额有出入。在王丙乾的报告中,价格补贴为 242 亿元。
[2]《经济日报》1991 年 2 月 8 日。

上说:"广东、福建两省的深圳、珠海、汕头、厦门四个市在部分地区试办经济特区(广东不是全省特区,福建也不是全省特区),现在只能有这几个,不能增多。……像江苏这样的省不能搞特区。"[1]1982年春节,陈云在同国家计委负责人座谈时,又针对当时的情况指出:"现在搞特区,各省都想搞,都想开口子。如果那样,外国资本家和国内投机家统统出笼,大搞投机倒把就是了,所以不能那么搞。"[2]此后,不仅辽宁、上海两地在办"特区"方面没有"先行一步",1980年大部分地区继续实行"分灶吃饭"的财政体制,北京、天津和上海三个直辖市则继续实行"总额分成"的财政体制。对改革者而言,这三个直辖市是改革坚实的后方阵地,以及国家财政收入的主要源泉[3]。

改革开放之初,上海的国民生产总值占全国的六分之一。上海为改革提供了坚实的物质基础。1980年,上海地方财政收入172.05亿元,财政支出为19.18亿元,上解中央收入超过150亿元,而这年国家财政总收入为1 159.93亿元。改革之初,中央在核定上海支出指标时,只给极少的必需的城市维护费,几乎没有城市建设资金。上海的城市建设主要是靠地方财力安排,由于较高的收入指标,地方超收较难,即便超收获得一点机动财力,也主要安排在生产上,这使上海超负荷运转,透支生产(1980年上海的自筹收入为2.68亿元)。上海工业总产值占全国的比重从1980年的12.4%下降到1989年的5.1%。同时,由于改革所需财力较大,中央还采取一些措施,使地方财政收入转为中央财政收入。比如,将高桥、金山石化划归中央,将电力等四个部门产品税、增值税的70%划归中央,集中地方企业能源交通基金,取消海关代征工商税的地方分成。中央还通过提高利息率,将地方企业的利润部分转为中央企业利润[4]。

由于还历史旧账,逐年增加的价格补贴、外贸补贴,以及大量引进设备增加的还本付息债务等因素,中央财政收入增长缓慢,支出却不断攀升。为保证国家重点建设项目等的进行,国务院决定由中央向地方财政借款[5]。这一措施从

---

[1] 陈云:《经济建设的几个重要方针》,《陈云文选》第3卷,第306—307页。
[2] 陈云:《加强和改进计划经济工作》,同上书,第311页。
[3] 为特区建设付出了很多心血的前国家领导人谷牧在一次接受采访时说:"上海的开放稍微慢一步,上海是国民经济总产值的六分之一,4个特区没有起来,还不敢设想上海怎么样。"(茹晴:《梁广大珠海为官十六年》,扉页3)每一次的工资调整(国家与工人之间的分配关系调整)会转化为频频发生的社会恶性事件。有一段报道比较典型,1980年上半年,天津市在商定工资过程中就发生了服毒、投河、跳楼、自焚等恶性自杀事件21起,行凶杀人未遂事件9起,绝食5起,出走4起,还发生了多次打人事件。[杨继绳:《邓小平时代——中国改革开放二十年纪实》(下),第315页]
[4] 上海市财政科学研究所:《上海城市财政展望》,上海人民出版社,1990,第3,7,9页。
[5] 中央向地方借款的资料、数据来源于王丙乾:《中国财政60年回顾与思考》,第310—312页。

1981年开始,截至1989年,共计借款689.77亿元。其中,1979、1980年中央财政出现巨额财政赤字,达到298.1亿元。这时"分灶吃饭"刚实行一年,中央开始根据各地区贫富不同情况,1981年借款68.41亿元,1982年又借了40.2亿元。1983年,将中央向地方借款34.64亿元调进地方包干基数。上解地区根据中央借款数占1982年地方收入的比例,核减了地方财政等留成比例,补助地区核减定额补助数额。随着1983年地区财政收入的增长,中央取得的借款数额逐年稳步增加,1981—1989年,中央财政通过1981、1982年向地方借款和1983年的借款进基数的方式,共从地方取得422.16亿元。

中央财政在第一次借款后,1983年推出了"能源交通基金",以补充中央财政的不足。但这一举措并没有缓解中央财政困难。1986年中央财政赤字仍高达94.18亿元。在这种情况下,中央再次向地方财政借款。加起来,1987—1989年,中央通过第二次借款从地方取得财力达267.61亿元。

中国的整体发展离不开地方的倾力支持,这包括对改革过程中滞后、脱节与摩擦等问题的支撑。上一节所分析的各地方为解决就业问题的努力就是一个例证。1978年后,由于大批知青返城,就业形势非常严峻,同时,城市建设的诸多欠账等问题也很多。为解决这一历史遗留的社会问题,广开就业渠道,各省采取多种方法发展集体企业,如由城镇街道兴办小集体企业,把部分全民所有制企业转为集体企业,大集体企业用"母鸡下蛋"的办法一厂变多厂,由市或局(区)直接投资办新的集体企业等。此外,还有一批集体企业是利用可以自由处置的知青安置费筹办起来的。比如,1979年年初到1980年上半年,辽宁省沈阳市由全民所有制企业扶持兴办了655个集体企业,安置待业青年11万人,占全市安置待业青年总数的41%。陕西省西安市,在1979年采取劳动部门介绍就业和群众自谋出路就业的"两扇门"政策,兴办集体经济,一年安置96 000人就业,占待业人员总数的90.6%。1978年10月到1979年年底,江苏省常州市在先后安置的51 600名就业人员中,安置在集体企业的42 190人,基本上解决了劳动就业问题。山东省威海市采取发展集体经济,扩散工业产品,吸收待业劳动力的方法,1979年全市有劳动能力的人,全部得到安排。有材料显示,1978—1982年,城镇集体企业安置就业人员603万人,集体企业产值增长49%[1]。

价格改革也体现了地方在导入市场化机制方面的开创作用。价格是各种经

---

[1] 国家经济体制改革委员会历史经验总结小组编《我国经济体制改革的历史经验》,人民出版社,1983,第119—120页。

济变量中最为灵活、敏感和复杂的因素,它涉及千家万户、千厂万店,它与国民经济中各因素的变动,与市场供求,与每个社会成员的物质利益密切相关。这一领域的改革对于中国的市场化进程的重要性是不言而喻的。价格的变动影响利益机制,然后影响和制约社会资源配置,进而决定市场供求。价格改革引发的社会剧烈波动使得这一改革步伐一再放慢。从1979年提高农产品收购价格的价格调整开始,到放开价格的改革再到"价格闯关",最后"治理整顿",改革过程十分曲折。为了价格改革的顺利进行,国家采用了价格补贴的办法,对农副产品、农业生产资料、工矿产品及职工生活等进行价格补贴。价格补贴对维持社会稳定、物价稳定、支持改革、安定人民生活等都起到了积极作用。价格补贴的日益增加,极大地吞噬了国家的财政收入,成为影响国家经济发展的巨大障碍。政府已无力承受这个日益沉重的包袱。1985年后,价格补贴支出由中央转向了地方。到1988年时,价格管理权已经基本下放,中央政府除只管少数像能源、运输等关系全国的重要产品外,其他产品的计划价格已经划归地方政府管理。这就使地方政府在价格改革中具有了基础性的地位。

1986年,"价格闯关"开始了,但由于宏观经济环境的制约和日益加剧的通货膨胀,人们本来就较脆弱的心理更加恐慌,全国不少地区掀起了抢购风,"闯关"设想化为泡影。最后国家作出了"治理通货膨胀,深化价格改革"的决定。为此,中央要求各级政府层层落实物价的目标责任制。并要求除控制零售市场商品价格外,还要拓宽到社会再生产的全过程,通过发展生产、搞活流通、合理分配、指导消费来系统地控制物价,变物价的事后控制为事前控制。根据中央要求,各地政府在稳定副食品价格过程中,都把工作重心放在搞好"菜篮子"工程建设上。为稳住蔬菜价格,北京市从增加蔬菜供应量入手,蔬菜种植面积由1988年的16万亩增加到22万亩,增加了38%。南京市政府组织各方面力量,大力支持了全市10大养鸡场、20个养猪场和30个综合水产养殖场的建设。这些措施为平抑副食品价格、带动其他商品价格的稳定,提供了有力的物质保证。在工业消费品方面,许多地方实行生产、销售和价格的必保制度。北京、天津分别确定了26种和19种必保商品;上海对19种监控商品宣布1989年不涨价;广东、河北、江苏、辽宁、甘肃、广西等多地都确定了十几种至二十几种必保商品[1]。

另一方面,由于补贴范围、数额管理等原因,各地普遍存在经验不足的情况。价格改革使整体的改革陷入停滞。但在地方政府的推动下,价格改革实际上仍

---

[1] 童宛生、邹向群:《中国改革全书(1978—1991)·价格体制改革卷》,大连出版社,1992,第24、30页。

在进行之中。在广东,省政府从 1979 年开始着手价格改革,先是调整农副产品、工业消费品和生产资料价格,1985 年开始逐步放开价格。到 20 世纪 90 年代初,广东市场调节的比重已达到 90%,依靠价格机制的市场调节基本成熟[1]。广东的这一改革对其他省市改革产生了影响。

1989 年,黑龙江省政府公布了"863"计划,这一计划的设计目标是要把用以统计零售物价指数的 383 种商品的价格涨幅大大降下来,由上年的 17% 降到 13%。这一政策代价高昂,受到来自政府与人民的反对,最终被迫放弃。政府间鲜明的政策绩效反差,使得更多的省份意识到需要跟进广东的改革步伐。江西是粮食和生猪的主要产区之一,与广东毗邻。1988—1990 年,时任江西省省长的吴官正多次提及:江西面对广东的市场冲击怎么办?政府要么补贴以保护市场,要么封锁市场,是否还有其他路可走?因此,他主张跟进沿海发展战略,充分利用市场调节机制[2]。这里,地方政府再次显示出了对市场的敏感性以及改革的自发性,这种敏感性和自发性提升了它化解改革震荡的能力,也彰显了其作为改革议题发射平台的功能。

企业改革的进程离不开地方政府的支撑和平台作用。1986 年,《企业破产法》颁布,消化失业人员的任务摆在了地方政府的面前。在地方政府推动下,企业破产的改革形式转为企业兼并、租赁等多种改革形式。这一阶段,随着改革的深化,政治领导人希望在基层推动党政分开的改革,党中央和国务院先后颁布了相关的改革措施。1987 年,一位中央领导人在讲话中承认:"从一元化领导到党政分开,这个弯拐得相当大的。"[3]党政分开在地方尤其在基层困难很大。显然,希望通过国有企业改革获得较高经济成效行不通。由此,在巨大的就业压力下,地方政府选择了发展预算外收入,发展非国有经济以平衡地方发展的路径。

农村改革把农民从计划体制下解放出来,大量富余劳动力也随着农村经济的发展而出现,但此时由于大量知青回城、毕业生就业等,城市自身正面临着巨大的就业压力,没有能力吸纳来自农村的剩余劳动力,乡镇企业在国家的政策鼓励与地方政府的大胆探索下得到了迅速的发展。1978 年,全国乡镇企业仅万余个;到 1992 年,乡村两级工业企业已达 93 万个。乡镇企业的发展为农村剩余劳动力向非

---

[1] 王乐夫、唐兴霖:《珠江三角洲:地方政府在经济发展中的地位和作用》,《中山大学学报(社会科学版)》1997 年第 4 期。
[2] 吴官正:《庙堂之高江湖之远——改革发展的实践与思考》,中共中央党校出版社,1996,第 73—111 页。
[3]《关于党政分开》,载中共中央文献研究室编《十二大以来重要文献选编》(下),人民出版社,1988,第 1467 页。

农产业转移提供了很好的场所。1979—1988年,有6 650万农业劳动力转向非农产业(其中在农村就地转移的5 460万人,进入城镇的1 190万人),年平均转移规模660万人,年均增长11.7%。这种转移速度为世界各国工业化过程中所仅见[1]。

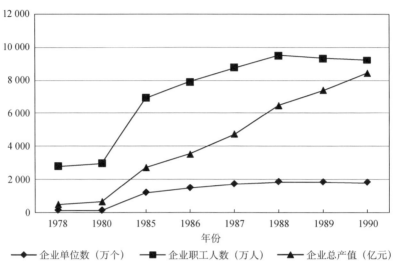

注:乡镇企业总产值1978—1983年为乡、村两级数,1984年以后为乡镇企业全部数。

图4.2　1978—1990年乡镇企业发展状况

(资料来源:《中国统计年鉴—1996》,中国统计出版社,1997)

小城镇成为人员转移的重要载体。小城镇是指以建制镇为主体,包括未设建制镇但事实上是地方小区域中心的农村大镇及部分小城市[2]。1978年后,国家对农民从事非农产业和进入城市的管制放松。1979年,大批知青开始陆续返城,城市人口迅速增加,1980年,市镇人口比重上升19.39%。在乡镇企业和集市贸易发展的推动下,小城镇发展很快,建制镇个数由1978年的2 660个增至1992年的12 400个,以每年10.1%的速度增长。根据费孝通的研究,小城镇不仅接纳了来自农村的剩余劳动力,也接纳了来自城市的发散出来的技术与人才,这一"蓄水池"在20世纪80年代迅速的工业化进程中发挥了缓冲作用,也有助于消融城市体系间的巨大差距,有助于社会的平稳、平衡发展。

1978年以前,在一套以"先扣后分"为基本特征的财政收入机制下,国家所

---

[1] 陈吉元、陈家骥、杨勋:《中国农村社会经济变迁》,山西经济出版社,1993,第601页。
[2] 郑杭生主编《中国人民大学社会发展报告(1994—1995):从传统向现代快速转型过程中的中国社会》,中国人民大学出版社,1996,第273页。

需要的财政收入(包括经常性的和弥补财政收支差额的财政收入)在国民收入的分配过程中得到解决,这使得国家有可能实现"既无内债又无外债"。1979年,国家启动国债以缓解严重的财政困难形势。1981年1月1日,国务院会议通过了《中华人民共和国国库券条例》,财政部据此负责每年发行一次国库券。为了落实分配下来的国债指标,地方政府除了尽量争取各企业的支持外,往往是层层发动,官员往往要为此发挥"模范带头"作用,尽量地自己多买。截至1989年年底,国库券共发行510亿元。1981—1987年,国库券基本上都是以行政指令性分配任务的方式进行的,直到1988年引进了市场机制。市场化发行从1988年4月开始,分两批试点,第一批先在上海、沈阳、重庆、武汉、哈尔滨、广州、深圳七个城市试点;6月,试点城市又增加了54个。为了避免国库券盲目上市,国家仅允许1985年、1986年两年发行的国库券可以转让。试点工作在各市政府的领导下,组成由财政、人民银行、工商行政管理、公安等部门参加的国库券转让试点工作领导小组,同时组建了国库券转让中介机构。经过一年多的试点,国债转让市场初步形成,并为国债市场的进一步发展积累了经验,奠定了良好的基础。这样,经过稳妥的地方试验,1991年国库券发行方式发生质变,采用了承购包销的方式。

第三节　发展经济与积聚资源

党的十一届三中全会确立了更加务实的国家发展目标——以经济建设为中心,据此先后提出了"小康社会""中国式社会主义现代化"等概念,其中的重点就在于,要让人民的生活富裕起来[1]。邓小平说:"社会主义必须大力发展生产力,逐步消灭贫穷,不断提高人民生活水平。"[2]"要摆脱贫穷,就

---

[1] 1979年12月,邓小平提出小康社会的战略目标,1980年12月,邓小平对小康社会给出了进一步的补充,在达到"小康水平"基础上,"继续前进,逐步达到更高程度的现代化"。同年,邓小平在《党和国家领导制度的改革》的讲话中又指出:"经济上,迅速发展社会生产力,逐步改善人民的物质文化生活。"(邓小平:《贯彻调整方针,保证安定团结》,《邓小平文选》第2卷,第356页;《党和国家领导制度的改革》,《邓小平文选》第2卷,第322页)
[2] 邓小平:《一心一意搞建设》,《邓小平文选》第3卷,第10页。

要找到一条比较快的发展道路。"[1]"社会主义如果老是穷的,它就站不住。"[2]"贫穷不是社会主义,社会主义要消灭贫穷。不发展生产力,不提高人民的生活水平,不能说是符合社会主义要求的。"[3]领导人相信,中国式社会主义现代化建设的一条更加务实的新道路应该是让一部分人、一部分地区先富起来,通过先富带后富,最终实现共同富裕。这一大的行动目标很快反映在了财政政策上,在1979年一篇关于"财政管理体制改革要扩大地方和企业的自主权"的文章中,作者指出,实行分级财政,并不等于马上使地方分到更多的财力,扩大自主权以后,地方可以更合理、更有效地运用自己的全部财力,更快地发展生产,增加收入,这样可以使本地区的财力不断增加,进而也能对国家作出更大的贡献[4]。

因此,地方政府作为蓄水池,具有多面性。一方面,获得财政激励的地方政府成为国家改革向前的缓冲阀;另一方面,地方政府对于国家经济发展、资源与财富积累具有积极意义,地方政府将成为发展经济和资源集聚的生产空间。

一、营造生产空间

新中国诞生前夕,中共七届二中全会决议提出了工作重心由乡村迁移到城市,开始由城市领导乡村的战略方针。对于怎样才能把城市的工作做好,实施什么政策才能使城市起领导作用,决议指出,中心环节是迅速恢复和发展城市生产,把消费的城市变成生产的城市。1949年3月17日,新华社发表题为《把消费城市变成生产城市》[5]的社论,对限制城市自由流通功能作出了解释,并指出了城市发展中消费与生产功能的矛盾性。

1953年后,国家开始围绕工业化有计划地建设城市的道路,城市成为一种计划经济空间。包括固定资产投资在内的城市建设资金主要由中央政府决定。中央政府不仅制定投资计划,而且决定用于城市建设基金的各种税率。在城市

---

[1] 邓小平:《我们干的事业是全新的事业》,《邓小平文选》第3卷,第255页。
[2] 邓小平:《思想路线政治路线的实现要靠组织路线来保证》,《邓小平文选》第2卷,第191页。
[3] 邓小平:《政治上发展民主,经济上实行改革》,《邓小平文选》第3卷,第116页。
[4] 朱福林、项怀诚:《财政管理体制改革要扩大地方和企业的自主权》,《光明日报》1979年7月28日。
[5] 中共中央党校党史教研室选编《中共党史参考资料(六):第三次国内革命战争时期》,人民出版社,1979,第491—494页。

基础设施建设资金方面,地方政府可以自主决策的权限非常有限。由于城市建设投资很少,由此带来了不少问题:城市容纳能力小;农民被禁锢在耕地上;城镇建制基本停顿;城市建设投资比例进一步缩减;城市就业问题突出,以致不得不通过上山下乡运动使城市就业青年大批流向乡村,以强制性措施缓解城市就业压力;住宅紧张成为严重的社会问题;市政公用设施不足;城市布局混乱;环境污染严重;等等。

这些问题表明,城市成为一种计划性的生产性的空间,它原先所应有的资源积聚功能已经趋于衰竭。随着改革开放,随着城市规划和体制改革的发动,20世纪80年代的城市发展出现了某种新的地方秩序。1980年10月在北京召开的城市规划工作会议提出了城市发展的设想:"控制大城市规模、合理发展中等城市,积极发展小城市"[1]。12月,国务院正式批准公布这一构想。1981年以后先后在沙市、常州等中等城市进行综合改革试点,1983年后在江苏、辽宁等地进一步推广"市管县"体制改革,此后又在重庆、武汉、沈阳等地进行"计划单列市"改革。这些改革旨在改变传统的物资流动依靠计划调拨的方式,发挥中心城市的作用,由经济相对发达的中心城市带动周围农村的行政管理体制,加快城乡一体化建设,逐步形成以大中城市为依托,不同规模、开放式、网络型城市经济区。在原有的计划体制框架下,中心城市的作用介于计划调拨和横向流动之间,市管县体制等的改革扩大了各中心城市的行政空间,也使得各中心城市在一些经济发展问题上有更大的回旋余地。

20世纪80年代,设置市镇是各地促进经济发展的行政手段,各地纷纷推广"乡改镇""县改市""地改市""县级市升地级市""市管县(市)""市县改区"等做法。盲目攀比而引起新一轮"设市热"。城市建设过程中盲目铺摊子,大量侵占农用土地等问题也随之出现了。

城市强化其生产性,成为经济和资源聚集的空间,这在中国的改革开放事业中具有战略意义。经济和资源聚集一方面取决于微观层次上的聚集——企业规模经济,一方面则取决于城市支柱产业的聚集,而产业的聚集又必须有物质载体——城市基础设施。恢复城市的经济聚集功能,因此是一个系统工程,它包括增强企业活力、调整产业结构、恢复城市的自由流通性、发展功能性的基础设施等,此外,还必须获得能够保障城市的各种生活资料,包括食物、燃料等必需品。

使城市恢复生产与消费功能,这是由地方政府完成的。1980年举行的全国

---

[1]《国务院批准〈全国城市规划工作纪要〉》,《中华人民共和国国务院公报》1980年第20期。

城市规划会议认为,市长应负责城市基础设施的规划、建设和管理,并要求所有的城镇制定自身的发展规划。1986年末,在全国353个城市和1980个县中,339个城市和1675个县制定了发展规划。1978年,中央允许47个城市试行从上年工商利润中提成5%,作为城市维护和建设资金。这47个城市是所有省会城市和城市人口在50万以上的大城市(不含三大直辖市),以及对外接待和旧城市改造任务大的、环境污染严重的城市。为了建设好小城镇,加强现有小城镇的维护管理,自1979年起,城市维护建设费的开征范围扩大到一些工业比较集中的县镇和工矿区。并提出在今后的国家基本建设计划中,要专列城市住宅和市政公用设施建设(包括供水、排水、公共交通、煤气、道路、桥梁、防洪、园林绿化等)项目。1984年,这一改革扩展到150个城市。伴随着企业利改税,城市维护建设资金于1985年被"城市维护建设税"所替代。

在产业结构的调整上,在知青回城的刺激下,城市的所有制经济实体开始向多元化方向发展,而改革国有企业又使第三产业获得了突出的意义。1985年,国家体改委在湖北省武汉市召开了全国城市经济体制改革试点座谈会,28个省、自治区、直辖市体改委(办)的负责人,58个试点城市的负责人参加。会议提出,企业实行一业为主,多种经营,广泛开辟生产、经营服务门路;企业可利用多余的劳动力举办第三产业,现有的生产服务与生活服务部门可以向社会开放,独立核算,自负盈亏;允许企业多渠道筹集生产发展基金,并可将资金投向经济效益更高的其他地区和其他行业[1]。第三产业的发展,既推动了城市化的进程,也加快了城市现代化的步伐,还推动了户籍制度、商品供应制度、劳动用工制度及社会福利制度等多方面的制度变革需求。

由于国家财力有限,城市发展主要是通过地方政府的预算外资金形式完成的。20世纪80年代,一些城市试行对城市基础设施尤其是市政工程的使用者实行收费制度。在广东,举凡修路筑桥、招商引资等等,凡能增加地区利益,尤其是能创造经济效益的事情,都能在地方政府的日程表上列为优先。广东各地方政府首创"以路养路""以桥养桥""以电养电"以及其他林林总总的"以×养×",对于在特定条件下解决特定问题曾起了很大的作用。[2]在珠海,从1979年建市到1987年,市政府投入市区市政建设、基础设施和土地开发的资金共30多亿

---

[1] 《国务院办公厅转发〈全国城市经济体制改革试点工作座谈会纪要〉的通知》,中共中央文献研究室编《十二大以来重要文献选编》(中),第675—684页。

[2] 王乐夫主编《经济发展与地方政府——对珠江三角洲地区的一项研究》,中山大学出版社,1997。

元(含外债)。1980—1995年,珠海全社会固定资产投资累计500多亿元,其中依靠市自筹、自我积累、自我滚动投资占54.7%,利用外资占25.4%[1]。

改革开放中的许多新制度和政策,正是在城市的转型中产生的。从1984年开始,有30多个城市开始收取排污费。广州和佛山从20世纪80年代中期开始征收过桥费。1984年,国务院允许一些城市对新建项目和迁入户口征收"增容费"。这很快推广到全国,并且覆盖了所有的市政工程设施和许多公用事业。20世纪80年代初期,随着农村改革的深化,大量农业劳动力从土地上解放出来,国家用特定的方式放松了人口向小城镇迁移的限制,地方政府抓住"农转非"的机会,筹集基础设施建设等城市发展急需的资金。出售城市户口也是地方政府筹集收入的另一种普遍方式。到1994年初,全国出售了300万个城市户口,总收入达250亿元。

为缓和城市住房紧张状况,各地方政府被允许自主支出一定额度的城市维护费,这使得城市在对现在住房加强维修养护的同时,有能力新建住房。住宅建设投资不断上升,占基建投资总额的比例从1978年的7.8%上升为1979年的14.8%、1980年的20%,"六五"期间,平均每年达到21%。1979—1985年,全国用于城镇住宅建设的投资共达1 213亿元,占1950—1985年住宅建设总投资的76.6%。城镇住宅竣工面积以每年平均11.2%的速度增长,共新建住宅8.25亿平方米,占新中国成立36年来建成住宅总面积的60%。这一时期是新中国成立后城镇住宅发展最快的时期[2]。

总体上看,20世纪80年代中国城市的发展表明,国家与地方政府关系出现了转型。20世纪90年代后,城市的空间转型更加显著。1989年年底通过的《城市规划法》对城市发展战略调整为:"国家实行严格控制大城市规模、合理发展中等城市和小城市的方针,促进生产力和人口的合理布局。"较为集中的城市开发模式替代了分散的乡村工业发展模式。资源积聚的趋势日益突出。20世纪80年代以配合国家改革任务为主,修葺城市是地方政府的重要职能,20世纪90年代地方政府的职能转向为经营城市、提高城市竞争力了。

---

[1] 茹晴:《梁广大珠海为官十六年》,第150、163页。
[2] 董志凯:《从建设工业城市到提高城市竞争力——新中国城建理念的演进(1949—2001)》,《中国经济史研究》2003年第1期。

二、资源积累与经济发展

除了前述的风险支撑与成本分担,营造生产空间,地方政府还通过推动经济发展为国家积累资源。"蓄水池"除了要能容纳相应的环境的波动,消解与政策有关的各种风险,更重要的还在于其资源积累功能。一定的财力对于成功的改革之重要是不言而喻的。邓小平指出:"经济工作是当前最大的政治,经济问题是压倒一切的政治问题。"[1]他坚持要求各地党委以经济为中心抓好经济建设。改革的成功,首先表现为经济增长和资源扩充。1979—1994年,国民收入以年均10%以上的速度高速增长,即使考虑到同期人口的增长(年均1.2%),人均国民收入的增长幅度仍达9%。

关于地方政府在经济发展过程中的角色,已有大量的研究,这些研究指出了各种地方国家是如何界定产权、提供激励和营造市场的。简而言之,中国的地方政治经济结构具有独特性。尽管各种版本的解释不一而足,已有的研究恐怕都难以否认,各地方政府在国家资源积累过程中居功至伟,它是全国经济发展的基础和根本所在。

1978—1989年,就连经济最落后的青海、甘肃、宁夏及贵州四省的实际(去除通货膨胀的)平均年GDP增长率分别达到4.57%、7.03%、7.41%及7.93%,远超1978年以前的水平。美国中国问题专家鲍大可看到,1977—1979年开始的改革极大地刺激了西部地区经济的迅速发展,"像全国其他地区一样,西部几乎每个地方的工业都得到了加速发展。实际上,在西部某些地区,工业增长率明显高于全国平均值","中国西部的大部分地区已经到整个现代工业世界之中了。这是西部历史上空前的壮举了"[2]。

同时,在沿海省份,非国有经济迅速发展让内地竞相模仿。[3] 1983—1988年,全国GDP年均增长为12%。其中,东南沿海地区,江苏为14.3%,浙江为15.6%,福建为13.7%,广东为15.9%,均超过全国平均水平[4]。新的经济成分的发展壮大支撑起了沿海五省经济发展的"大半壁江山"(如表4.2和表4.3所示)。

---

[1] 邓小平:《关于经济工作的几点意见》,《邓小平文选》第2卷,第194页。
[2] 鲍大可:《中国西部四十年》,东方出版社,1998,第540页。
[3] 樊纲、李扬、周振华主编《走向市场(1978—1993)》,上海人民出版社,1994,第105—107页。
[4] 《中国改革与发展报告》专家组:《透过历史的表象——中国改革20年回顾、反思与展望》。

表4.2 沿海五省非国有经济工业发展　　　　　　　　　　　　　单位:%

项目	省 份				
	广东	福建	浙江	江苏	山东
1981—1990年年均增长速度	19.7	17.3	18.9	16.4	16.3
其中:全民企业	10.1	9.5	9.0	9.1	9.2
集体企业	19.5	19.6	224.0	17.8	18.5
三资企业	58.6	>50.0	38.6	42.3	37.3
非国有企业贡献率	63.0	60.0	73.0	70.0	63

资料来源:樊纲、李扬、周振华,《走向市场(1978—1993)》,第105—106页。

表4.3 沿海五省非国有经济比重　　　　　　　　　　　　　　单位:%

年份	省 份				
	广东	福建	江苏	浙江	山东
1980	36.8	29.5	42.3	43.5	34.4
1990	59.8	54.9	65.7	68.7	58.6
1991	61.4	58.3	67.0	70.5	60.0

资料来源:樊纲、李扬、周振华,《走向市场(1978—1993)》,第105—106页。

1979年后,为了应对财政紧张的状况,国家确定了与改革并进的调整方针,提出基本建设要退够,这意味着大量的地方企业要关、停、并、转,或者减少生产任务。同时,中央又希望地方政府学会"以经济建设为中心",一举改变整个中国"资源短缺"的严峻形势。随着国家相继颁布各项鼓励集体企业与个体经济发展的优惠政策,地方政府抓住机遇,大力发展各式集体企业。在成功地解决了令人头疼的就业问题的同时,各地的经济基础得到了长足的发展。而国家允许国营企业"利润留成"形成的预算外资金,也为各地方发展"预算外企业"、发展集体企业提供了行动空间。在这个背景下,财政包干制的实施,极大地调动了地方政府发展本地经济、增加财政收入的积极性。

因此,改革开放的一个中心内容是激活地方政府为本地区、为全国作出经济贡献。归纳起来,改革后各级地方政府在发展地方经济方面的工作主要包括:①主持制定本地的经济社会发展战略规划;②直接策划乃至直接出面参与各种类型的招商引资(特别是吸引港资、台资和外资)或活动;③规划以及直接或间接地承担各种大型的基建项目以改善投资环境;④直接或间接地介入、扶持、管理当地的重要产业(例如房地产业);⑤一手组建并直接间接地管理当地的一些企业集团或大型企业；⑥以某种方式介入或力图影响国家的财政金融政策的运作等。

当然，地方政府在经济社会发展中的角色处于调适和变化之中。地方政府常常被认为嵌入并主导了乡镇企业的发展。林青松主持考察了山西平原县乡镇企业资金、劳动力和土地使用来源结构头部；按照相同的方法思路，刘志彪分析了苏南乡镇企业的资金、劳动力和土地资源情况；郑宗成、张秀娟、陈镇雄考察了广东珠江三角洲地区乡镇企业的资源投入情况。这些分析表现了相当的地区差异性，但也都得出了一个相同的看法，政府介入与乡镇企业发展之间的联系是十分紧密的[1]。

20世纪80年代以来，各地方渐渐形成了各自谋求经济增长与财政收入的模式。改革开放后不久，浙江、江苏很快出现了"亿元县"，这很快引起中央财政部门的注意，他们开始"抓财政收入亿元县"，推广浙江、江苏经验，浙江省的经验是：对"七五"期间财政收入有可能上亿的县提出明确要求，并且从政策、资金等方面给予重点支持，当时的出发点是，这些地方是财政收入大户，上交中央和省的比重高，把这些地方的财政收入抓上去，对确保中央和省的财政收入将起重要作用，而且这些地方经济效益比较好，同样的投入、产出比其他地方多，对这些地方采取一点倾斜政策，能够收到较好的效果，还可以产生示范效应，有利于推动其他县(市)的财税工作。1985年，浙江全省有8个亿元县(市)，1990年达到18个，1991年还可以增加7个。"抓住了这些地方，实际上是抓住了重点，对全省财税工作确实起到了推动作用"[2]。

进入20世纪90年代以后，随着市场体制的逐步确立，地方政府的宏观经济管理的意识开始加强，更加注重为各种微观经济行为主体提供良好的行政服务，提供公平的竞争环境，以及提供更加充分及时的信息。此外，政府还明显加大了对某些社会公共职能的承担，如加强了流动人口管理、治安管理、社会保险制度的建立与推广，以及环境管理等[3]。

---

[1] 林青松：《中国乡镇企业联合考察团报告》，载中国社会科学院经济研究所编《中国乡镇企业的经济发展与经济体制》，中国经济出版社，1987；刘志彪等：《产权、市场与发展》，江苏人民出版社，1995；郑宗成：《"七五"期间珠江三角洲乡镇企业发展研究》，载《珠江三角洲经济发展新透视》，中山大学出版社，1994。

[2] 钟楚生：《完善中央财政与地方财政的关系》，载项怀诚、姜维壮主编《中国改革全书(1978—1991)·财政体制改革卷》，1992。

[3] 王乐夫主编《经济发展与地方政府——对珠江三角洲地区的一项研究》。

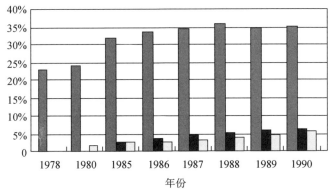

图 4.3　非国有经济类型占工业总产值比例

(资料来源:《中国统计年鉴—1995》,中国统计出版社,1996)

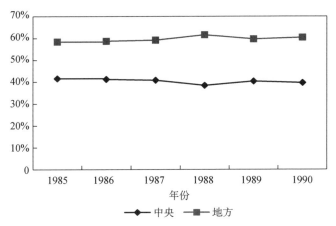

图 4.4　中央和地方预算外收入比重

(资料来源:《中国统计年鉴—1995》)

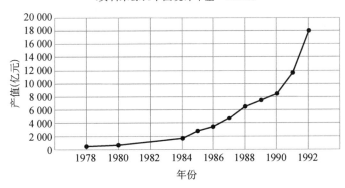

图 4.5　乡镇企业总产值

(资料来源:《中国统计年鉴—1995》)

第五章
孕育市场

现代市场机制在中国的形成和发展,是当代中国社会与政治发展在经济领域的最重要表达之一,已经引发了转型理论的广泛关注。对于中国由计划经济体制快速转型为市场经济体制,有人称这是"历史上最伟大的经济改革计划",但也有人将这一转型看成是哈耶克"人类行为的意外后果"理论的一个极佳案例[1]。

在卡尔·波兰尼看来,市场并非自然演化的结果,经济史的分析表明,它是政府有意识干预所带来的,市场组织被加于社会之上[2]。在改革开放后的中国,经由财政分权而增强了自主行动能力的地方政府,在市场机制的孕育过程中发挥了独特的作用。引入市场机制,使1978年后发起的财政包干制改革明显不同于前两次的放权努力。此后,市场的作用机制逐渐扩大。"社会主义市场经济"的确立表明,中国共产党及其领导的政府将用新的调控手段及论述方式去面对不断开放的经济和日益分化的社会,市场经济作为社会的组织原则成为政治意识形态的一部分。社会主义市场经济的改革方向是怎样确立的?经由财政政策激励获得更多自主权的地方政府,在这一过程中以何动机、通过何种策略、扮演了什么角色?市场的发育对于地方自主性的获得,二者间的互动关系如何?这是本章的分析重点所在。

---

[1] 科斯、王宁:《变革中国——市场经济的中国之路·序》。
[2] 卡尔·波兰尼:《大转型——我们时代的政治与经济起源》,浙江人民出版社,2007,第17、69—70页。

第一节　通往市场经济之路

信奉市场规则在西方已有较长的历史,这一信仰在20世纪70年代之后随着"新自由主义"的发展,不断在全球范围内获得主导地位,这意味着流动性的增加以及交易与契约原则的扩展。在这个过程中,包括西方资本主义国家80年代的私有化浪潮、俄罗斯的"休克疗法",拉美国家进行的以"华盛顿共识"为指导的经济改革等,都是新自由主义经济学的"经典之作"。从20世纪80年代开始,市场观念和体制在改革开放的中国也不断发展出来。大卫·哈维将中国融入这一全球性自由市场的转向过程理解为多种要素的诱发与推动的结果。同时他认为,中国的崛起也正是发达资本主义世界新自由主义转向的意外后果[1]。

有学者倾向于认为,中国的市场转型并非精心制度设计的结果[2]。回到历史中,改革之初中国政治领导人是否对市场化改革方向有明确认识？学术界对此多有争议[3]。邓小平1979年曾经说过:"说市场经济只存在于资本主义社会,只有资本主义的市场经济,这肯定是不正确的。社会主义为什么不可以搞市场经济,这个不能说是资本主义。……市场经济不能说只是资本主义的。市场经济,在封建社会时期就有了萌芽。社会主义也可以搞市场经济。"[4]邓小平的这番话体现了这一时期中国共产党大力提倡的"实事求是"精神,即拥抱市场体制是中国特色社会主义发展路径的探索之一,选择市场体制是一次现实主义的实践尝试,发展市场是为了更好满足人民大众的福祉。

费孝通曾于20世纪90年代反思他在80年代所推动的小城镇研究。在他看来,从小城镇发展的历史中,可以看到"社会主义市场经济的来龙去脉和它拥

---

[1] 大卫·哈维:《新自由主义简史》,第138页。
[2] 科斯、王宁:《变革中国——市场经济的中国之路》,第63页。
[3] 薛暮桥的答案是肯定的,但吴敬琏、董辅礽等经济学家则不这样认为。董辅礽认为,直到1992年邓小平南方谈话前,对改革的目标认识不清,存在巨大分歧,未曾明确要摈弃计划经济体制,实行市场经济体制,而是试图在不根本摈弃计划经济体制的前提下,在某些无关紧要的领域引入市场,建立"计划经济为主,市场调节为辅"的双重体制并存的经济体制。由此,他认为,虽然也曾想在改革中对中央与地方的关系所存在的问题加以改变,但不突破原有体制框架,不可能根本解决中央与地方之间的关系,不可能根本摆脱"一统就死,一放就乱"的循环,甚至还可能引发出新的问题。(董辅礽等:《集权与分权——中央与地方关系的构建》,经济科学出版社,1996,第4页)
[4] 邓小平:《社会主义也可以搞市场经济》,《邓小平文选》第2卷,第236页。

有群众性的潜在创造力,在物质上形成的巨大生产力。小城镇、乡镇工业都不过是这种创造力所初露头角的幼苗,还属涓涓细流……""这是改革开放引入社会主义市场经济的必然结果"[1]。这一洞察表明了20世纪80年代市场经济发展过程中广大人民群众以及党和政府在市场经济体制确立过程中的共同作用,以及市场经济体制在中国社会中的内生力。如今,我们大多数人会同意,中国的改革不是依据理论预设而开展的,而是基于实践和试验,由局部开始渐次推进的,是渐进主义的改革。然而从另一方面看,自改革开放始,党和政府就一直试图从理论上规划、掌控改革的进程。因此,在这里,市场正如布迪厄、弗雷格斯坦、斯威德伯格等学者所理解的[2],是多种力量共同作用于其中的场域,中国共产党则一直试图掌握并驾驭这一场域。

　　前面章节也曾多次提及新中国在现代化发展道路上的多次道路选择。20世纪50年代,随着社会主义建设的开展,物质财富、社会剩余渐增,必须面对的难题在于,新的制度安排如何分配"社会剩余",如何使新的社会剩余分配制度符合"集体主义""平均主义"的理想价值,如何应对不断产生的多样性分歧? 但彼时可供选择的经验与路径并不多。在当时的历史情境下,苏联模式是先进的、令人向往的,同时,整个中国社会并没有如西方社会那样,拥有更多的处理复杂社会结构与矛盾的经验[3]。结果,"私"与"差异性"被抹去,个人被从家庭中解放出来而吸纳到公共或集体组织之中,以此为基础,为最大程度地保护国家层面的"公"之属性,企业的按劳分配、农村的自留地、家庭副业、集市贸易、社队多种经营等相继被叫停、批判。这一整套基于集体主义、平均主义的社会运行方式与

---

[1] 20世纪90年代初,费孝通在"行行重行行"的调查中,多次对小城镇理论进行反思,先后发表文章《农村、小城镇、区域发展》《小城镇研究十年反思》《论中国小城镇的发展》。这些文章收入《学术自述与反思:费孝通学术文集》(生活·读书·新知三联书店,1996)以及《费孝通文集》第13卷(群言出版社,1999)。

[2] 将市场视为布迪厄意义上的场域,是新近市场社会学研究的一个较为前沿的研究取向。不仅布迪厄(Pierre Bourdieu)本人在《经济人类学原理》一文中对市场予以了纲要性阐释,它更被斯威德伯格(Richard Swedberg)、弗雷格斯坦(Neil Fligstein)、鲍威尔(Walter W. Powell)、迪马吉奥(Pawl J. DiMaggio)等学者进行了理论与经验的拓展。(参见陈林生:《市场的社会结构:市场社会学的当代理论》第二章,中国社会科学出版社,2015)

[3] 新近有研究试图通过"复调社会"的概念提请人们注意西方社会这种多样性社会分歧共存的常态性,所谓复调,意味着特定空间内同时存有多种不同的社会力量和社会领域,它们具有平等的地位和价值,既对立又对话,既协ါ又冲突,使该社会处于未完成状态。(参见肖瑛:《复调社会及其生产——以 civil society 的三种汉译法为基础》,《社会学研究》2010年第3期)
另一项研究则显示,当时间进入到21世纪,即便是作为国际大都市的上海社区,作为利益表达的聚合模式,人们依旧不习惯面对面处理争端的模式,而更愿意选择以一概全的框架整合模式。(参见汤艳文、刘春荣:《找回草根:上海居委会自治家园研究》,上海人民出版社,2019,第四章)

意义系统到 20 世纪 70 年代后期深陷困局而不能前行。最后,政策开始"松绑",农民开始可以经营自留地、自留畜、家庭副业,可以进入集市贸易。企业开始实行计件工资,被允许有更多的自主权。这意味着,不同于过去,改革将始终以承认利益和差异性的存在为前提,而差异性也将由此不断增加,并推动改革,决策者需要不断从理论以及政策上应对新的变革。

"松绑"和赋予自主权是改革开放的重要举措。当然,"松绑"和自主权也是一个不断变更"内涵"的过程。最初,农民、生产队可以有一定的自主权,但必须坚持"三级所有、队为基础"的人民公社基本制度,以及必须保障国家对农产品的足额收购。改革随后进一步发展,从提升农产品收购价格到逐步放开农产品市场价格,农村的集市不断恢复、发展[1]。这一市场要素随后传导到流通领域。此前,统购统销政策割断了城市工商业与农村的联系,"长途贩运"被称为"投机倒把"当作资本主义倾向而加以批判。随着农村经济的活跃,出现了为"投机倒把""二道贩子"正名的声音,认为应该允许部分个体农户从生产领域走出来,自由进入到流通领域,搞活城乡间的流通渠道[2]。搞活经济还引发了关于"雇工"是否是"资本主义剥削"的激烈争论。1983 年,中央一号文件明确提出,农村经济必须实现两个转化:从自给半自给经济向较大规模的商品生产转化,从传统农业向现代农业转化。这时的提法中,尽管还不是"商品经济",而是"商品生产和商品交换",但很多涉及新的产品、生产方式、物资、技术与人员流动的相关政策已逐渐放开[3]。1984 年以

---

[1] 据报道,1979 年全国农村集市数量已恢复到 3.6 万个,接近 1965 年的数量。这些恢复的集市(传统的集、墟)包括:早市、露水集、夜市、夜交会、山会、古会、骡马大会等。(参见《人民日报》1980 年 3 月 10 日)1979 年 12 月,胡耀邦同志主持召开了全国地县宣传工作座谈会,在会上他说道:"我的意见要从明年开始好好考虑建设小城镇的问题。使我们国家几千上万个小城镇,主要不是靠国家投资,主要靠集体投资的办法、集体所有制的办法,把我国几千上万个小城镇建设成为农村里面政治的、经济的、文化的中心场所。"

[2] 1980 年 6 月 20 日,《人民日报》刊登孙连成文章《长途贩运是投机倒把吗?》。文章提出:长途贩运是商贩运用自己的工具,通过自己的劳动,把商品从产地运到销售地,从而获得一部分收入。在现阶段,农村的生产力水平很低,商品经济很不发达,交通不便,既要有国营商业、供销合作社商业,也要有集体和个体的长途贩运作为必要的补充。特别是需要拓展城乡之间的流通渠道,允许人民公社、生产大队经商,允许多余劳动力游乡串镇,把千千万万种零星分散的农副产品、土特产品收购贩运到城镇销售。这不是"投机倒把",只有那些违反法律、牟取暴利的行为,才能担此恶名。

[3] 这些政策包括:承认、支持专业户(承包专业户和自营户);允许资金、技术、劳动力一定程度的流动和多种方式的结合;允许农村个体工商户和种养业的能手,请帮手、带徒弟和雇佣一定数量的雇工;允许农民个人购置大型和中小型拖拉机、汽车、农副产品加工机具和小型机动船;允许农民个人从事商业和运输业;允许农民和个人合伙进行长途贩运;允许农民个人或合股集资兴办农村仓库、公路、小水电等基础设施;等等。(参见《中共中央关于印发〈当前农村经济政策的若干问题〉的通知》,载中共中央文献研究室编《十二大以来重要文献选编》(上),第 252—269 页)

后,中央继续以一号文件形式为农村松绑,承认或鼓励农村经济的商品与要素流通,以及农村经济向商品化生产转化。

农村市场化的力量不断蔓延到城市,不仅农产品进入城市市场,曾经的社队企业以及后来的乡镇企业也在不断壮大中参与到城市的经济社会生活中,带来了人员、技术与物资等新的分配机制。同时,城市中的市场发展也有其自身的动力来源。比如,为解决知青就业问题而大力发展,出现了多种经济类型,此外还有价格改革、城市扩大企业自主权、鼓励企业横向经济联合,以及对外开放的实施等。

作为城市市场发展的突破口之一,"搞活企业""扩大企业自主权"曾是领导人与经济学家最早最为关注的改革焦点。1975年邓小平主持经济工作时就体现出这一思路。为了搞活企业,1978年以前国家还频繁安排人员考察国外企业管理先进经验。在1978年召开的党的中央工作会议闭幕会上,邓小平指出:"当前最迫切的是扩大厂矿企业和生产队的自主权,使每一个工厂和生产队能够千方百计地发挥主动创造精神。"随后的党的十一届三中全会公报进一步指出:"现在我国经济管理体制的一个严重缺点是权力过于集中,应该有领导地大胆下放,让地方和工农业企业在国家统一计划指导下有更多的经营管理权;应该着手大力精简各级经济行政机构,把它们的大部分职权转交给企业性的专业公司或联合公司;应该坚决实行按经济规律办事,重视价值规律的作用,注意把思想政治工作和经济手段结合起来,充分调动干部和劳动者的生产积极性⋯⋯"

当解放思想、实事求是的方针成为一种新的社会共识,基于"事实""规律"和"解放"的价值规律、客观规律、经济规律、政治规律、人性等都被提上讨论议程[1]。从经济层面看,曾经高度计划化与单位化的体制不断被打破,市场发展需

---

[1] 1979年4月,第二次全国价值规律问题讨论会在无锡召开,此前的第一次全国价值规律讨论会是1959年4月在上海召开的。这次讨论会由中国社会科学院经济研究所、国家计委经济研究所和江苏省哲学社会科学研究所联合发起的。这次会议的参加者除经济理论界人士以外,还有中央各经济部门从事实际经济工作的人员。会议重点讨论了三个问题:①社会主义经济中计划与市场的关系问题;②扩大企业权限与价值规律的关系问题;③价格问题。会前,他们还特别在北京召开了多次座谈会。会后,中国社会科学出版社出版了由经济所学术资料室编辑的《社会主义经济中价值规律问题文章选编》四本,分别是《社会主义经济中计划与市场的关系》(上、下)、《商品生产价值规律与扩大企业权限》、《价值规律作用问题资料》。此次会议达成了一个基本共识,即未来应该去探索一个新的发展模式。[参见张曙光:《中国经济学风云史》,(新加坡)世界科技出版公司,2016,第241页]关于人性、人道主义问题的讨论,1978年起有较多讨论和文章发表,到1984年这一类主题的讨论文章已达1 000多篇,由文艺界展开,渐渐涉及哲学和政治等领域。这些讨论大多试图从马克思、恩格斯、列宁等领袖著作中获取灵感,这其中又以对马克思《1844年经济学哲学手稿》引用为最多。(程光炜:《"人道主义"讨论:一个未完成的文学预案——重返80年代文学史之四》,《南方文坛》2005年第5期)

求不断被提出,改革是一个解决方案,也不断带来国民经济各环节运作的新问题[1]。一方面,"放权让利"的改革调动了地方政府和企业增产、增收的积极性,另一方面,着重于中央与地方、政府与企业之间的分配关系的改革举措也带来了一系列挑战,显著地表现在:第一,有的地区出现了"市场割据"的苗头,不但上下争利,而且阻碍经济的横向联系;第二,各级政府为增加财政收入、各企业为多分利润,对价高利大的产品,抢着上马,这使得开始于1979年的调整效果并不明显,基本建设总规模没有退下来,各地方和企业又盲目上了一批重复建设项目。

这些问题不仅使得政策跟进成为亟需,也使相应的理论呼应变得迫切。在1978年的国务院务虚会上,有经济学家提出应更多发挥价值规律的作用,要为长途贩运平反。1979年3月,陈云撰写了《计划与市场的问题》,提出整个社会主义时期经济必须有两个部分:计划经济部分和市场调节部分,经济发展不能忽视市场调节的部分,不能忽视价值规律的作用。同年,召开了以价值规律为题的无锡会议,与会的经济学家、政府各经济部门负责人意识到按照经济规律、价值规律推动改革的必要。这一年,"观念市场"中还有一个重要的发展——由薛暮桥带领国家计委委派的写作班子在杭州完成并出版了《中国社会主义经济问题研究》,一时洛阳纸贵。到1983年,该书销量已近1 000万册,由此可见新的经济理论的社会需求。同年11月26日,邓小平在接见美国不列颠百科全书出版公司副总裁等人时,也发表了上述关于市场经济发展的更为开放前沿的论述。

1979年4月中央工作会议后,国务院财经委组织、召集各方面专家研究改革的具体问题。1980年3月,中央财经领导小组成立;8月,中共中央财经领导小组和国务院批准建立国务院经济研究中心,设立国务院体制改革办公室。与此同时,各种经济学研究团体纷纷成立,经济改革研究方兴未艾。1982年3月8日,五届全国人大决定设立"国家经济体制改革委员会"为国务院组成部门,主要职责是研究、协调和指导经济体制改革。为了协调不同部委推进改革,由国务院总理亲自兼任体改委主任。这些发展表明,国家为改革的思想酝酿提供了重要的组织基础。

---

[1] 企业有了改善经营管理权,但很快面临经济调整、生产任务开工不足的问题,这迫使企业依靠市场自救,在取得自销权的条件下,企业开始探索自我推销之路,最先出现的生产材料市场是钢材市场。到1980年上半年,全国自销钢材已达84.9万吨。成都无缝钢管厂1980年自销合同部分已占到42%,江苏省1979年钢材市场调节已占30%~35%。此前,94.4%的农产品和97.5%的工业产品是由国家定价销售的,财政与金融部门作为政府的出纳员,职责就是为政府指导的发展项目融资,生产队和企业都是国家的工厂,承担着流水线一样的生产任务。钢材市场发展的更多资料见《经济研究参考资料》1980年第147期。

1982年7月,国家体改委举办了第一次中外经济体制改革问题的理论讨论会。与会的国际学者来自波兰、联邦德国、美国、法国等。会议讨论了所有制和经营方式问题、计划和市场、价格问题,会议被称为第一次莫干山会议。更受关注的是1984年的第二次莫干山会议,即"中青年经济科学工作者学生讨论会"。这是1949年来第一次全国性的中青年经济科学工作者的讨论会。会议由青年经济学者发起,由《经济日报》、中央人民广播电台、浙江省社会科学院联合举办,参加这次会议的很多中青年学者后来都成了我国改革开放各条战线上的重要人物。会议以城市经济体制改革为中心议题,形成的关于价格改革的报告得到了国务院有关领导的批示,认为"价格改革的两种思路很开动脑筋","有参考价值"。

受过职业训练的经济学家不断深入参与到国家改革大潮中,与日益开放的环境和日益高涨的学习外国经验热潮有关。当时全国上下都急切想了解国外经验,从上至下各种各样的参观考察团带回了各国经济发展的情况和经验。同时,西方现代经济学各种学派的思想也开始系统地被介绍到国内,国外经济专家和经济学家也应邀纷纷来华讲学。1979年后,东欧经济学家频繁受邀访华,其中影响最大的也许是波兰经济学家布鲁斯和捷克斯洛伐克经济学家奥塔·锡克。锡克特别强调价格改革的重要性,他曾多次与薛暮桥、廖季立、马洪等人座谈,他受到了当时领导人的特别重视。针对"放权"与"松绑"后不断出现的新问题,他关于价格改革的思路显然以某种方式影响了中国改革的策略选择。

1982年9月,中共十二大第一次提出"计划经济为主,市场调节为辅"。这一时期,一些日益活跃的商业流通行为仍被作为"投机倒把罪"进行惩处。利用周末到乡镇企业进行技术指导的"星期日工程师"不断被质疑、责罚,甚至有工程师因此获罪。引起全国性讨论的,还有"傻子瓜子"的个体雇工问题。不管怎样,在新旧规范的交织之中,包括个体户、私营经济在内的新经济形式顽强地生长出来了。

从国家宏观经济运行来看,对企业的放权改革出现了如下问题。第一,由于尚未进行价格改革,企业的盈利主要不取决于经营管理而决定于当时很不合理的购销价格的高低,按利润分成就产生了苦乐不均的现象,而且以后如调整价格又会影响利润分成的比例。第二,在传统的中央计划经济的模式下,特别是由于价格机制不合理,对于企业利润留成的投资方向,始终存在诸多的批评意见。第三,对企业的利润留成使用,由于过多用于奖金发放,从而导致消费基金膨胀的可能性。加上财政的、社会的原因,向企业让利扩权的试点很快难以为继[1]。改革者希望向企业放权,使企业摆脱行政力量主要是地方政府的干预,企业能够以经济管理的而不是行政管理的方式创造更高的生产效益[2]。

1984年10月,中共十二届三中全会通过了关于经济体制改革的决定,这标志着中国改革总体思路的一次重大突破。会议明确提出"建设社会主义有计划的商品经济"。这标志着改革开始向纵深发展,而这种发展态势"主要归功于企业和地方的改革实践探索取得重要突破"[3]。经过几年的发展,这时中国的经济构成已悄然改变,包括集体经济、个体经济、私营经济和外资企业在内的非国有成分在整个国民经济中占比显著提升。1984年,非国有工业产值所占比重已达到了36%。同时,农村经济发展态势良好,这使得受日益开放环境影响的高层呼吁改革、要求加快改革的声音也在加强。

在这个背景下,经过一些企业的试点,国家于1983年和1984年分两步推行了"利改税"(试点之中,只有对首钢"放水养鱼"的"递增包干"得到继续)。理论上,"利改税"意味着国家与企业关系的再造,它将使企业与国家形成新的制度化的契约关系,因而具有比较鲜明的市场化意义。然而在实践中,国家既是国有企业的社会管理者,又是资产所有者;作为社会管理者,国家要向企业征税;作为资

---

[1] 至于国家财政的困境状况前面已经多次提及。社会的原因主要表现在:一是物价的上涨。1978年以前,消费品价格每年平均上涨少于0.5%,1979年和1980年官方公布的通货膨胀数字为每年6%,国外有研究认为,实际上涨是打了相当折扣的,除了撇开自由市场和黑市的价格上涨情况外,也没有考虑国营商店中各种各样隐瞒价格上涨的形式(诸如把旧产品改装以后贴上新商标以更高价格出售),以及越来越多地靠贿赂去获得紧俏产品的现象。〔莫里斯·梅斯纳:《毛泽东的中国及其发展——中华人民共和国史》,社会科学文献出版社,1992,第524页〕这对于30年间习惯于价格实际上完全稳定的人民来说,通货膨胀的发展是令人震惊的。二是企业获得一定自主权后,必然会加剧已有的失业问题,带来一些社会不安定因素。实际上,向国有企业放权会产生三个方面的问题:①国家如何保有这些国家资产,并保证既定的财政收入;②一旦企业市场化,党和国家如何重新控制这个城市社会;③社会的不安定必定会影响政权本身的稳定性。总之,在1980年的中共中央工作会议上,领导人表示,企业扩权试点范围不再继续扩大,对企业的"让利"式改革随着1986年企业实行承包制再次出现。

[2] 其间有一种设想,就是国家将按照社会化大生产的要求,组织整个经济活动,即打破部门之间、地区之间、军工和民用之间的界限,也使企业不受不同所有制的约束,按经济的内在联系和专业化协作的原则,组织各种形式的专业性公司和联合公司,企业在国家计划指导下,自己管理人、财、物和产、供、销,实行独立经济核算和自负盈亏。国家通过种种经济立法和经济手段,同时保留必要的行政手段,来指导、控制和协调企业的经济活动。国家计划以企业为基础,国家计划的重点将放在中长期计划上。实践中,中央上收了一部分企业,同时分配的物资品种也有所增加,同时,地方政府也被要求推动加强横向经济合作的改革。

[3] 安志文:《1980年代中国改革开放的决策背景》,载中国经济体制改革研究会编《与改革同行》,社会科学文献出版社,2013,第9页。

产管理者,国家要参与企业所得税后的利润分配。企业在完成较高的税率后,还要被加上一道调节税。这样,这次对企业改革的结果,企业负担反而加重了[1]。企业有可能进一步从计划空间中剥离出来,但企业能否脱离行政体系却是未知的。1985年、1986年两年,工业企业出现连续20个月利润下降的局面。

真正使企业获得与国家协商地位的,是之后的企业承包制改革。1986年12月,国务院发出《深化企业改革增强企业活力的若干规定》,明确要"政企分开",提出:"推行多种形式的经营承包责任制,给经营者以充分的经营自主权。"[2]在全国范围内普遍推行企业承包经营制开始于1987年5月。到1988年年底,全国预算内工商企业承包面已超过90%,其中,大中型企业达到了95%。[3] 企业承包经营责任制的改革使企业更加直接地面对市场。1983年的税制改革没有使企业成为相对独立的利益主体,但包干制却使企业更加深切地卷入到市场化运动中。这也让中央与地方的博弈迎来了一个新的重要的时刻。

改革之初,中央一直强调要把搞活经济放在计划的笼子里,但是,允许发挥市场调节的作用,还是从一元化政治空间下撕开了一道缺口。当地方政府被发动起来参与到经济建设与生产中时,获得较高边际财政留成率的地方政府,使得这道缺口渐渐放大,成为一只一再突破计划这只笼子的鸟。

1979—1984年,作为市场化改革的一部分,并基于广东的经验,国家对价格管理体制进行了探索性的改革,主要是逐步下放价格管理权限,实行灵活多样的价格形式,并放开一部分商品的价格,由市场去调节[4]。1985年以后,国家先后采取了一些重大的价格放开措施。但由于1984年下半年出现通货膨胀,投资数量和消费基金的增长,银行不得不靠增发货币来兑现农业丰收后的粮食收购。

---

[1] 根据有的计算,国家先以产品税、增值税、营业税、城市建设维护费、教育经费附加,拿去企业纯收入的50%~55%;然后,从实现利润中,收55%的所得税、5%~25%的调节税;从企业税后留利中收取15%(有一段时间提高到25%)的能源交通基金;还要派购国库券、重点建设债券。这几项加在一起,占到企业纯收入的90%左右,其余10%还要支付其他费用和应付各种摊派。(苏星:《新中国经济史》,第726页)

[2] 此前,1986年7月国务院发布的《关于加强工业企业管理若干问题的决定》仍然强调了要加强管理而没有提及对企业的"让利"。随后9月份,中共中央和国务院一起发出了《关于颁发全民所有制工业企业三个条例的通知》(三个条例是《全民所有制工业企业厂长工作条例》《中国共产党全民所有制工业企业基层组织工作条例》《全民所有制工业企业职工代表大会条例》)。加上1986年4月,国务院常务会议审议通过的《国营企业实行劳动合同暂行规定》《国营企业辞退职工暂行规定》《国营企业职工待业保险暂行规定》,这一系列举措无疑旨在扩大企业自主权的用人权。

[3] 苏星:《新中国经济史》,第27页。

[4] 措施包括:部分农副产品恢复议购议销,实行议价;部分工业品实行以国家定价为基础的浮动价格;分期分批放开日用小商品价格;恢复和发展城乡集市贸易,实行市场调节价格。

这迫使国家责成物价部门再对部分商品使用行政手段执行限价政策,致使物价产生新的扭曲[1]。通货膨胀、物价上涨减缓了物价改革的步伐,国家以财政、税收、物价大检查的方式加强了对各地和部门财税物价的管理。

地方的自主性与市场的力量就是在这样的调控和挫折中曲折成长的。1984年,中央决定将改革全面展开,14个沿海开放城市,向地方下放种种经济管理权限,进一步调动了地方投身改革与经济建设的积极性。但如上所述,经济出现"过热"及通货膨胀的症状,导致中央在1985年再次实施调整政策,物价改革进程放慢,甚至出现了新的物价扭曲。1986年,中央准备启动政治体制改革以推动经济体制的改革,实施大包干的地方政府开始探索企业租赁制、股份制、企业兼并等企业改革模式。结果,中央试图绕开地方政府的企业改革(利改税、企业破产等)遭遇挫折,中央政府试图重新强化的"条条"计划一再受到来自地方的冲击。其中,地方政府及地方企业、部门对预算外资金的追逐引发了经济的一次次过热、"失控",从而迫使中央政府追求新的调控手段。

市场导向的改革体现了一个互动演化的过程。国家向企业扩大经营自主权后,很快出现职工工资、奖金发放失控问题。1984年6月,国务院发布了《国营企业奖金税暂行规定》,随后又作了进一步修改。1985年7月,又发布《国营企业工资调节税暂行规定》。1979年前,国家基本建设都是以国家预算无偿拨款方式办理的,由于资金无偿使用,便出现各部门、各地区、各单位纷纷争项目、争投资的"投资饥渴症",从而造成基本建设投资规模失控、结构失控、效益下降等问题,重复建设问题也十分严重。基于此,经过试点,1981年起对各企业实行一刀切的"拨改贷"(凡是执行独立核算、有还款能力的企业,都实行基本建设拨款改贷款)。1984年12月,国家计委、财政部、建设银行发布了《关于国家预算内基本建设投资全部改为贷款的暂行规定》,决定从1985年起,凡是由国家预算安排的基本建设投资全部由财政拨款改为银行贷款。1986年又部分恢复了对国家预算内投资进行财政拨款。出台工资奖金税、推行"拨改贷",都是一种加强地方、企业经济责任的规范化调控、控制方式,虽然在效果上并不尽如人意,但这确是一种适应市场化改革的新的社会组织与管制机制。

总的看,经济改革的思路从20世纪70年代末、80年代初的"利用商品交换、价值规律的计划经济"和"计划经济为主、市场调节为辅",发展到1984年的"有计划的商品经济",乃至1987年"国家引导市场、市场引导企业"和"计划经济

---

[1] 薛暮桥:《薛暮桥回忆录》,第404—407页。

与市场调节相结合",最后于1992年确立"社会主义市场经济"的改革方向,是个意识形态艰难调整的过程。这个市场被意识形态所接受和合法化的故事,也是规范变革和权力资源再分配的过程,一个不断突破计划经济及相关内涵的艰难过程。在这个过程中,虽然市场体系的扩展、知识精英的介入、对外开放的扩大等因素都发挥了很大作用,但中央政府依然是关键的体制构建者和保证力量。

然而,无论作为一种观念形态,还是作为一种组织体制,市场的呈现都不是中央政府单方建构的结果,地方政府也发挥了关键性的作用。实际上,改革的过程也是一个地方政府不断卷入到市场体系扩张的过程,没有地方政府的驱动力,国家对市场体制的接纳是难以想象的。

第二节 地方政府与区域市场的培育与保护

《共产党宣言》对于市场的与生俱来的扩张力量有过非常精彩的描述[1]。波兰尼也坚信,市场体系最惊人的特性就在于:它一旦建立,就自发地产生作用而不容外界干涉[2]。哈耶克更是将这一力量集大成地称之为"自发秩序":这个自发秩序通过价格机制进行自我调节[3]。

在其研究中国社会历史的理论模式中,施坚雅(G. William Skinner)发现,中国的集市群既是一个有着核心与边缘差异的空间体系,也是一个充满人际互动的集群体系。市场与社会结构是相互嵌入的,这一理论立场也被越来越多的经济社会学家所坚持。伯恩斯强调,市场的社会秩序是由一系列规则构成的,这

---

[1] 这段经典的论述是:"美洲的发现、绕过非洲的航行,给新兴的资产阶级开辟了新天地。东印度和中国的市场……使商业、航海业和工业空前高涨,……以前那种封建的或行会的工业经营方式已经不能满足随着新市场的出现而增加的需求了。工场手工业代替了这种经营方式。行会师傅被工业的中间等级排挤掉了;各种行业组织之间的分工随着各个作坊内部的分工的出现而消失了。但是,市场总是在扩大,需求总是在增加。甚至工场手工业也不再能满足需要了。于是,蒸汽和机器引起了工业生产的革命。现代大工业代替了工场手工业;……大工业建立了由美洲的发现所准备好的世界市场。世界市场使商业、航海业和陆路交通得到了巨大的发展。这种发展又反过来促进了工业的扩展。"

[2] 波兰尼:《大转型:我们时代的政治与经济起源》,第44页。

[3] 市场自发性的思想还可以追溯到伯纳德·蒙德维尔、大卫·休谟、亚当·斯密等自由主义理论家那里,他们将市场看作是一个无结构的整体,斯密更提出了经典的命题:自由市场中"看不见的手"能够调控千差万别的具有不同利益的人的行为,自然而然地达成一种秩序井然的资源分配关系。

些规则包括法律与规范、社会关系与角色规则[1]。斯韦德伯格将市场理解为经由历史形成的社会结构,最初的市场是一些小社区的边界,这一边界随着竞争与交换的扩大而不断突破原有的地理与交往边界[2]。市场的这一拓展过程既是历史的,因而也是历时性的。然而,对于已经被高度计划化、组织化且接受了行政与计划规范的大多数民众而言,市场秩序的拓展却是急速的变革,它是一次重塑社会秩序与规范的过程。在改革开放的语境下,地方政府的介入和积极性使得市场化的过程变得与众不同。

任何的变迁总是以反常、"非法的"形式出现的。即便是国家主动实施的强制性制度变迁,新的规范接纳对于社会大众而言也是一个充满变数的过程。因此,对于一元化的政治空间而言,社会新生事物的出现可能更为脆弱。对于地方政府而言,作为国家政权的一部分,维护一元化政治空间的完整统一是其职责。因此,在没有一定自由裁量权与地方授权和问责制度的情况下,地方政府行动的优先选择是服从中央政府,阻碍市场的成长。地方政府不断侵蚀计划空间、积极培育市场、保护市场,与地方政府在改革中获得较大财政自主权以及发展经济等的责任息息相关。一些研究表明,在实行财政包干制期间,地方政府的边际收入留成率越高,其财政激励就越高,它们的自身利益与本地的经济繁荣就越紧密地结合在一起,它们表现出更愿意帮助和支持而不是阻止和扼杀本地有活力的非国有经济,结果本地的非国有经济发展越快[3]。

中央为了确保中央财力而着力提高地方政府增加收入的积极性,这促使"财政包干制"形成。由此成长的地方政府因此具有两面性,为了增加财政收入,地方政府开始注意到区域市场的建设,并努力争取更大的市场空间容量。这使得

---

[1] Tom Burns, 1995, "Market and human agency: toward a socio-economics of market organization, performance, and dynamics," in *Market and individual: 1994 European Aalfi Prize proceedings*, Mongardini(Rome: Bulzoni Editore).
无独有偶,丹麦人类学家托马斯也从不同角度强调了市场规则及相应制度的复杂性,这是复杂社会获得国家自主性的必要准备。[Thomas Højrup, *State, culture and life-modes: the foundations of life-mode analysis* (Ashgate Publishing Company, 2003)]

[2] Richard Swedberg, "Market as social structure," in *The hand book of economic sociology*, N. Smelser, Richard Swedberg (New York: Princeton University Press, Russell Sage Foundation, 1994).

[3] Jin, Qian, Weingast, "Regional decentralization and fiscal incentives: federalism, Chinese style," *Journal of public economics* 89, No. 9—10(2005): 1719—1742; Qian, Roland, "Federalism and the soft budget constraint," *American economic review* 88, No. 5 (1998): 1143—1162; McKinnon, "The logic of market-preserving federalism," *Virginia law review* 83(1997).

地方政府在鼓励、保护市场发育的同时,也会阻碍区域市场的开放甚至伤害市场力量。

一、市场培育

传统的社会主义组织体制并没有市场的容身之所。在计划体制背景下,国家的控制逻辑置于市场体系的发展逻辑之上并试图取代后者。农村与城市都被国家行政体系分割为网格化互相封闭的块状结构。在农村,自从公社化以后一直到"文化大革命"期间,个体商业和集市贸易不断受到打击,长途贩运、城乡人口流动被禁止,集市及各类农产品市场被关闭,国家通过指令性计划与统购统销获取,并通过供销社等国有代理机构满足农民的生活需要。城市则被设计成为网格化的生产单位,其自下而上的成长机制被阻断:一方面,城市只能够获得极小部分的基本维护费用;另一方面,为缓解就业压力,以及城市的容纳能力,通过知识青年上山下乡等形式使大量城市居民向农村迁移,大量压缩城市人口。此外,国家以严格的户口制度在市镇与乡村之间构筑坚硬的壁垒,这又使非农产业得不到发展,农村人口的合理聚集不能实现,作为市场的城市失去了基本的成长空间。

施坚雅等人提醒人们,新中国成立后的农村市场体系与传统的市场体系依然存在一些相同的地方。而且,由于中国社会所具有的异乎寻常的长期性和稳定性,很多地区的市场体系在现代化开始之前已达到充分成熟。1949年以前,中国农村约有5.8万个基层市场体系[1]。1973年,全国农村有集市32 000个,比1965年减少5 000个;1976年年底,农村集市只有29 227个,比1973年又减少了2 770个[2]。因此,在1978年前,农村许多集市实际上是有集无市,上市商品很少。农村粮食市场除少数省外,绝大部分省、自治区、直辖市全部关闭[3]。

1978年开始的农村体制变革,实质上是一步步地把处于国家单元结构中的农民抛到市场中,使农民成为自主经营的独立主体,有权处理属于自己的经济事务,展开交易。1985年后,主要农产品的统购统销为合同制所取代,农产品价格

---

[1] 施坚雅:《中国农村的市场和社会结构》,中国社会科学出版社,1998,第42页。
[2] 有研究认为这时的市场化指数有25%,这些市场包括集贸市场、自留地、个体户、社队企业等。(胡鞍钢:《中国发展前景》,浙江人民出版社,1999,第48页)
[3] 赵德馨主编《中华人民共和国经济史:1949—1966》,第209页。

被渐渐放开;取消了对长途贩运的禁令,各类集市在地方政府的推动下发展起来。这是农民的市场化取向冲动与地方政府的积极支持共同作用的结果。可以说,农民是由地方政府送到市场中的,地方政府也由此担负起了为农民规避风险的责任,这是后话。

农村的市场化发展包括3个方面的基本内容:①农村承包责任制对农村公社体制的瓦解;②集市的恢复与发展;③乡镇企业的发展。关于农村承包责任制和乡镇企业,前面已经多有论及,此处不再赘述。集市的出现和发展具有戏剧性,值得特别分析。集市作为市场的象征,其重要性不言而喻,由于商品交换有了固定的地点和时间,越来越多的个人参与活动中,这不仅加快了商品的流通,而且增加了商品的品种,扩展了交换的范围,提高了竞争程度。

安徽省在1979年选择蚌埠市进行开放小商品市场试验。第一,采取国有经济领导集体、个体经济,而集体、个体经济又补充调节市场的做法。第二,发挥个体小商贩的补充作用。凡是国有、合作商店暂时没有的三类小商品和国有商业不便拆零供应或不愿经营的小商品,个体商贩可以就地在批发商店进货供应。他们还根据市场需要到外地进货。这就增加了市场上小商品花色品种,补充了国有商业供应的不足。第三,吸引省内外许多社队企业来蚌埠参加竞争,开辟了内外交流的场所。不到一年的时间,已有上海、江苏、浙江、山东、湖北、江西、河北等15个省、市近百家企业参加蚌埠小商品市场的竞争。市场开放取得了巨大成就:商业摊点不断增加,营业额逐月上升,日平均设摊点129个,其中国有35个,社队销售工副产品、工厂推销试销产品及农村社员、城镇居民出售自己纺织的手工艺品的摊点25个,有证个体商贩26个,无证个体经营的摊点43个。上市的小商品有小百货、小五金、小文化用品及部分成衣、鞋帽、衣料、针织等500多个品种。绝大多数是适销紧俏商品,很受群众欢迎。人们围绕这条100多米长的街道出现的交易情况,议论纷纷。有些人说好,说"市场就应当这样活下去"。有些人惊呼,说"这简直是为资本主义复辟开绿灯",要求取缔。对此,中共蚌埠市委和市人民政府认为,开放小商品市场的方向对头,它符合群众的需要,是发挥多种经济形式的作用,把商品流通搞活的主要措施。因此,坚持继续搞下去[1]。

地方政府撕开的市场口子,不仅仅是小商品交易,而且是把农民卷入市场的

---

[1] 刘苍劲:《中国发展和改革开放史:1949—1995》,西南师范大学出版社,1996,第188—190页。

组织形式——乡镇企业。几乎没有人否认地方政府在乡镇企业发展中的作用[1]。江苏省在这方面做了大胆的突破。要发展乡镇企业，就不可能从计划中得到充分供应，于是采取了省际协作等形式，以大米等向山西换煤炭，向东北换钢材。这曾受到有关部门的指责，认为是"挖社会主义墙脚"。但是他们顶住压力，积极开展活动，终于形成了生产资料市场，最后得到赞同和推广[2]。

1983年，费孝通将苏州、无锡、常州、南通等地的乡镇工业发展模式称为"苏南模式"。这一模式的核心在于：地方政府出面组织土地、资本和劳动力等生产资料，出资办企业，并由政府指派所谓的能人来担任企业负责人。这种组织方式将能人（企业家）和社会闲散资本结合起来，很快跨越了资本原始积累阶段，实现了苏南乡镇企业在全国的领先发展。

在苏南如火如荼发展的同时，浙江也在大步迈进，开启了具有自身特点的实践，产生了引发广泛关注的"温州模式"。温州模式的特点是"以商代工"。改革开放前，温州由于交通不便，人多地少，经济基础十分薄弱，最甚时，老平阳县曾有30多万人外出讨饭。但温州人非常能吃苦耐劳，能工巧匠多，有外出经商的传统。"放权让利"与"松绑"政策大大激发了温州人的积极性，如苍南宜山（当时还属于平阳）的织布机一下子就恢复了两万多台。过去，农民织布只能卖给供销社，时任温州市委书记表示可以自产自销，这使得该区"土纺土织"一年产值就达5 000多万元。1984年，苍南宜山已有80%的农民家庭从事再生腈纶纺织生产，所用原料则是城市化纤厂和服装厂的边角余料。这一年，温州全市超百万元产值的专业村已有351个，超千万元的乡有81个，超亿元的区有5个。在流通领域，全市有390多个商品贸易市场，其中专业市场就有上百个。

当时的温州，不仅出现了"家庭工场""联户工业""挂户经营""供销员""信息专业户"等新的组织形式，还出现了"浮动利率""私人钱庄"等新的非法金融形式。当时的柳市区主打低压电器产品，建构出一个繁荣的专业市场，大量农民快速富裕。1982年，恰逢全国开展严惩严重破坏经济犯罪活动，柳市区成为浙江

---

[1] 20世纪90年代后，乡镇企业滑坡，人们开始反思，是否乡镇企业的发展后劲不足与地方政府对乡镇企业发展的过度干预有关，如苏南模式。但这并不能否认地方政府在启动、催生乡镇企业方面的功劳。

[2] 沈立人：《地方政府的经济职能和经济行为》，上海远东出版社，1998，第107页。

省贯彻执行两个决定[1]、打击经济领域犯罪活动的重点。一些比较冒尖的农民,"旧货大王""矿配大王""邮电大王""目录大王"等"八大王"被以投机倒把罪判刑。后经市委领导出面协商,法院改判无罪,然而当时的市委常委认为,为了进一步消除群众的思想顾虑,加大农村经济改革力度,需要在适当场合与时机对"八大王"公开平反。1984年,市委在全市有公社书记以上干部参加的传达学习中共中央1号文件的电话会议上,正式为"八大王"平反,并称赞他们是发展商品经济和搞活流通的能人,这一举措开辟了温州民营经济的新天地。"八大王"平反后,另一批精明的柳市人借势而起,整个温州以家庭工业为特点的乡村工业迅速推进,温州经济飞速发展。"温州模式"由此赢得正名,并引起了社会各界的广泛关注与学习[2]。

城市居民并没有如农民那样很快从"单位"中解放出来,但城市发展的市场要素仍在快速生成,其中包括对企业效益问题的日益强调,更关键的是城市价格体系的放开。多种经济类型实体出现,开放使国际化的市场规则渐渐引入,城市经济结构发生变化。总体上看,居民成为独立的收入和消费主体,实际供求关系已成为影响经济参数变化的主要力量。地方政府的作用主要体现在对这些市场要素的培育。

城市市场空间的出现并不是从国有企业内部开始的。人员自由流动首先发生于新的经济实体。1978年前的两度权力下放使得地方政府拥有了一批属于自己的企业与机动财力,这引发了争论:地方政府的预算外企业应该是什么所有制?当时有一种"地方国有企业",实际上是大量集体企业的前身。预算外企业的存在为后来地方政府打破计划体制、培育市场提供了突破口。

地方政府打破计划体制的另一个缺口是国有企业。当时各地发展集体企业的办法之一就是把部分全民所有制企业转为集体企业,大集体企业用"母鸡下蛋"的办法一厂变多厂,由市或局(区)直接投资办新的集体企业等。这样,地方政府在解决社会问题的同时,通过这种种方式从国有企业中分离出若干国家计

---

[1] 1982年3月8日,第五届全国人大常委会第二十二次会议通过《关于严惩严重破坏经济的罪犯的决定》。同年4月13日,中共中央、国务院发布《关于打击经济领域中严重犯罪活动的决定》。这两个决定明确规定了打击经济领域中严重犯罪活动的方针政策,具体补充了严惩严重破坏经济的罪犯的法律依据。

[2] "八大王"案件被平反后不久,温州经济的飞速发展引起了外界的广泛关注,最先报道的是《解放日报》,并提出了"温州模式"的概念,随后,著名经济学家马洪、董辅礽、赵人伟、著名社会学家费孝通等分别深入温州,撰写调查报告,对"温州模式"进行了丰富的理论与实践总结、提炼。(张曙光:《中国经济学风云史:经济研究所60年》,第510页)

划之外的因素。

在中国经济处于结构性短缺状态的条件下,地方政府灵活推动发展加工工业具有特殊的效益。加工工业一般投资少、见效快,既可以逃避国家计划的限额控制(国家计划对投资项目的审批主要是根据单个项目的投资额大小,限额以下的投资项目不需要经过中央计划审批),又可以丰厚的利润刺激当地经济发展。而且,实际上这些产业在当时也受到中央政府的鼓励,地方政府被赋予这种权力,以填补改革前计划经济所留下的空白,满足生产、生活需要。

争投资、争项目是地方政府发展本地经济的主要内容。除了筹办企业,随着改革的深入,有的地方政府开始扮演投资企业管理者角色,积极营建投资环境,以争取更多的外来资金。为企业牵线搭桥、提供信息、担保等成为地方政府的主要工作。对外资开放以及允许外国人拥有资产,也是由几个地区首先做起来,然后继续逐渐推广到全国。外资的大量引进无疑促成了市场规则的大量引进,从而使市场规则渗透到地方政府、地方企业的行为规范中。

在培育市场方面,地方政府还有一项重要贡献,它体现在发展价格机制上。1985年,由市场决定的价格在全部产品和服务中不超过50%,这时价格结构也极不合理。不同于以往的是,这一年开始地方政府获得了部分物价管理权,比如,可以制定相当一部分能源原材料产品的临时价格,物价补贴也将由地方政府承担。不同的物价体系使各省间形成了价格竞争局面,地方政府推动了市场力量的成长,使之成了市场竞争的一部分。

广东从1979年开始着手价格改革,先是调整农副产品、工业消费品和生产资料价格,1985年开始逐步放开价格。到20世纪90年代初,广东市场调节的比重已达到90%,依靠价格机制的市场调节基本成熟[1]。海南省、福建省也纷纷效仿,陆续增加自由价格的比重,内地省市也不同程度地都做出了类似努力。1989年,国家开始全面整顿经济秩序,并要求各地加强物价管理。然而,广东等地还是坚持了市场化物价改革取向。没有这些地方政府的努力,后来全国物价的放开是难以想象的。

地方政府发展经济的积极性空前高涨,行为模式多种多样,突出地表现在对企业的干预与控制的强化方面:对企业经理人员的聘任或酬劳、企业的建立或关

---

[1] 王乐夫、唐兴霖:《珠江三角洲:地方政府在经济发展中的地位和作用》,《中山大学学报(社会科学版)》1997年第4期。

闭、资本的筹集、生产线的改动,以及市场策略进行决策[1];加强服务经济生产的意识,包括协助企业取得营业执照、产品合格证、产品奖和减税机会等常规服务,以及动员地方政府辖下的所有机构和组织扶植重点的乡镇企业等特殊服务;甚至直接给予企业行政拨款;参与市场的投资与贷款,为企业提供贷款担保;评定企业贷款等级;支持当地成立半私营的信贷组织等[2]。

对于地区间竞争与交流加强,地方政府无疑起到了推波助澜的作用。由于地方增强了在经济社会发展中的角色意识,苏南模式与温州模式成为全国各地方竞相参访学习目的地。据时任温州市委书记袁芳烈回忆,仅1985年,省内外、全国各地到温州参观考察的就有2~3万人,而这时,温州模式还处于备受争议的状态。1985年1月,时任安徽省委书记考察温州时说:"学南容易学北难"(学南指学温州,学北指学苏南)。他决定叫安徽全省的县委书记分批到温州考察,袁芳烈说:"学南也不容易,搞不好会有政治代价。"[3]

二、保护还是阻碍

市场作为一种交易空间、平台和体系,包含着一个自下而上的成长和扩散过程。市场体系是由不同等级的中心城市联结边缘小集市形成的地理空间,以资源流动、交易为纽带。中心与边缘的地理分布最终根据资源禀赋、流动性等因素决定的,其中心就是资本的聚焦。因此,就其本性而言,争夺资源也是市场体系扩展的逻辑使然。之所以会出现对市场的保护或者(对市场发展的)阻碍,就是因为市场体系暗含着大市场对小市场的侵蚀或挤压。比如,在解放前,来自浙江的大量资金流入上海,江苏则因为自身工业的发展使自己免于这一难[4]。地方政府之所以会保护或者干预市场,或者是源自对中央指令的遵守(如国家关于价格管制的指令),或者为自身(地方性利益、地方财政收入)谋求垄断利润(抬高工业生产增长速度,实现本地企业利税增长,增加地方

---

[1] Walder, "Local government as industrial firm: an organizational analysis of China's transitional economy," *American journal of sociology* 101, No.2(1995),271.

[2] Oi, Fiscal reform and the economic foundations of Local Corporatism in China, *World Politics* 45, No.1(1992):99—126.

[3] 参见袁芳烈:《"温州模式"是怎样炼成的》,载韩淑芳主编《口述:书记、市长与城市》,中国文史出版社,2018,第205页。

[4] 卓勇良:《空间集中化战略——产业集聚、人口集中与城市化发展战略研究》,社会科学文献出版社,2000,第72页。

财政收入)。

传统计划体制下,空间结构是被网格化的。国家通过严格的计划规划区域空间格局,实现政治整合。区域经济的空间格局由国家根据需要部署,是为"均衡"的区域发展战略。国家作为一个大的工厂,中西部提供原材料,东部加工。在布局经济的过程中,国家强调各地区要发展完整的国民经济体系,主要生产要素力求区内流通平衡,因此强化了各区域之间的网格格局。这样空间部署的鲜明好处是,中西部取得了较快发展,城市布局相对均衡,工业布局也呈整体均衡态势。同时,可以有效地动员有限资源,服务于现代化建设。然而,这种部署是由行政力量主导配置的。不仅农村的集市受到了冲击,城市的商业流通渠道也是国营商业独家经营,商品和要素流通量很小,地区间经济联系薄弱,与国际市场的联系更是微乎其微。

改革开放以后,国家开始强调充分发挥和利用各地区优势尤其是沿海地区的经济技术区位优势,即"非均衡"的发展战略。当地方利益和地方优势不断被激发出来时,更多的企业被培育起来,贸易与流通发展起来,横向的、持续的市场竞争出现,地方性的因素也渐渐凸显,地区间竞争出现并加剧。市场体系中的经济空间开始了扩张与"侵蚀"的争夺过程,区域竞争与区域合作问题也随之出现。

20世纪80年代后,随着更多经营自主权的获得,中国城乡许多经济单位之间,以至农民个人相互之间,在获得更多剩余的同时也出现了其他方面的短缺,比如有的有资金剩余,有的有技术剩余,有的则可能是劳动力的剩余。这推动了市场要素的流动及相应组织形式的形成。围绕生产前、生产中、生产后各环节,根据自愿互利原则,打破地区、部门、所有制、隶属关系的界限,各种形式的经济联合体出现了。

不过,这个过程并不是线性的,也不是纯粹自发的。多种形式的横向联合、合作在出现,相应地是地方或部门、企业间的封锁、保护。国营企业间的改组和联合成为一个重要的变量。在改革开放前,国家经过30年的投资建设,形成了35余万个大中小国有工业企业,然而发展中部门林立、各自为政、互相割裂封锁的问题不断出现。1978年开始酝酿国营企业的改组和联合。1980年,国务院发布了《关于推动经济联合的暂行规定》,提出要在计划的指导下"发挥优势、保护竞争、促进联合",要求组织联合"不能用行政命令强行组织",要"不受行业、地区和所有制、隶属关系的现状"制约。在全国经济依然高度计划化的条件下,这一进展是比较缓慢的,相对而言,来自基层的专业户等联合体发展略快,而中心城市提出打破地区、部门的改组联合发难,往往会受到上级部门的阻拦,部门利益和地区利益的阻碍使得改组联合不得不借助行政力量的干预。比如,国务院领导直接推动了上海高桥地区分属不同部门的炼油、化工、轻工、电力等七个企业和一个研究所联合为石油化工联合企业。1981年,在胡耀邦等人的敦促下,分布在上海、江苏等省、市分属六机部、交通部等部门的造船企业才联合起来,成立了上海市造船公司[1]。

中心城市显示了建设城市、发展市场的更强动力。1978年后,地方的城市建设大举进行,一方面是要"还账",另一方面也是为增加自身竞争能力的一项努力,是对发展市场的一项投资性和保护性行为。城市基础设施建设对于城市发展和竞争力提升的重要性不言而喻。20世纪70年代末到80年代初,地方政府对城镇住宅的投资急剧增加。1979—1993年住宅竣工面积占1959年以来住宅竣工总面积的85%左右。城市建设资金也有了迅速增长。1980—1984年,城市建设总投资达到181亿元,超过了前30年的总和。新的资金来源不断出现,一些城市开始对城市基础设施主要是市政工程的使用者收取费用。比如,30多个城市于1984年开始收取排污费,广州和佛山从20世纪80年代中期开始征收过桥费[2]。此外,地方政府逐渐使用各种筹资方式,包括发行债券、试行土地转让和出售城市户口等。

分权每进一步,地方对市场的培育就多加一分力,地方保护主义这一新政治也随之出现了。1984年,国务院开始酝酿和推进城市经济体制改革,以进一步扩大企业自主权,缩小指令性计划和范围,扩大指导性计划和市场调节的范围。1986年,国务院又颁布了《关于进一步推动横向经济联合若干问题的规定》,以维护企业横向经济联合的自主权,促进各类多层次、多功能、跨行业、跨地区经济联合体的发展。然而,市场的发展与地方的保护与阻碍是一个相互纠缠的统一体,地方保护主义与部门保护主义随着利益的凸显而不断出现。

1979—1992年出现的地方保护主义主要表现在对农产品、工业原材料、对本地民生有重要意义的日用工业品和副食品商品的争夺和封锁。地方政府主要采取的行为有:①由地方政府出面,用行政手段阻止外地产品进入本地市场,或阻止本地产品流出;②实施经济政策的倾斜,扩大管理范围,增加审批手续,强令当地商业企业经营、收购或推销当地产品;③强化经济杠杆,迫使和诱使当地企

---

[1] 参见中国社会科学院主编《经济研究参考资料》1982年第120期。
[2] 黄佩华:《中国地方财政问题》,中国检察出版社,1999,第93页。

业实施封锁措施;④地方政府全面干预,画地为牢,层层设卡。对商品流通实行"超经济强制性"封锁。

吊诡的是,地方政府既发展和保护了市场,又造成了对市场的封锁。有学者对1979—1992年的市场封锁进行了实证考察。研究表明,地区间市场封锁是特定地区在特定时期为保护地区经济发展和维护地区经济利益而发动的,宏观供求和市场容量波动则是其外部诱因。这种局面会随着宏观供求波动趋于平缓而逐渐消失[1]。

1982年前,资源流动性并不突出,这一阶段的市场封锁也因此还不明显。1985—1988年,迎来了一次地区封锁的大爆发。这一时期,农产品有效供给严重不足,加之消费需求膨胀,农产品供求之间产生了巨大的缺口。进入1988年,粮、棉、糖、猪肉等关系到国计民生的重要农产品更趋紧张。全国大多数城市恢复了对猪肉、食糖等的凭证供应,许多加工企业停工待料。农产品的供求矛盾触发了以抢购为中心的市场大战,各地纷纷出台限制农产品流出的政策,同时还加强了对农产品的计划调控力度和调控范围。农产品流通体制在这一期间出现了以统为特征的回归现象。而限制流出的地区市场封锁政策,往往是以加强计划管理、计划收购的名义向下贯彻的。

不仅仅是农产品,工业品的市场封锁也与市场供求有关。表5.1展示了1979—1991年地方政府与对相关产品的市场封锁的变动情况。值得一提的是,由于企业的经营活动同时受到市场与地方政府的计划控制,地方政府在工业品方面所进行的市场保护与对农产品的保护有所不同。最大的不同在于地方政府与辖区内企业形成某种讨价还价的机制,而在农产品方面,在供不应求时对市场的封锁可能会遭到农民的抵制与突破。

表5.1 地方政府与市场封锁

产品类型	时期		
	1979—1982年	1985—1988年	1989—1991年
农产品	封锁(限制流出)	封锁(限制流出)	基本放开
基础产品	封锁(限制流出)	前期不封锁,后期封锁(限制流出)	基本不封锁

---

[1] 以下材料来自陈甬军对"市场封锁"问题的考察与分析。(陈甬军:《地区发展中的利益冲突:市场封锁》,载周振华主编《地区发展:中国经济分析1995》,上海人民出版社,1996,第147—181页)

(续表)

产品类型	时期		
	1979—1982 年	1985—1988 年	1989—1991 年
一般生产资料日用工业品	封锁(限制流入)	前期封锁(限制流入),后期封锁(限制流出)	封锁(限制流入)
综合判定	以工业品为封锁重点,属市场封锁Ⅰ型	前期属市场封锁Ⅰ型,后期属市场封锁Ⅱ型	典型的市场封锁Ⅰ型

注:"市场封锁Ⅰ型"是指在市场容量增长有限的情况下,不合理地动用行政手段、经济手段和法律手段,限制外地产品流入本地市场。"市场封锁Ⅱ型"是实行保护,以限制商品(主要是资源商品和初级产品)流出本地市场,进行市场边界封锁。

市场封锁是特定地区基于特定利益诉求而采取的政府行为。在一定时期内,这种行为可能有利于本地经济的发展(有利于发展地方工业和外贸出口,保持地方财政收入和出口创汇的增长),有利于本地市场主体的成长(可以帮助、保护地方弱小企业渡过竞争危险期,从而成长壮大),有利于保护本地市场的发展而不至于在竞争中被更大的市场所吞没或者"侵蚀"(如城市在竞争中胜出而不至于衰败),有利于提高本地社会福利事业。当一个省动作快于其他省时就会产生"攀比"压力。这不仅有助于增强对改革的兴趣和信心,而且也有利于在改革上有所创新。

但从长远看,地方政府的保护、干预行为也可能产生多方面的消极、破坏作用。首先,如果其他市场联合起来,实行封锁的地区则可能在竞争中遭遇失败。还会使本地企业缺乏自生能力和竞争能力。其次,地方政府的行政干预,可能会进一步加剧地区经济分割。在地方政府中出现的投资过热、"投资饥渴"、重复建设虽然本身也可能是市场竞争的结果,但无疑会造成国民经济、整体资源配置上的低效与浪费。最后,保护市场可能给地方政府更多寻租的机会,这是腐败产生的根本原因之一。地方保护主义最令人担心的问题则在于"地方坐大",中央宏观调控能力下降。

总体上,区域市场的扩大与地方政府的推波助澜有关,而区域市场的扩大也强化了地方政府的经济自治化。当中央政府的计划管理一再受到来自地方政府的抵制而不得不寻找新的调控手段时,推动形成一种保护市场的新机制、把放权举措转为分权规则具有了可能性。问题在于,固化属于地方的哪些权力可以增强中央的调控能力,从而增加中央政府的权威?这是中国分权政治实践的核心挑战。

第三节　市场发展与地方政府的权力获得

改革开放之初,广东等省在改革开放过程中相继出现一些问题,包括走私等违法活动,也包括冲击和破坏国家的指令性计划等。1984年,邓小平到广东、福建等地视察,大力支持了广东改革,并不顾"怕口子开得太多"的顾虑,提议扩大开放地区,沿海14个城市相继开放。

在为广东改革正名之前,邓小平于1983年的春天前往江苏、浙江和上海等地视察。此前,对于发展中出现的"割据"势头、争夺原料、重复建设、盲目生产等问题,一种意见认为应该强调集中统一,抑需求、稳物价,换改革、重调整,商品经济等观点受到批评。在这个背景下,重庆被批准为改革试点城市。作为试点,中央显然希望重庆能通过改革在这样两个方面取得突破:一是省市之间的权限划分与利益分割;二是中央所属企业如何融入当地经济问题。

如前所述,20世纪80年代的市场化改革的制度安排与地方性的实践与驱动密不可分。1984年10月通过的《中共中央关于经济体制改革的决定》,是中国向着市场化方向改革的一个重大超越,它为社会主义现代化的建设目标增添了更具突破性的内涵。而此前,1984年1月,中央1号文件后,"乡镇企业""温州模式"等进一步得以"合法正名"。对于《决定》从批判"社会主义商品经济论"到肯定社会主义经济是"有计划的商品经济"的这一巨大转变,时任国家体改委副主任安志文认为,"这主要归功于企业和地方的改革实践取得了重要突破"。

1984年后,基于地方的城市综合改革试点更加受到重视。这一改革旨在更加深入地发挥城市的市场化功能,包括城市的集散功能、辐射功能,以城市带动周围农村,按照市场规律,统一组织生产和流通,进而形成以城市为依托的各种规模和各种类型的经济区。这意味着,要让城市完全放开手脚,发展出跨地区、跨部门、跨城乡的生产和流通体系。

改革开放对地方市场建设的鼓励与地方政府自主权的拓展是一个难分彼此的共生过程。"放权让利"让市场获得了更多发展空间,这里有地方政府的推动,地方政府在此过程中也获得了更多的自主权。

在这个互动结构的形成过程中,财政改革发挥了关键性的驱动作用。在高度计划化与一元化的空间里,国家一开始是通过财政分权改革先后给予江苏、广东和福建三省更多获得机动财力的机会,实行特殊财政体制的江苏和广东、福建三省由此获得了更多突破传统计划体制的行动范围。江苏省的"固定比例包干"制为江苏提供更多的获取机动财力的机会,同时,地方政府也在制定计划、物资供应、投资分配等方面有了可以突破的余地。随后,中央对广东、福建两省实行了更为优惠的特殊政策:除了跨省际的大型企业由中央经营外,其余的都由省管理,财政确定固定上缴数或上交比例,计划也改由两省为主,由中央平衡,物资核定基数,固定调入调出,外贸经营权下放,实行外汇留成制度,下放用汇权。无疑,江苏、广东、福建三省拥有更多对于经济的自由裁量权,而其他各省则凭借企业经营以及其后的市场扩展正在争取着切实属于地方政府的自由裁量权。这时,地方计划权限的扩大意味着中央计划权限的收缩。

国家以"一部分地区先富起来"的特殊政策,激活了三地区的地方政府,这一做法带动了其他地方政府的模仿与学习。在此过程中,地方政府的地方自主意识也进一步增强。1980年实行"划分收支分级包干"的"四川体制",这时在总体上地方支出与收入挂钩并不紧密,中央与地方间的财政转移支付服从平等原则,上海等国家财政收入的"大户",收入与支出之间相关性最差。广东、福建的财政政策相比江苏更加优惠,但改革实践较长的江苏因为显著的经济成就等备受其他省市的推崇,1982年开始,"江苏体制"扩大到全国大多数省市。1985年,本来中央希望配合企业"利改税"的展开,实行"划分税种"的财政体制,但随后一些"收入大户"(主要是沿海地区)征税努力程度下降,因为这种分税制的改革努力在结果上将使富裕地区比其他地区贡献更多的财政收入。在过去计划体制下时,国家以平等原则统筹各地支出和收入,同时,也对各地物资等进行统筹的计划调拨分配。

随着市场体制的扩充,地方政府的经济建设需要在市场中自筹资源,有地方政府以"藏富于企"的方式向传统的财政转移支付原则提出了挑战。为了确保中央财政收入达到一定数额,为了提高富裕省份的征税努力,中央政府将"分税包干"的财政体制改为"总额分成"的分成形式。1988年,上海等地的财政收入呈下降趋势,在国家整体经济有了较大突破的情况下,中央顺应了上海方面的要求,对上海实行了"定额包干"的财政体制。这一改革旨在提高上海的经济实力,加快上海的改革步伐。然而,为争取自身利益,各地纷纷表达对包干制与分税制的不同理解,并借此伸张各地方的权利与利益。比如,江苏认为该省在很多方面没有广东的优惠政策;福建提出,要看广东的,广东能干的,福建也要学;吉林、内蒙古表示已作好了实行地方大包干的准备;陕西赞同实行地方大包干,希望这一改革能够在承包中深化;山西反映"分灶吃饭"灶未全分,"分级包干"包而不干,给地方财政造成了很大困难,提出要明确划分中央与地方的事权[1]。

由于传统体制的高度组织化特征,地方政府获得机动财力的机会与其他计划管理权的获得是关联在一起的。因而,改革难以单线进行,必须在面上有所作为。在进行财政体制变革的同时,国家也不得不下放其他相应的计划管理权限。1984年后,在收与放的迂回中,地方政府获得了投资决策、物资分配、外资外贸等方面的自主决策权。在投资方面,按照1984年的有关规定,地方政府、包括部门的自筹和国家统借地方自还,地方、部门自借自还的外资安排的基本建设,由地方、部门负责平衡,经国家计委审核确定计划额度,执行中允许在10%的范围内浮动。少数民族地区及云南、贵州、青海可以根据本地的财力、物力和其他具体条件自主安排基本建设。自筹投资则由各地自求平衡。在建设项目的规模方面,国家计委审批的生产性建设项目和技术改造项目总额提高到3 000万元以上,非生产性建设项目原则上由各省自行审批。地方政府利用外资的总额度实行指导性计划,各地拥有不等的利用外资建设项目的审批权限。比如,北京、辽宁、大连、广州拥有对每个项目总投资的审批权限为1 000万美元以下,天津、上海每个项目总投资的审批权限为3 000万美元以下,其他沿海港口城市、各省、自治区和重庆、沈阳、武汉为500万美元以下[2]。这样,地方政府获得了更多的制定价格、建新企业和自筹资金上项目(包括预算外集资和银行贷款)的权力。

1988年,随着企业经营责任制的推行,中央对上海、广东以及其他省市实行了大包干的财政管理体制。同时,随着金融体制的改革,地方政府可以直接参与信贷计划的制定,包括向地方专业银行强加一些给本地企业的贷款项目。地方政府的这些权力来源于对地方银行分支机构领导人员的人事任免权以及分配住房和其他福利的权力。随着预算外资金的扩大和融资渠道的增多,地方政府的金融实力也大为增强。

在传统计划体制下,地方政府如同其他组织要素一样,彼此之间缺乏必要的横向联系,一切行动都是自上而下的计划的一部分。地方政府服务于地方的意识并不强烈,地方政府之间的横向联系如贸易、竞争性都很弱。地方大包干体制

---

[1] 以上材料见《世界经济导报》1988年3月14日、5月10日、5月16日、7月11日、7月25日、10月10日;韩满寿、申荣华:《"大包干"是向"分税分级"财政管理体制的过渡》,《财政研究资料》1988年第94期。

[2]《国家计委关于改进计划体制的若干暂行规定》,载中共中央文献研究室编《十二大以来重要文献选编》(中),第550、552页。

出台,不少省市政府实际上成了剩余收入索取者,地方经济建设的积极性被极大地调动起来,甚至达到了膨胀的地步:经济过热、重复建设、投资过热等问题也出现了,地方大包干的出现也使各地方出现了竞争、出现了攀比。

地方大包干给予了地方政府极大发展经济的自主权,但中央政府财政困难的状况并没有得到缓解。与此同时,经济割据、宏观失控等问题使整个社会处于相对混乱、失衡的局面。实行分税制还是包干制、如何实行分税制、如何划分税种和执行步骤等方面,财政界的争论与分歧很大。1989年,随着中央财政的再次告急,批评反对财政包干的呼声渐渐高涨[1]。1989年4月,薛暮桥再次向中央"建议改革财政承包制度"[2]。随后,严格的治理整顿举措出台,计划管理被加强。在这一轮的博弈中,地方政府对中央收权的努力进行了策略性的反拨,结果,治理整顿只是使很多问题被强行压了下来。1992年,当地方再一次被发动起来投身于经济建设的热潮中时,各种矛盾和问题一下子变得非常突出了,主要表现为宏观经济的失控:固定资产投资规模膨胀,投资失控,基础设施、基础产业的"瓶颈"约束进一步加强,投资需求带动物价大幅度上扬。地方保护主义、地方重复建设等也十分严重。

20世纪80年代,地方获得权力的过程主要还是中央政府的主动放权,但中央政府下放给地方政府的上述权限又是很不稳定的,常会出现国务院决定下放的权力、国务院的部门又自行收回。1986年6月,邓小平提出必须用政治体制改革推动整体改革的向前迈进。他说:"你这边往下放权,他那边往上收权,必然会阻碍经济体制改革,拖经济发展的后腿。"[3]这当然主要是指下放给企业的

---

[1] 《经济研究》1989年刊发了两篇文章,直面正在发烧的中国财政问题(《中国通货膨胀的财政分析》,1989年第5期;《走出第二次低谷:财政收入占国民收入比重下跌问题研究》,1989年第12期)。1990年,讨论财政问题的文章多达5篇,集中在:地方放权的弊端、中国的财政困境,以及1989年10月开始的财政收入占国民收入比重下降问题(沈立人、戴园晨:《我国"诸侯经济"的形成及其弊端和根源》,第3期;吴敏一:《关于地方政府行为的若干思考——兼与部分同志商榷》,第7期;王学峰:《也谈财政收入占国民收入比重下降问题——兼与王寿春等同志商榷》,第4期;《关于财政收入占国民收入的比重问题——兼与部分同志商榷》,第12期;张军:《论我国现阶段的财政困境》,第12期)。对财政收入占国民收入比重下降的争论在1991—1992年及以后一直持续着,但到那时,分税制改革的方案已经出台。这一阶段讨论需要财政改革的书主要有韩英杰等:《中国现行税收制度》,中国人民大学出版社,1989;刘国光:《改革、稳定、发展》,经济管理出版社,1991;宋新中:《中国财政体制改革研究》;王绍飞:《90年代中国税制改革设想》,中国财政经济出版社,1990;周小川、杨之刚:《中国财税体制的问题与出路》,天津人民出版社,1992;张卓元等编《中国10年经济改革理论探索》,中国计划出版社,1991;等等。

[2] 薛暮桥:《建议改革财政承包制度》,《薛暮桥晚年文稿》,三联书店,1999,第82页。

[3] 邓小平:《在听取经济情况汇报时的谈话》,《邓小平文选》第3卷,第160页。

自主权力不能得到落实,但地方政府被中央部门上收权力的现象也比较突出[1]。这使得地方政府争取制度性的突破,以谋求更多的经济自主权,集中表现在预算外资金、投资权和企业管理权三方面。

第一,以预算外资金扩大地方政府的经济管理自主权。预算外资金与预算内资金的区别之一,就是其收入不必缴入国库,支出不必经国家预算拨付,而是由地方、部门、单位直接收取或提取,自行支配,自行安排使用,由"国家给的钱",变为"自己掌握的钱"。地方政府大量预算外资金的产生也与其用于发展的机动财力过小,地方政府不享有任何税收权限有关,由于多征收入随时可能被中央收回,地方政府倾向于在收费与预算外资金方面积极作为。

20世纪80年代之后,"放权让利"的改革使地方政府和企业获得了越来越多的自主权,预算外资金开始不断膨胀(其发展规模和分布,参见表5.2和表5.3)。1979—1991年,预算外资金年增长率达19.2%,比预算内收入的增长速度快十几个百分点[2]。1988年以后,预算外资金收入的规模已几乎与预算内资金的规模并驾齐驱。1992年,预算外收入占预算内收入的比重竟高达110.6%。在相当一部分省、市,预算外收入(或支出)已超过了预算内收入(或支出)。对此,中央也对预算外资金的范围也作出界定和管制。1983年,财政部发布了改革以来第一个全国性预算外资金管理办法。1986年,国务院发布《关于加强预算外资金管理的通知》,规定预算外资金包括行政事业性收费、各项附加、国营企业及其主管部门掌管的专项资金、预算外国营企业收入等。换言之,预算外资金主要由三部分组成:①地方政府预算外资金;②行政事业单位预算外资金[3];③国有企业及其主管部门预算外资金。从预算外资金的分类构成分析,

---

[1] 比如,在十三大后召开的一次财政体制研讨会上,大家认为中央与地方关系上的一个主要矛盾就是中央各部门专款数量过大,加剧了矛盾。《财政体制研讨会观点简介》,《财政研究资料》1988第6期;黄晓清、黄明:《谈实行递增包干上交体制的必然性》,《财政研究》1988年第6期)又如,1988年国务院在一个正式文件中批准广东省深化改革、扩大开放十个方面的权限,不久,国务院又下发文件把大多数权限收回,以部门规章废除国务院的政令或行政法规。(黄子毅主编《中央和地方职权划分的法律问题》,中共中央党校出版社,1998,第75页)这一时期,中央各部门也增加了对财政专项拨款的控制。

[2] 王绍光:《分权的底限》,第四章。

[3] 值得注意的是,占预算外资金中很大一块的行政事业单位预算外资金,这是改革后增长最快的一部分,1978—1990年,行政事业单位预算外收入年增长率为66%,占全部预算外收入的比重,从1978年的18.3%上升到1990年的21.1%。行政事业单位预算外资金的出现与财政状况的困难有关。在积极的意义上,行政性预算外资金的迅速膨胀以扭曲而原始的方式体现了公共服务进入市场交换的路径。然而可怕的是,这一预算外资金的持续扩张可能腐化理性的官僚体制,在一定意义上,这种"分利集团"是可能导致国家的衰败的。

地方政府预算外资金的增长最为和缓。1978年以来,地方政府的预算外收入平均每年增长7.7%,略高于同期预算内收入的增长速度。它占全部预算外收入的比重也是逐年递减的。但由于地方政府管理着全国绝大部分的企业,因而可以在监控企业预算外支出的使用方向时掌控企业预算外资金,因此,地方政府对预算外资金的实际控制权是很大的。

表5.2 中国的预算外资金收入 单位:亿元

年份	总额	地方政府	行政事业单位	国有企业和主管部门	预算外收入相当于预算内收入(%)
1978	347.11	31.09	63.41	252.61	31.00
1980	557.40	40.85	74.44	442.11	53.50
1982	802.74	45.27	101.15	656 032.00	74.10
1984	1 188.48	55.23	142.52	990.73	81.00
1986	1 737.31	43.20	294.22	1 399.89	79.50
1988	2 270.00	45.00	415.00	1 810.00	91.20
1989	2 558.83	54.36	500.66	2 103.81	94.80
1990	2 700.00	60.66	570.00	2 070.00	91.09

资料来源:《中国统计年鉴—1992》,中国统计出版社,1993。

表5.3 预算外资金收入分部门比重 单位:%

部门	年份								
	1982	1983	1984	1985	1986	1987	1988	1989	1990
地方财政部门	5.6	5.1	4.6	2.9	2.5	2.2	2.1	2.1	2.2
行政事业单位	12.6	11.8	12.0	15.2	16.9	17.7	18.6	18.8	21.3
国有企业和主管部门	81.8	83.1	83.4	81.9	80.6	80.1	79.3	79.1	76.5

资料来源:《中国统计年鉴—1992》。

第二,争夺投资权导致的投资过热。当代计划体制下,投资权争夺的实质关系到中央与地方关系上的权力配置[1]。新中国成立以来,每次放权,地方政府不仅获得了财政收支权,还获得投资、信贷、物资等经济管理的相应权限。改革开放前的两次放权中,最主要的问题就是投资权的再分配以及由此带来的投资

---

[1] 在一定意义上,在中央与地方关系背景中,因为涉及权力配置体系的有效性,投资问题的严峻性才凸显出来。1989年以前,当时的领导人曾经认为投资过热并不是最重要的问题,价格闯关对于改革的意义更为重大。投资热潮的兴起常常源于一些政治环境的变化,如1992年邓小平南方谈话后,投资热潮再度兴起。

膨胀。改革开放强调以经济建设为中心,投资权的归属与分配更成为经济发展的重要制度因素。

1978—1993年,中国经历了4次较大规模的投资膨胀(见图5.1)。每次投资膨胀都出现在中央向地方政府放权之后,而每次投资膨胀后,中央政府总会试图减少投资,并予重新集中投资权。投资对于国家的影响在于,过量的投资可能带来宏观经济的不稳定,从而引起社会震荡。中央政府对投资的失控,包括基本建设的失控,以及投资方向及投资中资源配置的失控,这往往被认为是中央宏观调控能力下降的标志。从另一面看,对于地方政府来说,投资权是追求自身经济与政治利益最有力的权力工具,当控制通货膨胀或更严厉的措施出台,政治或政策冲突出现,中央政府将在利益分配上与地方政府展开直接的较量[1]。

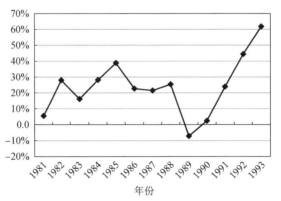

图5.1 全社会固定资产增长率

(资料来源:《中国统计年鉴—1999》,中国统计出版社,2000)

第三,在介入企业管理中扩大地方经济自主权。1978年后,中央不断向中央企业下放权力,然而,处于完全计划体系下的国营企业并不能迅速成为市场主体,这使得地方政府不得不承担起这样一些职责:通过物资交换、协作交易、联合等形式从物资供应系统之外取得原材料、燃料等物资生产资料的供应[2];通过

---

[1] Huang Yasheng, *Inflation and investment controls in China*.
[2] 例如,过去,各地向上海低价提供原材料,上海以高积累向中央上缴财政收入。改革后,各地先后强化了地方利益,上海遭遇到物资供应和生产资料严重不足的问题,电力、原材料的短缺影响了生产。1985年外地供给上海的烟叶只占计划数的30%,国家分配的主要物资数量占上海需要的生产、建设计划比重下降,如煤炭从1980年的93.9%下降到1986年的88%,钢材从85.5%下降到59.3%,木材从84.2%下降到73.7%,水泥从42.1%下降到16.3%。这些迫使地方政府要设法为企业谋求计划外的物资供给,如浙江常以高额回扣等利益供给打开相邻省份的市场封锁,江苏则以以物易物的方式为本省企业换取计划外物资。

担保、直接发行地方债券或者通过对银行的控制,为企业担保或者强令银行为企业贷款,从而为企业提供发展生产所必需的资金来源;通过自身信息优势和权力为企业疏通销售渠道、销售网。出于扩大财政收入的现实考虑,地方政府不断培育非国有经济主体,在这一过程中,地方政府逐渐形成了对区域市场的掌握。这样,企业等市场因素的增长使中央政府赋予地方政府的自主权限再不能被简单地收回,地方政府获得了相对独立的经济自主权。

纵观中国历史,在传统的帝国体系下,没有大规模经济建设,但仍存在地方藩镇割据和尾大不掉的威胁。统治者依靠日臻成熟的统治技巧和复杂的官僚制度(主要是监察体系的发达)来强化中央的权力。统治者动员所需要的各种资源(经济资源、人力资源以及政治资源)所用的手段终归是命令式的,形成了高度发达的官僚行政体系,行政等级体系与整个政治空间合一。1978年前的社会主义建设时期,中国社会的政治空间仍然是一元的。所不同的是,经济建设的任务深深地嵌入其中,这使得整个国家成为一个纵横交错的、组织化的"工厂",组织空间下的个体处于有组织的依附状态。在这种一元的政治空间中,经济职能的实现是以命令式的计划和行政手段来实现的,这套计划体系由地方政府帮助实现,如同企业的中层组织,地方政府是国家计划的管理者与执行者。

改革开放之后,投资权、企业管理权以及预算外资金等逐渐成为具有"创造性破坏"含义的再分配领域,它们构成了对传统中央计划以及一元化政治空间的分解力量。1977年试行"江苏体制"时,规定对江苏统配物资和部管机电产品"在国家统一计划下,实行地区平衡、调拨、品种调剂、保证上缴"。但随后的实践表明,这样的计划调拨分配物资的方式越来越困难。江苏为发展乡镇企业,不断突破旧的计划体系,大搞省际合作,这在当时很有争议,被认为是"挖社会主义墙脚"。广东、福建实施特殊政策时,中央反复强调,两省可以完全自主安排省内支出,但要注意不要影响其他省市的计划安排。然而,随即出现了广东从国外进口日用消费品向内地倾销,以高价从全国各地收购农副产品向国外出口,而内地其他地方则大量派人到这些地区收购进口物资,一时造成国内经济领域(主要是计划管制)的混乱,以至1982年中共中央下发《中共中央批转〈广东、福建两省座谈会纪要〉的通知》[1],特别要求两省加强计划管理。过去,在高度计划体制下,全国原材料包括粮食与其他副食品等都按计划调拨进入上海,然后,上海以其工业品向全国地

---

[1] 载中共中央文献研究室编《三中全会以来重要文献选编》(下),人民出版社,1982,第1169—1183页。

区调出。实行地方财政包干以及计划、基建、物资、外贸等体制改革后,地方政府自主权增强,发展本地经济的积极性大增,结果,上海的原料供应相应受到影响,国家计划难以完成,上海不得不改以"内联外交"的发展战略,而全国各地小烟厂、小酒厂遍地开花。一项调查表明,1987—1988年,地方政府超越其土地权限,向投资者提供了低于市场价的土地使用权的有97 000例(占全国总数的8.7%)[1]。破坏计划与寻求市场,构成了地方政府寻求自主权行动的双重效应。

  计划体制下,整个预算管理体制是以"条条"为主通过"块块"实施的,这是中央与地方的统收统支财政关系格局的支柱所在。在这种情况下,地方政府往往希望把以往财政结余转化为预算外资金,形成预算外企业,以获得更多的机动财力投入到地方的社会管理中。因此,地方政府对增加机动财力有着相当迫切的渴望。1978年后的改革提出向地方和企业下放权力,改革的初衷在于使企业从不必要的行政羁绊中解脱出来,通过增强企业自我发展能力以增强企业活力。由此,企业获得了利润留成以及生产计划、产品销售、资金使用、干部任免等方面的部分权力[2]。随后的"分灶吃饭"财政管理体制改革,则强化了地方政府理财积极性,也即对地方企业的收益权控制。地方企业也成为地方政府的主要经营对象。地方政府对投资权的争夺也与企业的发展有关,在一定意义上,城市基础设施的发展也是与企业的发展有关。

  经济建设的需要使地方政府必须拥有一个相对自主的角色以参与到经济建设中去。另一方面,过去长期积累下来的问题在解除危机的努力中逐渐暴露出来,除了住房、交通等基础设施、公共服务需要跟上,失业大军更会引发社会不安,这些无疑给地方政府施加了与日俱增的压力,使得地方政府必须更多关注本地区的利益。实际上,1978年后,地方政府从中央政府那里承接了越来越多的

---

[1] 国家土地局:《关于部分地方政府越权批地情况的报告》,《中华人民共和国国务院公报》1990年第5期,第137页。

[2] 后来,企业自主权继续扩大,包括:①生产计划权。凡有国家指令性计划的企业,在保证国家计划的前提下,可以根据市场需要制定生产经营计划。②产品购销权。工业企业可以根据生产需要直接到市场采购或到产地组织原材料,本企业的产品在完成国家计划后可以直接上市推销等(过去原材料必须通过国家物资系统统一调拨、产品只能由物资部门或商业机构统一收购)。③定价权。在一定范围内,企业可以自行定价或议进议出(过去企业没有定价权,产品价格不能反映产品成本的升降和产品质量的优劣)。④资金使用权。主要是企业利润留成和折旧基金(更新改造资金、大修理基金和税后留利),这部分资金由预算内划出,归企业自行支配,被称为预算外资金,这部分预算外资金占了1993年以前预算外资金的很大一部分。不过,这部分资金一方面在使用方向上仍被政府严格控制着,另一方面,以"主管部门"身份出现的政府行政机关仍然对它享有极大的支配权力。⑤工资、奖金分配权。⑥横向经济联合权。⑦劳动人事权。不过,企业并没有完全行使这些自主权。

责任,包括教育、卫生等,支出责任的增加使得地方政府在财务上获得了更多行动自主权[1]。如果说地方政府责任的加重成为掌握上述自主权的理由,那么,对市场发育要素的掌握则是地方政府谋求经济自主权的突破点。在通往市场经济的改革之路上,一方面是商品与要素的地区间流动在增加,出现了跨地区的大规模人员城乡流动,大量境外资金流入,国营企业之外的其他经济类型继续发展,价格机制等市场化进程不断深化;另一方面是地方保护主义的出现,地方政府对企业与市场经济发展的控制。地方政府在培育、保护区域市场中发挥了不可替代的"引擎"作用,这是一种创造性的破坏力量,以"投资饥渴""预算外"等非正常方式打破了传统的计划体制。可以说,企业之所以能够在改革中从国家行政框架中走出来,与预算外资金的发展不无关系,预算外资金也被认为对地方政府乃至国家的发展作出了重大贡献[2]。

至此,市场不仅是资金、人等汇聚的场所、区域空间,也是多种力量共同作用于其中的场域。在控制或发育市场的交易、流动性中,地方政府的自主性甚至增加到了膨胀的地步,这催生着中央与地方权力的再平衡需求。在全面推行企业承包经营责任制,中央对各地方实行财政大包干前,曾有过以税的方式规范国家与企业、中央与地方资源分配关系的尝试。1986年,决策层曾在国家机关和研究单位中安排了规模甚大的"价格、税收、财政"配套改革方案(简称"价税财联动"方案)的设计工作,拟于1987年年初出台。该方案是一种力求理顺价格信号并实行财政"分税制"的思路。1987年10月,党的十三大在北京召开,会议明确了中央与地方分配关系上的分税制改革方向。1986年提出的"价、税、财联动"方案后来被搁置,而这一年的3月,国务院发布《关于进一步推动横向经济联合若干问题的规定》,加大了横向经济合作形式的推动力度。这些改革探索了国家与企业、中央与地方分配关系如何规范化契约化的问题。然而,在当时的社会、

---

[1] 黄佩华:《中国地方财政问题》,中国检察出版社,1999;Jin, Qian, Weingast,"Regional Decentralization and Fiscal Incentives: Federalism, Chinese Style," *Journal of public economics*, 89, No.9—10(2005): 1719—1742; Christine P. W. Wong, Christopher Heady, Wing T. Woo, *Fiscal management and economic reform in the People's Republic of China* (Oxford; New York: Oxford University Press, 1995).

[2] 但是预算外资金仍是一个非常严重的政治问题,因为"第二财政"的发展势必削弱国家本身的财政权威。其次,可能会导致社会的总体负担居高不下,宏观税负加重。1978年以后,国家财政收入占国民生产总值的比重下降,然而,这可能并不意味着社会总体负担的减轻,由此,人们认为这期间财政收入占国民生产总值的比重并没有下降,因为此前人们的算法中忽略了庞大的预算外资金问题。最后,大量的腐败行为也与预算外资金问题有关。(参见项怀诚:《中国预算外资金管理理论与实践》,黑龙江人民出版社,1992)

政治、经济环境下,契约的发生在个人之间发展空间尚很小,要实行契约形态向更深层次的发展就更难了。契约是需要一定基础的。在一定程度上,地方大包干的推行,使得企业可以与地方政府合作,以非常规的、非规范的方式积累契约治理的基础。

地方政府自主权膨胀的效应是多面向的,既给国内政府间关系带来了一些变化,也影响了传统体制下的中央权威[1]。地方政府之间在竞争加剧的情况下,横向政府间关系得到发展[2]。这实际上意味着国家需要形成新的调控机制、新的政治经济格局,形成新的程序、体制规范中央和地方的关系,以及国家与企业、社会的关系。概而言之,地方经济自主权破坏了旧有的计划体制框架,带出了中国政治发展的新问题:地方经济自主权的发展在多大程度上会造成政治上的挑战?经济上的"诸侯割据"是否会影响中国政治空间的完整与统一?与传统政治文明中的地方割据现象相比,改革后的地方自主权的追求是否具有不同的性质?

但也有一些积极的信号被释放出来。比如,各地在争取经济自主权的同时也在谋求着更为公平的政府间关系,这种互动,在客观上有助于契约机制的落地生根。为了巩固已经获得的这种经济自主权,各地也纷纷发表自己的意见。如广东方面提出,"地方大包干在目前虽不是最佳的办法,却是特定时期被证明为有效的办法,可用更好的办法取代之,但不能用旧体制的老办法";福建在对改革的反思中认为,省级政府应该更坚决地支持改革,要经得起风雨,要勇于承担改革中的责任;对于海南建省热题,任仲夷提出,"重要的是及时给予帮助,而不要轻易改变政策";针对十三大后中央领导人提出要研究建立社会主义商品经济新秩序的思路,各地表达了对收权、走回头路办法的反对[3]。

无论如何,与自主权扩大伴生的政治张力是难以避免的。实际上,伴随着改

---

[1] 1988年9月,邓小平在听取关于价格和工资改革初步方案汇报时发表谈话,指出:"中央要有权威","没有这一条,就是乱哄哄,各行其是","不能搞'你有政策我有对策'",现在的中央宏观控制不同于过去,是在经济发展基础上的宏观管理,"中央行使权力,是在大的问题上,在方向问题上"。(邓小平:《中央要有权威》,《邓小平文选》第3卷,第277—278页)

[2] 如横向经济联合在各地政府间的发展、地区发展战略受到各地政府的重视、经济区概念的发展等。(参见周太和:《当代中国的经济体制改革》,中国社会科学出版社,1984;黄先等主编《经济联合与经济改革》,经济科学出版社,1987;于光远:《战略学与地区战略》,辽宁人民出版社,1984;张万清等主编《区域合作与经济网络》,经济科学出版社,1987;杨开忠:《中国区域发展研究》,海洋出版社,1989)

[3] 以上材料见《世界经济导报》1988年3月14日、5月10日、5月16日、7月11日、7月25日、10月10日,韩满寿、申荣华:《"大包干"是向"分税分级"财政管理体制的过渡》,《财政研究资料》1988年第94期。

革开放进程,既有的政治体制及其调适性的改革也在努力为新的互动格局寻求新的基础性制度框架。

1982年通过的新宪法规定了中央和地方国家机构职权划分的总原则,扩大了地方政府的职权。根据宪法而修改通过的《中华人民共和国地方各级人民代表大会和地方各级人民政府组织法》也采取列举的办法规定了地方各级国家行政机关的职权范围。宪法确认了省一级人大及其常委会的立法权限,随后,地方人民代表大会的作用发挥渐渐受到重视,1986年修改的《中华人民共和国地方组织法》又将地方立法权扩大到省会市和经国务院批准的较大市的人大及其常委会。

在干部人事方面,中央下放和扩大了地方的干部管理权限。过去,地方政府的领导人均由中央政府统一任命,对中央负责。随着民主政治的推进,地方政府领导人逐渐转变为对地方人民代表大会负责,中央政府在地方政府人事上的权限,也随着地方人民代表大会的健全而相对缩小。差额选举限制了中央政府对地方政府人事上的任免权。1988年1月15日—2月6日,中国有20个省、市、自治区的人大、政府、政协、高级法院、人民检察队伍进行换届选举。资料显示,在这20个地方人大会议上,代表10人以上联名推荐上述职位候选人190名,其中54名被列入正式候选人,最后有8人当选。河南省100多人联名推选的候选人当选为副省长,北京市副市长候选人10人,在差额选举中7人当选,安徽省原铜陵市市长由30名代表联名提名当选为副省长,上海市在选举中有两位前副市长落选[1]。

地方政权建设的进行,可以看作是中央对地方的新的调控机制。地方人大作用的加强,强化了自下而上的授权来源,也可能使地方政府的地方性进一步强化。这些制度积累及其产生的新机制,无疑反过来也会对传统中央与地方关系形成冲击。

---

[1] 王沪宁:《中国变化中的中央和地方政府的关系:政治的含义》,《复旦学报(社会科学版)》1988年第5期。

第六章
资源积累与权力空间

在前面的章节中,我们分别考察了财政包干制的发展、财政包干制下地方政府角色的变化以及在市场的发展与市场秩序确立过程中的作用。这些考察与叙述所逐渐呈现出来的是,随着财政包干制的制度演变,国家财政、经济以及政治诸方面的改变,以及在此过程中市场秩序的生长与发展对国家与地方资源配置、权力结构的改变。这一章我们将围绕国家与地方政府在资源、权力等方面的积累与增生做进一步的历史梳理与总结。

20世纪90年代初,王绍光与胡鞍钢的《中国国家能力报告》引起了国内外的广泛关注。这一研究将财政制度的演进与国家的资源汲取方式、汲取能力联系起来,将财政资源的汲取能力视为国家建设的重要内容。该书契合了20世纪七八十年代兴起的"国家中心转向"和国家能力的政治学研究。在这个脉络中,米格达尔认为,国家能力包括国家的社会渗透能力、调节社会关系的能力、汲取资源以及按既定的方式拨款或者使用资源的能力。更准确地说,汲取财政收入并按一定方式进行支出是国家能力最基本的支持性要素之一[1]。斯考切波的观点是:"相对于其他任何要素而言,一个国家筹集和配置财政资源的方式更能说明国家现有的(和即将具备的)能力"[2]。同样关注国家财政汲取能力的曼(Michael Mann)和蒂利注意到,战争会令国家需要更多的岁入汲取,而这影响了

---

[1] J. S. Migdal, *Strong societies and weak states: state-society relations and state capabilities in the third world* (Princeton University Press, 1988), pp. 4—5.
[2] Peter Evans, Dietrich Rueschemeyer, Theda Skocpol, *Bringing the state back in* (Cambridge: Cambridge University Press, 1985), p. 17.

国家政权形式的发展走向[1]。通过将资源汲取与国家政权建设联系在一起，"国家中心主义"或者"国家建设"的理论立场看到了财政与税收对国家行为的制约。这一理论预设带出了此后众多关于"预算软约束"的话题讨论。

历史地看，国家的岁入形式或者财政资源汲取方式的后果与影响是复杂而深远的[2]。熊彼特曾把现代国家称之为"税收国家"，但他并不只关注财政资源汲取与国家的关系。在他看来，新的税收汲取方式不仅会对国家走向，还会对经济组织、社会结构与联盟方式乃至人类的精神与文化产生巨大影响。同样注意到财政资源汲取方式与能力对于国家建设走向的作用，同样强调资源汲取方式作为"分析社会的最佳出发点"，曼和蒂利主张对历史过程的动态性和结构现象展开分析。在谈及政治过程背后的动态机制时，蒂利认为，这些机制过程"是一些重复再现的动因，它们在不同的情形和次序排列组合中相互作用，从而导致相去甚远但又有迹可查的结果"[3]。

这构成了本章的分析进路——通过历史的观察，再现制度的社会与政治形塑过程，再现财政汲取方式获得与国家建设进程的相互塑造与影响，由此来发现制度累进和结晶的可能性。税收被视为"现代民主制度兴起的先决条件"[4]，而从历史的、经验的研究出发，我们更想探讨的是，快速的经济社会变迁的过程中是如何塑造特定的财政资源汲取形式的？分权让利是如何成为资源动员与积累的过程的？在这个政治过程中，形成了怎样的权力关系或共识结构？

第一节　经济社会转型与财政资源汲取的形式

财政社会学区分了不同政权形式下的岁入方式：领地国家（domain-state）、

---

[1] Michael Mann, "The autonomous power of the state: its origins, mechanism, and results," in *States, War and History*, Michael Mann (Oxford: Blackwell, 1988); Charles Tilly, *Coercion, capital, and European states, AD 990-1992* (Cambridge, MA: Blackwell, 1992).

[2] John L. Campbell, "The state and fiscal sociology," *Annual review of sociology*, No. 19(1993): 163—185; John L. Campbell, "An institutional analysis of fiscal reform in post-communist Europe," *Theory and society* 25, No. 1(1996): 45—84.

[3] Charles Tilly, "To explain political processes," in *Annual review of sociology* 100, No. 6(1995): 1594—1610.

[4] Richard A. Musgrave, "Theories of fiscal crises: an essay in fiscal sociology," in *The economics of taxation*, Henry J. Aaron, Michael J. Boskin (Washington, D. C.: The Brookings Institution, 1980).

贡赋国家(tribute-state)、关税国家(tariff-state)、税收国家(tax-state)、贸易国家(trade-state)、自产国家(owner-state)。[1]不同政权(国家)的岁入方式(财政汲取方式)会基于特定历史条件下各种差异性而各不相同。结合前人研究,坎贝尔(John L. Campbell)认为,决定这一差异的因素包括:地缘政治冲突、宏观经济条件、财政危机、阶级和利益集团、政治代表制度以及国家结构[2]。

古代中国最初的赋税形态是"贡",后来出现了"赋"和"税"。除此之外,另有兵役、劳役。明中后期,"谣役"开始和土地税合并征收。到清朝后期,国家财政收入来源发生巨大变化,海关的关税成为新的、主要的国家财政收入。尽管清政府不断尝试将各省所征收和管理的田赋、关税和各种捐费加以规范化和集中化,但这一努力并没有阻止清朝政府的灭亡。北洋政府试图实行国家与地方分税的财政体制,继续将田赋、盐税、关税、统捐、厘金等大宗税集中为国家税,而将田赋附加税、地捐、商税、牲畜税等小税种归地方税。北洋政府高度依赖盐税、关税、厘金等大宗税,但这一财政集权的举措却难有成效。各地方在军阀混战中不断截留、侵蚀盐税、厘金等国家税,导致中央财政不抵支,不得不举借外债和发行国债成为满足财政需求的新来源。总体上看,独立自主财政收入来源的不足,使得晚清至民国的集权努力失败,而倚重地理和财政的双重优势,地方军阀割据导致了国内政治的长时间分裂。

根据一些学者的测算,清末中国政府收入占GDP的比例从未超过4%。1936年,或许是民国时期的最好时期,政府总预算仍只占到GDP的8.8%。1949年后,这一比例迅速大幅上升,在1979年以前,这一比例从未低于30%[3]。基于"集中力量办大事"的认识,社会主义中国逐渐形成了以高积累

---

[1] Daniel Tarschys, "Tributes, Tariffs, taxes and trade: the changing sources of government revenue," *British journal of political science* 18, No. 1(1988):1—20; Campbell An institutional analysis of fiscal reform in post-communist Europe, *Theory and society* 25, No. 1(1996):45—84;王绍光、马骏:《走向"预算国家"——财政转型与国家建设》,《公共行政评论》2008年第1期。

[2] Campbell, "The state and fiscal sociology," *Annual review of sociology*, No. 19(1993):163—185.

[3] 另据拉迪教授估计,19世纪末,清朝中央政府的财政收入至多只占当时国民生产总值的1%~2%,1928年后,虽经种种努力,民国中央政府的税收也不过相当于国民生产总值的2%,即使加上省及省以下各级地方政府的财政收入,全部财政收入充其量也达不到国民生产总值的5%。[参见Nicholas R. Lardy, *Economic growth and income distribution in the People's Republic of China*, (Cambridge; New York: Cambridge University Press, 1978); Wang Shaoguang, "The construction of state extractive capacity Wuhan: 1949-1953," *Modern China* 27, No. 2(2001): 229—261]

加快发展工业尤其是重工业的发展战略。到 1978 年,国家对重工业的投资比重为 55.7%,相比之下,与人民日常生活相关的轻工业投资比仅为 5.7%,这一比例甚至低于第一个五年计划时期的 5.9%。相应地,1976 年,国家积累基金占国民收入使用额的比例为 31%,两年后的 1978 年为 36.5%,不但大大高于第一个五年计划时期 24%的水平,而且成为 1958 年"大跃进"后 20 年积累率最高的一年[1]。

新政权之所以能有如此高的积累率,一是如杜赞奇所言,成功地解决了政权内卷化问题[2];二是以国家经营企业为核心,形成了垄断性的资源汲取组织结构。这样,尽管国门关闭使关税收入减少,来自国营企业的高额利润加上工商税收,仍然确保了国家对社会剩余产品的总体控制。

然而,这种高积累模式是难以为继的。它使中国的国有企业及维持企业运转的城市透支很大,个人的生存状态也由于物资的极度匮乏而日益恶化,这在很大程度上带来了社会主义的合法性危机。在熊彼特看来,由于国家经营企业是现代国家积累资源方式的一大发明,它可能使传统税收国家最大限度地摆脱危机,即便如此,由于利润受到来自企业运行法则的限制,企业效率问题依旧制约了国家的资源积累的最大化冲动[3]。

20 世纪 70 年代,石油危机、布雷顿森林体系瓦解,陷入经济危机的西方资本主义世界开始探寻新的市场。在这一形势下,中美关系解冻,中日关系正常化,西欧大多数国家也和中国建立了外交关系,曾经被封锁的中国和外部世界的贸易联系逐步扩大。粉碎"四人帮"后,国家希望能通过迅速发展生产力,实现四个现代化作为解困的突破口,提出了从国外"借钱搞建设"的新思路。1977 年开始,国家加快了引进国外技术与设备的步伐,其中也包括对粮食这一满足人民生活必需品的加大引进。实施社会主义现代化建设遇到的第一个突出矛盾,就是资金不足[4]。而法国、西德等西方国家则表示愿意大量借钱给中国,利用外债

---

[1] 中共中央文献研究室编《陈云传》(四),中央文献出版社,2015,第 1567 页。
[2] 这包括通过意识形态的努力从思想上、组织上使逃税、避税、漏税降低到最小程度直至消除,通过政权建设保证地方政府及各部门以完成中央指令为政治任务,腐败等问题在最大程度上得到根治。
[3] Joseph A. Schumpeter, "The crisis of the tax state," in *The economics and sociology of capitalism*, Joseph A. Schumpeter, Richard Swedberg(Princeton, N. J.: Princeton University Press, 1990).
[4] 王丙乾:《中国财政 60 年回顾与思考》,第 449 页。

搞经济建设被提上了议事日程[1]。邓小平对利用外债、外资比较积极,他一方面同意陈云关于引进要积极稳妥、要循序渐进的看法,同时又指出:"外国人借钱给你都不怕,你怕什么?","外资……不管哪一种,我们都要利用,因为这个机会太难得了,这个条件不用太可惜了……现在研究财经问题,又一个立足点要放在充分利用、善于利用外资上,不利用太可惜"[2]。

1979 年起,国家恢复了一度中断的外债举措。日本政府率先宣布对中国实施援助开发贷款。根据协议,中国接受了日本政府 500 亿日元(按当时汇率约合 3.3 亿人民币)的贷款。1979 年和 1980 年,中国分别取得了 35.31 亿元和 43.01 亿元的国外借款。80 年代初,中国进一步开始与国际金融组织合作,利用国际金融组织贷款发展经济。

"文革"后百业待兴,财政支出不断加大,包括:提高农产品价格、给予居民消费补贴、有计划安置大批待业人员、为配合企业扩大自主权改革而增加企业留利等。这一切"让利"举措使得国家的支出不断扩大而国家财政收入不断下降。1979 年和 1980 年,国家连续两年出现 170 亿元和 127 亿元的巨额赤字。在这种情况下,1980 年,国务院决定启用国债工具缓解财政困难。

在当时,国家举借内债还是一件难以想象的事情。举借内债以极其谨慎的步骤展开,1981 年,国家以行政分配的方式向社会(主要是地方政府和企业)发行了 48.66 亿元的国库券(当时的计划是 40 亿元)。1986 年以后,国债的种类开始增多,出现了国家建设债券(1987 年)、财政债券(1988 年)、国家建设债券(1988 年)、特种国债(1989 年)、保值公债(1989 年)和转换债(1991 年)等。在期限上,也由开始的 10 年期逐渐增设 5 年期、3 年期等;发行手段也从 1986 年后

---

[1] 新中国建立后,党和政府提出了独立自主、自力更生的发展方针,提出要依靠自己的力量恢复和发展国民经济。中国曾于 20 世纪 50 年代多次向苏联争取贷款,但随着中苏关系的恶化,1964 年,中国提前还清对苏联的全部借款;1965 年,中国宣布,中国的外债已全部还清;1969 年,中国进一步宣布,中国成为世界上第一个也是唯一一个既无内债又无外债的国家。随着中美关系正常化,中国国门渐开,1978 年,国务院召开的务虚会提出,"今后十年的引进规模可以考虑增加到八百亿美元",1977 年出口外汇收入为 76 亿美元,而 1978 年签署的引进合同就达到 78 亿美元。陈云对大引进计划提出了自己的担心,在 1979 年中共中央政治局会议上,陈云说:"可以向国外借款,中央下这个决心很对,但是一下子借那么多,办不到。有些同志只看到外国的情况,没有看到本国的实际。……只看到可以借款,只看到别的国家发展快,没有看到本国的情况,这是缺点。不按比例,靠多借外债,靠不住。"(陈云:《陈云文选》第 3 卷,第 252 页)1979 年 4 月,中共中央会议通过对国民经济的"调整、改革、整顿、提高"方针,决定从 1979 年起用 3 年时间,认真搞好调整,同时进行改革、整顿、提高工作。

[2] 参见王丙乾:《中国财政 60 年回顾与思考》,第 449 页;房维中:《在风浪中前进——中国发展与改革编年记事(1977—1989)》1979 年卷,第 199 页。

由原来的行政派购开始尝试市场发行。重新启动国债使国家财政在税收、企业上缴利润等之外又增加了一个组织收入、筹集资金的渠道(国债发行情况如表6.1所示)。当然,人民生活水平的提高是国债得以持续的基础。

表 6.1 国家财政债务发行情况　　　　　　　　　　　　单位:亿元

年份	合计	国内债务	国外借款	国内其他债务
1979	35.31	—	35.31	—
1980	43.01	—	43.01	—
1981	121.74	48.66	73.08	—
1982	83.86	43.83	40.03	—
1983	79.41	41.58	37.83	—
1984	77.34	42.53	34.81	—
1985	89.85	60.61	29.24	—
1986	138.25	62.51	75.74	—
1987	223.55	63.07	106.48	54.00
1988	270.78	92.17	138.61	40.00
1989	407.97	56.07	144.06	207.84

资料来源:《中国统计年鉴—2001》,中国统计出版社,2002。

借债尽管可以缓解财政危机,但要获得持续的财政汲取能力,根本途径还在于加强自身的经济建设。为此,国家希望各地方政府能够极大程度地发挥理财积极性,大力发展地方经济,从而在根本上为国家充实经济实力、掌握更多资源作出贡献。事实上,改革的成功,体现为经济实力的提升,也从一个侧面体现为国家财政收入的增生。从1978—1987年党的十三大召开时,"九年间国民生产总值、国家财政收入和城乡居民平均收入都大体上翻了一番"[1]。1978年,中国国民生产总值为3 624.1亿元,财政收入为1 132.26亿元。到1988年,国内生产总值为14 928.3亿元,财政收入为2 357.24亿元。这时,政府还掌握了270.78亿元的债务收入和2 360.77亿元的预算外收入。总体看,改革为国家建设迅速地积累了资源。

财政改革是以向地方政府放权为主要激励手段的,但国家积累资源的进程

---

[1]《沿着有中国特色的社会主义道路前进》,载中共中央文献研究室编《十三大以来重要文献选编》(上),人民出版社,1991,第5页。

是以中央直接掌握资源为主要取向的。在"一五"计划期间（1953—1957年），中央集权的计划管理体制逐步巩固并得以发展，国家汲取财政资源的能力也随之大大增强。这期间，中央收入相当于全部预算收入的80％左右，预算支出则占75％，只有25％左右的支出由20多个省、2 000多个县支配，省以下各级政府财政收入只占财政收入的20％。然而，随着经济建设规模的扩大，中央政府很快意识到仅凭自身力量难以有效实现全面管理。1958年，中央财政收入还能够保持在80％以下，但1959年，中央本级收入骤降到24.4％，此后，中央本级收入徘徊在30％以下。"文革"期间，中央财政收入在15％上下徘徊，但中央政府的财政支出一直没有低于过50％。

1978年，由中央直接掌握的收入是164.63亿元，而必须由中央负责的支出是520.98亿元，收支比仅为33.03％。1979年10月初，在十一届四中全会后的省市委书记座谈会上，邓小平、陈云和李先念谈到了权力下放问题，他们都认为中央需要某些方面的集中。其中，集中财力是肯定需要的。当时财政部门的意见是，中央财政要掌握的直接收入应该保证在500亿元以上[1]。也就是说，国家希望在改革中逐步实现中央政府自有财力的收支平衡[2]。

这以后，努力增加和保障中央政府直接掌握的收入，成为国家发动改革的底线和前提。20世纪80年代，中央不断地上收（企业发展较大、利润较高时）或者下放（当为了培养税源或者改进效率或减轻负担时）企业以增加自身财力。1980年，中央与地方实行"分级包干"的财政体制，希望在不减少中央财力的基础上充分调动地方政府的理财积极性，从而从财富总量增值中获益。也是基于这一原因，财政改革启动时，上海、辽宁等上缴财政收入的"大户"被要求继续按计划上缴财政收入。后来，由于中央财政困难，为适当集中资金，1981年、1982年，中央分别向地方借款70亿元和80亿元，地方财政借款改为调减地方财政支出包干基数，并相应调整地方的收入分成比例和补助数额，以适当减轻中央财政的困难。此间，还对卷烟的工商税分配办法、县办企业亏损的财政负担办法等进行了一系列的调整。

随着预算外资金迅速膨胀，为集中财力，中共中央、国务院1982年12月1日发出关于征集国家能源交通重点建设基金的通知，要求再筹集200亿元资

---

[1] 金鑫：《关于财政管理体制问题》，载《社会主义财政问题讲座》。
[2] 1987年，当时财政部的一位领导在一次全国青年财政研究会上也曾经给出了这样的课题：中央财政是应当掌握多一点好，还是少一点好？多一点究竟应该是一个怎样的数量概念？其合理界限在哪里？（项怀诚：《在改革中前进的中国财政》，《财政研究》1987年第2期）

金,用于"六五"计划后三年的能源交通重点建设投资。按照规定,这笔投资除了由财政、银行负责解决80亿元外,其余120亿元,从各地区、各部门、各单位的预算外资金中,用征集"国家能源交通重点建设基金"的方式解决,自1983年1月1日起执行[1]。1985年起,改为对各地超收部分实行中央与地方分成,地方留用70%,上缴中央30%。1989年后又发布了《国家预算调节基金征集办法》,开征国家预算调节基金。这显然是为了筹集资金以弥补国家预算内资金不足的应急性的举措[2]。

中央政府的上述筹资方式终归是临时性的。总体上,中央政府加强财源征收的努力是在改革中进行的。改革的进程与力度也由此受到这一取向的影响。

随着对外开放的扩大,进出口贸易增加,关税及进口环节增值税、消费税也随之增加。1978年前,中国关税收入最低时占税收收入比重不足3%,随后,这一比重呈上升之势,1985年达到10%。同时,随着"三资企业"的出现,国家加快了涉外税收制度的立法进程,80年代初,全国人大先后颁布了《中外合资经营企业所得税法》《个人所得税法》和《外国企业所得税法》。经国务院批准,财政部制定了这三个税法的实施细则。"三资"企业的兴办,不仅弥补了国家建设资金不足、技术设备陈旧、人才匮乏、管理落后等种种不足,也为国家汲取资源提供了一个新的来源[3]。

随着外资的进入、进出口贸易的扩大,国内商品生产和流通的不断扩大,多种经济成分的发展,国家意识到要以税的形式获得社会剩余资源。在一定意义上,外资的进入以及涉外税收制度的出台推动了税制改革的步伐。1983年后开始了两步"利改税"的改革,这是对此前"非税论"思想的"革命",它意味着国家财政汲取方式要逐渐转变为税收主导模式。为此,时任国务委员、财政部部长张劲夫指出:"税

---

[1] 文件通知说,现在各地区、各部门、各单位的各项预算外资金,一年约有600多亿元,除了地方的农(牧)业税附加、中小学校学杂费收入、国营企业大修理基金、油田维护费和育林基金免予征集以外,其他各项预算外资金,一律按当年实际收入数征集10%,上交中央财政安排使用。广东、福建两省和部队也要按规定征收。这样做,征集面宽一些,征集率低一些,大家都负担一点,数目不大,既可以保持政策的稳定性,又可以保护各方面的积极性。而从全国来说,把分散的资金集中一部分上来,集腋成裘,国家就能够办成几件大事。这一比例后来提高到15%。(相关规定见项怀诚、姜维壮主编《中国改革全书(1978—1991)·财政体制改革卷》,第115—118、129、139—140、178—184、231页)

[2] 这种增加财政收入的办法不是通过预算收入这种正常渠道获得的,又放又收的做法造成了分配渠道的混乱,它成为后来各行行政事业性基金、收费膨胀的诱因。而对国有企业所得税后留利征收"两金",与国有企业的改革是相矛盾的,因为这一举措仍把企业所得税后利润定义为预算外资金,使企业的自主权大大缩小。

[3] 为了吸引"三资"企业的进入,国家以及各地方先后采取种种税收优惠政策,然而,国家无疑有信心和办法挽回这种税收折损。

收制度必须适应新时期总任务的要求,适应经济基础和生产发展的需要,在经济管理体制改革中当促进派"[1]。"利改税"是20世纪80年代具有承前启后性质的一次重要税制改革。现行税制中相当部分的重要税种,如增值税、营业税、企业所得税等,都是在此基础上发展演变而来的。1978年,税收收入占全部财政收入的45.9%,经过一系列的税制改革,税收收入占财政收入的比重上升至98.5%。

表6.2　1978—1990年分项目国家财政收入　　　　　　　单位:亿元

年份	收入合计	各项税收	企业收入	企业亏损补贴	能源交通重点建设基金收入	预算调节基金收入	其他收入
1978	1 132.26	519.28	571.99	—	—	—	40.99
1979	1 146.38	537.82	495.03	—	—	—	113.53
1980	1 159.93	571.7	435.24	—	—	—	152.99
1981	1 175.79	629.89	353.68	—	—	—	192.22
1982	1 212.33	700.02	296.47	—	—	—	215.84
1983	1 366.95	775.59	240.52	—	93	—	257.84
1984	1 642.86	947.35	276.77	—	122.45	—	296.29
1985	2 004.82	2 040.79	43.75	−507.02	146.79	—	280.51
1986	2 122.01	2 090.73	42.04	−324.78	157.07	—	156.95
1987	2 199.35	2 140.36	42.86	−376.43	180.18	—	212.38
1988	2 357.24	2 390.47	51.12	−446.46	185.93	—	176.18
1989	2 664.9	2 727.4	63.6	−598.88	202.18	91.19	179.41

资料来源:《中国统计年鉴—2000》。

从1982年起,中央开始探讨税制改革的问题。对此,财政部担心取消"分灶吃饭"的改革会影响财政收入,主张财政体制必须改中央管理为中央、地方分级管理。后来,税制改革以及中央与地方之间的划分税种的改革如期推出。由于中央有权决定对企业所属权的变更,有权决定税种划分与税率制定与变更,中央在把高税产品的产品税划归直接上缴中央的同时,以流转税作共享收入的主要税类。1986年,流转税类占当年税收总收入的58%[2],1985年和1986年,国家收入中税收收入的比重达到98%以上,都有了迅速提高,中央自有财政收入

---

[1] 王丙乾:《中国财政60年回顾与思考》,第268页。
[2] 国家税务局《中国税制改革十年》编写组编《中国税制改革十年》,东北财经大学出版社,1988,第1页。

则分别达到 38.4% 和 36.7%,1978 年这一比重是 15.5%。

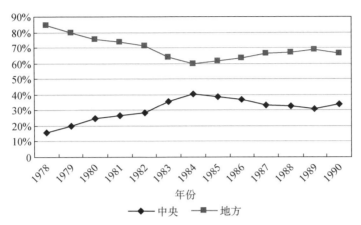

图 6.1　中央和地方财政收入占财政收入的比重

(资料来源:《中国统计年鉴—2000》)

把国家财政收入固化为一种以普适性的收入形式,这代表了一个发展的愿景,也是国家资源汲取方式向理性化迈进的一种努力。税收制度的改革,保证了国家及时稳妥地取得预算收入。但是这一努力是有些激进的,激进的税制改革部分导致了国营企业连续两年严重亏损,中央自有财力也受到影响。如图 6.1 所示,1984 年后中央自有财力占财政收入的比重呈现下降趋势,1987 年和 1988 年分别是 33.5% 和 32.9%。1986 年,中央本来准备进一步完善税制改革与财政体制改革,并同时进行价格体制改革,但是,面对国有企业的连续亏损、地方政府的收不抵支以及增收积极性的下降,为了确保中央财政收入,中央对企业与地方的改革作出了让步,推出了企业承包经营责任制和地方大包干。不管如何,利改税改革无疑为此后的税制改革的进一步规范化奠定了基础。

从 80 年代开始,所有制结构开始发生变化,在国营经济迅速壮大的同时,集体所有制经济和私营经济、个体经济以及合资、合作经济和外资企业都得到迅速发展,形成了多种经济成分、多种经济组织形式、多条流通渠道的发展经济的格局,财政收入的基础即财源发生变革。随着经济结构的变化,国家对税制也进行了相应的调整,先后进行了涉外税收制度的建立和改革、所得税制度的改革、流转税制度的改革,这使得过去单一税制向以流转税和所得税为主体、其他各税相配合的多层次、多税种的复合税制转化,形成了 6 大类 30 个税种的税制格局。税制改革大大增强了税收调节经济和筹集财政资金的作用。

迅速变动的经济结构意味着税基处于频繁的变动中,纳税者组织形式的变更、瓦解也增加了税务征收的难度。就农业部门而言,改革前是从5万个公社中征税,改革后则必须从2亿多户和几百万家乡镇企业中征税[1]。在城市,进入90年代时,征收对象有500多万个国营企业和集体企业,1 250万个私营(小型)工商企业以及6万个集贸市场[2]。1978年后,国家开始充实、加强税务干部,扩大了纳税机构和人数,同时,也加强了对税源的普查和监管[3]。1986年国务院颁布了《税收征收管理暂行条例》,税务管理工作向法治化方向迈进[4]。

过去,国家财政收入的汲取主要是通过地方政府完成的,国家税务局制定分配各省应征税额,各地实行"一员进厂,各税统管,管查合一"为主要特征的税收征管体制。税务征收队伍也以地方管理为主,各省的地方税务官员归属各自的同级政府领导[5]。税制改革也是国家政权建设向理性化、规范化方向发展的努力,因为税制的科学化与普适化无疑有助于减少国家在资源汲取上对地方政府的依赖。但随着地方政府深深地介入地方经济建设,各地在减免税方面享有了一定自主权。无疑,中央与地方的利益冲突在税务上也得到了集中的表现。

国家的资源积累受限于社会经济发展水平,但是国家总是倾向于最大限度地汲取资源。无论是在何种政治体制下,由中央政府直接掌握全部社会剩余资源的设想是很难实现的,在多层级治理、地方差异很大的条件下就更加不现实。退而求其次,中央政府可能通过地方政府相对间接而最大限度地掌握社会剩余

---

[1] 黄佩华:《中国:国家发展与地方财政》,中信出版社,2003,第29页。
[2] 在集贸市场上个体业户(规模很小)自设摊位售货,其商品价格随行就市,而不是由政府规定的。这样,快速变化的经济状况、价格和销售价格的变动,流通量的增加,使得征收成本很高。为此,全国各级税务机关都建立了征管机构;县以上税务稽查队达6 736个,这支灵活机动、高效精干的专业队伍在反偷税逃税中发挥了重大作用。全国设立各种类型的税务检查站达2 691个,分布在车站、码头、交通要道等货物流通集散地,有效地进行税源控制,堵截货物运销中的偷逃税行为。值得注意的是,进入90年代时,税务部门1/3的征管力量,花费在从个体工商户那里征收只占全部税收1/10的工作上。(查尔斯·L. 温豪、C. 尤金·斯特利:《中国:推行中的税收征管改革——国际货币基金组织考察报告》,载国家税务局税制改革与法规司编《中国税收管理的现状与展望》,1992,第14、18页)
[3] 1981年,国家批准全国增加8万名税务干部,以加强税收工作,并加强了对税务工作人员的培训与提高。同年,有关部门陆续出台政策,对统计上划分经济类型予以规定,对偷逃税予以界定,同时,全国范围还开始了经济税源的普查。此后,这些方面的工作一直抓得很紧。
[4] 比如,着手进行国家的税收征管体制改革,目标是要把过去一员进厂,征、管、查集于一身的征管模式,转换为征收、管理、检查三分离或征管、检查两分离的征管模式,要变税务人员到企业催税、收税为企业和一切纳税人主动到税务机关申报纳税的制度。
[5] 1981年后,税务队伍不断充实,国家在财政压力下让各地方解决税务干部工资,这使得税务干部一直处于地方政府的管辖下。80年代中期后,国家税务局从财政部分离出来,而省级税务局长和副局长由国家税务局任命,经省级领导同意。

资源。理想状态下，国家通过自己经营企业取得利润，无疑是最大限度谋取资源的最佳方式，这需要把整个社会组织化为一个计划空间，后来的经济学家对"为什么不能把所有的生产都组织在一个大企业里进行"进行了卓有成效的研究。理论上，纵向一体化（垄断、寡占）中得到控制可以节约交易成本，然而随着规模的扩大，组织内部的治理成本扩大会产生规模不经济[1]。显然，国家仍然难以通过完全的计划体制持续地拥有对社会剩余资源的占有。熊彼特曾在他的研究中也指出，从长时期看，国家从经营企业获得的直接收入并不比税收国家的收入更多[2]。这是因为，只要经济规模需要不断扩大，计划空间格局就不能阻止新的经济元素和机会的生成，这样，国家或者不断地加强控制，把新的经济力量纳入其中（扩大行政等级的广泛性），或者强制组织结构随经济力量增长而相应调整。由此，国家将通过税收而不是以企业利润取代的方式获得社会剩余资源（也可以理解为弥散性权力基础增长的过程）。这意味着，在国家实现财政收入随 GNP 增长而自动增长的目标之前（税收弹性高于 1），国家将处于加强对资源的控制与动员中，而自身的组织结构也将随之调整。当统治者或中央政府可以更直接地调用和支配国家领土内的居民和资源时，传统国家开始转向现代国家，即从间接统治向直接统治转变（这是国家关于资本积累模式对国家强制组织模式的影响）[3]。

---

[1] 奥利弗·E. 威廉姆森：《资本主义经济制度——论企业签约与市场签约》，商务印书馆，2002。
[2] Schumpeter, "The crisis of the tax state," in *The economics and sociology of capitalism*, Schumpeter, Swedberg.
[3] 来自欧洲经验的现代国家的研究一定离不开"税"。熊彼特称现代国家为税务国家，埃利亚斯在其《文明的进程》中对税务独占社会发生学进行了研究，并把现代国家概括为对合法使用暴力的权力的垄断与对税收的垄断。后来的研究非常重视这两项研究中所涉及的由私人垄断转变为公共垄断的特征，这里从现代国家中开支优先于收入的这一特征开始我的研究。"整个社会缴纳税款的能力，以及各个集团和对税款独占有支配权的领主的社会力量的对比，构成对中央需求的限制。"（诺贝特·埃利亚斯：《文明的进程——文明的社会起源和心理起源的研究》第二卷《社会变迁 文明论纲》，生活·读书·新知三联书店，1999，第 24 页）一般认为，中国不存在"税务独占"问题，就传统的"普天之下莫非王土"意义而言，传统中国国家一直保有对财政的垄断地位，但中央政府依赖地方征税，就此而言，"税务独占"仍旧是现代国家的根本特征。为避免误会，这里以"中央自有财政收支比"来表达中国由传统国家向现代国家迈进。王绍光曾在其对"国家能力"的研究中提出国家汲取财政资源的能力受到发展因素、制度因素以及政策因素的制约，以"两个比重"认识国家的"财政汲取能力"，其意义已经为现实所印证，即便如此，仍然有讨论空间：如果经济结构、社会环境处于剧变之中，对国家财政汲取能力的认识将发生怎样的变化？进而，中央政府在怎样的条件下可以最大限度地占有社会剩余资源？中央政府可以怎样的方式最大限度地获取社会剩余资源？后果如何？关于国家"财政汲取能力"，可见胡鞍钢、王绍光：《中国国家能力报告》；王绍光：《分权的底限》。

中央政府倾向于尽量提高中央自有财力收支比,但这一努力受到两个因素的制约:一是资源基础(这里之所以没有用"税源"概念,因为国家并不一定以税的形式获取资源);二是地方政府的努力。

在急剧变革的社会,新的经济成分、经济形式不断涌现、生成,这使得中央政府谋取资源的方式也要随之处于经常性的变动中。换言之,制度化的汲取资源方式的出现,与经济结构的相对定型化有关;但为了谋求财政收入的持续增长,国家必须寻求一定速度的经济增长,经济增长决定了资源汲取能力的提高;中央政府加强征收努力过程中,征收成本和监控成本几乎不可避免地加强;随着经济结构改变以及私营经济的发展,在国家以直接统治的方式从私营经济中获得财力前,一定存在一个去组织化与再组织化的冲突运动过程。这时,中央与地方政府间也处于一致与冲突的矛盾运动中:总体资源的有限性使中央政府依赖地方政府间接实现收入最大化,而地方政府的作用也可能加剧中央政府增强自有财力的动力。中央与地方政府间为争取资源最大化的努力,最终影响了国家与社会之间的关系形态,这是国家整体政治空间的整理过程。在熊彼特看来,"税收国家越接近自己的限度,其工作中遭遇抵抗以及失去的能量就越大"[1]。

综上所述,财政体制的变动表面上是中央与地方关系的变动,是中央与地方权力格局的变化,实际上,这个过程深受社会经济结构的制约。改革的每一步进展,都会带来社会经济结构的变化。在社会财富形式还没有定型前,在普适性的税收成为国家主要收入形式深入到社会的每个角落前,为了积累资源,中央政府就必须以相应的贴现,通过地方政府获得最大限度的弹性收入。

同时,中央政府还可能通过转嫁支出责任的方式,实现自有财力收支比的相对平衡。在经济社会持续发生结构性变迁的条件下,非常规形式的政府支出无疑会频繁出现,如果政府及时因应变革中不断出现的非常规化社会反应,非常规政府开支的波动无疑会更大。1978年后中国的改革是"放权让利"式的,也就是说,政府将为变革支付大量"稳定成本"。这里显然有一个成本分担问题,如果都集中在中央,中央政府的自有财力收支比是难以提高的。

---

[1] Schumpeter, "The crisis of the tax state," in *The economics and sociology of capitalism*, Schumpeter, Swedberg.

1978年前,地方政府负责征收全部税收,但自主决定的支出仅限于来源于预算外的少数资金。1985年后,中央政府将物价补贴等主要支出责任转给了地方政府。到1988年引入财政包干制,中央政府改变了过去的收入分配机制,与每个省就上解给中央政府的固定收入进行谈判,并允许地方政府保留大部分新增收入,地方政府从这一包干制中获得了比过去更多的优惠。另一方面,地方支出增长远远快于中央政府支出增长,地方政府支出占总支出的比重从1980年的45.7%增长到1988年的66.1%(1993年这一比重继续上升,达到71.7%,总体发展趋势参见图6.2)。随着1988年财政包干制的进一步确定,中央政府正式结束了为地方政府支出提供资金的责任。中央政府的转移支付减少,地方政府不得不投入更多精力为服务筹措资金。这是事权(支出责任)的权力下放,这次改革使收入分享与地方政府的支出需求脱钩,在中央政府努力寻求自有财力最大化的过程中,地方政府通过介入经济建设取得了实际上的经济自主权。

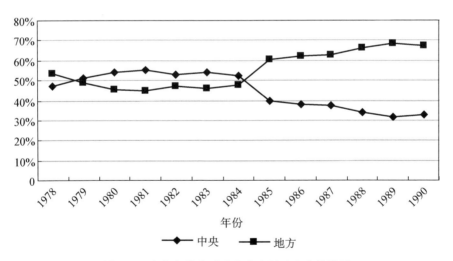

图 6.2　中央和地方财政支出占财政支出的比重

(资料来源:《中国统计年鉴—2000》)

在整个20世纪80年代,经济结构的急剧变化、价格变化的大起大伏都使税收难以在短时间内规范化、常规化,税收滞后于经济结构的变化,国有经济仍然是国家财政收入的主要来源,国家原有的收入汲取体系面临着重建的需要。另一方面,国家改革的理性化、规范化取向渐渐明确,在资源汲取方式上,税收主导型模式不断突出,这表现在具有方向性的税制改革上。这体现了中央政府对提高资源汲取能力的不懈追求。

同时,在社会、经济结构发生剧烈变革的情况下,国家也必须能够及时获得足够的财力资源以支持改革。虽然中央政府在财力上对地方政府作出了让步,但国家(中央政府和地方政府)还是通过 20 世纪 80 年代的改革获得了总体性的财政实力(如图 6.3 所示)。改革进程中,中央政府的相对财力并没有明显的下降趋势,实际上,中央自有财力收支比是呈上升之势的。[1] 这也是放权式改革所产生的资源积累的效应。

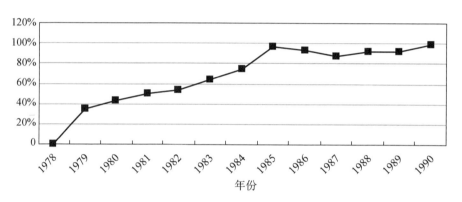

图 6.3 中央自有财力收支比

(资料来源:《中国统计年鉴—1996》)

---

[1] 以中央自有财力收支比表达传统国家向现代国家的转变,即从间接统治向直接统治转变,的确很有意义。晚清以前,田赋是国家财政的基础,晚清相继出现厘金、关税等政府收入渠道,且厘金、关税在光绪年间的财政收入中已与田赋基本相同且略占优势。到清王朝覆灭时,国家财政收入已由 70 年前的四五千万两银子扩张到了 3 亿两,这其间,国家统一的财政体系分化为中央与地方财政,依赖地方、资源动员能力不足的财政体系是导致清王朝覆灭的原因之一。依赖田赋的传统财政体系下,虽然保持了中央政府对财政的统一调度,但国家并没有实施对人民的直接统治,因为国家最终依赖地方政府完成对赋税的征收,并以解协饷制度实现对全国财政的调度。新的收入渠道出现并没有改变这种对地方政府的依赖,中央政府在谋求自有财力方面并无成就,"朝廷无人能力主大计,对兴革大政,犹豫不决,朝令夕改,终则多无所成",光绪年间,裁厘加税一事算是这样的一个个案。这样,作为中国财政走向近代的过程中所必然出现的一个历史现象,晚清地方财政的兴起最终没有转化为向现代国家迈进的动力,而成为帝国的瓦解力量。关于晚清财政的研究,可参考周育民:《晚清财政与社会变迁》,上海人民出版社,2000;何平:《清代赋税政策研究》,中国社会科学出版社,1998 年;彭泽益:《十九世纪后半期的中国财政与经济》,人民出版社,1982;孔飞力:《中华帝国晚期的叛乱及其敌人——1796—1864 年的军事化与社会结构》,中国社会科学出版社,2002;费正清:《剑桥中国晚清史(1800—1911)》上卷,中国社会科学出版社,1993,第三章。

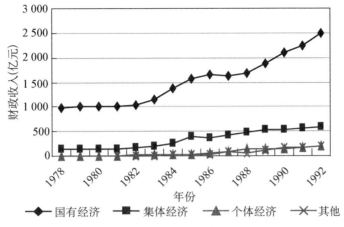

图 6.4 分经济类型财政收入

（资料来源：《中国统计年鉴—1996》）

表 6.3 财政收入和工业产值的所有制构成　　　　单位：亿元

年份	国有		集体		个体		其他	
	财政收入	工业总产值	财政收入	工业总产值	财政收入	工业总产值	财政收入	工业总产值
1978	87.0	77.6	12.6	22.4	0.4	—	—	—
1980	86.8	76.0	12.6	23.5	0.6	—	—	0.5
1985	77.7	64.9	19.3	32.1	1.9	1.9	0.9	1.2
1990	71.3	54.6	18.6	35.6	4.7	5.4	5.4	4.4
1986—1990	72.8	57.2	18.9	35.3	4.6	4.4	3.8	3.1

资料来源：根据《中国统计年鉴—1998》（中国统计出版社，1999）第 272、435 页有关数据计算。

第二节　作为资源动员的"分权让利"

"放权让利"改革在 1986 年后遭到了来自很多方面的批评，其中一个主要的看法是认为"放权让利"已经过了头："放权让利"的改革模式的成本越来越大[1]。然而，"放权让利"式分权改革对国家资源积累产生了怎样的影响呢？

---

[1] 1986 年后实行配套改革的呼声与争论十分热烈，以吴敬琏为主的一派主张向中央和企业集中权力，削弱地方权力。吴敬琏认为"放权让利"是传统的改革思路，要抑制"行政性分权"，实行"经济性分权"。吴敬琏的意见引起了经济学界的很大争议，进入 1987 年后，国内经济学（下转第 210 页）

分权改革何以可能避免政治动荡和分裂的后果？对这一问题的评估十分重要，这有助于厘清特定历史条件下分权改革的性质和效应。

1987年10月，党的第十三次全国代表大会召开，大会的报告指出，我国关于实现国民生产总值比1980年翻一番、解决人民的温饱问题的第一步任务已基本实现。对于1988年以前的经济发展，邓小平也给予了很高的评价，认为"整个国民经济上了一个新的台阶"[2]。事实的确如此，如表6.4所示，1978年，我国国内生产总值为3 624.1亿元，财政收入为1 132.26亿元，到1988年，我国国内生产总值达14 922.3亿元，财政收入也翻番，达到2 357.24亿元。

表6.4 1978—1988年我国国民经济发展情况

年份	国民生产总值（亿元）	国内生产总值（亿元）	人均国民生产总值(元)	财政收入（亿元）	财政收入增速（%）
1978	3 624.1	3 624.1	379.0	1 132.26	29.5
1979	4 038.2	4 038.2	417.0	1 146.38	1.2
1980	4 517.8	4 517.8	460.0	1 159.93	1.2
1981	4 860.3	4 862.4	489.0	1 175.79	1.4
1982	5 301.8	5 294.7	525.0	1 212.33	3.1
1983	5 957.4	5 934.5	580.0	1 366.95	12.8
1984	7 206.7	7 171.0	692.0	1 642.86	20.2
1985	8 989.1	8 964.4	853.0	2 004.82	22.0

（上接第209页）权威杂志就经济体制改革的战略选择开展讨论，发表了有针对性、战略性的文章若干。当年3月，《经济研究》编辑部还召集在京经济研究机构、经济工作部门和高等院校的20多位同志举行了座谈会，讨论十分热烈。针对吴敬琏的观点，有的提出作为改革的方向和目标应是经济性分权和行政性分权的结合，有的提出要坚持适度分权的财政体制改革方向，但这时地方政府还没有成为批评的主要对象，讨论焦点还在于，中央政府应该采用怎样的改革战略，国家的改革理念上是否还应该坚持"放权让利"的方向，是局部改革，还是完全的市场化改革。总之，这时人们对于改革的认识还是十分模糊的。这时的争论性文章有很多，如赵人伟：《我国经济改革过程中的双重体制问题》，《经济研究》1986年第9期；楼继伟：《借鉴和改造"分权制"》，《经济社会体制比较》1987年第1期；吴敬琏：《关于改革战略选择的若干思考》，《经济研究》1987年第2期；华生、张学军、罗小朋：《中国改革十年：回顾、反思和前景》，《经济研究》1988年第9期；中国社会科学院经济研究所宏观经济管理课题组：《坚持适度分权方向 重塑国家管理格局——近年来财政体制和宏观管理改革的回顾和思考》，《财政研究》1987年第6期；以及《经济研究》1987年刊登的"经济体制改革战略讨论"各家观点。20世纪90年代后对此问题的讨论更加丰富。除了广为流传的王绍光的《分权的底限》，还可参见吴敬琏：《行政性分权与经济性分权》，《现代公司与企业改革》，天津人民出版社，1994；《改革：我们正在过大关》。

[2] 邓小平：《在武昌、深圳、珠海、上海等地的谈话要点》，《邓小平文选》第3卷，第376页。

(续表)

年份	国民生产总值（亿元）	国内生产总值（亿元）	人均国民生产总值（元）	财政收入（亿元）	财政收入增速（%）
1986	10 201.4	10 202.2	956.0	2 122.01	5.8
1987	11 954.5	11 962.5	1 104.0	2 199.35	3.6
1988	14 922.3	14 928.3	1 355.0	2 357.24	7.2

资料来源：《中国统计年鉴—2001》。

在整个20世纪80年代，国家经济实力快速增长，人民生活水平迅速提高。1988年社会发生抢购潮时，居民手中储蓄已达4 000亿元。彩电、冰箱、洗衣机等千元级商品快速升级为居民新的消费热点，中国开始告别短缺经济时代。与此同时，整个社会的观念、思想也相继发生巨大变化，为此，十三大报告指出："许多适应社会进步趋势的新思想是在这个时期产生的，具有开创意义的新体制的基础是在这个时期开始奠定的。社会主义体制改革就其引起社会变革的广度和深度来说，是又一次革命。"1992年，发表于《中国社会科学》第5期的文章《另一只看不见的手：社会结构转型》引起社会共鸣与广泛关注，文章指出，另一只"看不见的手"所形成的变革和创新力量正在很大程度上影响着资源的配置状况和社会发展方向。总之，80年代的这十年，通过快速的资源集聚，中国已获得了客观的资源积累，不仅仅是经济层面的，也包括社会与政治、文化等方面的。80年代的资源积累，为后来进一步的改革发展提供了坚实的基础。这一资源积累的奇迹，在很大程度上是国家"放权让利"式的分权改革的结果。

反观历史，地方政府在国家资源积聚中向来扮演着关键角色。1860年，在持续十余年之久的国内革命和外国侵略双重夹击下，清朝和整个中华传统秩序开始陷入危机。在这一历史节点，曾经被排斥的汉族士大夫相继掌握地方政权和财权，这一"放手"地方的改革举措造就了所谓的"同治中兴"。在大约十余年的时间里，政府的总收入增加，新的土地得到开垦，饱经战乱的地区迅速恢复，学术开始繁荣，政治家们甚至成功地把一个近代外事机构——总理衙门嫁接到古老的官僚体制上，行政机构的准则重新确立起来。然而，短暂的"中兴"之后，便是地方势力的不断坐大，以及中央控制力量的不断削弱。这一权力互动格局持续恶化，直至清朝的覆灭。辛亥革命后的民国政府依然深陷于军阀割据的局面，国家资源积聚遭遇困境。各地方派系不断通过动员和利用各项资源、打造其财政和军事实力的能力，导致了国内政治的严重分裂，这一局面直到1949年新中国建立才得以结束。

与此前的历史经验不同的是，同样起于几乎全面的危机，1978年的财政分权改革却最终避免了分裂和崩溃之悲剧。始于危机的分权改革可能带来社会的分裂,但也可能是一次再造团结、凝聚社会政治共识的开始。那么,1978年的分权为什么没有造成社会政治分裂? 换言之,这一分权何以促成整体性的资源积累?

国家建设理论将国家的资源汲取视为一种关键的能力。国家动员社会经济资源的能力,也即国家的财政汲取能力,是国家最重要的能力体现。把革命与国家建设进程联系在一起,斯考切波指出,法国、中国和俄国之所以不能避免革命的爆发,与这些国家的旧体制没有能力推进改革有关,其中包括它们缺乏相应的财政汲取能力。斯考切波还注意到,那些因为革命而发生政体倾覆的国家,往往是改革没有取得地方政府的支持,相反,改革措施加强了地方对抗中央的力量。享廷顿的研究与这一看法是一致的:地方政府对于国家发动改革的行动非常重要,但它却存在两面性,也就是我们常说的,它可能造成地方做大,也可能消解改革阻力,积累资源[1]。

"当一个团体不断加强对各种资源的控制,我们称这一团体正在动员中"[2]。在社会运动研究领域,对资源聚集与动员的讨论发展出了影响深远的资源动员理论,带有较强结构主义倾向的蒂利将资源动员理论带入到政治过程理论的研究中。他意识到,历史进程中的国家政治发展往往伴有暴力、反抗,革命的时代正在向一个抗争的时代转变,他试图用集体行动把暴力抗争、社会运动和革命纳入统一系谱之下,并试图把集体行动和民族国家在近现代的兴起结合起来。国家建设无法避免的问题在于,抗争者对集体利益的追求和政治环境的变动对抗争行动的诱发作用。

集体行动理论的研究强化了这一论述:组织的动员能力十分重要。"搭便车"现象是组织动员能力缺失的表达,要获得共同行动,就要根据组织的具体情况选用相宜的动员模式[3]。选择性激励、社会团结心或者意识形态等因素在一定条件下都是有效的动员力量[4]。在一定意义上,国家的危机与社会的僵化、国家的动员乏力有关。当国家的危机发展为结构性危机时,打破僵化结构的

---

[1] 亨廷顿:《变化社会中的政治秩序》,第2、68、81、337页;斯考切波:《国家与社会革命:对法国、俄国和中国的比较分析》,第30、87—90、347页。
[2] 蒂利:《革命运动和集体暴行》,引自Fred I. Greenstein、Nelson W. Polsby主编《总体政论》,幼狮文化事业公司,1984,第681页;Charles Tilly, "Revolutions and Collective Violence," in *Handbook of political Science* (vol. 3: *Macropolitical Theory*), Fred I. Greenstein, Nelson W. Polsby(eds.) (Reading, MA: Addison-Wesley, 1975), pp. 32-42。
[3] 同上。
[4] 曼瑟尔·奥尔森:《集体行动的逻辑》,上海三联书店、上海人民出版社,1996;道格拉斯·C.诺斯:《经济史中的结构与变迁》,上海三联书店、上海人民出版社,1997;弗兰西斯·福山:《信任——社会道德与繁荣的创造》,远方出版社,1998。

是一系列行动。在行动的过程中,潜伏的危机还可能以不同的形式爆发出来。

那么,1978年后由财政包干制启动的改革,尽管困惑、张力和冲突不断,出现了地方对市场的割据现象以及地方保护主义等问题,这场改革却完成了一个总体性的资源积累,保持了总体的政治稳定而没有陷入分裂的政治局面。这场集体行动是如何达成的?它究竟是如何实现了一个集体性的资源的集聚与动员的?这些问题的答案以及解释性的因果机制,只能在历史和实践过程中去寻找。

改革的让利举措增加了社会和行动者对改革的支持度。中国的改革是从支付历史中积压的对人民的长期"欠账"开始的,包括大幅度提高农副产品收购价格,减免一部分农业税收,大量进口粮食,使农村得以休养生息。城镇为下乡知青安排工作,提高职工工资级别,恢复奖金制度,大批兴建职工住宅,以求得政治上的安定团结。这样,除了一些一次性的"欠账"补贴,价格补贴的工具性十分明显。由于农副产品购销价格倒挂而形成的价格补贴,其规模从1978年的11.14亿元一跃而为1979年的79.2亿元和1980年的11.7亿元。80年代,价格补贴的年均增加幅度为18.7%,到1990年,补贴额已达380.8亿元。此外,在价格补贴迅速增加的同时,财政对国有企业亏损的补贴,也随亏损额的增加而直线上升,由1979年的116.8亿元到1989年的749.6亿元,财政当年补亏额为598.38亿元,这是财政为宏观稳定付出了巨大的"稳定成本"[1]。

国家对城市建设的投入的增加是另外一个"让利"的表现。1978年前,为了追求高速工业增长,投资主要用于工业项目上,用于城市建设的资金很少。1978年后,城市建设资金有了迅速增长。20世纪80年代,城市建设总投资达到181亿元,占全国固定资产投资的3.4%左右,在绝对量上超过了前30年的总和。城镇住宅急剧增加,1986年以前的住房改革主要是增加住房供给,1986年后开始注意转向由市场调节住房供给。1979—1993年住宅竣工面积占1959年以来住宅竣工总面积的85%左右[2]。

"让利"还表现在中央向地方向企业的放权,以及对新兴的或需要支持的企业的减税让利。到1989年,国有企业的一般性税负高达90%以上,而农村兴办乡镇企业,税负占实现利税的55.52%,远低于国有企业。为了解决城市就业问题,允许个体户和私营企业发展,其税负也较轻。执行对外开放政策,对外资企业实行优惠,流转税率较低,所得税"两免三减",特区所得税为15%,仅为当时

---

[1] 贾康、阎坤:《转轨中的财政制度变革》,第36页。
[2] 黄佩华:《中国地方财政问题》,第93页。

国有企业所得税 55% 的 1/3 不到。其他经济类型（包括个体、私营和外资企业）上交税率为实现利税的 59.58%[1]。实际上，中央财政自己组织的收入不足以解决中央应当承担和现在实际负担的支出，要害有二：一是中央财政负担的补贴较多，如粮棉油加价补贴，一年为 200 亿元左右；二是中央企业的亏损，主要是外贸亏损，全部在中央，一年也有 200 亿元[2]。同时，在第二步利改税时，因为过去投资体制问题，国家决定对企业实行税前还贷，这又是一笔企业的留利。

预算外资金的大幅度增加，也是国家为支持改革而作出的"让利"。预算外资金有相当一部分是从原来的预算内资金转化而来的，特别是在改革开放初期，它是作为放权让利式改革的一部分出现的。1978 年后，预算外资金占国民收入的比例逐年上升，而预算内收入占国民收入的比例却有所下降。预算外收入直接来自国民收入的国营企业的各种留利、农业税附加等，1978 年占国民收入的 1.3%，1985 年上升到 8.5%，预算内收入直接来自国民收入的企业收入和各项税收，1978 年占国民收入的 36.2%，1985 年下降到 23.1%。1979—1988 年，预算外资金平均增长 20.7%，而预算内资金只增长 8.2%。从企业预算外资金的增长变化来看，绝对额从 1953 年的 5 亿多元、1978 年的 250 多亿元增长到 1989 年的 2 000 多亿元，占全部预算外资金的比重从 1953 年的 61.1%、1978 年的 72.8% 增长到 1989 年的 80%。这使企业可以自行支配的资金大幅度增加，使企业的更新改造和生产发展有了资金保证，扩大了财权，增强了活力，促进了企业向自主经营、自负盈亏的相对独立的商品生产者转化[3]。

1988 年地方大包干全面展开，意味着地方不仅要大力发展地方经济，还必须为自己提供的公共服务筹资，而改革前的地方政府不过是整体计划的被动执行者。与国家整体支出结构基本一致，80 年代，地方政府用于经济建设的支出比重下降，用于各类事业费和行政管理费的支出增长较快。1978 年前，国有财政安排了过多的资本性支出，经常性支出相对偏少，表现为城市建设、社会科学教育事业、人民生活水平等等方面的历史"欠账"太多。进入 80 年代，人民生活水平提高，国家在不断弥补历史"欠账"的同时，人民对公共产品的需求也进一步提高，这样，我们从全国以及地方的支出结构中看到，文教科学事业支出增长最快，行政费用的支出也是急剧发展（见图 6.5 和图 6.6）。那么，地方经济建设的

---

[1] 杨培新：《深化改革的中心是什么——兼与胡鞍钢同志商榷》，载董辅礽等《集权与分权——中央与地方关系的构建》，第 46 页。
[2] 项怀诚：《在改革中前进的中国财政》，《财政研究》1987 年第 2 期。
[3] 项怀诚：《中国预算外资金管理理论与实践》，第 17—18 页。

投入从何而来？在表 6.6 中我们会看到,急剧膨胀的预算外资金的大部分用于了经济建设,同时,地方政府和企业自筹资金成为投资资金的主要来源。数据表明,国家(中央政府是)通过"让利"与"放权"方式进行有效的资源动员并迅速积累资源,国家又以获得的这些资源加强了对公共品的提供以及自身政权建设。随着支出责任下移,地方政府在资源动员的改革中一步步强化。由此,中央与地方由放权到分权的过程,"让利"实际上体现了一个资源动员的过程。

表 6.5 1989 年各投资资金来源占比

资金来源	占比
国家预算内投资	8.3%
国内贷款	17.3%
利用外资	6.6%
自筹(企业和地方)政府投资	56.9%
其他投资	10.9%

资料来源:《中国统计年鉴—1990》,中国统计出版社,1991。

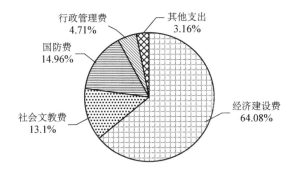

图 6.5 1978 年财政支出结构图

(资料来源:《中国统计年鉴—1991》)

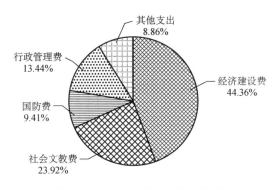

图 6.6 1990 年财政支出结构图

(资料来源:《中国统计年鉴—1991》)

表 6.6　1980 年、1990 年五省区财政支出结构图(%)

年份	经济建设费	各类事业费	行政管理费	其他支出
1980	44.69	38.55	11.1	5.66
1990	19.71	39.83	13.71	26.75

资料来源：根据《中国财政统计(1981—1999 年)》有关数据计算而得。

注：① 1988 年,地方财政用于经济建设的支出占总支出的 27%。为分析方便起见,这里选用吉林、河北、新疆、青海、山东五省区的支出结构变化来反映大体上全国支出结构的变化。

② 经济建设费包括：基本建设支出、挖潜改造资金、简易建设费用、流动资金、科技三项费用、地质勘探费、城市维护费、支援农村生产支出、支援不发达地区支出、农业综合开发支出等。

③ 各类事业费用包括：农林水气、工交商、文教卫生、抚恤和社会救济他部门事业费用等。

表 6.7　全国预算外资金支出分项目比重　　　　　　　　　　　　单位:%

项目	年份							
	1982	1983	1984	1985	1986	1987	1988	1989
固定资产投资	49.8	42.7	40.3	41.5	36.5	40.2	38	34.6
更新改造支出	36.7	34.2	32.1	32.7	26.8	26.6	25.3	25.3
基本建设支出	13.1	8.5	8.2	8.8	9.7	13.6	11.5	9.3
大修理支出	14.4	13.7	12.0	10.9	11.0	10.8	10.7	11.2
简易建筑费支出	0.5	0.7	0.4	0.4	0.3	0.4	0.3	0.1
福利支出	9.4	8.8	9.3	6.6	6.7	7.1	8.1	8.4
奖励支出	5.6	6.5	8.5	6.6	6.9	6.2	5.4	5.0
养路费支出	2.3	3.6	4.0	4.6	5.3	5.0	5.2	4.8
城市维护支出	3.3	3.3	2.6	2.1	2.0	2.1	2.1	1.3
科技三项费用支出	0.7	0.7	1.2	1.0	0.8	0.7	0.5	0.6
增补流动资金支出	0.8	0.3	0.5	1.0	1.5	1.6	1.8	2.3
事业支出	5.1	3.8	3.4	4.1	4.5	5.0	5.4	5.6
行政支出	0.9	0.7	0.6	0.6	0.7	0.9	0.9	0.5
上交国家能源交通重点建设基金	—	7.9	9.0	9.0	8.0	8.4	7.7	7.5
上交国家预算调节基金	—	—	—	—	—	—	—	4.7
弥补盈亏包干不足								0.6
资金税								0.2
建筑税	—	—	—	—	—	—	—	0.4
其他支出	7.2	7.3	8.2	11.6	15.8	11.6	13.9	12.2

资料来源：项怀诚,《中国预算外资金管理理论与实践》,第 410 页。

"让利"是1978年后中国进行资源动员的策略性选择。通过启动国债、吸引外资与贷(借)款,中央政府在"让利"后的临时性筹资,更大的比重还在于地方政府介入经济建设,为国家建设提供持续可用资源。

党的十一届三中全会确立了以发展摆脱危机的改革战略,此后,中国走了一条"放权让利"的改革之路,这意味着,改革每向前迈进一步,都以财政上的减税让利为代价,加上需要一定财力向人民归还大量"欠账",这需要国家有一定资源总量以发动、推进改革。减税让利之后留下的财政收入"亏空",一是以举借国债的办法"填补",二是加强经济建设,努力增加资源总量。这使国家更深地卷入到资源汲取的活动中。在这种情境下,地方政府作为蓄水池,一方面要为全国的经济建设积累经验,还要为国家做大蛋糕做出贡献,为国家最终获得税收独占权奠定基础。在很大程度上,中国改革成功的奥秘,正在于国家实现了"积累"与"让利"间的平衡,而地方政府的经济建设努力则是国家实现"让利"与"积累"平衡的基础。

资源动员、积累与"放权让利"式改革看上去自相矛盾,却在20世纪80年代的改革进程中得到了历史性的和实践性的统一。"放权""让利"的目的在于调动广大人民群众建设社会主义、建设"四个现代化"的积极性。这个辩证的统一,也在社会中建构出了一个重要的"共识",维了改革的持续进展。对于发展中国家而言,亟需积累更多的资源推动社会、经济、政治结构的变革,然而,中国的改革中资源积累是与国家主动让渡部分资源同时进行的,地方政府在这个过程中发挥了创造性转化的作用。

以集体行动研究著称的奥尔森把国家的兴衰纳入其集体行动理论框架中,他感兴趣的问题就是:"为什么在某一国或某一时期内的资金积累与技术创新比在另一国或另一时期更多?"[1]在中国,改革是在"放权—收权—分权"以及"让利—积累"两对张力中展开的,以这两对张力结合起来的资源动员模式,使得地方政府作为行动者被动员起来,积极地参与到改革的共同行动之中。这也说明,集体行动成功是以策略性行动为基础的。

20世纪80年代中后期,中央地方关系似乎到达了一个制度变迁的临界点。改革者希望通过政治体制改革的方式彻底脱离新旧体制交替所产生的胶着状态。在这个语境下,国家需要地方政府帮助实现对社会的再整合。实际上,改革的过程从开始就并不是一个完全放任式的分权模式,中央政府在加强着自身自

---

[1] 曼库尔·奥尔森:《国家兴衰探源——经济增长、滞胀与社会僵化》,商务印书馆,1999,第7页。

有财力建设、探寻着对地方政府的宏观调控方式时,也在不断使用着传统的行政方式进行着权力的收放,包括投资权、干部任免权等。作为一种资源动员策略,改革中的"让利"与"放权"始终是以国家(中央政府)实现资源积累、获得中央权威、增强整体性政府效能为前提和目标。在此背景下,我们可以理解中国为什么能够在不爆发革命或者政变、不分裂的情况下使改革持续发展并催生转型。

第三节 分权与新型政治空间

财政包干制改革推动了国家权力与资源的积累,结晶出了一些独特的地方权力结构。到1988年,财政包干制发展到顶峰,包干制成为一种被广泛使用于从中央到地方,从省到乡镇,到国有企业以及乡镇企业的政府治理模式。在包干制下,发包与承包的双方既有自上而下的行政权力关系,也有相应的各自自主的激励契约关系[1]。

这种富有弹性的改革模式及其伴生的地方权力结构,具有怎样的性质?是否意味着一种饱和状态?改革能否孕生出更大层面的结构性的变迁,从而带来新的权力关系和政治空间?

实际上,当改革推进到1988年的时候,中国的政治、经济、社会乃至文化层面经历的碰撞和阵痛都达到了前所未有的高峰。1987年,党的十三大报告将政治体制改革提上议事日程,这一年,涨价风波出现,自由化与反自由化的思潮交锋也达到了新的高度。1988年年初,中央提出实施沿海地区经济发展战略,它增加了信贷扩张的需求,而全面包干制背景下的地方发展动机进一步增强,诸多形势推动着中央做出了"价格闯关"的重大决策。这一改革是寻求彻底打破价格"双轨制"的尝试,也引发了全国性的抢购风潮,这一大规模风潮的背后,有人心对于社会生活的极度不安,还有社会对于"官倒""私倒""倒爷""贪污腐化"等不良社会风气的日益增强的不满。

而这时,关于中央下放权力过多,国家调控经济能力变弱的问题也不断被引发讨论。1989年8月,新华社转刊了香港《经济日报》的一篇述评,其中说:"大

---

[1] 周黎安:《转型中的地方政府:官员激励与治理》,格致出版社、上海三联书店、上海人民出版社,2017。

陆业已形成'诸侯经济'格局颇令人担忧。""频频告急的'财贸大战',诸如'黄麻大战''茶叶大战''蚕茧大战',偏偏发源于行政区域交界地带。"述评还说:"中央各项宏观控制措施每每半途而废,令行不止,并非皆出自决策者的失误。"陈云将这份新华社的简报批送江泽民、李鹏、姚依林参阅,在随后与江泽民的谈话中,陈云指出,现在是"四十四路诸侯,千百万藩王",太分散了。而此前在陈云与姚依林的谈话中,姚依林提出以下设想:第一,将企业承包经营责任制改为"税利分流,税后还贷,税后承包"制度;第二,将财政包干制改为分税制;第三,中央和地方、企业的外汇收入分成,由现在的倒四六改为正四六开;第四,中央银行要垂直领导,现在各省实际上都在支钱,因为党票在那里。陈云同意这个设想,强调应该更彻底一点,"因为中央可以救地方,地方救不了中央"。[1]

财政包干制最终在1994年被分税制取代。之前,财政部曾于1990年提出分税制的改革方案,并于1992年选择了9个地区进行试点。此前,1986年中央曾有过的"价、税、财联动改革"的方案计划,虽然未能顺利实施,但为此后的分税制的推出做了前期铺垫。在分税制改革的一揽子计划中,基本目标有二:逐步扩大中央财政收入占全国财政收入的比重;在机制上理顺中央和地方的分配关系,增强中央宏观调控能力。

分税制被认为是中央集权的必然要求[2]。然而正如一些研究所看到的,改革开放以来的分权趋势并没有因为分税制的推行而改变,分税制集中财力的努力实际上造成了更加扩大的地方权力[3]。作为新的制度安排,分税制一如财政包干制,其基本框架也是中央和地方关系互动的结果。当然,这一关系格局也深深地影响了后来的中央与地方关系,以及地方政府的行为模式。

如前所述,我们可以看到财政包干制改革所带来的双重积累:一是国家对财力资源的积累;二是国家在改革中实现的合法性、创新能力、强制能力上的重新积累。这样的双重积累是在急剧的社会变革中实现的,是以"放权让利"的方式实现的,是在地方政府同时获得了相当自主性权力基础上实现的。如果说,财政包干制这一"放权让利"的分权改革是一种资源动员范式。那么,需要进一步讨论的问题是:国家和地方政府都实现了资源与权力的积累,资源来源于新的经济结构的转换。那么,在这种结构化的背景下,地方政府是否可能形成新的权力和

---

[1] 中共中央文献研究室编《陈云传》(四),第1826—1827页。
[2] 王绍光:《分权的底限》。
[3] 周飞舟、谭明智:《当代中国的中央地方关系》,中国社会科学出版社,2014,第158页。

资源基础?

从国家建设的角度来看,国家权力的空间化是国家渗透社会的基础所在。不过,地方政权作为代理人在这个过程中展示的权力形态却不一而足,反过来对资源汲取能力产生了深远的影响。杜赞奇的研究认为,中国直至19世纪末,不仅地方政权,而且中央政府都严重依赖文化网络,20世纪国家政权抛开甚至毁坏文化网络以深入乡村社会的企图注定是要遭到失败的,也即"赢利型经纪"导致了国家政权的"内卷化"。杜赞奇借助"内卷化"的概念,描述了伴随国家政权建设过程而出现的既有成功又有失败、税收增加而效益递减的矛盾现象。在他看来,如果国家对乡村社会的控制能力低于其对乡村社会的榨取能力,那么,国家机构的合理化进程将遭遇阻碍,就会出现一种没有实际发展的增长,从而,国家政权在某些方面的加强亦会导致自身的腐败和革命的发生[1]。

1949年新中国成立后,随着基层党政机器和群众自治组织的系统重建,国家政权"内卷化"模式也随之终结了,取而代之的是党政权力通过群众路线在基层社会的动员与控制结构。然而,1978年中国改革开放后,一些历史陈弊渐渐复现,有学者开始将那些乡村干部视为国家政权与村民之间的"承包者"或经纪人。"国家政权内卷化"以及政策的"选择性实施"和"国家能力下降"等现象再度引发关注。王绍光把国家能力概括为四种能力:汲取财政能力、宏观调控能力、合法化能力和强制能力,并认为国家能力的概念受到两个变量的影响:一是国家希望达到的干预范围;一是国家实际实现的干预程度。王绍光进一步提出,国家能力实际上是指中央政府的能力,地方政府干预社会经济的能力的扩大并不意味着国家能力的增强,相反,可能削弱中央政府实现自己意志的能力[2]。这些研究引发了关于"国家能力"与"国家权力"关系的争论。

在这方面,回顾迈克尔·曼的国家权力观是有意义的[3]。曼把国家权力理解为社会权力,进而把国家权力的变迁理解为基于两种不同权力基础的不同权力的组合。他区分了有组织的可延伸的两对变量:广泛性和深入性、权威性

---

[1] 杜赞奇:《文化、权力与国家——1900—1942年的华北农村》,江苏人民出版社,1996,第66—68、240页。

[2] 王绍光:《建立一个强有力的民主国家——兼论"政权形式"与"国家能力"的区别》,《当代中国研究》1991年第4期;胡鞍钢、王绍光:《中国国家能力报告》。

[3] 李强:《国家能力与国家权力的悖论》,载张静主编《国家与社会》,浙江人民出版社,1998,第18页。

和弥散性。其中,广泛性和深入性权力分别是可以依赖弥散性的基础结构,或者权威性的后勤基础。曼对"专制性权力"与"基础性权力"的区分产生了深远的影响,启发我们对权力的组织空间形态的思考:权力组织怎样才能实际征服和控制地理和社会空间?

所谓社会(国家的空间概念)的内涵,就是"把民族和地域融合进支配中的能力",以及由这些能力的运作而产生的多元的、相互交叉的社会空间网络构成的"有组织的权力网络",而权力的变迁则是一个过程,它"间隙出现"在广泛的和深入的网络之中。低国家能力主要依赖专制性权力,而不是基础性权力,因为低国家能力的国家不能构建有效的国家行政体制,且不能在一固定的地域内宣称其对于行政的集权[1]。

从历史上看,由于弥散性权力的深入性特征很不发达,国家基本上以强制为组织原则使其权力管辖范围相当广泛,中华帝国和罗马帝国是这种政治空间的典型。政治空间的另一种组织形态可能是欧洲中世纪的封建国家:由于地理疆界小、存在寿命短,政治权力网络不是统一的,而是双重的,其广泛性的后勤基础结构相当弱小。在这种形态之中,产生了广泛的商品交换和贸易网络,城镇和商会开始脱离地方农业经济,表现为多重经济权力关系。由于在政治、经济诸方面领主、封臣、城镇、行会,甚至农民村庄都各显其能,尤其在经济方面,领主、农民(自由的和不自由的)、城镇都是有部分自主权的行动者。因而,这种国家(政治空间)主要以交换为组织原则,权力有较强的深入的弥散性基础。"当社会生活有可能在一定的领土区域增强合作并利用中央集权形式的时候,国家就能获得较大的自主权力。"协调性国家乃至近代民族国家由此诞生。在曼看来,中国的传统文明中,在广泛性权力的执掌和使用方面有很多创新,而西欧的权力成就则体现在深入性方面。

由此,政治空间既可以以深入的弥散性权力为基础,也可以以广泛的权威性权力为基础,前者以交换为组织原则,后者以强制为组织原则。传统上,人们对中国的研究总是以一定官僚制度下形成的行政区域为唯一认知空间,施坚雅提醒我们,必须注意还有另一重认知空间的存在,即一种由经济中心及其从属地区

---

[1] Mann, "The Autonomous power of the State: Its origins, mechanisms and results," in *States, War and History*, Mann;迈克尔·曼:《社会权力的来源》第1卷,上海人民出版社,2002。

构成的社会经济层级,这一空间结构同样历史地影响了政治体系的发展[1]。他称之为"市场体系",并对这一空间进行了卓有成效的研究[2]。在施坚雅看来,晚期中华帝国是社会地理上两套中心等级体系的交集:一是在交换中产生,主要是自下而上地建构起来的,这一体系以城镇或城市为中心,集市不断扩大,城镇、城市不断增多;二是帝国控制的结果,主要是自上而下地施加影响,其构成单位是一个个的行政管辖等级。而根据蒂利的观点,这样一个空间结构包含三重要素:一是以交换和资本积累为特征的一组社会关系,集中产生了城市,不平等与剥削有关;二是以强制为特征的另一套社会关系中,集中产生了国家,不平等与统治有关;三是国家发起的一系列活动使其代理人要从其他人那里获取资源。蒂利认为,这三重要素使中国与欧洲民族国家形成可以进行沟通比较,并认为两套等级体系不同程度的结合,构成了不同形态的国家[3]。

从权力的空间结构上来把握"市场体系",意味着两种权力结构——深入性的以交换为组织原则的弥散性基础结构与以强制为规则的权威性基础结构——如何在同一个空间中进行融合。二者是有可能在空间上相互排斥的,或者出现不同的结合形式。

因此,财政包干制发展的这十年,也可以看成是新的权力空间不断增生的过

---

[1] 事实上,艾森斯塔得的研究可能更有意思。他认为统治者的基本目标是维持其足以对付任何反对者的权力地位,保证为其需要而动员资源的可能性。这影响了统治者的一般政治取向的性质,以及其具体目标和政策的性质。他发现,传统体制之外总会产生出新的"自由流动资源",这与城市化、市场化等社会分工的发展有关。然而,社会结构越是发展和分化,统治者就越是难以垄断所有的必需资源,这样,他们需要增强长期控制自由流动资源的能力。由此,政权中的统治者和官僚们,总是企图对所有其他权力中心施加影响,使之依赖于他们自己,或使它们受到削弱,以此来最大限度地减少它们变得完全自主或垄断社会资源的机会。也就在这一问题上,官僚会左顾右盼,统治者和新的社会集团的矛盾、冲突也不断出现,这些冲突终于造成持久的变革压力。他区分了三种可能的变革模式,其中,整体性变革可能产生的一个后果则是更加分化的政治体系,即现代国家。(艾森斯塔得:《帝国的政治体系》,贵州人民出版社,1992)

[2] 施坚雅:《中华帝国晚期的城市》。根据西方经验,芒福德揭示了市场权力自下而上的发展过程。通过对这样的经济权力形成过程进行了考察,他认为两种力量推动了城市的发展:政治权力的集中和生产手段的发展。对财富的无止境追逐使城市倾向于无限扩大,城市作为经济中心,资本在这里大量集中,随着生产手段进步,城市扩张的力量大大增强,同时,国家所能占有的财富形式也是在城市中源源不断地发掘出来的,现金和信用交易、固定资产(土地和财产)、收入等成为课税对象,城市规划也成为利润追逐的目标。在政治上中央集权的最高专制形式之前,城市在发展中自下而上地形成了一套官僚组织原则,一套日趋扩大的组织机构出现,并把市场的方法和目标渗透到城市的各个部分中。城市发展是一种极限平衡(threshold-and-balance)。(刘易斯·芒福德:《城市发展史——起源、演变和前景》,中国建筑工业出版社,1989)

[3] Tilly, *Coercion, capital, and European states, AD 990—1992*, p.130.

程,市场的不断扩大与深化不断生成新的权力关系,它正在成为国家权力构成的一部分。通过中央与地方关系的放权—收权—分权演绎路线,乃至1988年地方大包干,这一过程给予了地方实质上的经济自主权,包括对属地管理的"剩余控制权"、对地方事务的"自由裁量权"。这一过程中,基于契约的、交换的规则的不断出现与扩大,它自下而上,在从家庭到政治关系中发生影响。市场场域的不断扩大意味着更多的行动者[1],而更多的行动者意味着更多的权力关系,以及行动者间的不断分裂,权力的不断生成、位移与重组[2]。

换言之,分权让利改革之后,在地方政府层面演化出了新的政治行动空间:它包含的权力不仅仅是自上而下的,也是自下而上的;它既是市场空间,也是权力系统,因此,用尼尔·弗雷格斯坦的话来说,地方政府成为一种社会行动场域:这一场域结构是由被参与者共同理解的文化所建构[3]。从政治过程来看,在财政包干制的发展过程中,有行政性权力的运用,也有基于协商规则的契约形态在国家治理原则中的实践发展。关于"地方法团主义""地方政府即厂商""地方性市场社会主义""村镇政府即公司"等的大量研究表明,20世纪80年代的中国地方,出现了很多市场与政府的合作协商关系[4],当然,大量关于腐败与寻租、掠夺性经纪、市场保护等消极方面的研究表明,增生的权力关系的不平衡性在不断显现。

总体上,国家权力对社会的渗透与社会结构影响国家权力将在"空间结构"的转型中得到统一。国家政权建设也就是空间形态上国家权力的结构变迁。把包干制改革置于这个大背景和历史进程中来考察,可以看到它长远的政治意涵:作为国家建设的一部分,它不仅是一个自上而下的权力扩张与渗透的过程,更是

---

[1] 行动者意味着越来越多的主体,包括个体将更加个体化、理性化,会更接受基于利益的计算规则。当然,基于利益的理性行动嵌入于场域的市场社会结构中,行动者会在市场交易中界定自身利益、目标与制定目标策略,而市场的社会结构,就主要体现为不同社会位置间行动者的权力关系,它是通过各行动者所拥有资源的组合和竞争加以维持的。

[2] 为此,托夫勒指出:"权力取决于因果链中的断裂,以及没有预先安排的意外事件。换句话说,权力取决于宇宙和人类行为中的偶然性。"(托夫勒:《权力的转移》,中信出版社,2018,第496页)

[3] Neil Fligstein, "Fields, power and social skill: a critical analysis of the new institutionalisms," *International public management review* 9, No.1(2008): 227—253.

[4] Jean C. Oi, The role of the local state in China's transitional economy, *The China quarterly* 144(1995); Walder, "Local government as industrial firm: an organizational analysis of China's transitional economy," *American journal of sociology* 101, No.2(1995); Lin Nan, "Local market socialism: Local corporatism in action in rural China," *Theory and society*, No.24(1995): 301—354;彭玉生等:《中国乡村的宗族网络、工业化与制度选择》,《中国乡村研究》第一辑,商务印书馆,2003。

面对一个自下而上的社会与地方自主行动主动调整自身组织结构的过程。在此过程中,地方政府的资源积累为国家强制性组织的自我调整赢得了时间、提供了转型空间。国家政治空间的整理需要有"蓄水池"——积累经济资源、承担改革成本、积累合法性基础,同时,国家资源积累的冲动又决定这一空间结构的变革(即国家与社会关系、中央与地方之间关系的调整)。由地方政府为国家掌握对市场的权力开路并积累经验,这是财政包干制、是中央政府向地方政府"让步"的政治价值所在。新的权力来源于市场原则即对交换规则的掌握,而对新的权力基础的把握与行动者把握政治机构结构的能力有关。

对于财政包干制而言,它终将只是历史进程中国际国内政治、经济与社会条件共同演绎的结果,它是国家解除危机、重新出发的制度工具。当市场体制被确立为改革方向,突破已有路径依赖,在发展的道路上再出发,这将是中国这样一个超大规模社会将面临的又一个长期、严峻的课题。

结论
共识、地方与国家自主性

本书考察了已经成为一项旧制度的财政包干制的政治过程与政治维度。包干制是 20 世纪 80 年代中国改革的一个缩影,对其性质与含义的再认识不仅具有历史意义,也具有重要的理论价值和未来含义。本书采取的立场是回到历史与结构的丛林,去再现这一制度所赖以产生、发展的政治、经济与社会条件,把对这一旧制度的政治分析放在更大的结构里、视野里予以审视,以努力获得关于财政包干制完整而系统的"过程追踪"(process tracing)。

财政包干制发轫于波澜壮阔的改革开放之时,它既是改革开放的内容之一,也是改革开放的制度性驱动力,这一点似乎没有太大的异议。然而,就其动力和影响而言,对此学术界的立场和判定不一而足。很多学者相信,国家的分权结构与财政制度对于 1978 年来中国改革开放的经济奇迹具有基础性的意义。当然,它也带来了诸多负面的影响,包括加剧地区差异与不平等、出现政策的外部性和诸侯经济、地方保护主义乃至腐败现象等等[1]。此外,还有学者主张,应该放弃对于财政包干制启动的分权改革究竟是放权还是分权,是经济分权还是也存在政治分权这样的纷争,因为这种看似为分权的争论,难免呈现为意识形态与派系竞争。财政包干制的政治过程,毋宁是观念和意识形态的差异以及派系政治在央地关系和地方发展中的表达[2]。

要回应这些争议,还是要回到历史与结构的进程之中。正如有研究者所意

---

[1] 详见导论部分关于财政联邦主义的文献回顾。
[2] Cai Hongbin, D. Treisman, "Did government decentralization cause China's economic miracle?" *World politics* 58, No. 4(2006): 505—535.

识到的,对于中国的经济改革,要考虑其初始条件,改革过程以及各种制度实施。[1] 倘若我们未能在研究中将历史的诸多碎片化的史料与历史的结构化关联,建立更为有机的联系,作为历史的制度就难免被预设、固化,或者被"神圣化"抑或者"污名化",被打上先验的价值色彩。本书正体现了这样的尝试:回到历史本身、梳理结构性力量的交互作用,把财政包干制这一财政制度和政治现象视为与整个环境、情境有机相连的部分,以此发现历史进程中的一些关键点,以及这些关键点所展现出来的意义,由此发现影响制度演变的关键节点和逻辑关联,推导其政治含义。在这个意义上,财政包干制是我们历史观察的一个个案,对于这一个案,我们首先希望的是探寻这一制度在生活中的社会存在和表达,其次,是通过整体呈现以力求发现基于整体的脉络和逻辑。[2]

作为总结和反思,本章将从三个方面来进一步讨论和概括财政包干制的政治过程含义:首先是危机下的分权与共识政治;其次是国家自主性与政治成熟度;最后是探讨分权治理的未来,尤其是它对与中国政治内生演化的意义。

第一节 危机与共识

制度变迁既受到外生因素的塑造,也是内生力量作用的结果。在制度变迁的理论中,阿西莫格鲁(Daron Acemgolu)、青木昌彦(Masahiko Aoki)和格雷夫(Avner Greif)等人从不同的角度去论述制度变迁的内生化动力。青木昌彦强调,信念的坚定与动摇决定了制度的形成、稳定和变迁。互动和博弈中各行动主体所形成的共有信念,以及各个博弈场域中所形成的制度规则之间存在着相互联系,促使行动者在重复博弈中形成了某种共识或共享的理念,因此提供了产生均衡和制度结晶的基础。[3]

财政包干制作为一项制度变革,既是对外部危机的回应,但也具有内生性。

---

[1] Thomas G. Rawski, "Chinese industrial reform: accomplishments, prospects, and implications," *American economic review* 84, No.2 (1994): 271—275.

[2] 渠敬东:《迈向社会全体的个案研究》,《社会》2019年第1期。

[3] Masahiko Aoki, "Endogenizing institutions and institutional changes," *Journal of institutional economics* 3, No.1 (2007): 1—31; Avner Greif, Daron Laitin, "A theory of endogenous institutional change," *American political science review* 98, No.4(2004): 633—652.

回到这一特定时期制度的起点,纵观财政包干制的出台过程、作为整体的社会经济变化、国际国内形势,整个国家与社会所面临的重重困境是认识财政包干制发展所不容忽视的起始条件之一。分权改革之所以得以进展,很大程度上依赖于把这些危机重重的初始条件进行内生化并形成共识的过程。

1978年党的十一届三中全会后,根据部署,中央决定财政体制改革先行一步。1979年的中央工作会议指出,计划集中过多,统得过死,财政上统收统支,物资上统购包销,外贸上统进统出,"吃大锅饭"的思想盛行,限制和束缚了中央部门、地方、企业和职工个人的积极性、主动性和创造性……"这种情况必须坚决加以改变"。在此之前,国家的绝大部分经济资源控制在财政范围,财政构成了计划体制下资源配置的枢纽机制。财政体制改革先行一步意味着,财政体制将成为渐进式改革中"解锁"传统体制在宏观层面的突破口,体制内的一部分资源和体制外的资源将获得自发组合的机会,由此,经济体制改革的序幕被拉开。

为了配合"企业自主权"改革,为了让各地方有更多能力解决各地方面临的吃饭问题,财政体制改革从向地方放权开始,这便是财政包干制的由来。在财政包干制下,地方和企业的财权与财力得以增加。其间,尽管随着政策的不断变化,地方所获得的财力与自主权在内容上不时变化,而且,随着差异性包干制的推广,自主权的地方差异性也各不一样,但从趋势上看,在1988年财政包干制中,地方发展为一个关键性的博弈力量,地方政府的自主权获得达到了一个新的高峰。

这期间,相关的制度规则起起落落,国内外因素不断交织演化,关于分权和市场的改革共识,历经波折。到20世纪80年代末,中国经济体制改革遭遇了多方面的危机:1988年的"价格闯关"引发了全国范围的"抢购风潮",社会上反腐败、官倒的呼声日强,它成为1989年风波的导火索。1989—1990年,由波兰团结工会执政、柏林墙倒塌引发的东欧剧变很快扩展到匈牙利、东德、保加利亚、捷克斯洛伐克、罗马尼亚等前华沙条约组织国家。1988年9月,中国政府启动了一项紧急财政紧缩方案,以遏制不断攀高的通货膨胀。随后,反市场化改革的政治情绪一步步加剧,1988年9月—1991年9月,这三年被称为"治理整顿时期"。治理整顿期间,经济过热现象明显降温,市场秩序、供需关系、物价涨幅等都得到了较好的改善,农业、能源、交通、原材料等产业均得到了不同程度的发展。然而,这一时期,国内与国际政治风波带给国家与社会的冲击十分剧烈,由此引发了关于中国改革走向的激烈争论。

1994年,分税制正式并在全国范围全面推开,这是建国以来设计最为周密、变革力度最大的一次制度创新,它意在以资源汲取方式制度化带动中央与地方关系进一步规范化,是中央与地方权力关系的再调整。而此前,1992年10月党的十四大决定在我国建立社会主义市场经济体制,这为1994年分税制改革打开了一个更大的制度平台。

关于国家能力的观念也冲击和塑造着分权改革的样式和走向。1993年6月,《中国国家能力报告》发布,报告指出,中央财政汲取能力已降至历史最低点,而国家财政汲取能力下降意味着中央政府控制宏观经济能力的下降,由此,中央政府已陷入于"弱中央"的境地。该报告一经发布便迅即轰动海内外。"在中央关注国家调控能力,尤其是财政税收调控能力的历史时刻,胡鞍钢教授和王绍光教授主笔的国情报告触发了中国全面推行分税制财政体制改革"[1]。6月下旬,财政部召开会议,讨论推动分税制改革。1993年夏季,中央领导在北戴河召开办公会,税制改革方案被提上日程[2]。《国家能力报告》为分税制以及其他加强中央宏观调控能力的举措提供了理论武器,或者说获得了决策部门共鸣以及社会各界的共识。

实行了近十年的财政包干制之后,中央财政发生了巨大困难。分税制的推行表明,财政包干制在理论上、合法性上被否定[3]。分税制的推行增强了中央的财政汲取能力和国家宏观调控能力,在国家面临着国内外重重政治危机时刻,分税制成为引领中国走出"危机"的又一革命性制度创新,中央以"集权"方式化解了危机。而此前,东德的政策松动导致了柏林墙的倒塌,前苏联的松动导致了前华沙条约组织的纷纷解体或"转型";再往前,同样是政策松动与"放权让利",不同于前苏联东欧国家的是,国家以财政包干制通过地方分权引领中国走出了相形之下似乎更严峻的"危机"。诸多的历史个案表明,无论是"分权"还是"集权",都有可能导致国家的崩溃、分裂或者革命的发生。那么,为什么1978年后的中国既可以以分权的方式,也可以以"集权"的方式增强财政汲取能力,走出"危机",避免了国家的崩溃?

交织呈现的危机,刺激了对政治权力的重新配置和共识动员,从而为改革提供了内生动力。对"危机"的考察实际上是对"财政包干制"出现的起始条件或者

---

[1] 王绍光、欧树军、徐斌:《从避免"最坏政体"到探寻"最佳政道",国家能力与政治转型研究二十年——王绍光、欧树军对谈〈中国国家能力报告〉发表二十周年》,《政治与法律评论》2014年第1期。

[2] 丛明:《分税制出现的幕前幕后》,《税收与社会》1994年第4期。

[3] 周飞舟、谭明智:《当代中国的中央地方关系》,第42页。

说财政包干制的分权意义的关注。1978年,危难关头,党的领导人审时度势,果断终止"阶级斗争为纲"的政治路线,提出未来将"以经济建设为中心"。建设"四个现代化"与"拨乱反正"运动的同时并进,这使人们相信,刚刚深深地经历了"文革"造成的全面性危机和伤害,我们的国家将通过寻求以体制变革的方式探索属于中国的发展道路。重新设定的议题赢得了人民对统治合法性的信任与支持。怀着对未来社会的美好向往,各行各业的人们都拿出了"时不我待"的干劲。

因此,1978年开始的分权化改革,同时也是对于资源动员的"共识"动员。危难关头、重新出发,让这个勤劳勇敢善良的中华民族重新焕发了生机。分权与"放权让利"一起,释放了压力,重拾了社会信心,增强了凝聚力。"放"与"让"的分权激发了社会共识,而"共识"又是这个大规模急剧变迁社会的分权战略得以成功的条件。

转危为机的案例在中国历史上并不少见。在面临重大灾难或危难关头,开明的统治者审时度势,通过让步或让利于民、休养生息的方式,启动改革,重整朝纲。有学者将中国政治中的这一适时"妥协"理解为"势"的利用,所谓"顺势而为",它被认为体现了中国政治策略中的有效操控,以及对变化的适时把握[1]。但这样的操控也被认为是制度性变革的阻碍力量,一旦度过危机,或得以休养喘息,让步就会被收回[2]。不过,1978年出现的财政分权与这一情况有所不同,面向地方的大规模放权让地方成为博弈力量,地方政府不断获得的地方自主权使得集权的努力不可能回到最初的状态(计划体制),权力再均衡的结果是制度性变迁以及社会与经济的转型。

从历史进程来看,中国与众不同的地方分权得益于它的"共识"基础。共识不仅仅是存在于政治行动者之间,也是社会层面的。"共识"如"势",把握了时机便能彰显"效能"。乔姆斯基(Arram Noam Chomsky)、哈维(David Harvey)等学者也都看到了"共识"的重要性,而葛兰西早就指出,意识形态要成为"文化霸权",它必须把这种思想变成"常识"(common sense),也就是一种普遍持有的意见,或者说基于足够多民众的赞同。余莲(François Jullien)将"势"看成是可能会瞬息万变的整体情势,新马克思主义的葛兰西(Antonio Gramsci)或者墨菲(Chantal Mouffe)则发现"新霸权"是一套有统合意义的世界观的建议,以及在

---

[1] 弗朗索瓦·余莲:《势:中国的效力观》,北京大学出版社,2009。
[2] 周雪光:《大历史角度看改革40年》,《二十一世纪》2018年12月号,总第170期。

抗争中获得了更多人的妥协。[1]所以，社会共识既然需要多数赞同的基础，这就意味着它具有历时性，是社会生活与实践的积累的结果，同时也是作为新集体意愿统合的世界观、意义系统或者主导框架（master framing）。

塑造内生制度变迁的共识——意义系统和主导性的认知框架——在中国20世纪80年代的改革过程中表现为"解放思想"所带来的实事求是的工作路线。在1978年前，中国社会被认为是一个高度统合的一元化政治空间，即便如此，社会中也会出现关于社会目标发展、未来社会走向、社会政治经济各种关系的排序等方面的普遍性迷茫，以及对国家的经济、政治、文化生活等各个方面要有新局面的渴望。"要使党和国家真正从'文化大革命'造成的困境中摆脱出来，打开一个全新的局面，首先必须拨乱反正，其中最主要的是要恢复实事求是的思想路线"[2]。

1978年的分权改革就这样产生于"务实""常识"的新话语、新共识背景下，此后的改革进程，依然困难不断，经历了"大引进"遭遇瓶颈，1979—1982年的经济调整，反对精神污染、反对自由化，学潮与抢购风潮等等，改革始终在向前推进。1992年，邓小平发表南方谈话，他指出："谁要改变三中全会以来的路线、方针、政策，老百姓不答应……为什么……我们的国家能够很稳定？就是因为我们搞了改革开放，促进了经济发展，人们生活得到了改善。"[3]

体制变革、改善人民生活，它帮助赢得人民对统治合法性的重新信任与支持，进而，改革开放政策获得了广泛的共鸣与认同，激发了中国社会最广泛的团结精神与建设热情，而这种团结又成为打开新的改革政策的钥匙。社会的"集体共识"动员了大量资源支持、参与改革，同时又在改革中增强资源动员能力。这不仅支撑了80年代的分权改革，而且成为90年代市场导向改革的基础。

第二节 国家自主性与政治成熟

历史经验和比较政治研究表明，改革常常是顺势而为，转危为机的结果，然而分权的改革常常会"覆水难收"，导致诸侯割据乃至国家分裂。20世纪80年

---

[1] Chantal Mouffe, *Gramsci and marxist theory* (Boston: Routledge, 1979).
[2] 中共中央文献研究室编《陈云传》（四），第1457页。
[3] 邓小平：《在武昌、深圳、珠海、上海等地的谈话要点》，《邓小平文选》第3卷，第371页。

代末前苏联、东欧的相继剧变,或许是对分权导致分裂和政权变迁的典型例子。相形之下,1978年之后的中国分权实践是一个例外。财政包干制作为不断扩大的放权-分权财政改革,以一步步的"放权让利",推动着国家改革开放政策的不断深化,以及社会经济的转型。最终,市场经济体制被合法化,而人民的社会、经济与政治生活、秩序保持着基本持续稳定,政权与制度也经受住了前苏联与东欧国家集权旧体制崩溃的多米诺骨牌效应的冲击。那么,中国何以成为一个例外?分权何以避免危机和革命的发生,带来渐进的制度变迁?

对于分权的认识,有着源远流长的规范性理论传统。讨论分权与市场以及民主转型的联系,这种立场在很大程度上可以追溯到托克维尔以及密尔,"人民可以做一切":分权促进民主,因为它可以让人民广泛参与到公共事务当中,在多样性的参与中提高自己的才智和实践能力;通过广泛参与,还能够帮助人们铸造一种积极进取的性格类型,以及培养公共精神,使人从私人领域和物质享乐中抽身出来[1]。新自由主义的兴起强化了地方分权的实践,世界银行等机构纷纷以此作为"善治"的规范性指引,在世界范围内推广财政分权的改革。人们期待分权化能够成为善治的一个关键要素,发挥治理功效:增加人民参与经济、社会和政治决策方面的机会;帮助发展人的能力;增加政府的回应性、透明性和责任性";等等[2]。

对地方分权的另一种乐观期待与效率有关。在地方资源和生产要素可以自由流动以及居民可以实现"用脚投票"的条件下,地方分权可以实现地方公共物品配置上的帕累托效率[3]。分权有助于增强地方自主性,从而激发地方经济与政治体系的运行效率。挑战性的研究则指出,分权可能和经济增长没有显著关系[4]。实际上,地方分权也可能导致地区间的财力分配更加不均衡[5]。财政分权不仅不能提高效率,甚至会带来一些意外后果。对地方分权与"软预算约束"的分析显示,软预算约束不仅不能够达到预期的提高效率、增进资源均等化

---

[1] 约翰·密尔:《代议制政府》,商务印书馆,1982。
[2] 这是联合国开发计划署(UNDP)对于治理与分权的界定。[Governance for sustainable human development: a UNDP policy document (1997): 2—4]
[3] Charles M. Tiebout, "A pure theory of local expenditures," *Journal of Political Economy* 64, No. 5(1956): 416—424.
[4] Hamid Davoodi, Zou Hengfu, "Fiscal decentralization and economic growth: a cross-country study," *Journal of urban economics* 43, No. 2(1998): 244—257.
[5] Luiz De Mello, "Fiscal decentralization and intergovernmental fiscal relations: a cross-country analysis," *World Development* 28, No. 2(2000): 365—380.

分配等目标,而且会导致腐败现象的增长[1]。

向地方分权会导致地方自主权的过度膨胀。更糟糕的后果是,分权会导致诸侯割据、社会分裂,国家失去对地方的控制与主导权,乃至崩溃。地方分权在全国性的政治过程带来了群体认同的挑战,从而加剧冲突与分裂的可能性[2]。因此,在分权过程中,国家若不能对地方精英实施策略性的掌控策略,其政治后果是十分严重的[3]。研究者提出了警示:财政汲取能力是分权是否超出底线的标志之一,而 20 世纪 80 年代末的中国,国家的财政汲取能力正接近这一底线,与解体前的南斯拉夫相似。

从比较历史的角度,斯考切波以清末中国、法国、俄罗斯为例来分析国家崩溃和社会革命的历史与结构性根源。她提出了国家潜在自主性的概念。国家崩溃或者革命发生意味着,衰落之势已不可逆,此前的国家行政和强制组织已没有能力继续维持现有政治秩序,追求、实现其目标,没有能力应对现有的国内外任务和危机。

民族和群体认同问题加剧了分权后果的复杂性。对一个统一民族国家而言,分权的政治风险不言而喻。处于民族国家建设进程中,国家同时面临着民族国家"认同"的建设以及现代性的"政权"建设的双重任务,来自国内外的各方面的冲突与挑战总是难以避免,它们都可能对整体的国家建设形成威胁。因此,有技巧地选择分权的时机点十分重要,恰当的时机点意味着,当扰动或不确定情况出现时,国家依然能够保持系统的稳定自主。对于建设中的民族国家而言,能否成功实现分权,它既取决于社会,也取决于国家能力、国家自主性。

"国家自主性"是马克思之后的新马克思主义的一个重要分析概念。普朗查斯、密利本德等都强调了国家超越资产阶级特定利益的相对自主性。在"国家中心主义"的研究脉络中,斯考切波强调了国家的组织属性:作为一套以执行权威

---

[1] Jonathan Rodden, Jennie Litvack, Gunnar Eskeland, 2003. Decentralization and the challenge of hard budget constraints (MIT Press); Pranab Bardhan, Dilip Mookherjee, "Corruption and decentralization of infrastructure delivery in developing countries," *Journal of institutional and theoretical economics* JITE 156, No.1(2000): 216—216; Emanuela Galasso, Martin Ravallion, "Decentralized targeting of an antipoverty program," *Journal of public economics* 89, No. 4 (2005): 705—727.

[2] 拉塞尔·哈丁:《群体冲突的逻辑》,上海人民出版社,2013。

[3] Jean-Paul Faguet, Ashley Fox, Caroline Pöschl, "Does decentralization strengthen or weaken the state? Authority and social learning in a supple state," In *Is decentralization good for development? Perspectives from academics and policy makers*, Jean-Paul Faguet, Caroline Pöschl, (Oxford University Press, 2015), pp. 129—159.

为首,并或多或少是由执行权威加以良性协调的行政、政策和军事组织,它依赖于从社会中提取资源并进行分配,又总是力图独立于、超越于社会中的支配阶级。国家被看成一套具有自主性的结构——这一结构具有自身的逻辑和利益,而不必与社会支配阶级的利益和政体中成员群体的利益等同或融合。论及国家自主性,诺德林格(Eric Nordlinger)也认为,"国家在将其自身偏好转换成权威行为的范围,以及公共政策服从公共官员资源加权偏好的平行四边形的程度,关系到国家的自主性"[1];埃文斯(Peter Evans)在研究国家与经济转型问题时提出了"嵌入性自主"的理论,认为国家制度嵌入于社会,必须实现国家和社会、市场的结合,因此国家不可能脱离社会而具有完全自主性[2];在米格代尔看来,国家自主性必须基于对特定国家进行具体动态的分析才有意义。国家究竟能否自主,取决于社会结构与社会力量,取决于国家渗透社会的能力,取决于国家与社会力量的博弈[3]。

总之,国家自主性意味着相对于社会力量的独立与自主,同时,它也具有动态性与阶段性,与社会情境紧密相连。当越来越多的学者意识到国家类型与国家权力结构的差异性时,[4]对社会构成的分析需要超越传统关于支配阶级、利益集团的理论框架,而国家与社会的关系也需要进一步走向深入,需要重新审视国家与社会的共识结构形成。

前一节我们从社会共识的角度讨论了分权战略形成的社会与集体意识基础:在分权的启动和实践中,国家如何识别和建构"共识",这是分权成功的支撑所在,也是分权过程能够持续增能的重要条件。与此相关的是策略性的国家自主性:成功的分权,或者说分权要能够避免国家崩溃,还离不开国家在分权中保持"统一性"与"团结性"。分权政治中的国家自主性,突出体现在政策实施过程之中。而从中国的实践看,维持自主性的政策能力包括突围与坚持两个部分。突围,也就是政策决策的突破环节——在决策过程中能够实现超越支配性社会力量的掌控和俘获,以及在制度发展进程中实现对路径依赖的突破。而坚持,则可以理解为决策中的抗干扰能力,体现协同参与与合作的能力。

国家自主性能力在20世纪80年代的中国显得特别重要。分权的发生尽管

---

[1] 诺德林格:《民主国家的自主性》,第17页。
[2] 埃文斯、鲁施迈耶、斯考切波:《找回国家》。
[3] 乔尔·S.米格代尔:《强社会与弱国家:第三世界的国家社会关系及国家能力》,江苏人民出版社,2012;《社会中的国家:国家与社会如何相互改变与相互构成》,江苏人民出版社,2013。
[4] 卡岑斯坦:《世界市场的小国家——欧洲的产业政策》,吉林出版集团有限责任公司,2009。

在一定程度上通过"认知解放"获得了政治与社会赞同,但它所面临的组织性的挑战是更为艰巨的。分权改革要突破的不仅仅是规范与认知的障碍,还有不断浮现的利益结构、官僚主义的固化、僵化倾向。分权改革,是国家在保持自主性的前提下对官僚主义、集团主义的突破和超越[1]。

中国的改革进程充满了突破点。1978年的战略重心转移,从阶级斗争到经济建设,这是一个重大的突破;从过去认真向苏联学习社会主义建设经验转为向发达国家学习全方位现代化的建设经验,这也是一个重大突破;20世纪80年代,西方世界新自由主义思潮复兴并进入中国,中国由此开始了关于经济改革的顶层设计,与此同时,中国推行了以包干制为表现的地方分权改革,这一分权改革与西方的分权改革不期而遇。然而与西方的改革有所不同,这是在国家保持自主性前提下的地方分权战略,是以分权激发活力的突围策略。

大胆突围与坚持,保持战略定力是一体之两面。1985年后,关于放权让利、包干制实行下来的种种弊端,以及中央财政困难,地方诸侯经济等问题不断被讨论。为此,学者、有关部委改变已有财政管理体制、实行分税制的呼声日高。1986年,"价、税、财联动改革"方案被酝酿和提出,这一方案为此后的分税制做了理论铺垫。但当时的领导人提出,要坚持下放给企业和地方自主权,必须用政治体制改革推动整体改革的向前进,决策的核心是要解决权力下放,解决中央和地方关系问题。1988年财政包干制的拓展推广,也是中央以极大勇气坚持权力下放,保持战略定力的结果。

政治领导人冷静的战略判断及其所体现的国家自主性,使得政治体制改革能够有序开展,能够成为各种规则和制度改革的聚合力量,着眼于宏观的、结构性的和长远的发展,而不是简单地成为因应具体问题和表达各种社会意见的结果。1978年后的总体政治发展趋势是,通过政治民主化取向的政治体制改革,全面复原和发展以计划经济为其现实基础的当代中国政治形态[2]。为此,领导人指出,要思想解放,要民主,同时要坚持四项基本原则。邓小平强调:"为了

---

[1] 1949年以后,从"三反五反"到"文化大革命",中国共产党一直没有停止对打破官僚主义作风的路径探索。1980年,邓小平发表了著名的《党和国家领导制度的改革》的讲话。1982年,邓小平发表了《精简机构是一场革命》的重要讲话,指出:必须通过精简机构解决机构臃肿重叠、职责不清、办事效率低等问题。1986年,邓小平更是反复强调,必须通过政治体制改革把改革向前推进。他明确指出了政治体制改革的三个目标:始终保持党和国家的活力,克服官僚主义,提高工作效率,调动基层和工人、农民、知识分子的积极性。必须解决影响经济改革的政府低效与不适当作为等问题。1988年,新一轮的机构改革兴起,这次的重点是理顺党政关系和政府职能转变。

[2] 林尚立:《当代中国政治形态研究》,第367页。

实现四个现代化,我们必须坚持社会主义道路,坚持无产阶级专政,坚持共产党的领导,坚持马列主义、毛泽东思想。中央认为,今天必须反复强调坚持这四项基本原则,因为某些人(哪怕只有极少数人)企图动摇这些基本原则。这是决不允许的。"[1]1986年,作为改革总设计师的邓小平同志以政治体制改革为题分别在9月3日、9月13日、9月29日、11月9日发表了4次讲话,而之前的6月19日,在听取中央负责同志汇报当前经济情况时,邓小平也讲了三个问题:一是农业,主要是粮食问题。二是外汇问题。三是政治体制改革问题。他指出:"改革,应该包括政治体制的改革,而且应该把它作为改革向前推进的一个标志。"[2]与此同时,他也讲了关于加强社会主义精神文明建设的问题。回顾这十年间的历史,会发现,"一手抓民主建设,一手抓法制建设"、"一手抓改革开放,一手抓打击各种犯罪尤其是经济犯罪"、"一手抓经济建设,一手抓教育特别是思想政治教育"、"一手抓经济建设,一手抓法制和精神文明建设"等的提法非常高频。"两手抓"后来在1992年被概括为"坚持两手抓,两手都要硬","物质文明和精神文明都搞好,才是有中国特色的社会主义"。

可以说,20世纪80年代的这段历史,精彩地呈现出了一种典型的社会共识建构和国家自主性建构,为分权改革提供了规范与权力基础。党和国家始终坚持"实事求是"的战略方针,努力地防"左",也努力地反对各种自由化,始终以经济建设为中心,不为国际国内的各种"噪声"所干扰。政策保持着相对的稳定与动态的韧性。十年的改革历程中,1978年的"实践是检验真理的唯一标准",党的十一届三中全会确定以经济建设为中心,到1992年确立社会主义市场经济体

---

[1] 邓小平:《坚持四项基本原则》,《邓小平文选》第2卷,第173—174页。
[2] 尽管这改革开放的十年之中,每一年都充满了戏剧性的张力,都是波澜壮阔的,1986年的历史中有着尤其多值得书写的内容。1986年,第一家股份制商业银行诞生,首家企业宣布破产,厂长负责制被推广。1986年1月,邓小平在中央政治局常委会上讲话指出:搞四个现代化一定要有两手,只有一手是不行的。所谓两手,即一手抓建设,一手抓法制。2月,中共中央、国务院发出《关于进一步制止党政机关和党政干部经商、办企业的规定》。3月,国务院推出了《关于进一步推动横向经济联合若干问题的规定》,"八六三计划"提出并在11月被果断推行。4月,《中华人民共和国民法通则》《中华人民共和国义务教育法》《中华人民共和国外资企业法》颁布,《中华人民共和国地方各级人民代表大会和地方各级人民政府组织法》修改通过;中共中央、国务院发布规定,决定实行劳动合同制,打破铁饭碗。9月,中国共产党十二届六中全会在北京举行,会议回顾和讨论了几年来精神文明建设的成就和面临的问题,通过了《中共中央关于社会主义精神文明建设指导方针的决议》。12月,资产阶级自由化泛滥,邓小平就学生闹事问题同几位中央负责同志谈话时指出:"要旗帜鲜明地坚持四项基本原则,否则就是放任了资产阶级自由化","我们讲民主,不能搬用资产阶级的民主,不能搞三权鼎立那一套","我们执行对外开放政策,学习外国的技术,利用外资,是为了搞好社会主义建设,而不能离开社会主义道路。"

制,1994年分税制改革,这些变化既是对制度既有惯性的突破,也包含了政治的审时度势。审时度势实际上就是政治上的时机判断和共识建构,它意味着政治判断力和政治成熟度(political sophistication)。

在《民族国家与经济政策》一书中,韦伯指出,国家的政治成熟取决于政治家的判断力。这判断力从哪里来?韦伯说,这个标准就是"政治成熟",就是能够从本民族长远的经济政治"权力"利益考虑,而且有能力在任何情况下能把这一利益置于任何其他考虑之上。这是一种历史面前的责任,是假设千年之后回望历史所发现的那一航向[1]。

体现自主性的政治成熟度,是文化自觉和历史责任感的表现,也是中国改革的关键政治资源。1978年以来的中国历史表明,这一对历史与人民统一的坚持,可能表现为短时间政策的变化甚至摇摆,但在摇摆中,地方获得了进一步表现的机会。在变化中,中国共产党又做出了最符合人民利益、最符合历史意义的决策。显然,中国共产党越能站在历史的高度最大程度地识别人民的利益,它所形成的判断与决策往往都是既坚定又善良的。从历时性看,能激发公共性的判断力都来自中国共产党对人民利益的贴近与把握。所有关键时刻政治领导人体现的果敢、决断、坚持以及针对复杂形势的智慧与冷静,都正是中国政治生活的自主性的体现。

第三节　从历史走向未来

1978—1988年,经过十年的分权探索,财政包干制发展到历史新高度,得以全面推广。而这时,这一财政制度的弊端已不断受到质疑。1990年,分税制财政体制改革试点方案被设计出来,1992年,分税包干制试点正式推出,这为随后1994年分税制的全面推行做了积极的铺垫。

1994年的分税制改革,延续了财政包干制改革的动力,赋予分权治理以新的生命力。这个改革的最大的突破点在于实现了税制结构与税制征收动员方式的改进和制度化,它改变了中央和地方、政府和企业,乃至国家和个人的关系。从此,契约与责任被或深或浅地植入这些关系之中。当然,更为突出的是,它大大提高了中央财政收入占比,新的财政制度加强了中央财政在中央地方关系中的支配能力。

---

[1]　马克斯·韦伯:《民族国家与经济政策》,生活·读书·新知三联书店,1997,第98页。

财政包干制完成了它的历史使命,迎来了它的终结时刻,随着分税制的出现而成为一项"旧制度"。但是,它也留下了重要的制度遗产,对以后的制度变迁产生了深刻的印记。首先,包干制的"原理"以不同的形式保存下来,比如,政府间各种形式的"责任状"和量化目标责任制成为政府间行政管理的惯例,目标责任制涵盖经济发展、计划生育、环境治理、扶贫救济、疾病预防等政府职责的各个方面[1],不仅基层治理中存在着对财政分成、包干的依赖,包干制还被引入到地区的产业发展的指导和规划中[2]。

其次,包干制所塑造的权力结构和势能也得以延续和发展。从财政制度看,分税制后的较长时间里,中央和地方仍维持过去事权分配基础,实施不同税种收入分享。分税制后,中央和地方在税收收入方面进行了调整与重新划分,然而,中央和地方的支出责任此后并没有重大调整,依旧的支出责任与不断强化的行政事务层层发包相勾连,这使得分税制后地方政府对"自收自支"体制形成很大的依赖。因此,尽管分税制顺利达到了增强中央财政收入的目标,国家的财政汲取和资源动员能力、社会整合能力等等也相应得到提高,但地方的自主性尤其发展经济的自主能力并没有减弱反而加强。耐人寻味的是,在财政制度以外,中央一步步加大了对地方的包括人事调配、政策设计、资源控制等方面的权力集中,这使得中央集权与地方分权之间呈现了更加鲜明的结构性紧张状态。

应该如何看待新形势下实际存在着的地方分权?如果回到起点,反观历史,重拾财政包干制的政治过程对理解新时代的中央和地方关系,具有怎样的启发?

毫无疑问,作为一个具有结构性意义的改革,十年财政包干制的政治含义和未来启示是多方面的。随着现实政治的发展,新的含义还可能被抽象出来。这里可以强调的是以下三方面。

第一,财政包干制的这十年,国家以财政包干制的分权战略营造了一个允许地方创新与竞争的发展环境,使地方政府成为中国经济发展奇迹的能动主体和动力。地方政府的制度创新,从旧体制中打开缺口,为中央全面的体制变革提供动力与决策方案;改革在地方局部试点的进行也使体制有了合法化的时间与空间;地方政府的体制探索使刚性的意识形态渐渐软化,成功的地方经验使新的知识不断补

---

[1] 荣敬本等:《从压力型体制向民主合作体制的转变———县乡两级政治体制改革》,中央编译出版社,1998;王汉生、王一鸽:《目标管理责任制:农村基层政权的实践逻辑》,《社会学研究》2009年第2期;田先红:《治理基层中国:桥镇信访博弈的叙事(1995—2009)》,社会科学文献出版社,2012。
[2] 黄晓春、周黎安:《"结对竞赛":城市基层治理创新的一种新机制》,《中国社会科学》2017年第11期;周黎安:《转型中的地方政府:官员激励与治理》,2017,第55页。

充到意识形态之中,从而增加了意识形态的有效弹性。

第二,"分权让利"的观念并不是全新的发明,而是暗合着中国共产党革命和建设的历史经验及价值传统,因此创造和体现了改革合法性。这一价值传统早期可以追溯到中国共产党的根据地建设时期。1956年以后,毛泽东在"十大关系"中提出的"两个积极性"原则:要求统一集权,但同时也要求在社会主义建设中发挥地方积极性。其中的理论诉求在于,通过对苏联经验的批判性认识以探求破解中国官僚主义困局。在毛泽东和中国共产党人看来,经由革命的"群众路线"可以实现"民主"与"集中"的统一。体现在运作之中,就是要求充分发挥地方积极性,要求上级广泛与下级"商量办事"。1978年后的"分权让利"改革,正植根于中国共产党对民主集中制的价值观和历史性的经验。[1] 同时,它通过学者和开放性的讨论,这一观念也拥抱了当代经济改革和转型理论中的观念,成为一个规范和观念的再创造的实践过程。

第三,"分权让利"不仅推动生成了改革所需要的主体力量,也造就了转型所需要的动态性的、结构性的促成条件。在这个意义上,包干制体现的是一种"新传统的分权":在改革开放之后的分权,成了一种资源动员的策略。中央政府一直以谋求中央政府自有财力最大化为努力方向。对改革以来中央加强自有财力增长的努力的考察表明,体制变革导致了社会、经济结构的变化,而中央政府(国家)相应地调整着资源汲取方式,框架性的税制改革的成功出台与运行使中央政府增强自有财力成为可能。其中,地方政府为中央政府征税能力的提高发挥了铺垫性作用。同时,地方政府与企业的"合作"使自下而上的作用力增加。地方政府及企业行动自主性的增强是市场体系扩张、资本力量运行的结果,地方政府与企业自主性行动使中央政府(国家)需要学习掌控新生的权力基础结构,这是"转型"的生长点所在,对国家的(政治)权力结构变迁具有深远的意义。

转型可以理解为结构性力量通过空间汇聚所形成新的制度化均衡。包干制为转型创造了行动者、驱动力和结构性条件,也为吸纳和适应新的结构性条件提供了方便之门。在谋求中央自有财力最大化的目的驱使下,面对巨大的充满不确定的支出压力,中央政府选择了向地方转移大量这些不确定性支出的战略,地方的功能呈逐渐扩大之势。这无疑增加了中央政府提高对地方政府的控制能力的需要。另外,"去单位化"和向市场经济的发展,催生了新的结构性现实,尤其是自主的民营企业和个体化的经济形式出现了,这意味着个人将从旧有的组织

---

[1] 黄宗智:《改革中的国家体制:经济奇迹和社会危机的同一根源》,《开放时代》2009年第4期。

化的单位结构中解放出来。这推动了与之相应的税制结构的发展,以个体经济为单元的征税体系可以使中央政府形成独立于地方而直接面对纳税者的征税体系。然而,国家(中央)谋求自有财力最大化的努力,并不能外在于结构性力量因素的梗阻,包括日益兴起的权利意识、与个体化进程和社会风险相伴而来的社会不安,以及作为经济发展和社会管理者的地方政府。

通过分权改革,中央与地方、国家与社会形成了一个双向互动体系,为政治权力的结构变迁提供了一个游戏空间。在"有限可控分权"战略下,中央政府在改革中处于主导地位,地方政府的行动一方面推动了改革的深化,一方面则推动中央政府探寻新的政治控制手段与空间。国家和地方政府都实现了资源与权力的积累,资源来源于新的经济结构的转换,而新的权力来源于行动者对政治机构结构的及时把握能力,这是"放权让利"所生成的转型空间,对于未来的政治发展而言,这一空间具有战略性。

21世纪已经走过20个年头,人类的治理与转型经验的探讨不可避免地迎来了新的复杂性。信息技术、生物、量子等科学技术飞速向前发展,这些技术与信息流、资金流相互叠合交叉,新的全球性权力不断出现,它们常常超越国界,不断打破传统意义上由国家合法垄断的暴力,更重要的是,它们是流动的,具有弥散性的结构。此外,随着民粹主义的兴起和身份危机的展现,全球化和互联互通的进程不断遭遇反诘和抗议。对于发展中国家而言,风险社会带来了深度的不确定性,集权似乎成了一个功能性的政治策略和方案。的确,不断增强的集权试图通过一致性来消解多样性所带来的政治挑战,然而,地方多样性还会在更多不确定的地方与方向生长出来。这一复杂性和不断呈现的地方性秩序与全球性挑战一起,构成了国家资源积聚的挑战。在这个意义上,20世纪80年代的中国提供的历史借鉴仍然是有意义的:为创造性的行动主体提供激励和机会,从而为制度的进化提供"蓄水池",为资源积聚提供地方秩序和权力空间。用阿克塞尔罗德(Robert Axelord)的话来说,这代表了一种"让一步"的善良和基于政治成熟的审时度势和勇气[1]。在我们看来,这正是支撑中国政治内生演化、增强政治与社会的韧性(resilience)或鲁棒性(robustness)的力量所在。

---

[1] 罗伯特·阿克塞尔罗德:《合作的进化》,吴坚忠译,上海人民出版社,2007。

附　　表

附表1　1985—1990年各地向中央包干上解数(地方流向中央)　　　单位:亿元

地区	年份					
	1985	1986	1987	1988	1989	1990
上海	138.1	133.7	124.1	105.0	105.0	105.0
江苏	50.8	55.1	59.2	62.0	65.1	65.9
辽宁	38.9	19.5	30.8	22.6	23.4	24.2
天津	26.7	30.1	31.0	21.6	20.1	18.9
山东	26.2	12.9	0.8	2.9	2.9	2.9
浙江	25.2	29.5	28.5	24.2	25.8	27.5
北京	25.2	28.8	30.3	29.0	30.1	31.3
湖北	15.1	16.7	—	—	—	—
河北	13.2	13.5	15.1	15.9	16.6	17.3
河南	8.9	9.9	7.3	12.1	12.7	13.3
广东	7.8	7.8	7.8	16.4	17.8	17.2
四川	6.2	6.7	—	—	—	—
安徽	5.7	6.6	7.2	8.6	9.8	10.1
湖南	4.5	5.4	6.1	8.6	9.2	9.8
黑龙江	3.1	3.4	1.4	3.0	3.0	3.0
山西	0.6	0.7	0.8	4.3	5.0	5.3
福建	−2.4	−2.4	−2.4	—	−0.5	−0.5
江西	−2.4	−2.4	−2.4	−0.5	−0.5	−0.5
甘肃	−2.5	−2.5	−2.5	−1.3	−1.3	−1.3
陕西	−2.7	−2.7	−2.7	−1.2	−1.2	−1.2
海南	−2.8	−4.4	−5.9	—	—	—

(续表)

地区	年份					
	1985	1986	1987	1988	1989	1990
吉林	−4.0	−4.0	−4.0	−1.1	−1.1	−1.1
宁夏	−4.9	−5.4	−5.7	−5.3	−5.3	−5.3
青海	−6.1	−6.7	−7.1	−6.6	−6.6	−6.6
云南	−6.4	9.3	−9.7	−6.7	−6.7	−6.7
广西	−7.2	−7.9	−8.3	−6.1	−6.1	−6.1
贵州	−7.4	−8.2	−8.6	−7.4	−7.4	−7.4
西藏	−7.5	−8.3	−8.7	−9.0	−9.7	−9.9
新疆	−14.5	−16.0	−16.6	−15.3	−15.3	−15.3
内蒙古	−17.8	−19.6	−20.6	−18.4	−18.4	−18.4
计划单列市	—	61.3	51.8	84.8	87.2	—
流动总额	—	450.9	402.2	420.8	433.6	—
补助总额	−85.7	−85.9	−99.0	−81.6	−84.4	−86.1
净转移	—	365	303.2	339.2	349.3	—

资料来源:转引自 Christine P. W. Wong, Christopher Heady, Wing T. Woo, *Fiscal management and economic reform in the People's Republic of China*(Oxford University Press, 1995), pp. 92—93。

注:① 以 1985 年上解额由多到少排序。
② 所列正数代表由地方向中央上解数额。

附表2 1985—1990年各地得到的中央专项补助 单位:亿元

地 区	年份					
	1985	1986	1987	1988	1989	1990
上海	2.9	3.0	5.4	6.6	7.2	7.7
江苏	10.4	14.5	14.4	13.4	12.9	13.1
辽宁	9.2	8.5	11.2	12.7	15.4	14.7
天津	6.1	6.0	3.0	3.4	3.7	4.0
山东	9.3	13.6	14.1	14.7	16.0	16.3
浙江	5.2	7.6	8.6	7.9	8.3	8.9
北京	6.4	7.7	9.7	10.4	14.6	13.0
湖北	9.3	12.4	10.9	10.4	11.9	12.8
河北	7.1	9.6	11.1	11.3	12.0	12.9
河南	9.8	15.0	12.6	12.3	12.3	13.6

(续表)

地 区	年 份					
	1985	1986	1987	1988	1989	1990
广东	7.2	13.9	16.2	13.7	13.8	12.4
四川	12.0	17.4	17.9	17.0	17.7	19.2
安徽	8.4	13.1	11.6	11.3	10.3	10.8
湖南	6.3	10.6	10.4	9.8	10.4	11.5
黑龙江	8.7	14.5	13.7	13.0	13.5	13.9
山西	8.2	8.5	8.6	7.5	7.7	8.3
福建	3.2	4.9	6.1	6.1	5.9	7.0
江西	5.5	8.7	9.2	8.3	8.7	9.8
甘肃	5.4	6.2	7.2	6.3	6.5	7.4
陕西	5.6	7.5	7.4	7.2	6.8	7.6
海南	—	—	—	1.8	3.3	3.0
吉林	6.9	11.4	14.6	14.4	13.8	12.0
宁夏	1.9	2.4	2.9	2.6	2.6	2.6
青海	1.7	2.1	2.6	2.2	2.3	2.8
云南	5.2	8.0	8.1	8.8	9.3	8.8
广西	4.9	8.2	9.4	9.1	7.9	7.8
贵州	3.4	4.8	5.2	5.0	5.1	5.3
西藏	2.8	1.3	1.4	1.2	2.4	2.4
新疆	4.9	6.5	6.8	7.2	7.1	7.4
内蒙古	5.2	6.5	8.6	8.3	8.4	8.2
计划单列市	—	9.7	9.6	9.6	10.3	—
补贴总额	—	264.0	277.8	273.3	288.0	—

资料来源:转引自 Wong, Heady, Woo, *Fiscal management and economic reform in the People's Republic of China*, pp. 92—93。

附表3　1980—1983年地方上解占比　　　　　　　　　　　　　　单位:%

地区	办 法	年 份			
		1980	1981	1982	1983
北京	总额分成	28.1	27.0	35.9	—
天津	总额分成	30.6	31.7	34.9	—

(续表)

地区	办法	年份			
		1980	1981	1982	1983
上海	总额分成	8.6	8.5	10.5	—
河北	划分收支、工商税留	27.2	27.2	—	—
	比例包干	—	—	67.5	63.5
山西	划分收支、工商税留	57.9	57.9	75.4	—
	固定比例总额分成	—	—	—	82.6
辽宁	比例包干	30.1	30.0	30.0	34.2
江苏	比例包干	39.0	37.0	38.0	35.7
浙江	划分收支、工商税留	13.0	13.0	—	—
	比例包干	—	—	56.0	51.8
安徽	划分收支、工商税留	58.1	58.1	—	—
	比例包干	—	—	77.0	76.2
山东	划分收支、工商税留	10.0	—	—	—
	比例包干	—	48.9	48.9	51.5
河南	划分收支、工商税留	75.4	75.4	—	—
	固定比例总额分成	—	—	82.0	77.8
湖北	划分收支、工商税留	44.7	44.7	—	—
	比例包干	—	—	69.0	—
	固定比例总额分成	—	—	—	63.8
湖南	划分收支、工商税留	42.0	42.0	—	—
	比例包干	—	—	75.0	—
	固定比例总额分成	—	—	—	70.3
四川	划分收支、工商税留	72.0	72.0	—	—
	比例包干	—	—	85.0	83.7
陕西	划分收支、工商税留	88.1	8.1	—	—
	比例包干	—	—	100.0	100.0

资料来源：田一农、朱福林、项怀诚，《论中国财政管理体制的改革》，第88—89页。

附表4　1980—1983年各省得到的固定补贴　　单位：亿元

地区	年份			
	1980	1981	1982	1983
广东	10	10	10	9.76
福建	1.5	1.5	1.5	0.63
吉林	3	3	3	2.34

(续表)

地区	年份			
	1980	1981	1982	1983
黑龙江	8.87	8.87	8.87	9
江西	1.38	1.38	1.38	1.5
内蒙古	11.68	12.85	14.14	13.83
广西	2.97	3.27	3.59	3.08
贵州	5.26	5.78	6.36	5.97
云南	3.3	4.77	5.25	4.48
西藏	4.96	5.46	6.01	5.81
青海	4.02	4.42	4.86	4.52
宁夏	3	3.3	3.63	3.55
新疆	8.95	9.84	10.83	11.21

资料来源:田一农、朱福林、项怀诚,《论中国财政管理体制的改革》,第88—89页。

注:① 根据这一时期的财政管理体制,全国除广东以外都得到了来自中央的财政补贴,上表为广东每年向中央上解收入。中央对福建实行补贴包干,上表为中央每年给予福建的定额补贴。

② 表中定额补贴有两种,吉林、黑龙江和江西是划分收支后,地方在实行工商税留以后仍然收不抵支时,地方得到中央的定额补贴数。

③ 另一种定额补贴。中央对内蒙古等民族自治地区或按民族自治地区实行民族自治地方财政体制,在保留对民族自治区特殊照顾的同时,也实行"划分收支,包干"的办法,地方收入增长的部分全部留给地方,中央对这些地区的补助数额,在一定时期每年递增5%,而原体制对这些地方的财政补助定额是每年递增10%,现在则意味着再加5%。

附表5 1992年地方财政包干体制情况

地区	固定比例留成(%)	固定比例增长留成		定额上解(亿元)	定额递增上解		定额补助(亿元)
		留成比例(%)(1987年为基数)	固定年增长率(%)		初始定额(亿元)	年递增率(%)	
山西	87.6	—	—	—	—	—	—
安徽	77.5	—	—	—	—	—	—
河南	—	80.0	5.0	—	—	—	—
河北	—	70.0	4.5	—	—	—	—
北京	—	50.0	4.0	—	—	—	—
哈尔滨	—	45.0	5.0	—	—	—	—
江苏	—	41.0	5.0	—	—	—	—
宁波	—	27.9	5.3	—	—	—	—

(续表)

地区	固定比例留成(%)	固定比例增长留成		定额上解(亿元)	定额递增上解		定额补助(亿元)
		留成比例(%)(1987年为基数)	固定年增长率(%)		初始定额(亿元)	年递增率(%)	
上海	—	—	—	105.0	—	—	—
黑龙江(不含哈尔滨)	—	—	—	3.0	—	—	—
山东	—	—	—	2.0	—	—	—
广东(含广州)	—	—	—	—	14.1	9.0	—
湖南	—	—	—	—	8.0	7.0	—
内蒙古	—	—	—	—	—	—	18.4
新疆	—	—	—	—	—	—	15.3
西藏	—	—	—	—	—	—	9.0
贵州	—	—	—	—	—	—	7.4
云南	—	—	—	—	—	—	6.7
青海	—	—	—	—	—	—	6.6
广西	—	—	—	—	—	—	6.1
宁夏	—	—	—	—	—	—	5.3
海南	—	—	—	—	—	—	1.4
甘肃	—	—	—	—	—	—	1.3
陕西(含西安)	—	—	—	—	—	—	1.2
吉林	—	—	—	—	—	—	1.1
福建	—	—	—	—	—	—	0.5
江西	—	—	—	—	—	—	0.5

资料来源:贾康、阎坤,《转轨中的财政制度变革》,第62页。

参 考 文 献

一、中文参考文献

1. 马列主义经典著作

［1］马克思,恩格斯. 马克思恩格斯全集:第1卷[M]. 北京:人民出版社,1956.
［2］马克思,恩格斯. 马克思恩格斯全集:第2卷[M]. 北京:人民出版社,1957.
［3］马克思,恩格斯. 马克思恩格斯全集:第3卷[M]. 北京:人民出版社,1957.
［4］马克思,恩格斯. 马克思恩格斯全集:第19卷[M]. 北京:人民出版社,1963.
［5］马克思,恩格斯. 马克思恩格斯全集:第20卷[M]. 北京:人民出版社,1971.
［6］马克思,恩格斯. 马克思恩格斯全集:第22卷[M]. 北京:人民出版社,1965.
［7］马克思,恩格斯. 马克思恩格斯全集:第23卷[M]. 北京:人民出版社,1972.
［8］马克思,恩格斯. 马克思恩格斯全集:第25卷[M]. 北京:人民出版社,1974.
［9］马克思,恩格斯. 马克思恩格斯选集:第1—4卷[M]. 北京:人民出版社,2012.
［10］列宁. 列宁全集:第4卷[M]. 北京:人民出版社,2017.
［11］列宁. 列宁全集:第9卷[M]. 北京:人民出版社,2017.
［12］列宁. 列宁全集:第10卷[M]. 北京:人民出版社,2017.
［13］列宁. 列宁全集:第11卷[M]. 北京:人民出版社,2017.
［14］列宁. 列宁全集:第23卷[M]. 北京:人民出版社,2017.
［15］列宁. 列宁全集:第26卷[M]. 北京:人民出版社,2017.
［16］列宁. 列宁全集:第27卷[M]. 北京:人民出版社,2017.
［17］列宁. 列宁全集:第32卷[M]. 北京:人民出版社,2017.

2. 党和国家领导人著作和生平

［18］毛泽东. 毛泽东文集:第1卷[M]. 北京:人民出版社,1993.

[19] 毛泽东.毛泽东选集:第4卷[M].北京:人民出版社,1991.

[20] 毛泽东.建国以来毛泽东文稿:第1册[M].北京:中央文献出版社,1987.

[21] 毛泽东.建国以来毛泽东文稿:第3册[M].北京:中央文献出版社,1989.

[22] 周恩来.周恩来选集[M].北京:人民出版社,1997.

[23] 周恩来,周恩来统一战线文选[M].北京:人民出版社,1984.

[24] 中共中央文献研究室.刘少奇传[M].北京:中央文献出版社,1998.

[25] 邓小平.邓小平文选:第2卷[M].北京:人民出版社,1994.

[26] 邓小平.邓小平文选:第3卷[M].北京:人民出版社,1993.

[27] 中共中央文献研究室[M].邓小平思想年谱(1975—1997).北京:中央文献出版社,1998.

[28] 中共中央文献研究室.陈云传[M].2版.北京:中央文献出版社,2015.

[29] 李先念.李先念文选(一九三五——一九八八年)[M].北京:人民出版社,1989.

[30] 陈云.陈云文选:第3卷[M].北京:人民出版社,1995.

[31] 董必武.董必武选集[M].北京:人民出版社,1985.

[32] 李维汉.李维汉选集[M].北京:人民出版社,1987.

[33] 薄一波.若干重大决策与事件的回顾(上)[M].北京:中共中央党校出版社,1991.

[34] 薄一波.若干重大决策与事件的回顾(下)[M].北京:中共中央党校出版社,1993.

[35]《彭真传》编写组.彭真年谱:第5卷[M].北京:中央文献出版社,2012.

[36]《习仲勋主政广东》编委会.习仲勋主政广东[M].北京:中共党史出版社,2007.

[37] 朱镕基.当代中国的经济管理[M].北京:中国社会科学出版社,1985.

3. 党的组织、会议及文献

[38] 中共中央文献研究室.三中全会以来重要文献选编(上)[M].北京:人民出版社,1982.

[39] 中共中央文献研究室.三中全会以来重要文献选编(下)[M].北京:人民出版社,1982.

[40] 中共中央文献研究室.十二大以来重要文献选编(上)[M].北京:人民出版社,1986.

[41] 中共中央文献研究室.十二大以来重要文献选编(中)[M].北京:人民出版社,1986.

[42] 中共中央文献研究室.十二大以来重要文献选编(下)[M].北京:人民出版社,1988.

[43] 中共中央文献研究室.十三大以来重要文献选编(上)[M].北京:人民出版社,1991.

[44] 中共中央文献研究室.十三大以来重要文献选编(中)[M].北京:人民出版社,1991.

[45] 中共中央文献研究室.建国以来重要文献选编:第1—20卷[M].北京:中央出版社,1993.

[46] 中共中央党校党史教研室.中共党史参考资料(六):第三次国内革命战争时期[M].北京:人民出版社,1979.

[47] 中共中央党校教务部.关于建国以来党的若干历史问题的决议[M]//中共中央文献研究室.十一届三中全会以来党和国家重要文献选编:一九七八年十二月—二〇一四年十月.北京:中共中央党校出版社,2015.

4. 中国现当代史资料[1]

[48] 蔡仁华,周采铭. 中国改革全书(1978—1991):医疗卫生体制改革卷[M]. 大连:大连出版社,1992.

[49] 财政部综合计划司. 中华人民共和国财政史料:第1辑[M]. 北京:中国财政经济出版社,1982.

[50] 曹洪涛,储传亨,王凡. 当代中国的城市建设[M]. 北京:中国社会科学出版社,1990.

[51] 陈如龙. 当代中国财政[M]. 北京:中国社会科学出版社,1988.

[52] 陈瑞生,庞元正,朱满良. 中国改革全书(1978—1991):政治体制改革卷[M]. 大连:大连出版社,1992.

[53] 《当代中国的经济管理》编辑部. 中华人民共和国经济管理大事记[M]. 北京:中国经济出版社,1986.

[54] 童宛生,邹向群. 中国改革全书(1978—1991):价格体制改革卷[M]. 大连:大连出版社,1992.

[55] 国家经济体制改革委员会. 中国经济体制改革十年[M]. 北京:经济管理出版社,1988.

[56] 国家税务局《中国税制改革十年》编写组. 中国税制改革十年[M]. 大连:东北财经大学出版社,1988.

[57] 国家经济体制改革委员会综合规划司. 中国改革大思路[M]. 沈阳:沈阳出版社,1988.

[58] 国家经济体制改革委员会历史经验总结小组. 我国经济体制改革的历史经验[M]. 北京:人民出版社,1983.

[59] 国家土地局. 关于部分地方政府越权批地情况的报告[R]. 中华人民共和国国务院公报,1990(5).

[60] 刘定汉. 当代江苏简史[M]. 北京:当代中国出版社,1999.

[61] 马杰三. 当代中国的乡镇企业[M]. 北京:当代中国出版社,1991.

[62] 世界银行. 中国:90年代的改革和计划的作用[M]. 财政部世行司,译. 北京:中国财政经济出版社,1993.

[63] 项怀诚,姜维壮. 中国改革全书(1978—1991):财政体制改革卷[M]. 大连:大连出版社,1992.

[64] 薛暮桥. 薛暮桥回忆录[M]. 天津:天津人民出版社,1996.

[65] 薛暮桥. 薛暮桥晚年文稿[M]. 北京:生活·读书·新知三联书店,1999.

[66] 于光远,王恩茂,任仲夷,等. 改变中国命运的41天:中央工作会议、十一届三中全会亲历记[M]. 深圳:海天出版社,1998.

[67] 中国改革与发展报告专家组. 透过历史的表象:中国改革20年回顾、反思与展望[M]. 上

---

[1] 除此处所列的参考资料以外,还包括:历年《中国统计年鉴》《中国财政年鉴》《人民日报》《经济日报》《新华文摘》《新华月报》,以及江苏、上海、广东等地的地方志等。

海:上海远东出版社,2000.

[68]《中国乡镇企业年鉴》编辑委员会.中国乡镇企业年鉴:1978—1987[M].北京:农业出版社,1989.

[69] 中共中央党史研究室第三研究部.中国改革开放史[M].沈阳:辽宁人民出版社,2002.

5. 中文学术著作

[70] 中国经济体制改革研究会.与改革同行:体改战线亲历者回忆[M].北京:社会科学文献出版社,2013.

[71] 边燕杰.市场转型与社会分层——美国社会学者分析中国[M].北京:生活·读书·新知三联书店,2002.

[72] 薄贵利.集权分权与国家兴衰[M].北京:经济科学出版社,2001.

[73] 薄贵利.近现代地方政府比较[M].北京:光明日报出版社,1988.

[74] 薄贵利.中央与地方关系研究[M].吉林:吉林大学出版社,1991.

[75] 曹锦清,陈中亚.走出"理想"城堡——中国"单位"现象研究[M].深圳:海天出版社,1997.

[76] 曹沛霖.政府与市场[M].杭州:浙江人民出版社,1998.

[77] 财政部财政科学研究所.第三次全国财政理论讨论会文选[M].北京:中国财政经济出版社,1980.

[78] 财政部财政科学研究所.中国财政问题[M].天津:天津科学技术出版社,1981.

[79] 陈吉元,陈家骥,杨勋.中国农村社会经济变迁(1949—1989)[M].太原:山西经济出版社,1993.

[80] 陈天祥.中国地方政府制度创新研究:政府、产权、市场三维互动的透视[M].北京:高等教育出版社,2002.

[81] 陈小京,伏宁,黄福高.中国地方政府体制结构[M].北京:中国广播电视出版社,2001.

[82] 陈甬军.地区发展中的利益冲突:市场封锁[M]//周振华.地区发展:中国经济分析1995.上海:上海人民出版社,1996.

[83] 程中原.胡乔木与毛泽东邓小平[M].北京:当代中国出版社,2015.

[84] 朵生春.中国改革开放史[M].北京:红旗出版社,1998.

[85] 董辅礽.集权与分权:中央与地方关系的构建[M].北京:经济科学出版社,1996.

[86] 董志凯.1949—1952年中国经济分析[M].北京:中国社会科学出版社,1996.

[87]《地方政权与人民代表》编辑组.地方政权与人民代表[M].北京:群众出版社,1985.

[88] 刁成杰.人民信访史略:1949—1995[M].北京:北京经济学院出版社,1996.

[89] 定宜庄.中国知青史:初澜(1953—1968年)[M].北京:中国社会科学出版社,1998.

[90] 樊纲.渐进之路:对经济改革的经济学分析[M].北京:中国社会科学出版社,1993.

[91] 樊纲,李扬,周振华.走向市场:1978—1993[M].上海:上海人民出版社,1994.

[92] 费孝通. 论小城镇及其他[M]. 天津:天津人民出版社,1986.

[93] 费孝通. 学术自述与反思[M]//费孝通学术文集. 北京:生活·读书·新知三联书店,1996.

[94] 费孝通. 费孝通文集:第8卷[M]. 北京:群言出版社,1999.

[95] 费孝通. 费孝通文集:第13卷[M]. 北京:群言出版社,1999.

[96] 费孝通. 费孝通文集:第14卷[M]. 北京:群言出版社,1999.

[97] 费孝通,张之毅. 云南三村[M]. 天津:天津人民出版社,1990.

[98] 高培勇,温来成. 市场化进程中的中国财政运行机制[M]. 北京:中国人民大学出版社,2001.

[99] 顾朝林. 中国城市地理[M]. 北京:商务印书馆,1999.

[100] 关山,姜洪. 块块经济学:中国地方政府经济行为分析[M]. 北京:海洋出版社,1990.

[101] 郭树清. 经济体制转轨与宏观调控[M]. 天津:天津人民出版社,1992.

[102] 袁芳烈."温州模式"是怎样炼成的[M]//韩淑芳. 口述:书记、市长与城市. 北京:中国文史出版社,2018.

[103] 韩英杰,杜峻峰,杨秀英. 中国现行税收制度[M]. 北京:中国人民大学出版社,1989.

[104] 何国强. 当代中国地方政府[M]. 广州:广东高等教育出版社,1994.

[105] 何平. 清代赋税政策研究:1644—1840年[M]. 北京:中国社会科学出版社,1998.

[106] 胡鞍钢. 中国发展前景[M]. 杭州:浙江人民出版社,1999.

[107] 胡鞍钢. 中国:挑战腐败[M]. 杭州:浙江人民出版社,2001.

[108] 胡鞍钢,王绍光. 中国国家能力报告[M]. 沈阳:辽宁人民出版社,1993.

[109] 胡书东. 经济发展中的中央与地方关系:中国财政制度变迁研究[M]. 上海:上海人民出版社,2001.

[110] 黄佩华. 中国地方财政问题研究[M]. 北京:中国检察出版社,1999.

[111] 黄佩华. 中国:国家发展与地方财政[M]. 北京:中信出版社,2003.

[112] 黄仁宇. 十六世纪明代中国之财政与税收[M]. 北京:生活·读书·新知三联书店,2001.

[113] 黄先,沈以宏,郝孚逸,等. 经济联合与经济改革[M]. 北京:经济科学出版社,1987.

[114] 黄宗智. 中国研究的范式问题讨论[M]. 北京:社会科学文献出版社,2003.

[115] 黄子毅. 中央和地方职权划分的法律问题[M]. 北京:中共中央党校出版社,1998.

[116] 洪承华,郭秀芝. 中华人民共和国政治体制沿革大事记[M]. 北京:春秋出版社,1987.

[117] 贾康,阎坤. 转轨中的财政制度变革[M]. 上海:上海远东出版社,1999.

[118] 贾康,刘薇. 构建现代治理基础:中国财税体制改革40年[M]. 广州:广东经济出版社,2017.

[119] 金春明."文化大革命"史稿[M]. 成都:四川人民出版社,1995.

[120] 金鑫. 关于财政管理体制问题[M]//社会主义财政问题讲座. 南昌:江西财经学

院,1981.

[121] 寇铁军.中央与地方财政关系研究:集权、分权的多维分析[M].大连:东北财经大学出版社,1996.

[122] 李强.国家能力与国家权力的悖论[M]//张静.国家与社会.杭州:浙江人民出版社,1998.

[123] 厉无畏.转型中的中国经济[M].上海:上海人民出版社,1998.

[124] 林青松.中国乡镇企业联合考察团报告[M]//中国社会科学院经济研究所.中国乡镇企业的经济发展与经济体制.北京:中国经济出版社,1987.

[125] 林尚立.国内政府间关系[M].杭州:浙江人民出版社,1998.

[126] 林尚立.当代中国政治形态研究[M].天津:天津人民出版社,2000.

[127] 林尚立.党内民主:中国共产党的理论与实践[M].上海:上海社会科学院出版社,2002.

[128] 林毅夫,蔡昉,李周.中国的奇迹:发展战略与经济改革[M].上海:上海三联书店,上海人民出版社,1995.

[129] 林毅夫.新结构经济学:反思经济发展与政策的理论框架[M].北京:北京大学出版社,2012.

[130] 毛寿龙,李竹田.省政府管理:山西省调查[M].北京:中国广播电视出版社,1998.

[131] 凌志军.变化:1990—2002年中国实录[M].北京:中国社会科学出版社,2003.

[132] 刘苍劲.中国发展和改革开放史:1949—1995[M].重庆:西南师范大学出版社,1996.

[133] 刘国光.改革、稳定、发展[M].北京:经济管理出版社,1991.

[134] 刘君德,汪宇明.制度与创新:中国城市制度的发展与改革新论[M].南京:东南大学出版社,2000.

[135] 刘溶沧,赵志耘.中国财政理论前沿[M].北京:社会科学文献出版社,1999.

[136] 刘溶沧,赵志耘.中国财政理论前沿Ⅱ[M].北京:社会科学文献出版社,2001.

[137] 刘小萌.中国知青史:大潮(1966—1980年)[M].北京:中国社会科学出版社,1998.

[138] 刘小萌,定宜庄,史卫民.中国知青事典[M].成都:四川人民出版社,1995.

[139] 刘志彪.产权、市场与发展:乡镇企业制度的经济分析[M].南京:江苏人民出版社,1995.

[140] 卢锋,罗欢镇,黄卫平.我国经济体制改革的回顾和展望[M].北京:中国政法大学出版社,1987.

[141] 罗木生.中国经济特区发展史稿[M].广州:广东人民出版社,1999.

[142] 潘维.农民与市场:中国基层政权与乡镇企业[M].北京:商务印书馆,2003.

[143] 彭森,郑宁铨.中国改革20年规划总集:构筑社会主义市场经济的蓝图[M].北京:改革出版社,1999.

[144] 彭玉生.中国乡村的宗族网络、工业化与制度选择[M]//黄宗智.中国乡村研究:第一

[145] 彭泽益.十九世纪后半期的中国财政与经济[M].北京:人民出版社,1983.

[146] 钱穆.中国历代政治得失[M].北京:生活·读书·新知三联书店,2001.

[147] 钱颖一,许成钢.中国非国有经济出现和成长的制度背景[M]//甘阳,崔之元.中国改革的政治经济学.香港:牛津大学出版社,1997.

[148] 钱颖一.现代经济学与中国经济改革[M].北京:中国人民大学出版社,2003.

[149] 荣敬本.从压力型体制向民主合作体制的转变[M].北京:中央编译出版社,1998.

[150] 茹晴.梁广大珠海为官十六年[M].北京:中国经济出版社,2001.

[151] 上海社会科学院《上海经济》编辑部.上海经济(1949—1982)[M].上海社会科学院出版社,1984.

[152] 上海市财政科学研究所.上海城市财政展望[M].上海:上海人民出版社,1990.

[153] 上海市体制改革研究所,上海市经济体制改革研究会.中国经济体制改革20年大事记(1978—1998)[M].上海:上海辞书出版社,1998.

[154] 时和兴.关系、限度、制度:政治发展过程中的国家与社会[M].北京:北京大学出版社,1996.

[155] 沈立人.地方政府的经济职能和经济行为[M].上海:上海远东出版社,1998.

[156] 孙翊纲.中国财政问题源流考[M].北京:中国社会科学出版社,2001.

[157] 孙立平.断裂:20世纪90年代以来的中国社会[M].北京:社会科学文献出版社,2003.

[158] 孙健.中华人民共和国经济史(1949—90年代初)[M].北京:中国人民大学出版社,1992.

[159] 宋新中.中国财政体制改革研究[M].北京:中国财政经济出版社,1992.

[160] 苏星.新中国经济史[M].北京:中共中央党校出版社,1999.

[161] 汤大华等.市政府管理:廊坊市调查[M].北京:中国广播电视出版社,1998.

[162] 汤艳文,刘春荣.找回草根:上海居委会自治家园研究[M].上海:上海人民出版社,2019.

[163] 汤艳文.利益平衡:契约形态与治理结构:对上海市康健街道业主委员会的实证分析[M]//林尚立.社区民主与治理:案例研究.北京:社会科学文献出版社,2003.

[164] 汤艳文.规范中央与地方关系[M]//林尚立.制度创新与国家成长:中国的探索.天津:天津人民出版社,2005.

[165] 田先红.治理基层中国:桥镇信访博弈的叙事(1995—2009)[M].北京:社会科学文献出版社,2012.

[166] 田一农,朱福林,项怀诚.论中国财政管理体制的改革[M].北京:经济科学出版社,1986.

[167] 王丙乾.中国财政60年回顾与思考[M].北京:中国财政经济出版社,2009.

[168] 王沪宁.反腐败:中国的实验[M].海口:三环出版社,1990.

[169] 王景伦.走进东方的梦:美国的中国观[M].北京:时事出版社,1994.

[170] 王景伦.毛泽东的理想主义和邓小平的现实主义:美国学者论中国[M].北京:时事出版社,1996.

[171] 王珺.政企关系演变的实证逻辑:经济转轨中的广东企业政策及其调整[M].广州:中山大学出版社,2000.

[172] 王乐夫.经济发展与地方政府:对珠江三角洲地区的一项研究[M].广州:中山大学出版社,1997.

[173] 王浦劬,徐湘林.经济体制转型中的政府作用[M].北京:新华出版社,2000.

[174] 王绍飞.90年代中国税制改革设想[M].北京:中国财政经济出版社,1990.

[175] 王绍光.分权的底限[M].北京:中国计划出版社,1997.

[176] 吴官正.庙堂之高　江湖之远:改革发展的实践与思考[M].北京:中共中央党校出版社,1996.

[177] 吴国光,郑永.论中央与地方关系:中国制度转型中的一个轴心问题[M].香港:牛津大学出版社,1995.

[178] 吴建国,陈先奎,刘晓,等.当代中国意识形态风云录[M].北京:警官教育出版社,1993.

[179] 吴敬琏.行政性分权与经济性分权[M]//现代公司与企业改革.天津:天津人民出版社,1994.

[180] 吴敬琏.改革:我们正在过大关[M].北京:生活·读书·新知三联书店,2001.

[181] 吴毅.小镇喧嚣:一个乡镇政治运作的演绎和阐释[M].北京:生活·读书·新知三联书店,2007.

[182] 项怀诚.中国预算外资金管理理论与实践[M].哈尔滨:黑龙江人民出版社,1992.

[183] 萧冬连.探路之役:1978—1992年的中国经济改革[M].北京:社会科学文献出版社,2019.

[184] 谢春涛.改变中国:十一届三中全会前后的重大决策[M].上海:上海人民出版社,1998.

[185] 谢立中,孙立平.二十世纪西方现代化理论文选[M].上海:上海三联书店,2002.

[186] 谢庆奎.中国政府体制分析[M].北京:中国广播电视出版社,1995.

[187] 谢庆奎.中国地方政府体制概论[M].北京:中国广播电视出版社,1998.

[188] 辛向阳.百年博弈:中国中央与地方关系100年[M].济南:山东人民出版社,2000.

[189] 杨继绳.邓小平时代:中国改革开放纪实(上、下)[M].北京:中央编译出版社,1998.

[190] 杨开忠.迈向空间一体化:中国市场经济与区域发展战略[M].成都:四川人民出版社,1993.

[191] 杨雪冬.市场发育、社会生长和公共权力构建:以县为微观分析单位[M].郑州:河南人民出版社,2002.

[192] 杨志勇.中国财政体制改革与变迁(1978—2018)[M].北京:社会科学文献出版社,2018.

[193] 尹佐然,李友云,马乃云.国家税收[M].北京:中华工商联合出版社,1995.

[194] 于光远.战略学与地区战略[M].沈阳:辽宁人民出版社,1984.

[195] 左春台,宋新中.中国社会主义财政简史[M].北京:中国财政经济出版社,1988.

[196] 张敦福.区域发展模式的社会学分析[M].天津:天津人民出版社,2002.

[197] 张静.基层政权:乡村制度诸问题[M].杭州:浙江人民出版社,2000.

[198] 张敏杰.中国的第二次革命:西方学者看中国[M].北京:商务印书馆,2001.

[199] 张曙光.中国制度变迁的案例研究:第2集[M].北京:中国财政经济出版社,1999.

[200] 张曙光.中国经济学风云史:经济研究所60年[M].香港:世界科技出版公司,2017.

[201] 张万清.区域合作与经济网络[M].北京:经济科学出版社,1987.

[202] 张毅.中国乡镇企业:艰辛的历程[M].北京:法律出版社,1990.

[203] 张宇燕.经济发展与制度选择:对制度的经济分析[M].北京:中国人民大学出版社,1992.

[204] 张岳琦,李次岩.先行一步:改革开放篇[M].广州:广东人民出版社,2000.

[205] 张泽厚,王永杰.中国现实经济模式的选择[M].北京:中国社会科学出版社,1998.

[206] 张卓元.中国10年经济改革理论探索[M].北京:中国计划出版社,1991.

[207] 赵德馨.中华人民共和国经济史:1949—1966[M].郑州:河南人民出版社,1988.

[208] 赵德馨.中华人民共和国经济史:1967—1984[M].郑州:河南人民出版社,1989.

[209] 赵梦涵.新中国财政税收史论纲:1927—2001[M].北京:经济科学出版社,2002.

[210] 赵震江.分权制度和分权理论[M].成都:四川人民出版社,1988.

[211] 郑杭生.中国人民大学社会发展报告(1994—1995):从传统向现代快速转型过程中的中国社会[M].北京:中国人民大学出版社,1996.

[212] 郑谦,庞松,韩钢,等.当代中国政治体制发展概要[M].北京:中共党史资料出版社,1988.

[213] 郑宗成."七五"期间珠江三角洲乡镇企业发展研究[M]//珠江三角洲经济发展新透视.广州:中山大学出版社,1995.

[214] 卓勇良.空间集中化战略:产业集聚、人口集中与城市化发展战略研究[M].北京:社会科学文献出版社,2000.

[215] 周飞舟,谭明智.当代中国的中央地方关系[M].北京:中国社会科学出版社,2014.

[216] 周克瑜.走向市场经济:中国行政区与经济区的关系及其整合[M].上海:复旦大学出版社,1999.

[217] 周其仁.产权与制度变迁:中国改革的经验研究[M].北京:社会科学文献出版社,2002.

[218] 周小川,杨之刚.中国财税体制的问题与出路[M].天津:天津人民出版社,1992.

[219] 周伟林.中国地方政府经济行为分析[M].上海:复旦大学出版社,1997.

[220] 周黎安.转型中的地方政府:官员激励与治理[M].上海:格致出版社,上海三联书店,上海人民出版社,2017.

[221] 周太和.当代中国的经济体制改革[M].北京:中国社会科学出版社,1984.

[222] 周育民.晚清财政与社会变迁[M].上海:上海人民出版社,2000.

[223] 邹谠.二十世纪中国政治:从宏观历史与微观行动的角度看[M].香港:牛津大学出版社,1994.

[224] 邹继础.中国财政制度改革之探索[M].北京:社会科学文献出版社,2003.

6. 译介学术著作

[225] 埃利亚斯.文明的进程:文明的社会起源和心理起源的研究:第2卷[M].袁志英,译.北京:生活·读书·新知三联书店,1999.

[226] 艾森斯塔得.帝国的政治体系[M].阎步克,译.贵阳:贵州人民出版社,1992.

[227] 埃文斯,鲁施迈耶,斯考克波.找回国家[M].方力维,莫宜端,黄琪轩,等译.北京:生活·读书·新知三联书店,2009.

[228] 鲍大可.中国西部四十年[M].孙英春,等译.北京:东方出版社,1998.

[229] 伯德,埃贝尔,沃利克.社会主义国家的分权化:转轨经济的政府间财政转移支付[M]."中国财税进一步改革"课题组成员,译.北京:中央编译出版社,2001.

[230] 伯恩斯坦.上山下乡:一个美国人眼中的中国知青运动[M].李枫,罗燕明,何吉贤,等译.夏潮,校.北京:警官教育出版社,1993.

[231] 波兰尼.大转型:我们时代的政治与经济起源[M].冯钢,刘阳,译.杭州:浙江人民出版社,2007.

[232] 德里克.革命与历史:中国马克思主义历史学的起源,1919—1937[M].翁贺凯,译.南京:江苏人民出版社,2005.

[233] 杜赞奇.文化、权力与国家:1900—1942年的华北农村[M].王福明,译.南京:江苏人民出版社,1996.

[234] 哈贝马斯.合法化危机[M].刘北成,曹卫东,译.上海:上海人民出版社,2000.

[235] 哈丁.群体冲突的逻辑[M].刘春荣,汤艳文,译.上海:上海人民出版社,2013.

[236] 哈维.新自由主义简史[M].王钦,译.上海:上海译文出版社,2010.

[237] 费埃德伯格.权力与规则:组织行动的动力[M].张月,译.上海:上海人民出版社,2005.

[238] 费正清.伟大的中国革命[M].刘尊棋,译.北京:世界知识出版社,2000.

[239] 亨廷顿.变化社会中的政治秩序[M].王冠华,刘为,等译.北京:生活·读书·新知三联书店,1989.

[240] 福山.信任:社会道德与繁荣的创造[M].李宛蓉,译.呼和浩特:远方出版社,1998.

[241] 吉登斯.社会的构成:结构化理论大纲[M].李康,李猛,译.王明明,校.北京:生活·读书·新知三联书店,1998.

[242] 吉登斯.民族-国家与暴力[M].胡宗泽,等译.北京:生活·读书·新知三联书店,1998.

[243] 卡岑斯坦.权力与财富之间[M].陈刚,译.长春:吉林出版集团有限责任公司,2007.

[244] 卡岑斯坦.世界市场中的小国家:欧洲的产业政策[M].叶静,译.长春:吉林出版集团有限责任公司,2009.

[245] 科斯,王宁.变革中国:市场经济的中国之路[M].徐尧,李哲民,译.北京:中信出版社,2013.

[246] 科斯,阿尔钦,诺斯,等.财产权利与制度变迁[M].刘守英,等译.上海:上海三联书店,上海人民出版社,1994.

[247] 孔飞力.中华帝国晚期的叛乱及其敌人:1796—1864年的军事化与社会结构[M].谢亮生,杨品泉,谢思炜,译.北京:中国社会科学出版社,2002.

[248] 林德布洛姆.政治与市场:世界的政治—经济制度[M].王逸舟,译.上海:上海三联书店,上海人民出版社,1994.

[249] 麦克法夸尔,费正清.剑桥中华人民共和国史:下卷,中国革命内部的革命(1966—1982)[M].俞金尧,孟庆龙,郑文鑫,等译.北京:中国社会科学出版社,1992.

[250] 曼.社会权力的来源:第1卷[M].刘北成,李少军,译.上海:上海人民出版社,2002.

[251] 芒福德.城市发展史:起源、演变和前景[M].倪文彦,宋峻岭,译.北京:中国建筑工业出版社,1989.

[252] 梅斯纳.毛泽东的中国及其发展:中华人民共和国史[M].张瑛,等译.丘成,等校.北京:社会科学文献出版社,1992.

[253] 密尔.代议制政府[M].汪瑄,译.北京:商务印书馆,1982.

[254] 米格代尔.农民、政治与革命:第三世界政治与社会变革的压力[M].李玉琪,袁宁,译.姜开君,校.北京:中央编译出版社,1996.

[255] 米格代尔.强社会与弱国家:第三世界的国家社会关系及国家能力[M].张长东,朱海雷,隋春波,等译.张长东,校.南京:江苏人民出版社,2012.

[256] 米格代尔.社会中的国家:国家与社会如何相互改变与相互构成[M].李杨,郭一聪,译.张长东,校.南京:江苏人民出版社,2013.

[257] 诺斯.经济史中的结构与变迁[M].陈郁,罗华平,等译.上海:上海三联书店,上海人民出版社,1997.

[258] 奥尔森.集体行动的逻辑[M].陈郁,郭宇峰,李崇新,译.上海:上海三联书店、上海人民出版社,1995.

[259] 奥尔森.国家兴衰探源:经济增长、滞胀与社会僵化[M].吕应中,陈槐庆,吴栋,等译.吕应中,校.北京:商务印书馆,1999.

[260] 帕森斯,斯梅尔瑟.经济与社会[M].刘进,林午,李新,等译.林地,校.北京:华夏出版

社,1989.

[261] 帕特南.使民主运转起来:现代意大利的公民传统[M].王列,赖海榕,译.南昌:江西人民出版社,2001.

[262] 乔纳蒂.转型:透视匈牙利政党—国家体制[M].赖海榕,译.长春:吉林人民出版社,2002.

[263] 斯考切波.国家与社会革命:对法国、俄国和中国的比较分析[M].何俊志,王学军,译.上海:上海人民出版社,2007.

[264] 斯科特.农民的道义经济学:东南亚的反叛与生存[M].程立显,刘建等,译.南京:译林出版社,2001.

[265] 施坚雅.中国农村的市场和社会结构[M].史建云,徐秀丽,译.虞和平,校.北京:中国社会科学出版社,1998.

[266] 施坚雅.中华帝国晚期的城市[M].叶光庭,等译.陈桥驿,校.北京:中华书局,2000.

[267] 史密斯.历史社会学的兴起[M].周辉荣,井建斌,等译.刘北成,校.上海:上海人民出版社,2000.

[268] 汤森,沃马克.中国政治[M].顾速,董方,译.南京:江苏人民出版社,1996.

[269] 托夫勒.权力的转移[M].黄锦桂,译.北京:中信出版社,2018.

[270] 托克维尔.论美国的民主(全两卷)[M].董果良,译.北京:商务印书馆,1988.

[271] 托克维尔.旧制度与大革命[M].冯棠,译.桂裕芳,张芝联,校.北京:商务印书馆,1992.

[272] 蒂利.革命运动和集体暴行[M]//Fred I Greenstein, Nelson W Polsby.总体政治论.幼狮文化事业公司,编译.台北:幼狮文化事业公司,1983.

[273] 韦伯.经济与社会[M].温克尔曼,整理.林荣远,译.北京:商务印书馆,1997.

[274] 魏斐德.清末与近代中国的公民社会[M]//汪熙,魏斐德.中国现代化问题:一个多方位的历史探索.上海:复旦大学出版社,1994.

[275] 威廉姆森.资本主义经济制度:论企业签约与市场签约[M].段毅才,王伟,译.北京:商务印书馆,2002.

[276] 魏丕信.18世纪中国的官僚制度与荒政[M].徐建青,译.南京:江苏人民出版社,2003.

[277] 温豪,斯特利.中国:推行中的税收征管改革:国际货币基金组织考察报告[M]//国家税务局税制改革与法规司.中国税收管理的现状与展望.大连:东北财经大学出版社,1992.

[278] 希克斯.经济史理论[M].厉以平,译.北京:商务印书馆,1999.

[279] 亚历山大.新功能主义及其后[M].彭牧,史建华,杨渝东,译.南京:译林出版社,2003.

[280] 余莲.势:中国的效力观[M].卓立,译.北京:北京大学出版社,2009.

7. 中文论文

[281] 陈锋.分利秩序与基层治理内卷化:资源输入背景下的乡村治理逻辑[J].社会,2015

(3).

[282] 陈焕友.把握大机遇 策划大思路 推动大开放:呼应浦东开发开放发展江苏外向型经济的实践与思考[J].南京大学学报(哲学·人文科学·社会科学),2001(2).

[283] 程光炜."人道主义"讨论:一个未完成的文学预案:重返80年代文学史之四[J].南方文坛,2005(5).

[284] 丛明.分税制出台的幕前幕后[J].税收与社会,1994(4).

[285] 戴园晨.要求有一个供大于求相对宽松的环境还是有一个稳定增长的环境[J].经济研究,1987(4).

[286] 邓子基,唐文倩.从新中国60年财政体制变迁看分税制财政管理体制的完善[J].东南学术,2011(5).

[287] 狄金华.政策性负担、信息督查与逆向软预算约束:对项目运作中地方政府组织行为的一个解释[J].社会学研究,2015(6).

[288] 丁宁宁.关于改革理论观点上的争论[J].经济研究,1987(4).

[289] 董志凯.从建设工业城市到提高城市竞争力:新中国城建理念的演进(1949—2001)[J].中国经济史研究,2003(1).

[290] 樊纲.两种改革成本与两种改革方式[J].经济研究,1993(1).

[291] 高尚全.打破条块分割,发展横向经济联系[J].经济研究,1984(11).

[292] 郭树清.消费、投资和储蓄[J].经济研究,1990(4).

[293] 谷牧.中国对外开放的风风雨雨[J].半月谈,1998(15).

[294] 韩满寿,申荣华."大包干"是向"分税分级"财政管理体制的过渡[J].财政研究资料,1988(94).

[295] 华生,张学军,罗小朋.中国改革十年:回顾、反思和前景[J].经济研究,1988(9).

[296] 黄晓春,周黎安."结对竞赛":城市基层治理创新的一种新机制[J].社会,2019,39(5).

[297] 黄宗智.改革中的国家体制:经济奇迹和社会危机的同一根源[J].开放时代,2009(4).

[298] 贺雪峰.论乡村治理内卷化:以河南省K镇调查为例[J].开放时代,2011(2).

[299] 康晓光.未来3~5年中国大陆政治稳定性分析[J].战略与管理,2002(3).

[300] 李祖佩.混混、乡村组织与基层治理内卷化:乡村混混的表达力量及后果[J].青年研究,2011(3).

[301] 林毅夫,刘志强.中国的财政分权与经济增长[J].北京大学学报(哲学社会科学版),2000(4).

[302] 楼继伟.吸取南斯拉夫经验,避免强化地方分权[J].经济社会体制比较,1986(1).

[303] 楼继伟.借鉴和改造"分权制":政治经济体制综合改革思路探索[J].经济社会体制比较,1987(1).

[304] 楼继伟.论改革的运动形态和发展前景[J].经济研究,1987(5).

[305] 刘春荣.全球化与民族国家:建构一种新的政治发展观[J].复旦学报(社会科学版),

2000(5).

[306] 刘春荣.全球金融危机与国家自主性[J].社会,2009(1).

[307] 刘吉瑞.论行政性分权和经济性分权[J].经济社会体制比较,1988(3).

[308] 刘溶沧.社会主义市场的形成不能单纯寄希望于"放开"[J].经济研究,1987(4).

[309] 宁越敏.新城市化进程:90年代中国城市化动力机制和特点探讨[J].地理学报,1998,53(5).

[310] 潘贤掌.过渡时期中国地方政府经济行为探析[D].厦门大学博士学位论文,1999.

[311] 钱颖一,许成钢,董彦彬.中国的经济体制改革为什么与众不同:M型的层级制和非国有部门的进入与扩张[J].经济社会体制比较,1993(1).

[312] 宋新中,张俊芳.关于改进财政包干体制的若干问题[J].财政研究,1988(4).

[313] 汤艳文.不完全契约形态:转型社会的社区治理结构——以上海康健地区业主委员会的发展为例[J].上海行政学院学报,2004(2).

[314] 田江海.《关于改革战略选择的若干思考》一文引起的联想[J].经济研究,1987(4).

[315] 王丙乾.贯彻以调整为核心的"八字"方针,认真做好今年的财政工作[J].财政,1980(2).

[316] 王诚德.生猪生产发展的路子为什么越走越窄?:江西省生猪问题透视[J].经济研究,1988(5).

[317] 王汉生,王一鸽.目标管理责任制:农村基层政权的实践逻辑[J].社会学研究,2009,24(2).

[318] 王沪宁.中国变化中的中央和地方政府的关系:政治的含义[J].复旦学报(社会科学版),1988(5).

[319] 王乐夫,唐兴军.珠江三角洲:地方政府在经济发展中的地位和作用[J].中山大学学报(社会科学版),1997(4).

[320] 王绍光.建立一个强有力的民主国家:兼论'政权形式'与'国家能力'的区别[J].当代中国研究中心论文,1991(4).

[321] 王绍光,胡鞍钢,丁元竹.经济繁荣背后的社会不稳定[J].战略与管理,2002(3).

[322] 王绍光,马骏.走向"预算国家":财政转型与国家建设[J].公共行政评论,2008(1).

[323] 王绍光,欧树军,徐斌.从避免"最坏政体"到探寻"最佳政道",国家能力与政治转型研究二十年:王绍光、欧树军对谈《中国国家能力报告》发表二十周年[J].政治与法律评论,2014(1).

[324] 卫兴华,魏杰.宏观调节手段的选择[J].经济研究,1987(4).

[325] 吴敬琏.关于改革战略选择的若干思考[J].经济研究,1987(2).

[326] 吴象.农村第一步改革的曲折历程[J].百年潮,1998(3).

[327] 王相坤.万里:最重要的生产力是人[J].刊授党校,2014(11):3.

[328] 项怀诚.在改革中前进的中国财政[J].财政研究,1987(2).

[329] 肖存良.新民主主义与社会主义之间:重读中国人民政治协商会议共同纲领[J].中共党史研究,2019(5).

[330] 肖瑛.复调社会及其生产:以 civil society 的三种汉译法为基础[J].社会学研究,2010,25(3).

[331] 徐勇.村干部的双重角色:代理人与当家人[J].二十一世纪,1997(8).

[332] 杨景宇.回顾彭真与1982年宪法的诞生[J].党的文献,2015(5):104—114.

[333] 杨善华,苏红.从"代理型政权经营者"到"谋利型政权经营者":向市场经济转型背景下的乡镇政权[J].社会学研究,2002(1).

[334] 杨瑞龙.论制度供给[J].经济研究,1993(8).

[335] 杨瑞龙.论我国制度变迁方式与制度选择目标的冲突及其协调[J].经济研究,1994(5).

[336] 杨瑞龙.我国制度变迁方式转换的三阶段论:兼论地方政府的制度创新行为[J].经济研究,1998(1).

[337] 杨瑞龙,杨其静.阶梯式的渐进制度变迁模型:再论地方政府在我国制度变迁中的作用[J].经济研究,2000(3).

[338] 郁建兴,黄亮.当代中国地方政府创新的动力:基于制度变迁理论的分析框架[J].学术月刊,2017(2).

[339] 张广友,韩钢.万里谈农村改革是怎么搞起来的[J].百年潮,1998(3).

[340] 张静.国家政权建设与乡村自治单位:问题与回顾[J].开放时代,2001(9).

[341] 张少杰.改革战略选择是个对改革条件与目标模式的估计问题[J].经济研究,1987(4).

[342] 张闫龙.财政分权与省以下政府间关系的演变:对20世纪80代A省财政体制改革中政府间关系变迁的个案研究[J].社会学研究,2006(3).

[343] 赵人伟.我国经济改革过程中的双重体制问题[J].经济研究,1986(9).

[344] 赵人伟.作为改革的方向和目标应是经济性分权和行政性分权的结合[J].经济研究,1987(4).

[345] 赵树凯.万里与农村改革[J].中国发展观察,2009(1).

[346] 曾峻.从分散走向集中:计划体制下中央与地方关系的形成及其启示[C]//上海行政学院.面向新世纪的中国公共行政理论与实践论文集,2000.

[347] 中国经济体制改革研究所社会研究室.改革的社会环境:变迁与选择[J].经济研究,1987(12).

[348] 中国社会科学院经济研究所宏观经济管理课题组.坚持适度分权方向 重塑国家管理格局——几年来财政体制和宏观管理改革的回顾与思考[J].财政研究,1987(6).

[349] 周飞舟.从汲取型政权到"悬浮型"政权:税费改革对国家与农民关系之影响[J].社会学研究,2006(3).

[350] 周飞舟. 锦标赛体制[J]. 社会学研究,2009,24(3).
[351] 周小川,冯艾玲. 避免循环往复 争取改革的实质性进展[J]. 经济研究,1987(5).
[352] 周雪光. 逆向软预算约束:一个政府行为的组织分析[J]. 中国社会科学,2005(2).
[353] 周雪光. 从大历史角度看中国改革40年[J]. 二十一世纪,2018(12).

二、英文文献

[354] BARBER B. Absolutization of the market[M]//DWORKIN G, BERMANT G, BROWN P G. Markets and morals. Washington, D. C.: Hemisphere, 1977.

[355] BARBER B. All economies are "embedded": the career of a concept and beyond[J]. Social research, 1995, 62.

[356] BARDHAN P, DILIP M. Corruption and decentralization of infrastructure delivery in developing countries[J]. Journal of institutional and theoretical economics, 2000, 156(1).

[357] BAUMGARTNER F R. Ideas and policy change[J]. Governance, 2013, 26(2).

[358] BERNSTEIN T P, LÜ X. Taxation without representation: peasants, the central and the local states in reform China[J]. The China quarterly, 2000, 1(163).

[359] BIRD R M, EBEL R D, WALLICH C I. Decentralization of the socialist state: intergovernmental finance in transition economies[M]. Washington, D.C.: The World Bank, 1995.

[360] BIRD R M, VAILLANCOURT F. Fiscal decentralization in developing countries[M]. New York: Cambridge University Press, 1999.

[361] BLANCHARD O, SCHLEIFER A. Federalism with and without political centralization: China versus Russia[J]. Harvard institute of economic research working papers, 2000, 48(1).

[362] BLOCK F. Beyond relative autonomy: state managers as historical subjects[J]. New Political Science, 1980, 2(3).

[363] BOURDIEU P. Principles of an Economic Anthropology[M]//SMELSER N, SWEDBERG R. The handbook of economic sociology. 2nd ed. New York; Princeton: Russell Sage Foundation, Princeton University Press, 2005.

[364] BRESLIN S B. China in the 1980s: central-province relations in a reforming socialist state[M]. New York: Macmillan Press Ltd, 1996.

[365] BURNS T. Market and human agency: toward a socio-economics of market organization, performance, and dynamics[M]//MONGARDINI. Market and individual: 1994 European Aalfi Prize proceedings. Rome: Bulzoni Editore, 1995.

[366] CAI H B, TREISMAN D. Did government decentralization cause China's economic

miracle?[J]. World politics, 2006, 58(4).

[367] CAMPBELL J L. The State and fiscal sociology[J]. Annual review of sociology, 1993(19).

[368] CAMPBELL J L. An institutional analysis of fiscal reform in post-communist Europe [J]. Theory and society, 1996, 25(1).

[369] DAVOODI H, ZOU H F. Fiscal decentralization and economic growth: a cross-country study[J]. Journal of urban economics, 1998, 43(2).

[370] DE MELLO L. Fiscal decentralization and intergovernmental fiscal relations: a cross-country analysis[J]. World development, 2000, 28(2).

[371] DITTMER L, SOLINGER D J. China's transition from socialism: statist legacies and market reforms 1980—1990[J]. Political science quarterly, 1994, 109(4).

[372] DOAK B A, CLOUGH R N. Modernizing China: post-Mao reform and development [M]. Boulder, Colo. : Westview Press, 1986.

[373] DONNITHORNE A. The budget and the plan in China: central-local economic relations[J]. Contemporary China papers, 1972(3).

[374] EDIN M. Market forces and communist power: local political institutions and economic development in China[M]. Uppsala: Uppsala University Press, 2000.

[375] EVANS P, RUESCHEMEYER D, SKOCPOL T. Embedded autonomy: states and industrial transformation[M]. Princeton, N. J. : Princeton University Press, 1995.

[376] FAGUET J P, FOX A, PÖSCHL C. Does decentralization strengthen or weaken the state? Authority and social learning in a supple state[M]//FAGUET, J P, PÖSCHL C. Is decentralization good for development? perspectives from academics and policy makers. 1st ed. Oxford: Oxford University Press, 2015.

[377] Fan G. Market-oriented economic reform and the growth of off-budget local public finance[M]//BREAN D J S. Taxation in modern China. New York: Routlege Press, 1998.

[378] FINEGOLD K. Between all or nothing: a comment on G. William Domhoff's class power and parties in the new deal[J]. Berkeley journal of sociology, 1991(36).

[379] FINEGOLD K, SKOCPOL T. State and party in America's New Deal [M]. Wisconsion: University of Wisconsin Press, 1995.

[380] FIGUEIREDO R J P D, Jr, WEINGAST B R, Self-enforcing federalism[J]. Journal of law economics & organization, 2005(1).

[381] FLIGSTEIN N. Fields, power and social skill: a critical analysis of the new institutionalisms[J]. International public management review, 2008, 9(1).

[382] FRYE T, SHLEIFER A. The invisible hand and the grabbing hand[J]. American

economic review, 1997, 87.

[383] FRIEDMAN E. National identity and democratic prospects in socialist China[M]. Armonk, N. Y. : M. E. Sharpe, 1995.

[384] GALASSO E, RAVALLION M. Decentralized targeting of an antipoverty program [J]. Journal of public economics, 2005, 89(4).

[385] GOLDMAN M. Sowing the seeds of democracy in China: political reform in the Deng Xiaoping era[M]. Cambridge, Mass. : Harvard University Press, 1994.

[386] GOLDSTONE J A. Revolution and rebellion in the early modern world[M]. Oakland: University of California Press, 1993.

[387] GOODMAN D S G, HOOPER B. China's quiet revolution : new interactions between state and society[M]. Melbourne: Longman Cheshire, 1994.

[388] GOODMAN D S G, SEGAL G. China deconstructs: politics, trade, and regionalism [M]. London: Routledge, 1994.

[389] GOODWIN J, JASPER J. Rethinking social movements[M]. Lanham: Rowman and Littlefields, 2004.

[390] GOFFMAN E. The interaction order: American sociological association, 1982 presidential address[J]. American sociological review, 1983, 48(1).

[391] GREIF A. Self-enforcing political systems and economic growth: late medieval genoa [M]//BATES R, GREIF A, LEVI M. Jean-Laurent Rosenthal, and Barry R. Weingast, analytic narratives [M]. Princeton, N. J. : Princeton University Press, 1997.

[392] HALL P A. Governing the Economy: The Politics of State Intervention in Britain and France[M]. Oxford: Oxford University Press, 1986.

[393] HALL P A. Policy paradigms, social learning and the state: the case of economic policymaking in Britain[J]. Comparative politics, 1993, 25(3).

[394] HOOPER B, GOODMAN D S G. China's quiet revolution: new interactions between state and society[M]. New York: St. Martin's Press, 1994.

[395] HØJRUP T. State, culture and life-modes: the foundations of life-mode analysis[M]. London: Routledge, 2003.

[396] HUANG Y S, Inflation and investment controls in China: the political economy of central-local relations during the reform era[M]. Cambridge; New York: Cambridge University Press, 1996.

[397] JIN H H, QIAN Y Y, WEINGAST B R. Regional decentralization and fiscal incentives: federalism, chinese style[J]. Journal of public economics, 2006, 89.

[398] KRASNER S. Approaches to the state: alternative conceptions and historical dynamics

[J]. Comparative politics, 1984(16).

[399] LARDY N R. Economic growth and income distribution in the People's Republic of China[M]. Cambridge; New York: Cambridge University Press, 1978.

[400] LIEBERTHAL K, OKSENBERG M. Policy making in China: leaders, structures, and processes[M]. Princeton, N. J. : Princeton University Press, 1988.

[401] LIN N. Local market socialism: local corporatism in action in rural China[J]. Theory and society, 1995(24).

[402] LIN Y F, LIU Z Q. Fiscal decentralization and economic growth in China Economic [J]. Development and cultural change, 2000, 49(1).

[403] LiL C L, Centre and provinces: China 1978—1993: power as non-zero-sum[M]. Oxford: Clarendon Press; Oxford, New York: Oxford University Press, 1998.

[404] LYONS T P. Economic integration and planning in Maoist China[M]. New York: Columbia University Press, 1987.

[405] MAHONEY J. Path dependence in historical sociology[J]. Theory and society, 2000, 29.

[406] MANN M. The autonomous power of the state: its origins, mechanisms and results [M]//MANN M. States, war and history. Oxford: Blackwell, 1988.

[407] MARCH J G, OLSEN J P. The new institutionalism: organizational factors in political life[J]. American political science review, 1984, 78(3).

[408] MCADAM D, MCCARTHY J D, ZALD M N. Comparative perspectives on social movements political opportunities, mobilizing structures, and cultural framings[M]. New York: Cambridge University Press, 1996.

[409] MCADAM D, TARROW S, TILLY C. Dynamics of contention[M]. New York: Cambridge University Press, 2001.

[410] MCKINNON R I. The logic of market-preserving federalism[J]. Virginia law review, 1997, 83(7).

[411] MEYER J W, ROWAN B. Institutionalized organizations: formal structure as myth and ceremony[J]. American journal of sociology, 1977, 83(2).

[412] MIGDAL J S. Strong societies and weak states: state-society relations and state capabilities in the third world [M]. Princeton, N. J. : Princeton University Press, 1988.

[413] MIGDAL J S, KOHLI A, SHUE V. State power and social forces: domination and transformation in the third world[M]. New York: Cambridge University Press, 1994.

[414] MONTINOLA G, QIAN Y Y, WEINGAST B R. Federalism, Chinese style: the political basis for economic success in China[J]. World politics, 1995, 48(1).

[415] MOUFFE C. Gramsci and Marxist theory[M]. Boston: Routledge, 1979.

[416] MUSGRAVE R A. Theories of fiscal crises: an essay in fiscal sociology[M]//AARON H J, BOSKIN M J. The economics of taxation. Washington, D. C. : The Brookings Institution, 1980.

[417] MURRELL P, OLSON M. The devolution of centrally planned economies[J]. Journal of comparatives, 1991, 15(2).

[418] NORDLINGER E A. On the autonomy of the democratic state[M]. Cambridge, Mass. : Harvard University Press, 1982.

[419] NORTH D. Structure and change in economic history[M]. New York: W. W. Norton & Company, 1981.

[420] NORTH D. Institutions, institutional change, and economic performance[M]. New York: Cambridge University Press, 1990.

[421] NORTH D. Thomas R. The rise of the western world: a new economic history[M]. New York: Cambridge University Press, 1976.

[422] O'CONNOR J. The fiscal crisis of the state [M]. New York: St. Martin's Press, 1973.

[423] OKSENBERG M. China: the convulsive society [J]. The foreign policy association, 1970.

[424] OKSENBERG M, TONG J. The evolution of central-provincial fiscal relations in China, 1971—1984: The formal system[J]. China quarterly, 1991, 125.

[425] OI J C. The Chinese village, inc. [M]//Bruce Reynolds. Chinese economic policy. New York: Paragon House Press, 1988.

[426] OI J C. Fiscal reform and the economic foundations of local corporatism in China[J]. World politics, 1992, 45(1).

[427] OI J C. The role of the local state in China's transitional economy[J]. The China quarterly, 1995.

[428] OI J C. Rural China takes off: institutional foundations of economic reform[M]. Berkeley, CA: University of California Press, 1999.

[429] PARRIS K. Local initiative and national reform: the Wenzhou model of development [J]. China quarterly, 1993, 134.

[430] PERRY E J, WONG C P W. The political economy of reform in post-Mao China[M]. Cambridge, MA: Harvard University Press, 1985.

[431] PIERSON P. Increasing returns, path dependence, and the study of politics[J]. American political science review, 2000, 94(2).

[432] POLANYI K. The great transformation: the political and economic origins of our time

[M]. Boston, Mass.: Beacon Press, 2001.

[433] PRUD'HOMME R. The dangers of decentralization[J]. World Bank research observer, 1995, 10(2).

[434] QIAN Y Y, ROLAND G. Federalism and the soft budget constraint[J]. American economic review, 1998, 88(5).

[435] QIAN Y Y, XU C G. Why China's economic reforms differ: the M-form hierarchy and entry/expansion of the non-state sector[J]. Economics of transition, 1993(2).

[436] RANKIN M B. Elite activitism and political transformation in China: Zhejiang Province, 1865—1911[M]. Stanford, CA: Stanford University Press, 1986.

[437] RAWSKI T G. Chinese industrial reform: accomplishments, prospects, and implications[J]. American economic review, 1994, 84(2).

[438] RISKIN C. China's political economy: the quest for development since 1949[M]. Oxford: Oxford University Press, 1988.

[439] RODDEN J, LITVACK J, ESKELAND G. Decentralization and the challenge of hard budget constraints[M]. Cambridge: MIT Press, 2003.

[440] RUI J P D F, MCFAUL M, WEINGAST B R. Constructing self-enforcing federalism in the early United States and modern Russia[J]. The journal of federalism, 2007, 37(2).

[441] SAPOTICHNE J, WORKMAN S. The blind man and the elephant: analysing the local state in China: modeling the evolving structure of the national urban policy agenda[C]. APSA 2010 Annual Meeting Paper, 2010.

[442] SARGESON S, ZHANG J. Reassessing the role of the local state: a case study of local government interventions in property rights reform in a Hangzhou District[J]. The China journal, 1999, 42.

[443] SCALAPINO R A. The politics of development: perspectives on twentieth-century Asia[M]. Cambridge, Mass.: Harvard University Press, 1989.

[444] SCHUMPETER J A. The crisis of the tax state[M]//SCHUMPETER J A. SWEDBERG R, The economics and sociology of capitalism. Princeton, N. J.: Princeton University Press, 1990.

[445] SHLEIFER ANDREI. Government in transition[J]. European economic review, 1997, 41.

[446] SHIRK S. The political logic of economic reform in China[M]. Berkeley: University of California Press, 1993.

[447] SHUE V. The reach of the state: sketches of the Chinese body politic[M]. Stanford, CA: Stanford University Press, 1988.

[448] SHUE V. State power and social organization in China[M]//MIGDAL J, KOHLI A, SHUE V. State power and social force: domination and transformation in the third world. Cambridge: Cambridge University Press, 1994.

[449] SOLINGER D J. Despite decentralization: disadvantages, dependence and ongoing central power in the inland: the case of Wuhan[J]. China quarterly, 1996, 45.

[450] SWEDBERG R. Market as social structure[M]//SMELSER N, SWEDBERG R. The hand book of economic sociology. New York: Princeton University Press and Russell Sage Foundation, 1994.

[451] SYDOW J, SCHREYÖGG G, KOCH J. Organizational path dependence: opening the black box[J]. Academy of management review, 2009, 34(4).

[452] SZELENYI I. Socialist entrepreneurs: embourgeoisement in rural Hsungary[M]. Madison: University of Wisconsin Press, 1988.

[453] TARSCHYS D. Tribute, tariffs, taxes and trade: the changing sources of government revenue[J]. British journal of political science, 1988, 18(1).

[454] TIEBOUT C M. A pure theory of local expenditures[J]. Journal of political economy, 1956, 64(5).

[455] TILLY C. Strikes in France, 1830—1968[M]. Cambridge: Cambridge University Press, 1974.

[456] TILLY C. Revolutions and Collective Violence[M]//GREENSTEIN F I, POLSBY N W. Handbook of political Science, volume 3: macropolitical theory. Reading, Mass. : Addison-Wesley, 1975.

[457] TILLY C. Coercion, capital, and European states, AD 990—1992[M]. Cambridge, Mass. : Blackwell, 1992.

[458] TILLY C. To explain political processes[J]. Annual review of sociology, 1995, 100(6).

[459] TILLY C. Politics of collective violence[M]. Cambridge: Cambridge University Press, 2003.

[460] TILLY C. Contention and democracy in Europe, 1650--2000[M]. Cambridge: Cambridge University Press, 2004.

[461] TILLY C, ARDANT G. The formation of national states in Western Europe[M]. Princeton: Princeton University Press, 1975.

[462] TILLY C, TILLY L. Class conflict and collective action[J]. Contemporary Sociology, 1981, 12(2).

[463] TONG J. Fiscal reform, elite turnover and central-provincial relations in post-Mao China[J]. The Australian journal of Chinese affairs, 1989, 22: 1—28.

[464] UNGER J, CHAN A. Inheritors of the boom: private enterprise and the role of local government in a rural south China township[J]. The China journal, 1999, 42: 45—74.

[465] WALDER A G. The waning of the communist state: economic origins of political decline in China and Hungary[M]. Berkeley: University of California Press, 1995.

[466] WALDER A G. Local government as industrial firm: an organizational analysis of China's transitional economy[J]. American journal of sociology, 1995, 101(2).

[467] WANK D L. Private business, bureaucracy, and political alliance in a Chinese city[J]. The Australian journal of Chinese affairs, 1995, 3: 55—71.

[468] WANK D L. Political sociology and contemporary China: state-society images in American China studies[J]. Journal of contemporary China, 1998, 7(18).

[469] WANG S G. The construction of state extractive capacity: Wuhan, 1949—1953[J]. Modern China, 2001, 27(2).

[470] WEINGAST B R. The economic role of political institution: market-preserving federalism and economic growth[J]. Journal of law, economics, and organization, 1995, 11.

[471] WEINGAST B R. Second generation fiscal federalism: the implications of fiscal incentives[J]. Journal of urban economics, 2009, 65(3).

[472] WILLIAMSON O E. Markets and Hierarchies: Analysis and Antitrust Implications: A Study in the Economics of Internal Organization[M]. New York: Macmillan, 1975.

[473] WILLIAMSON O E. The economic institutions of capitalism [M]. New York: Macmillan, 1985.

[474] WHITE G. The Chinese State in the era of economic reform: the road to crisis[M]. London: Macmillan, 1991.

[475] WHITE G. Riding the tiger: the politics of economic reform in post-Mao China[M]. Stanford, CA: Stanford University Press, 1993.

[476] WHITING S H. Power and wealth in rural China: the political economy of industrial change[M]. Cambridge: Cambridge University Press, 2001.

[477] WONG C P W. Central-local relations in an era of fiscal decline: the paradox of fiscal decentralization[J]. The China quarterly, 1991, 128.

[478] WONG C P W. Central Planning and Local Participation under Mao: the Development of Country-run Fertiliser Plants [M]//White G. The Chinese state in the era of economic reform: the road to crisis. London: Macmillan, 1991.

[479] WONG C P W, HEADY C, WOO W T. Fiscal management and economic reform in the People's Republic of China [M]. Oxford; New York: Oxford University Press, 1995.

[480] WONG C P W. Converting fees into taxes: reform of extra budgetary funds and

intergovernmental fiscal relations in China, 1999 and beyond[C]. Annual meeting of association for Asian studies, Boston, 1999.

[481] WONG C P W. Central-local relations revisited: the 1994 tax sharing reform and public expenditure management in China. the international conference on "central-periphery relations in China: Integration, Disintegration or Reshaping of an Empire?"[C]. March 24-25, Chinese University of Hong Kong, 2000.

[482] WONG C P W, HEADY C, WEST L. Financing local development in the People's Republic of China[M]. Oxford; New York: Oxford University Press, 1997.

[483] WORLD BANK. China: revenue mobilization and tax policy[M]. Washington, D. C. : WORLD BANK, 1990.

[484] WRIGHT C M. China in revolution: the first phase, 1900—1913[M]. New Haven: Yale University Press, 1968.

[485] XIA M. Market and state: changing central-local relations in china, in changing central-local relations in China: reform and state capacity [M]. Boulder, Colo. : Westview Press, 1994.

[486] XIA M. The dual developmental state: development strategy and institutional arrangements for China's transition[M]. Vermont: Ashgate Publishing, 2000.

[487] XU C G. The fundamental institutions of China's reforms and development[J]. Journal of economic literature, 2011, 49(4).

[488] XU C G, ZHUANG J Z. Why China grew: the role of decentralization[M]//Boone P, Gomulka S, Layard R. Emerging from communism: lessons from Russia, China, and Eastern Europe. Cambridge, Mass. : The MIT Press, 1998.

[489] ZHANG T, ZOU H F. Fiscal decentralization, public spending, and economic growth in China[J]. Journal of public economics, 1998, 67(2).

[490] ZHAO S S. The feeble political capacity of a strong one-party regime: an institutional approach toward the formulation and implementation of economic policy in post-Mao Mainland China[J]. Issues and studies, 1990, 26(1).

[491] ZHAO X B, ZHANG L. Decentralization reforms and regionalism in China: a review [J]. International regional science review, 1999, 22(3).

[492] ZHENG S P. Party vs. state in post-1949 China: the institutional dilemma[M]. Cambridge; New York: Cambridge University Press, 1997.

[493] ZHURAVSKAYA E. Incentives to provide local public goods: fiscal federalism Russian style[M]. Cambridge, Mass. : Harvard University, 2000.

后　　记

　　2020年新冠肺炎疫情暴发之时,也是书稿修改期间,隔着屏幕,我与八十多岁的老母亲视频。说起疫情,她连连叹道:"没有想到会遇到这样大的灾难!"由此我们聊起了过去,她说起了年轻时经历的一些磨难。那时,有的人家劳动力多,口粮也多,我们家劳动力不足(父亲大学毕业被分配到了一个很远的、极其贫困的大山里,母亲独自带着几个孩子,住在老家乡下,吃饭要靠她挣的工分),难免不时断粮,只得忍饥挨饿。我装作不经意地问她:"是从什么时候开始不再愁吃了?"她说:"应该是改革开放以后吧,因为这以后没有了工分,大家都开始靠本事吃饭了。"之所以说"装作不经意",是因为我很想借此还原普通人记忆与历史书写的关联。老母亲属于典型的中国传统妇女,所受教育不多,但善良和蔼,乐于接受新生事物。智能时代似乎每天都改变着她,也改变着我对她的刻板印象,尤其她已能熟练使用手机,时不时与我分享她对时事的认知。最令我震惊的还是老人家对"统购统销"与"改革开放"等关键词的记忆,我不确定她的记忆源于媒体报道还是切身感受,抑或二者皆有。

　　无论如何,母亲作为一个普通人用她的经历告诉了我们曾经的历史变革,以及变革背后的偶然与必然。当疫情突如其来地袭击了人类并迅速席卷全球,我们变得需要重新审视那曾经的较长时段的和平、繁荣、增长、互联互通。我们会意识到,历史上总难免会出现危机或者难以预料的艰辛与曲折,这时,那曾经存在过的和平、安稳、富足便犹如灯塔,变得弥足珍贵。从学理上看,我们需要进一步深思的是:除却那些偶然,那曾经的美好是如何被共同创造出来的?基于对这一问题的思考,本书试图带着读者重新回到那个奋进的20世纪80年代。

　　本书的主题、基础以及基本框架都来自我18年前完成的博士论文。博士刚毕业时，我曾计划出版这篇论文，但因诸多原因一再搁置，甚至以为出版无望了。这次本书得以作为"财政政治学文丛"丛书的一部分出版，既承蒙上海财经大学刘守刚教授和复旦大学出版社王联合副社长的鼓励与坚持，也得益于复旦大学出版社方毅超先生、姜作达女士和王轶飚先生出色的专业付出。多年来，上海大学社会学院为我提供了良好的学术环境与氛围，学院的同事、学生给予了很多的支持与鼓励，本书的出版也得到了学院的慷慨资助，对此深表感谢！

相比过去的博士论文，书稿已进行了大幅修改。修改的过程令我愈加怀念当年的读书时光，也由衷感谢导师林尚立教授对我们的谆谆教诲。我以此书致敬老师，并希望自己也能够像所有给予过我关爱的老师们那样把真情和热爱传达给我的学生们。

借着这次博士论文修改出版的机会，特别感谢攻读博士学位期间令我受益良多的曹沛霖教授、孙关宏教授、王邦佐教授、臧志军教授、郭定平教授、陈明明教授等！特别感谢先是作为博士论文答辩导师后作为我博士后导师的李友梅教授对我的全力支持与关心！多年来，李老师一直带着我深入田野，参与到包括党建、社区治理等的诸多研究中，她的时代担当、学术声望以及人格魅力深深地感染了我。感谢在博士论文写作过程中给我良多启发的陈周旺教授和陈尧教授，以及博士就读期间在生活、学习等方面给予良多关心与照顾，并为我的论文写作提供了大量资料的上海行政学院曾峻教授一家，他们给予我的也是时间无法消蚀的醇厚友情。感谢复旦北区33号楼曾经与我朝夕相处的8位可爱的女博士，这段集体生活带来的开心与从容如今依然历历在目！

最后，想以此书献给我的父亲，以及那些在20世纪80年代献身于改革开放事业的基层干部与广大劳动人民，包括那些年无私奉献、忘我投入于教育事业的我的中学老师们。他们是改革开放的奋斗者，是实现中国奇迹的巨大贡献者！他们披着理想的彩衣，携着理想的战矛，奋斗了一生！他们用满腔的理想主义浇灌了我们！致敬这些平凡而伟大的奋斗者！

汤艳文

2021年4月

图书在版编目(CIP)数据

撬动地方:1978—1988 年中国财政包干制研究/汤艳文著. —上海:复旦大学出版社,2022.10
(财政政治学文丛)
ISBN 978-7-309-16234-9

Ⅰ.①撬… Ⅱ.①汤… Ⅲ.①财政改革-研究-中国-1978-1988 Ⅳ.①F812.2

中国版本图书馆 CIP 数据核字(2022)第 101454 号

撬动地方:1978—1988 年中国财政包干制研究
QIAODONG DIFANG:1978—1988 NIAN ZHONGGUO CAIZHENG BAOGANZHI YANJIU
汤艳文　著
责任编辑/姜作达

复旦大学出版社有限公司出版发行
上海市国权路 579 号　邮编:200433
网址: fupnet@fudanpress.com　http://www.fudanpress.com
门市零售:86-21-65102580　团体订购:86-21-65104505
出版部电话:86-21-65642845
江阴市机关印刷服务有限公司

开本 787×1092　1/16　印张 17.25　字数 300 千
2022 年 10 月第 1 版
2022 年 10 月第 1 版第 1 次印刷

ISBN 978-7-309-16234-9/F·2888
定价:78.00 元

如有印装质量问题,请向复旦大学出版社有限公司出版部调换。
版权所有　侵权必究